인공지능 시대를 위한

성서 휴머니즘

성서인문학으로
다시 읽는 주기도문

인공지능 시대를 위한

성서 휴머니즘

성서인문학으로
다시 읽는 주기도문

김형근 지음

:: 추천사

지난겨울 영성원을 방문한 저자와는 초면이지만 깊은 공감 속에 대화를 나누었다. 그리고 며칠 후 받아 본 그의 원고에서 나는 눈을 떼지 못했다. 주기도문을 중심으로 산상수훈과 천국비유를 해석하고 또 이 해석의 틀을 토대로 마태복음을 비롯한 사복음서 그리고 성서 전체를 조망하는 전개 방식이 생소했지만 관심을 끌었다. 정밀한 원어 분석을 바탕으로 '천부의 거룩함', '천부의 나라', '천부의 뜻', '일용할 양식', '빚진 자 용서', '시험과 유혹' 등의 주제에 대한 명쾌한 정의가 돋보였다. 저자는 왜 성서가 종교의 경전 이상의 가치를 지닌 인류의 고전이며 인문학의 보고(寶庫)인가를 치밀한 논리로 설득력 있게 밝혀낸다. 주기도문을 비롯한 산상수훈과 천국비유가 함축하는 휴머니즘의 다양한 스펙트럼을 하나하나 규명하면서 저자는 사람다운 사람, 참사람인 역사적 예수의 진솔한 모습을 그려간다. 그리고 마침내 소리친다. Ecce homo!(이 사람을 보라!) 십자가에 매달린 채 "다 이루었다"고 외친, 사람이면서 하나님인 그분을 보라고 한다. 여기! 그분을 바로 보고 그의 말을 바로 깨달으면서 진정한 휴머니즘을 제시하는 성서인문학의 통찰이 이 한 권에 오롯이 담겨 있다. 사람다움이 곧 영성이며 그 영성이 인공지능 시대를 극복하는 원동력이 될 것이라는 본서의 결론은 독자들로 하여금 먼지 쌓인 성경책을 다시 꺼내어 펼쳐보게 할 것이다.

정광일 목사(가락재영성원 원장)

'제도권 기독교 안에 얼어붙은 도그마(dogma)의 빙벽을 깨뜨리는 책'을 지

향하는 본서는 주기도문에 대한 심도 있는 해설을 통해 그 목표를 이루어나
간다. 저자는 주기도문의 도입과 여섯 탄원을 예수님의 비유들에 비추어,
그리고 더 나아가서 구약의 다양한 본문들에 비추어 매우 생동감 넘치게 탐
구해나간다. 그리고 그러한 주기도문 이해가 오늘날 교회와 사회의 현실 가
운데서 어떻게 접목되고 적용되어야 할지에 대한 과감한 제안들을 서슴지
않는다. 그의 비유 해석은 흥미로운 상상력과 치밀한 추론 그리고 폭넓은
비교를 통하여 독특한 시각들을 발굴해나가며 주기도문의 의미를 더욱 새
롭고 풍성하게 드러낸다.

양용의(에스라성경대학원대학교 교수)

이 책은 예수께서 가르치신 기도 속에 마태복음서 전체의 내용이 축약되어
담겨 있음을 읽는다. 주기도문 해석을 통하여 마태복음 전체 내용을 새롭게
이해하고 그 이해를 바탕으로 다시금 주기도문의 내용을 더욱 심도 있게 파
악하는 해석학적 선순환이 이 책의 묘미 중 하나다. 상당한 신학적 학문성
을 가진 전문적인 내용을 일반 신앙교양서 형식에 담은 이 책은 신학의 대
중화를 위한 시도로서도 가치를 지닌다. 익숙하지만 낯선 주기도문의 세계를
따뜻한 성서인문학의 조명을 받으며 산책하고 싶은 이들에게 일독을 권한다.

신현우(총신대학교 신학대학원 교수)

범상치 않은 제목, 도전적인 내용의 본서는 성서인문학의 눈으로 주기도문
을 새롭게, 아니 정확히 말하면 주기도문의 원래 의미를 규명한다. 주해와
서사비평이라는 성서학의 탄탄한 내공을 만끽하며 500쪽을 한걸음에 내달
린 소감은 '생각'과 '고민'이다. 저자는 한국 교회에 대해 오랜 시간 고민해
왔다. 그 고민의 결과물로 내놓은 이 책은 한마디로 '생각할 거리를 던져주

는 책'이다. 기독교 신앙과 제자도의 결정체라는 평가를 받는 주기도문이 어쩌다 교회의 제의적 주문으로, 축도대체용 멘트로 전락했는지 저자는 아프게 묻고 아프게 답한다. '인위적 정성과 공력이 차단된 기도', '하늘 아버지의 뜻을 잠잠히 기다리는 은밀 휴머니즘의 기도'를 기도의 본질로 규정한 저자는 삶으로 이어지지 않는 기도들은 자기과시이며 강복술(降福術)에 불과하다고 갈파한다. 천국을 '죽어서 가는 곳'으로만 이해하는 이들에게 You Petition과 We Petition 분석을 통해 천국을 '임하는 것'으로 소개하면서 저자는 천국의 통치를 받는 이들의 '신적 휴머니즘'(divine humanism)이 주기도문의 스펙트럼임을 밝힌다.

21세기 한국 기독교는 위기에 직면해 있다. 교회의 윤리와 상식이 세속의 보편적 수준에도 미치지 못한다는 목소리가 교회 안팎에서 터져 나온 지 오래다. 이유가 무엇일까? 성서는 이교 세계와의 대립각을 세움으로써 기독교 신앙의 특유성을 견지하는 사상들로 가득하다. 동시에 성서는 이교 세계 안에 있는 인간의 보편적 가치를 인정하고 이에 동의함으로써 세속과의 관계 설정에 있어 특유성과 보편성을 배타적 관계가 아닌 보완적 관계로 조망한다. 한국 교회의 위기가 특유성과 보편성, 양자의 균형 조절에 실패한데서 기인한 것은 아닌지, 인문학이나 휴머니즘을 백안시한 결과는 아닌지 이제라도 돌아볼 필요가 있다. 중세 르네상스 시대 인문주의자 에라스무스(D. Erasmus)가 없었다면 종교개혁자 루터도 없었을 것이라는 역사의 평가는 16세기 종교개혁에 끼친 인문주의의 영향력을 재조명하게 한다. 인공지능 시대에 진입한 2017년 대한민국 사회에서 인문학은 시대의 화두가 되고 있다. 이 책은 방대한 자료와 면밀한 성서 주해로 완성된 수작(秀作)으로서 인간의 탐욕과 기계화에 함몰된 이 시대의 휴머니즘을 일깨운다. 종교개혁 500주년을 맞이하여 제도권 교회를 향해 건강한 불만을 품고 있는 독자 제위에게 기꺼이 일독을 권한다.

박찬호(백석대학교 기독교학부 교수)

:: 일러두기

- 이 책에서 '휴머니즘'(humanism)은 제도권 기독교가 주창하는 '신본주의'(神本主義)의 반대 개념으로서의 '인본주의'(人本主義)를 말하는 것이 아니다. 재물, 권력 등의 세속적 가치와 인간의 탐욕에 의해 왜곡 또는 훼손되는 인간의 존엄성, 즉 '인간다움'을 의미하며, 철학적 개념으로는 '인문주의'(人文主義)라고 한다.

- '성서인문학'(biblical humanities)은 인간의 본성과 가치 및 인간의 삶에 관한 성서의 통찰을 연구하는 분야로서 본서에서 진행된 주해(exegesis)와 서사비평(narrative criticism)은 성서인문학의 기본 토대가 되는 성서학 방법론이다. 기존의 '성서신학'(biblical theology)이 성서 연구를 '신에 관한, 신에 의한, 신의 계시'라는 메커니즘 안에서 수행해왔다면, 성서인문학은 '신과 인간에 관한, 신과 인간에 의한, 신의 계시'라는 수정된 메커니즘을 통해 성서를 분석한다. 따라서 성서인문학이 경전으로서의 성서의 가치나 지위를 부정 또는 왜곡할 수 있다는 일각의 우려는 기우라고 할 수 있다. 오히려 주해와 서사 분석을 바탕으로 한 성서인문학은 특정 교리나 신조와 같은 인위적 장치들에 의해 성서의 의미가 획일화 내지는 곡해될 가능성을 제거하고 성서 본문의 원의(原

義)에 충실함으로써 '인간의 언어로 기록된 신의 계시'라는 성서의 이중적 정체성을 가장 효과적으로 구현하는 학술적 기제다.

· 구약성서의 '여호와'와 신약성서의 '천부'를 문맥에 따라 '야훼', '하나님', '신'이라는 용어로 표기한다.

· '천국', '하늘나라', '하늘 왕국', '하늘의 통치', '천부의 나라'를 의미 구분 없이 문맥에 따라 혼용한다.

· 성서 본문 및 성서 각 권의 명칭, 그리고 성서의 인명, 지명 등의 고유명사는 '성경전서 개역한글판'(대한성서공회, 1985)을 따른다.

· '사역'(私譯)은 성서 본문을 필자가 번역한 것이다.

:: 프롤로그

1

인공지능의 시대가 도래했다.

2016년 3월 15일, 알파고와 이세돌 9단의 5번기 승부가 끝났다는 소식이 전해지자 전 세계 언론은 일제히 뉴스 헤드라인을 이렇게 타전했다. 결과는 '4:1' 알파고 승. '4:1' 승리를 낙관했던 이세돌 9단의 '4:1' 패배. 거의 일방적인 승부였다. 경기 전까지 이 9단의 승리를 의심하는 사람은 없었다. 하지만 알파고의 변화무쌍한 예측불가의 한 수 한 수 앞에서, 동료 프로기사들마저 주눅 들게 했던 이세돌의 기 센 아우라는 자취를 감췄고 바둑 세계 최고수는 그렇게 속절없이 알파고 앞에 무릎을 꿇었다. 한 판도 겨우 이겼다는 소감을 밝히는 '인간대표'의 상기된 얼굴에서 인류는 인공지능 시대 개막을 확인할 수 있었다.[1]

---

[1] 이세돌 9단과의 공식 대국 이후 국내외 초일류 프로기사들과의 비공식 인터넷 대국에서 60전 60승의 경이로운 기록을 달성한(2017년 1월 기준) 알파고는 2017년 5월 23일부터 벌어진 세계 1위 중국의 커제 9단과의 3번기 대국에서마저 3연승으로 우승을 차지함으로써 '바둑 신'의 경지에 올랐다는 평가를 받았다. 한편 알파고 측은 이번 대국을 끝으로 알파고의 바둑계 은퇴를 선언함으로써 이세돌 9단은 알파고를 이긴 유일한 인간으로 역사에 남게 됐다.

그로부터 1년여 지난 2017년 하반기, 인공지능(Artificial Intelligence: AI)은 우리의 생활 전반에 성큼 발을 들여놓았다. 자율주행차, 음성 비서, 음성인식 TV와 스피커 시스템 등 인간의 음성을 인식하는 인공지능 디바이스들이 각종 가전제품과 주거 편의 시설에 적용되어 전혀 새로운 차원의 서비스를 인간에게 제공한다. 민원 응대 챗봇과 쇼핑 AI 등 실생활뿐 아니라 의료, 법률, 금융, 투자 자문 등의 전문 분야에 이르기까지 산업 전반에 걸친 인공지능의 진출은 경제와 산업계의 지형을 급격하게 바꿔놓고 있다. '인공지능의 도래', 인류에게 Good 뉴스일까, Bad 뉴스일까? 이제 인간은 어떻게 되는 것인가? 인공지능이 주는 편리함에 마냥 감탄만 하고 있어야 하는가? 아니면 20-30년 내 인간의 자리를 빼앗아갈 일자리 찬탈자를 경계해야 할까? 인공지능은 인류에게 아군인가, 적군인가? 피아(彼我) 식별이 쉽지 않은 이 정체불명의 타자(他者)를 인류는 어떻게 맞아야 할 것인가? 섣부른 판단은 현명한 솔루션이 아닐지 모른다. 중립적 가치를 지닌 '돈'이 사용자에 따라 선이 될 수도 있고 악이 될 수도 있듯이, 인공지능은 사용자 인간의 윤리성에 의해 인류의 안녕에 약이 될 수도, 독이 될 수도 있다는 것이 전문가들의 시각이다.

2

인공지능으로 대변되는 4차 산업혁명 시대는 인류에게 새로운 도전을 던져주고 있다. 그것은 바로 인간과 기계의 경계선이다. 구글의 레이 커즈와일(Ray Kurzweil)은 2050년 안에 인간과 기계의 경계선이 무너지고 인간은 불멸의 존재로 진화를 거듭하게 될 것이라는 청사진(?)을 제시한 바 있다. 인간이 불멸의 존재가 되는 것의 법리적, 종교적 옳고 그름에 대한 판단은 차치하고라도 인간과 기계의 경계선 철폐라는 주제는 인공지능이 인간의 자리를 대신하게 된다는 유쾌하지 않은 상황 전개를 예고한다.

새 학기 오리엔테이션이 끝나자 학생들의 질문이 쏟아진다. 피아노를 전공한다는 학생은 백화점 홀에서 쇼팽의 녹턴과 베토벤의 소나타를 능숙하게 연주하는 인공지능 피아니스트의 솜씨에 매료된 경험을 얘기하면서 자신의 진로에 대해 물어왔다. 인공지능 피아니스트에게 자리를 빼앗길까 걱정된다는 것이었다. 시각디자인을 전공하는 여학생은 인공지능 디자이너의 도전이 만만찮겠지만 인간의 섬세하고 창의적인 드로잉을 따라 할 수 없을 것이라며 옹골찬 결의를 다짐하고 돌아갔다. 그날 내가 만난 학생들은 앞으로 그들이 상대해야 할 인공지능의 출현을 우려 반 기대 반으로 바라보고 있었다.

지금 이 땅의 젊은이들은 술렁이고 있다. 현실화된 인공지능의 도전에 어떻게 대응해야 할지를 알려줄 매뉴얼을 찾고 있다. 그러나 안타깝게도 인공지능 대응 매뉴얼은 어디에도 없다. 그 시대를 살아본 사람이 없기 때문이다. 누구도 그 시대를 경험하지 못했으니 짐작만 있을 뿐 지침은 준비되지 않았다. 아무도 살아보지 않은 시대를 살아야 한다는 불확실성은 분명 우리를 불안하게 한다. 하지만 불확실한 인생 속에서 확실한 것을 기대하는 어리석음을 범하지 말라는 18세기 계몽주의 작가 볼테르의 일갈은 인공지능 시대가 몰고 올 불확실성의 쓰나미를 새롭게 응시하게 한다. 불확실성은 뻔하지 않기에 오히려 흥미롭지 않을까? 승패가 뻔한 경기엔 관중이 몰리지 않는다. 뻔하면 재미가 없기 때문이다. 인공지능 시대는 구약성서 창세기 1장이 묘사하는 태초의 혼돈(chaos)과 유사하다. 신의 창조는 예측불가의 혼돈과 암흑에서 시작됐다. 예측이 불가능해서 혼란과 깜깜함이 깊어질수록 인공지능 시대는 새로운 것을 창출하는 기회가 될 수 있다는 점에서 흥미롭다.

인공지능 시대는 분명 인류에게 새로운 기회다. 그러나 그 기회는 그냥 오지 않는다. 마이크로소프트사의 최고경영자 사티아 나델라(Satya Nadella)는 인공지능 시대가 인류에게 축복이 되기 위해서는 도덕성을 갖춘 인간의 출현이 요청된다고 말했다. 세계적인 물리학자 스티븐 호킹(Stephen W. Hawking) 박사는 2017년 3월 11일 영국 '더 타임스'와의 인터뷰에서 인공지능 통제를 위한 세계 기구 구성을 긴급 제안하면서 인공지능의 윤리적 활용과 규제에 관한 표준화가 시급하다고 말했다. 인간이 인공지능을 통제하지 못하면 인간이 도리어 인공지능에게 통제를 당할 수 있다는 전문가들의 경고는 인공지능 시대가 인류에게 축복으로만 다가오지 않을 수도 있다는 우려를 전하고 있다.

3

인공지능의 도래는 역설적이게도 인간의 중요성을 부각시킨다. 인간의 삶에서 기계가 주는 편리함이 넘쳐날수록 결핍되는 건 인간성, 즉 휴머니즘이다. 기계화, 디지털화로 사람 간의 통신은 폭발적으로 증가했지만 소통은 오히려 안 되고 있다는 게 그 증거다. 카페에서 마주 앉은 두 연인이 스마트폰을 들여다보고 있다. 만난 지 30분째 남녀는 말없이 폰 속의 상대방들과 카톡을 주고받으며 혼자 키득키득 웃는다. 사랑하는 사람의 얼굴이 눈앞에 보이고 다정한 그의 목소리가 들려올 때 뇌에서 도파민과 세로토닌이 분비되어 편안함과 행복감을 만끽하는 인간의 특권이 기계에게 침해당하는 건 아닐까? 초등학생 대여섯만 모여도 시끌시끌 왁자지껄하던 동네 놀이터가 조용해진 것은 아이들이 공부하러 일찍 들어갔기 때문이 아니다. 놀이터에 모여서도 제각기 스마트폰에 열중해 있었다. 친구를 만나도, 연인과 함께 있어도 각자 디지털 기기에 몰두하다 인간만이 누릴 수 있는 휴머니즘의 가치를 잃어버리는 건 아닌지 모르겠다.

인간은 인공지능을 이길 수 있을까? 결론부터 말하면 이길 수는 없겠지만 극복할 수는 있다. 인간은 인공지능의 빅데이터와 딥러닝(deep-learning)을 이길 수 없다는 것을 알파고가 증명했다. 인공지능의 저장 및 연산 능력뿐 아니라 인간처럼 휴식이나 휴가가 필요 없는 전천후 작업 능력은 인공지능의 전매특허다. 그러면 인간은 무엇으로 인공지능을 극복할 수 있을까? 인간의 결핍이 인공지능의 장점이라면 거꾸로 인공지능의 결핍이 인공지능 공략의 타깃일 것이다. 인공지능의 결핍은 감성과 창의력이다. 기계에게는 희로애락이 없다. 오감의 느낌을 바탕으로 한 감성은 더더욱 기대할 수 없다. 인공지능 피아니스트의 현란한 건반 터치가 인간의 감성적 터치를 흉내낼 수 없기에 그 학생은 전공을 포기하지 않아도 된다. 아니 포기하지 말아야 한다. 또 인공지능은 input과 output이 같다. 입력된 것이 출력된다. 인간 최고수를 꺾은 알파고의 현란한 착수도 알고 보면 인간이 입력한 빅데이터일 뿐이다. 만약 알파고가 19줄 바둑판이 아닌 18줄 바둑판으로 대국을 했다면 결과는 어떠했을까? 인간에겐 크게 문제가 안 됐겠지만 19줄 바둑의 대국 기록만 입력된 알파고의 알고리즘은 아마 붕괴되고 말았을 것이다. Input을 응용, 변환하여 전혀 새로운 것을 만들어내는 것은 인공지능에겐 없는 인간의 고유 능력이기 때문이다. 따라서 인공지능 시대를 맞는 젊은이들에게 가장 큰 화두는 '감성과 창의력', 곧 휴머니즘이다. 기계가 모방할 수 없는 인간 고유의 것, 바로 '인간다움'이 인공지능 시대를 극복할 수 있는 비책이다.

4

　　공자님 같은 소리 하고 있네!

　고리타분한 말이나 구태의연한 생각을 빗대어 하는 말이다. 시대에 뒤떨어지는 진부함을 비꼬는 표현이기도 하다. 그런데 한번 생각해보자.

　　공자님은 정말 진부한 분일까?
　　공자님 말씀은 정말 시대에 한참 뒤떨어진 말일까?

　'온고이지신'(溫故而知新)은 21세기 인공지능 시대와 맞지 않는 진짜 고리타분한 말씀일까? 이 세상의 고전(古典)들은 모두 먼지 나는 헌책방에 고이 모셔두어야 할까? 아니다. 그렇지 않다. 온고이지신은 사람 사는 세상이면 언제나 어디나 통하는 보편적 원리이다. 오늘날처럼 개인과 사회 안에 불안과 혼란이 가중될수록 더더욱 필요한 것이 '선생'(先生)이다. 나보다 먼저, 우리보다 먼저 이 세상을 살다 가신 이들의 경험과 지혜가 필요한 때가 지금이다. 고전은 그냥 '옛날 책', '진부한 글'이 아니다. 고전에는 수많은 '선생'들이 남긴 '내 이야기'가 있다. 내가 겪을 일을 그들이 먼저 겪었고 먼저 고민했고 먼저 해결했다. 그 시대엔 물론 인공지능이 없었겠지만 타자(他者)에 의해 인간의 가치가 폄하되고 인간의 존엄성이 위협받는 일들은 어느 시대에나 무수히 많았다. 재물, 권력, 탐욕뿐 아니라 알파고, 왓슨, 챗봇 등 인공지능들로부터의 거센 도전에 직면해 있는 지금이야말로 '공자님 같은 소리'가 필요하지 않을까?

　성서(the Holy Bible)는 '고전들의 고전'이며 인류 공동의 정신적 자산이다. 거기엔 시간과 공간을 초월한 보편적 휴머니즘이 담겨 있다. '보편적 휴머니즘'(universal humanism)이란 제아무리 시대와 세대가 바뀌고 언어와 인종이 달라도 사람 사는 세상이면 꼭 필요한 인간다움, 인간의 가치를 말한다. 매뉴얼이 준비되지 않은 인공지능 시대를 살아가야 하는 이 땅의 젊음들에게 성서는 바로 이 보편적 휴머니즘을 알려준다. 지난 수천 년간 인간 세계의 거의 모든 영역(철학, 문학, 예술, 종교, 정치, 사회, 경제 등)에 커다란 영향을 끼친 성서는 특정 종교의 경전이기 전에 인류의 삶을 위한 매뉴얼이다. 인생을 살면서 만나게 될 수많은 갈림길에서 올바른 선택을 위한 지혜가, 그리고 삶의 희로애락과 역경을 극복하게 하는 지혜가 성서에 있다. 성서는 인간을 위한, 그래서 가장 인간적인 고전이다. 인간의 아픔, 인간의 슬픔을 치유하고 인간의 약함과 인간의 한계를 보듬는 따스함이 성서에 있다. 바다 한가운데 홀로 떠 있는 것 같은 절해고도의 고독과 절체절명의 절망을 이겨내는 '마음근육' 단련 노하우를 성서가 코치한다. 재물과 권력의 달콤한 유혹에 노예처럼 끌려다니지 않을 인간의 존엄함(dignity)도 성서가 지켜준다.

5

책은 우리 안에 얼어붙은 바다를 깨뜨리는 도끼가 되어야 한다.
(프란츠 카프카)

인간과 사회 내면에 얼어붙은 고정관념을 혁파하는 것이 학도(學徒)의 소명이어야 한다는 카프카의 말을 인용하여 이 책을 다음과 같이 소개하고 싶다:

제도권 기독교 안에 얼어붙은 도그마(dogma)의 빙벽을 깨뜨리는 책

개신교 신자들의 교회 이탈 현상이 교리의 부작용 때문이라는 배철현 교수(서울대 종교학과)의 지적은 기독교 교리와 관습의 폐단을 정확히 관찰했다.[2] 지난 2,000년 동안 제도권 기독교는 성서를 보존하겠다는 충정(?)으로 성서를 지켜줄 수많은 교리, 전통, 관습들(이하 '도그마'[dogma])을 생성해왔다.[3] 기대를 저버리지 않고 기독교 도그마는 성서를 튼튼하게 에워싸기 시작했다. 냉혹한 속성의 도그마는 곧바로 두꺼운 얼음층을 형성하였고 얼음층은 이내 얼음성이

---

2 배철현, 『인간의 위대한 질문』(파주: 21세기북스, 2015), 159.
3 본서에서는 제도권 기독교 내의 교리, 전통, 관습을 통틀어 '도그마'라고 지칭한다.

되었다.[4] 기독교는 도그마의 얼음성 안에 안주하여 거대한 종교 헤게모니를 구축해나갔고 도그마의 빙벽에 갇힌 성서는 점차 제 목소리를 잃어버렸다.[5] 외부의 도전으로부터 성서를 완벽하게 지켜내고 (?) 세속 권력까지 얻은 기독교는 그렇게 성서의 소리를 듣지 못하게 되었고 그 결과는 신앙의 왜곡과 변질이었다. 성서를 보존한 교회가 점점 성서로부터 멀어지는 아이러니한 상황이 전개된 것이다. 성서의 소리가 들리지 않자 교회 안에서는 성서에 대한 오해와 잘못된 해석들이 난무하게 되었고 그 오해와 해석들은 더욱 견고한 얼음성이 되어 성서를 겹겹이 둘러쌌다. 인간이 만든 도그마에 의해 성서는 그렇게 교회와 세상으로부터 격리되고 말았다.

이 책은 성서가 인문학의 보물 창고임을 증명한다. '성서인문학' (biblical humanities)은 성서를 '신과 인간에 관한, 신과 인간에 의한, 신의 계시'라는 메커니즘 안에서 이해함으로써 인간 및 인간의 삶에 관한 보편적이며 근원적인 성서의 원리를 탐구한다. 이를 위해 본서에서는 먼저 성서를 둘러싸고 있는 도그마의 얼음장들을 제거한다. 제거 도구는 주해(exegesis)와 서사비평(narrative criticism)이다. 성서학의 여러 방법론 가운데 본문의 원의(原義) 재생에 가장 충실한 주해와 서사비평은 본문의 의미를 왜곡해온 교리와 전통의 해체 및 제거에 탁월하다. 이 책은 마태복음서의 주기도문과 천국비유 본문에 대한 주해와 서사 분석을 통해 도그마의 얼음장을 파쇄하고 본문의

---

4 아브라함 카이퍼(Abraham Kuyper), 벤저민 워필드(Benjamin Warfield)와 함께 세계 3대 칼빈주의 신학자로 평가되는 헤르만 바빙크(Herman Bavinck)는 기독교 교리의 냉혹함과 배타성에 경종을 울린 바 있다.

5 이탈리아의 시인 단테(Alighieri Dante)는 "신곡"(神曲, La divina commedia)에서 사탄이 빙하 호수 속에 처박힌 채 배반자들을 처벌하는 아홉 번째 지옥의 모습을 그렸다("신곡" 중 지옥 [Inferno, Canto], 34장). 성서의 목소리를 제한하고 왜곡하는 '도그마의 얼음성' 메타포는 "신곡"이 묘사한 빙하 호수 메타포와 관련지을 수 있다.

의미를 재현했다. 결과는 놀라웠다. 도그마의 올가미가 벗겨진 성서 본문은 세상을 향해 말하고 있었다. 기독교는 성서를 고상한 경전의 반열에 올려놨지만 정작 성서는 투박한 삶의 현장이 더 어울린다. 기독교는 성서를 내세(來世) 보험 증서처럼 홍보하지만 정작 성서의 메시지는 현세에 초점을 맞추고 있다. 종교 예식용으로 인식되어 온 주기도문은 땅에 임한 하늘나라의 '시민 헌장'(citizen's charter)이었다. 실낙원의 땅, 그 속에서 왜곡되고 훼손된 인간다움을 회복하게 하는 '신적 휴머니즘'(divine humanism)의 영롱한 스펙트럼이 주기도문에서 빛나고 있다. 천국비유를 비롯한 마태복음서 다른 본문들과의 만남과 대화의 결과 주기도문의 여섯 개 기도문은 죄악의 고통으로 신음하는 이 땅을 치유하고 에덴을 회복하는 하늘 시민의 휴머니즘을 선포한다.

이와 같이 성서는 인간 및 인간의 삶에 대한 질문과 탐구, 그리고 해답을 제시하는 인문학의 보고(寶庫)다. 미지의 세계를 향한 발걸음을 차마 떼지 못하는 이 시대의 청춘들에게 성서는 능숙하면서도 친근한 가이드가 되어줄 것이다. 증기기관의 시대, 석유와 전기 시대, 컴퓨터 시대, 그리고 인공지능 시대에 이르기까지 시대는 바뀌어도 결코 바뀌지 않는 인간의 가치를, 그리고 기계화와 탐욕의 굴레를 분연히 벗어던지고 영원한 자유를 갈구하는 인간의 존엄성을 독자들은 성서에서 발견하게 될 것이다. 자! 이제 그 오묘한 '성서 휴머니즘'(biblical humanism)의 세계로 여러분을 초대한다.

목 차

제1장

그러므로 너희는 이렇게 기도하라

οὕτως οὖν προσεύχεσθε ὑμεῖς

기도는 곧 삶이다. 삶으로 이어지지 않는 기도는 자기과시이며
강복술(降福術)일 뿐이다. 주기도문은 복 받기 위해 암송하는
종교적 주문이 아니라 천부의 다스림을 받는
자녀들의 삶의 대원리다.

인간의 그 어떤 기도보다 고귀하고 위대한 기도인 '주의 기도.'
개신교의 시조(始祖) 루터가 최고의 찬사를 보낸 '주의 기도'는
종교개혁 500주년을 맞이한 루터의 후예들로부터
그 명성에 걸맞은 대우를 받고 있을까?

대우받는(?) '주의 기도'[1]

　　　　　　　'주의 기도'(The Prayer of the Lord)는 예수께서 하신 기도라기보다는 예수께서 제자들에게 가르쳐준 기도문이다.[2] 예수께서 하신 기도는 복음서에 몇 차례 등장하지만 제자들(교회)의 기도로 남겨준 기도문으로는 '주의 기도'가 유일하다. 2,000년 전, 이 땅에 살았던 신의 아들이 친히 알려준 유일무이의 기도. 이러한 위상에 걸맞게(?) 지구촌 대부분의 그리스도인들은 이 기도문을 알고 있고 또 암송한다. 구교와 신교, 정교회 등 기독교 각 교파별로 그들의 고유 예식과 신앙고백에 주기도문을 사용하고 있다. 이토록 소중한 '주의 기도'가 한국 교회에서는 어떤 대우를 받고 있을까?

　전 세계를 통틀어 한국 교회만큼 기도를 많이 하는 나라는 없다. 새벽기도, 철야기도, 금식기도, 산기도, 작정기도, 연속기도, 도고(중보)기도, 합심기도 등등, 한국 교회에서 신앙생활의 여러 요소 가운데 기도만큼 강조되는 것이 또 있을까? 기독교인들의 모임은 거의 예외 없이 기도로 시작하고 기도로 마친다. 기도 잘하는 사람은 신

---

1 본서에서는 문맥에 따라 '주의 기도'와 '주기도문'이란 용어를 병용하기로 한다.

2 일반적으로 '주의 기도'를 The Lord's Prayer라고 표기한다. 그러나 '주의 기도'는 '예수께서 직접 하신 기도'라기보다는 '제자들이 하도록 가르쳐준 제자들의 기도'라는 점을 고려해서 본서에서는 The Prayer of the Lord로 표기하기로 한다.

앙이 좋은 또는 깊은 사람으로 평가(?)되고, 교회를 오래 다녔어도 기도에 능숙하지 못하면 초신자급으로 간주되곤 한다. 한국 교회에서 기도는 신앙의 핵심 요소이자 척도로 자리매김되었다.

이렇게 기도에 올인하는 한국 교회 안에서 '주의 기도'는 어떤 위치에 있을까? 교회에서 주기도문은 얼마나 설교되고 가르쳐지고 있을까? 기도를 생명처럼 여기는 한국 교회가 예수께서 직접 가르쳐준 기도의 내용과 의미, 그리고 정신을 얼마나 이해하며 기도하고 있을까? 종교개혁자 루터는 '주의 기도'를 이렇게 평가했다.

> 주기도문은 인간이 할 수 있는 모든 기도 위에 뛰어난 기도이며 지구상에 이보다 더 고귀한 기도는 없다.[3]

인간의 그 어떤 기도보다 고귀하고 위대한 기도인 '주의 기도.' 개신교의 시조(始祖) 루터가 최고의 찬사를 보낸 '주의 기도'는 종교개혁 500주년을 맞이한 루터의 후예들로부터 그 명성에 걸맞은 대우를 받고 있을까?

오해받는 '주의 기도'

안타깝게도 주기도문은 교회 안에서 오해를 받고 있다. 그 오해가 무엇인지를 알면 주기도문이 어떤 대우를 받고 있는가를 짐작할 수 있다. 주기도문에 대한 오해는 크게 세 가지로 요약할 수 있다.

---

3 J. A. Gibbs, *Matthew 1:1-11:1* (St. Louise: Concordia Pub. House, 2006), 319에서 재인용.

첫 번째 오해는 주기도문이 예배용 기도문으로 인식되는 현상이다. 1세기 유대교 회당에서 암송되던 '카디쉬'(Kaddish) 기도문4과 유사한 '주의 기도'는 초기 교회에 남아 있던 유대적 관습에 따라 공동 예배에서뿐 아니라 일상생활에서 하루 세 번씩 암송됐다.5 교부들의 기록에 따르면 주기도문은 예루살렘교회를 비롯한 초기 교회에서 주로 성례전 기도문으로 사용되었으며 후대에 이르러서는 성례전이 없는 예배에서도 암송되었다고 한다.6 이러한 교회 전통에 따라 한국 개신교회는 선교 초창기부터 주기도문을 예배의 중요한 의식으로 채택하여 대부분의 교회 예배에서 주기도문이 암송되었다. 그러나 1960, 70년대 개신교의 폭발적 성장기에 교회의 예배가 점차 설교중심예배로 전환되면서 주기도문 암송은 다른 의식들(예를 들어 신앙고백, 교독문 낭독)과 함께 예배의 의례적 순서로 남게 되고, 이후 주기도문은 예배기도문으로의 명맥만 유지하고 있는 실정이다.7 또 축도권을 가진 목사가 없는 예배나 집회, 신도들의 회합 등에서 모임이

---

4 "Exalted and hallowed be his great name in the world which he created according to his will. May he let his kingdom rule in your lifetime and in your days and in the lifetime of the whole house of Israel, speedily and soon. And to this, say: amen."(Gibbs, *Matthew 1:1–11:1*, 320 각주 14번).

5 도날드 해그너, 『WBC 성경주석: 마태복음 1-13』(서울: 도서출판 솔로몬, 1999), 289; C. S. Keener, *The Gospel of Matthew: a Socio-Rhetorical Commentary* (Grand Rapids: Eerdmans, 2009), 215; D. A. Carson, *Matthew Chapter 1 Through 12*, vol. 1 (Grand Rapids: Zondervan, 1995), 167.

6 Carson, *Matthew Chapter 1 Through 12*, 167.

7 필자가 국내 개신교 교회를 대상으로 표본 조사(2015년 3월 기준)한 바에 의하면, 조사 대상 20개 교회 가운데 주일예배 시(주일 오전, 오후, 저녁 예배 포함) 주기도문을 암송하거나 주기도문 송(頌)을 부르는 교회는 5개 교회(새문안교회, 정동제일교회, 광림교회, 백주년기념교회, 선한목자교회)에 불과하다. 나머지 15개 교회 중 경동교회와 영락교회는 수요예배(또는 수요기도회)에서 주기도문을 암송하고 13개 교회(명성교회, 노량진교회, 연동교회, 향린교회, 사랑의교회, 여의도순복음교회, 할렐루야교회, 지구촌교회, 삼일교회, 소망교회, 분당우리교회, 오륜교회, 온누리교회)는 주일예배와 수요예배에서 주기도문 순서가 없다. 이러한 조사 결과는 한국 교회에서 주기도문이 예배기도문으로서의 명맥마저 이어가기 어려운 상황에 처해 있음을 보여준다(표본 조사일 이후 해당 교회들의 예배 변동 상황은 반영되지 않았다).

나 순서를 마칠 때 축도 대신 주기도문이 암송되기도 한다.

본래 주기도문을 예배에 도입한 것은 '주의 기도'의 중요성을 공동체가 함께 인식하고 삶 속에서 이를 실천하기 위한 목적이었다. 그러나 지금 한국 교회에서 '주의 기도'는 신자들의 신앙과 삶에 영향을 미치지 못하는, 예배와 신자들 모임의 한 순서로 전락해버린 모양새다. 신자들은 마치 주문을 외듯 주기도문을 단숨에 암송한다. 그 안에 내재된 심오한 의미와 진리의 다양한 스펙트럼을 감지할 틈도 없이 사람들은 주기도문을 서둘러 읊조리며 끝내버린다.

두 번째 오해는 주기도문에 대한 정형화된 인식이다. 주기도문을 기도의 모범으로 이해하는 사람들 중에는 마치 예수께서 제자들이 해야 할 기도의 정형을 알려준 것으로 인식하여 그 정형을 벗어나는 것을 꺼린다. 예를 들어, '나라이'(마 6:10)를 현대적 어법에 맞춰 '나라가'로 바꾸는 문제라든가, 마지막 기도문(마 6:13) 뒤 삽입구("나라와 권세와 영광이 아버지께 영원히 있사옵나이다") 서두에 '대게'를 추가 또는 생략하는 문제 등에 있어서 경직되고 비타협적인 태도를 취한다.8 심지어 여섯 개 기도문의 순서까지 고착화하여 이 순서대로만 기도할 것을 종용한다. 하지만 '주의 기도'는 '이것을' 기도하라고 주어진 기도의 정형이 아니라 '이렇게' 기도하라(마 6:9)고 주어진 기도의 원리에 해당한다. 예수님은 제자들이 앵무새처럼 따라 해야 하는 암송문을 정해준 것이 아니라 유대교 지도자들의 외식적 기도 및 이방인의 기복적 기도와 구별되는 올바른 기도의

---

8 소위 '송영'(doxology)이라고 불리는 본 삽입문은, 비록 한글 성경과 몇몇 영문 성경에는 수록됐으나, 기도라기보다는 선언의 성격이 짙고 사본학적 근거도 미약하다(B. M. Metzger, *A Textual Commentary on the Greek New Testament*, 2nd ed. [Stuttgart: German Bible Society, 1994], 14 참조). 이에 따라 본서에서는 본 송영에 대한 언급은 생략한다.

원리를 알려준 것이다. 정성과 공력을 기울여 자기 소원을 상달하여 응답받으려는 기복적 기도(마 6:7-8), 사람들에게 보이고 자랑하기 위한 과시적 기도(마 6:5-6)와 구별되는 참된 기도의 원리가 '주의 기도'에 제시되어 있다. 따라서 주기도문 한글번역문의 문장과 용어에 있어 지나치게 배타적이고 편협한 자세는 오히려 주기도문에 담긴 풍성한 영성과 신앙 원리에 주목하지 못하게 할 우려가 있으므로 이는 경계해야 한다.

주기도문에 관한 세 번째 오해는 두 번째 오해와 관련되어 있다. '주의 기도'의 기도문을 과도하게 정형화한 나머지 기도문 자체의 신비한 효험(?)을 기대하는 경향이 그것이다. 주기도문을 1,000번 암송하면 기도가 응답된다든가, 마음을 다해 주기도문을 암송하면 악한 세력들을 물리치고 시험에 빠진 이들을 구원할 수 있다든가 하는 주장들은 주기도문의 주술적 신통력을 강조한다. '주의 기도'를 예배와 모임의 형식적 의례로 인식하는 것도 바람직하지 못하지만, '주의 기도'를 신의 은총과 기도 응답을 이끌어내는 신통력 있는 기도문으로 간주하는 것은 매우 위험한 현상이다. 우스갯소리 하나 하자. '주기도문'에서 기도가 빠지면 무엇이 될까? '주기도문' 네 글자에서 가운데 글자 "기도"를 빼면 '주문'이 된다. 언어의 유희라고도 할 수 있겠지만 기도로서의 가치와 의미를 상실할 경우 주기도문은 기독교적 주문이 될 수 있음을 풍자한 패러디다.

기도의 호흡이 없는 '주기도문'은 '주문'으로 오용될 수 있다. 같은 말을 반복하거나 기도 시간을 늘리면 기도가 더 잘 상달된다는 생각은 이방인들의 기도관이다(마 6:7). '주의 기도'는 천부(heavenly father)께서 내 소원을 다 아신다는 믿음(8절)을 전제로 한다. 자녀의 필요를 이미 아시는 천부를 믿는 믿음, 이 '믿음'의 관점에서 보면 내 소원을 반복하여 오랜 시간 아뢴다는 것은 천부와의 관계에 적신호가 켜졌음을 반증한다. 천부께서 내 소원을 알지 못하고 또 안다고 해도 그냥 들어주실 분이 아니라는 인식 때문에 사람들은 기도에 정성과 공력을 들인다.9 하지만 기도의 정성과 공력을 들이면 들일수록 천부와의 믿음 관계는 요원해진다. 믿음이 전제되지 않는 기도는 이방인의 기도다. 주기도문을 암송했기 때문에 응답이 온 것이 아니라 천부와의 관계가 회복됐기 때문에 응답이 성취된 것이다. '주의 기도'는 소원 성취, 기도 응답의 비법이 아니라 외식적, 기복적 신앙과 삶에 대한 개혁의 선포다.

김세윤은 주기도문을 기독교 신앙과 제자도의 결정체라고 평가했다.10 그렇다면 주기도문에 관한 교회의 오해와 잘못된 인식들은 주기도문의 위대한 가치에 대한 결례가 아닐까? '주의 기도'는 단지 예배용 또는 축도 대체용일 수 없다. 신통력 있는 주문은 더더욱 아니다. '주의 기도'는 천부에 대한 최고의 신앙고백이며 그 신앙고백에 따라 살아가겠다는 최고의 인생 설계도다.

"그러므로 너희는"

주기도문을 이해하기 위해서는 예수께서 이 기

---

9 주기도문이 기복적 주문으로 오용되는 현상을 우려하는 이들은 예배와 집회 등에서의 주기도문 암송을 반대하기도 한다. 그러나 문제의 본질은 '주의 기도'의 참 의미와 정신이 신자들의 신앙과 삶에 이어지지 못하는 현상에 있는 것이므로 예배와 집회에서 주기도문을 암송 또는 노래하는 행위 자체를 비판하는 것은 본말을 혼동하는 주장이다.

10 김세윤, 『주기도문 강해』(서울: 두란노아카데미, 2000), 19, 32-33.

도를 가르쳐준 배경을 먼저 살펴볼 필요가 있다.

> 그러므로 너희는 이렇게 기도하라. (마 6:9)

주기도문을 소개하는 도입문 9절의 "그러므로"는 제자들에게 기도를 가르쳐주는 배경이 그 앞의 8절에 있음을 나타낸다.

> 그러므로 저희를 본받지 말라 구하기 전에 너희에게 있어야 할 것을 하나님 너희 아버지께서 아시느니라. (8절)

8절도 9절과 같이 "그러므로"로 시작된다. 9절의 "그러므로"는 9절의 이유가 8절에, 8절의 "그러므로"는 8절의 이유가 5-7절에 있음을 각각 보여준다. 예수는 두 종류의 기도 행태, 곧 유대교 지도자들의 '과시적 기도'(5-6절)와 이방인들의 '기복적 기도'(7절)를 지적한 뒤 제자들에게 기도를 가르쳐주었다. 즉, 예수께서 제자들에게 주기도문을 가르친 직접적 배경은 당시 유대 사회에 만연되어 있던 왜곡된 기도 관습인 '과시적 기도'와 '기복적 기도'에 있다.

과시적 기도:
종교적 뮌하우젠증후군

주기도문 전수의 배경이 되는 두 가지 기도 가운데 먼저 과시적 기도에 관한 예수의 지적을 살펴보자.

> 또 너희가 기도할 때에 외식하는 자와 같이 되지 말라 저희는 사

람에게 보이려고 회당과 큰 거리 어귀에 서서 기도하기를 좋아하
느니라 내가 진실로 너희에게 이르노니 저희는 자기 상을 이미 받
았느니라. (마 6:5)

예수 당시 유대인들은 하루 세 번씩 기도하는 관습이 있었지만 고
정된 시간과 고정된 장소에서만 기도한 것은 아니었고 회당과 길거
리를 비롯한 다양한 장소에서도 기도했다.[11] 그런데 유독 회당과 큰
거리 어귀에서의 기도를 즐기는 이들이 있었다. 바리새파 사람들이
었다. 이들은 율법과 랍비전승을 지키며 스스로를 '구별된 자'로 여
겼다. 그들은 율법과 전승을 철저히 지켰을 뿐 아니라 규정 이상의
것도 지켰다. 예수 당시 바리새인들은 시간을 정해놓고 기도함으로
써 자신들을 다른 유대인들과 구별하려 했다.[12] 어떤 이들은 기도 시
간이 되면 일부러 밖에 나가서 사람들이 많이 모인 장소에서 열렬하
게 기도하곤 했다. 자신의 기도 실력을 과시하기 위해서다. 사람들
이 운집한 거리 모퉁이에서 큰 소리로 기도한다는 것은 일반인들이
흉내 낼 수 없는 기도의 경지다. 아마도 보통 사람들보다 더 길고 더
호소력 있는 기도였을 것이다. 가히 종교엘리트다운 기도 능력(?)이
아닐 수 없다.

그런데 유대교 지도자들의 과시적 기도 행위에 대한 예수의 평가
는 단호하다. 그들은 이미 상을 받았다. 신의 상이 아닌 사람의 상을
받은 것이다. 사람에게 보이려는 의도로 행해진 기도는 이미 사람으
로부터 상을 받았으므로 신의 상을 받지 못한다(마 6:1, 2, 5, 16).

---

11 R. T. France, *The Gospel of Matthew* (Grand Rapids: Eerdmans, 2007), 238.

12 기원후 90년경 랍비 엘리아잘의 전승 해석에 따르면, 아침과 저녁에 쉐마를 낭독하지 않는 사
람은 바리새인으로 인정받을 수 없었다(요아킴 예레미아스, 『예수시대의 예루살렘: 신약성서
시대의 사회경제사 연구』, 한국신학연구소 역[서울: 한국신학연구소, 2001], 319 각주 26번).

사람을 의식하고 사람에게 보여주려는 행위는 그가 신으로부터 멀어져 있음을 보여주는 반증이기 때문이다. 구약성서에 등장하는 사울 왕이 좋은 예다. 이스라엘의 초대 왕으로 등극한 후 가나안 부족들과의 전쟁에서 연전연승을 거두며 승승장구할 즈음, 사울 왕에게 신의 명령이 주어진다.

> 지금 가서 아말렉을 쳐서 그들의 모든 소유를 남기지 말고 진멸하되 남녀와 소아와 젖 먹는 아이와 우양과 약대와 나귀를 죽이라.
> (삼상 15:3)

오백여 년 전, 애굽을 탈출하여 가나안을 향하는 이스라엘 백성들의 고달픈 행로를 방해한 아말렉 족속을 징벌하여 멸절하라는 이른바 '헤렘'의 명령이 사울 왕에게 내려진다. 즉위 이후 외적들과의 수많은 전투에서 승리한 사울 왕과 21만 대군은 이번에도 그 용맹성을 유감없이 발휘하여 대승을 거둔다. 사울 군대의 정벌 지역이 '하윌라에서 애굽의 동편 술(Shur)까지'라는 성서의 기록(삼상 15:7)은 아말렉 족속이 거주하던 거의 모든 영토가 초토화됐음을 말해준다. 신의 명령을 완수했다는 자부심에 사기가 충일한 사울의 군대는 보무도 당당하게 개선하여 승전비까지 세운다(삼상 15:12).

아말렉전 승리는 그러나 아이러니하게도 사울 정권 몰락의 기폭제가 된다. 원인은 전리품에 있었다. 아말렉 족속을 다 죽였지만 그들의 육축을 가져온 것이다(8-9절). 이유는 있었다. 승전 기념 제물로 신께 바칠 요량이었다(15절). 여호와의 이름으로 거둔 승리이니만큼 이를 기념하여 전리품을 바치는 건 어찌 보면 여호와의 군대로서의 책무이자 특권이라고 할 수 있을 것이다. 하지만 이번엔 상황이 다르다. 승리는 했으나 순종엔 실패했기 때문이다. 애초에 사무엘 선지자를 통해 전해진 명령은 '헤렘', 곧 '전멸'이었다.13 아말렉 사람은 물론 그들의 육축까지도 남김없이 진멸하라는 것이 헤렘 명령의 골자다. 그런데 사울 왕과 그의 참모들은 아말렉 왕 아각을 생포했다. 그뿐 아니라 육축 가운데 기름진 것들을 챙겼다. 적국의 왕 생포는 승전의 증거이며 육축은 승리의 기념물이라고 항변할 수 있겠지만, 그렇다 할지라도 사울 왕과 그의 군대가 헤렘 명령을 지키지 않은 사실은 없어지지 않는다. 헤렘의 의미를 몰라서 육축을 가져온 것은 아닐 것이다. 자신들의 승리를 만천하에 알리려는 의도였을 것이다. 승전 기념비를 세운 것이 그 증거다. 사무엘로부터 명령 불순종에 대한 책망을 받은 사울의 어정쩡한 참회 장면에서 아말렉의 소와 양들을 몰고 온 진짜 이유가 드러난다.

> 내가 범죄하였나이다 내가 여호와의 명령과 당신의 말씀을 어긴 것
> 은 내가 백성을 두려워하여 그 말을 청종하였음이니이다. (삼상 15:24)

건국 후 계속된 전쟁에서 연전연승을 거둔 군사들은 사울의 충성스러운 부하들이면서 동시에 향후 굳건한 왕권 확립을 위한 디딤돌이다. 사울에게 그들은 중요한 정치적 동지들이다. 따라서 적국의 왕까지 생포한 기세를 몰아 승리의 기쁨을 배가시키고 백성들의 인기몰이용으로 아말렉의 육축들을 가져가야 한다는 부하들의 주장을 사울은 거부할 수 없었을 것이다. 헤렘의 명령을 지켜야 했지만 사

---

13 구약성서의 '헤렘'은 '추방하다', '헌신하다', '진멸하여 바치다'란 의미의 동사형으로 51회, '금지 또는 바쳐진 것'이란 의미의 명사형으로 29회 등장한다(상세한 용례는 박형대, 『헤렘을 찾아서?: 헤렘의 빛으로 본 누가행전 연구』[서울: 도서출판 그리심, 2011], 37 각주 46번, 48번 참조).

울에게는 왕권 강화가 절실했고 이를 위해 군사들은 물론 백성들의 지지가 필요했던 사울은 결국 순종보다 실리를 택했다. 인기와 권력을 위해 신의 명령을 저버린 것이다.

> 왕이 여호와의 말씀을 버렸으므로 여호와께서도 왕을 버려 왕이 되지 못하게 하셨나이다. (삼상 15:23)

사무엘의 책망은 단호했다. 민족의 숙원인 아말렉 정벌을 위해 목숨 걸고 전장에 뛰어들어 혁혁한 공로를 세운 사울 왕이지만 사무엘은 그를 여호와를 버린 자로 정죄하고 여호와께서 그를 버렸음을 공포한다. 신보다 사람의 인기와 칭찬에 연연하여 신의 말씀을 저버린 결과는 참담했다. 사무엘 대부의 충격적 선언에 잠시 참회를 하는 것 같았던 사울은 왕위에 대한 미련을 버리지 못하고 사무엘에게 매달려보지만 그에게 돌아온 건 유기(遺棄)의 재확인이었다(26, 28절). 사무엘은 사울 왕이 신으로부터 버림받았음을 세 차례나 반복한다. 버림받은 이유는 그가 신의 말씀을 버렸기 때문이고 신의 말씀을 버린 이유는 사람을 의지했기 때문이다. 사울 왕은 자신의 전공(戰功)을 백성들에게 알리기 위해 기념비를 세웠고(12절), 사무엘의 책망을 들은 후에도 그의 관심은 진정한 회개보다는 백성들 앞에서 자신의 체면과 권위를 세우는 데 있었다(30절).

사람의 눈치를 보고 인기에 매이다 신의 명령을 어긴 사울 왕의 비참한 말로(末路)는 유대교 지도자들의 과시적 행위를 질타한 예수의 말씀을 생각나게 한다.

> 사람에게 보이려고 그들 앞에서 너희 의를 행치 않도록 주의하라

그렇지 아니하면 하늘에 계신 너희 아버지께 상을 얻지 못하느니라. (마 6:1)

예수께서 지적한 종교 지도자들의 외식적인 행위는 기도와 구제와 금식에 걸쳐 만연돼 있었다. 그들은 기도뿐 아니라 구제와 금식도 과시했다. 회당과 거리 등 사람들이 운집한 장소에서 드러내놓고 구제 활동을 했다. 그들의 구제 행위를 예수는 '나팔을 분다'(2절)고 표현할 정도로 종교 지도자들의 자기과시적 행위는 도를 넘어섰다. 금식의 경우도 예외가 아니었다. 본래 율법이 정한 금식일은 대속죄일(大贖罪日)로서 모든 백성이 일 년에 한 번 대속죄일에 금식하도록 규정됐다(레 16장; 23:26-32 참조). 그런데 바리새인들은 일주일에 이틀을 금식했다(눅 18:12; 막 2:18 참조). 과도한 경건 훈련이다. 금식은 신의 은혜를 향한 감사와 헌신의 표시로서 소외되고 고통당하는 이웃을 위해 살겠다는 취지의 경건 행위다(사 58:6-9 참조). 그러나 정작 유대교 지도자들은 금식마저 자기과시 수단으로 이용했다. 매주 두 차례 시행하는 자기들의 금식을 사람들이 알도록 했다. 얼굴에 슬픈 표정을 하고 보기 흉한 몰골로 사람들 앞에 나타나 자신이 금식 중임을 알렸다.

이와 같이 사람에게 보이려는 구제와 기도와 금식을 예수는 "너희의"라고 칭했다. "너희 의"는 천부의 관심을 끌지 못한다. 구제, 금식, 기도를 은밀하게, 즉 사람에게 나타내지 않도록 하는 것이 신의 뜻이다. 예수는 오른손이 하는 구제를 왼손이 모르도록 하라고 말씀한다(마 6:3-4). 선행의 은밀함이 어느 정도여야 하는지를 비유로 말씀한 것이다. 오른손과 왼손은 평생의 파트너다. 무슨 일이든 함께 하는,

떼려야 뗄 수 없는 동역자의 관계다. 과연 오른손이 하는 것을 왼손이 모르게 할 수 있을까? 두 손 사이에 비밀 유지가 가능할까? 그러나 예수는 단호하다. 모르게 하라는 것이다. 선행을 하는데 철저한 보안 유지가 안 되면 신으로부터 아무런 칭찬과 상급을 받지 못한다는 말이다. 아무리 많은 구제를 하고 열심히 선행을 한다 해도 사람에게 보이고 주목을 받으려는 의도를 가진 구제와 선행은 신 앞에 무의미하다는 것이 예수의 통찰이다. 연말연시가 되면 교회나 성당, 사찰 관계자들이 불우이웃이나 복지시설을 찾아가서 라면, 쌀, 연탄 등 구제품을 전달하고 그 장면을 카메라에 담는 경우를 종종 보게 된다. 사진을 찍는다는 건 무슨 뜻인가? 알리겠다는 것이다. 오른손이 하는 일을 왼손에게는 물론이고 만천하에 알리기 위해 사진을 찍는 것 아닌가? 예수의 말씀을 지켜야 할 교회마저 구제와 선행을 알리기에 급급한 모습이다. 좋은 일을 주위에 알려서 동참을 장려하는 선행 홍보의 긍정적 효과를 강변하는 목소리도 있지만 실상은 그 역효과가 더 크다. 선행 홍보가 선행 장려와 확산에 기여하고 그로 인해 사회가 더 밝아지고 살기 좋은 세상이 될 수 있다면 예수는 왜 선행의 은밀성을 강조했을까?

선행 홍보의 역기능과 역효과를 알게 하는 대표적인 경우가 교회 내 헌금이다. 교회에서 신도들의 헌금액과 헌금자 명단을 공개하는 것은 예수의 은밀한 선행 권면과 충돌한다. 헌금 수입의 투명성을 위한 것이라면 굳이 헌금자 이름까지 공개할 필요가 있을까? 헌금자 공개로 인해 야기되는 폐해들(헌금 액수에 따른 교인 서열화, 소액 헌금자들의 교회 내 소외 현상, 이런 사유들로 인한 교회의 공동체성 와해 등)은 어찌할 것인가? 그리고 매주 헌금의 수입은 공개하면서 지출은 왜 공개 안 하는가? 헌금 공개 및 그로 인한 헌금 장려의 효과를 주장하는 사람들은 이러한 질문에 답할 수 있어야 할 것이다.

선행 홍보의 정당성을 주장하는 이들은 또한 선행 공개의 역기능에 주의해야 한다. 도움을 받는 자(이하 '수혜자')가 자기에게 도움을 주는 자(이하 '시혜자')가 누구인지 알게 될 경우 어떤 상황이 전개될까? 시혜자에 대한 수혜자의 의존성이 고착화될 우려가 있다. 나를 돕는 사람이 누구인지를 알면 수혜자는 시혜자를 의지하게 되고 구호품이나 구호금의 액수와 보내주는 일자에 집착한다. 행여 액수가 줄어들거나 일자가 늦어지기라도 하면 부정적인 반응을 보인다. 시혜자 명단에서 빠진 사람(즉, 나를 도와주다가 어떤 사유로 더 이상 도와주지 않는 사람)을 원망하게 되고, 또 늦게 보내주거나 적게 보내주는 시혜자를 향해 불평을 쏟아낸다. 이쯤 되면 시혜자의 도움은 수혜자에게 은택이 아니라 받아내야 하는 '빚'이 되어버린다. 그리고 시혜자는 은인이 아니라 구호품과 구호금을 보내야 하는 의무를 저버린 '채무자', 내 것을 빼앗아간 '도둑놈'으로 매도되기 십상이다. 시혜자가 누구인지를 수혜자가 알게 될 경우 수혜자는 불평하는 거지로, 시혜자는 약자의 몫을 빼앗아간 나쁜 놈으로 전락할 가능성이 크다. 이것이 선행 홍보의 폐단이다.

선행 공개 및 홍보가 초래하는 또 다른 폐단은 시혜자의 높아짐, 즉 '우월감'에 있다. 은밀한 선행 권면은 사람들로부터 주목받을 소지를 원천적으로 차단하라는 뜻이다. 나의 선행과 행위가 사람들 앞에서 주목을 받고 칭송을 받으면 내가 높아질 수 있으며 사람들의 칭찬과 찬사에 마음이 끌려 우쭐해질 수 있으니 그런 여지를 두지 말라는 말이다. 유대교 지도자들의 과시적 구제, 과시적 기도는 신을 바라보지 않고 사람을 바라보는 인간 내면의 병리 현상을 드러낸다. 프로이트, 융과 함께 심리학의 3대 거장으로 손꼽히는 알프레드 아들러(Alfred Adler)는 인간 행동의 궁극적 목적은 열등감 극복 및 우월감 추구에 있으며 우월감에 대한 욕구가 지나칠 때 부작용이 발생한다고 말했다. 아들러에 따르면 우월감은 열등감의 다른 얼굴이다. 즉, 우월감을 추구한다는 것은 열등감을 느낀다는 의미로서 자기 안의 열등감을 숨기고 우월감을 통해 보상받으려는 시도가 바로 자기과시다.[14] 그러나 우월감 추구는 열등감을 숨기는 행위일 뿐 열등감은 우월의식으로 극복되지 못한다. 자기 내면의 열등감 극복을 위해 자신의 우월성을 남들에게 드러내고 인정받기를 욕망하는 것은 역설적이게도 열등감 극복에 도움이 되지 못한다.

아들러가 제시하는 열등감 극복의 길은 '숨김'이 아니라 '공개'다.[15] 몸 안에 있는 암세포의 존재를 인정하지 않고 숨기면 암세포가 확산되고 전이되어 결국엔 절망적 상황에 이를 수 있는 것처럼, 내 안의 열등감을 인정하지 않고 이를 자기과시와 우월감으로 은폐하면 할수록 열등감은 더욱 깊어지고 고착화되어 돌이킬 수 없는 상태에 빠질 수 있다. 어두움은 드러내야 사라진다. 인간 내면 깊숙이 숨어 있는 열등의식은 그것을 드러낼 때 비로소 극복될 수 있다. 자신의 불완전함이나 결점을 인정하고 그대로 받아들이는 것이 열등감을 이기는 첩경이다. 미래학자 제러미 리프킨(Jeremy Rifkin)은 그의 저서 『공감의 시대』에서 내가 남보다 우월하다는 불패의 정신은 오

---

14 알프레드 아들러, 『인생에 지지 않을 용기』, 박미정 역(서울: 미래엔, 2015), 46-47. 따라서 구제와 기도 행위를 남에게 보이려는 서기관, 바리새인들의 과시적 행동은 자기의 약점을 우월감으로 감추려는 열등감의 발로라고 할 수 있다.

15 아들러, 『인생에 지지 않을 용기』, 54-55.

히려 자신의 약점을 숨김으로써 자기 스스로를 감옥에 가두는 '페르소나 수인'(the persona prisoner)으로 전락하게 한다고 지적했다. 그에 따르면 진정한 용기는 자신의 약점을 드러내는 데 있다.[16]

이처럼 사람들의 주목과 인기에 연연하는 유대교 지도자들의 과시적 삶은, 정신의학의 관점에서 볼 때 타인의 관심과 반응에 목말라하는 '뮌하우젠증후군'(Münchausen syndrome)의 경우와 유사하다. '뮌하우젠증후군' 환자는 신체적인 징후나 증상을 고의로 만들어내서 타인의 관심을 이끌어내려 한다. 아픈 곳이 없는데도 거짓으로 증상을 만들어내거나 심한 경우 자해라는 극단적 행동을 통해 타인의 관심과 동정을 받으려는 정신질환을 '뮌하우젠증후군'이라고 한다.[17] 서기관, 바리새인들의 과시적 '노상 기도'(路上 祈禱) 행태는 종교적 뮌하우젠증후군으로 볼 수 있다. 기도와 구제뿐 아니라 금식이라는 종교적 경건 행위마저 사람들에게 보여주고 인정받음으로써 자신들의 종교헤게모니 획득과 유지에 집착하는 유대교 지도자들은 정신질환자와 다르지 않다.

예수는 종교인들의 과시적 행위가 신에 대한 무지(無知)에서 비롯된 것임을 지적한다. 서기관과 바리새인들은 누구보다 신을 철저히 믿고 섬기고 순종했다고 평가받는 종교 지도자들이지만 실상 그들은 신을 잘 알지 못했고 또 신을 오해했다. 마태복음 6장 서두에서 서기관, 바리새인들의 심리적, 종교적 병리 현상인 과시적 행위를 지적한 예수는 그들이 잘 알지 못하고 오해했던 신이 '하늘에 계신 아버지'이심을 소개하고 그들의 열등감 및 우월감 극복의 비책을 제시한다.

---

16 제러미 리프킨, 『공감의 시대』, 이경남 역(서울: 민음사, 2010), 198-200.
17 포털 사이트 "구글"의 위키백과사전에서 인용.

엔 토 크륍토:
천국의 은밀함

사람에게 보이려는 종교인들의 먼하우젠증후군
을 예방하고 치료하는 예수의 힐링 메시지는 '엔 토 크륍토'(ἐν τῷ
κρυπτῷ=in secret)다. 마태복음 6장 5절에서 바리새인들의 과시적
기도를 비판한 예수는 6절에서 소위 '골방기도'를 언급한다.

> 너는 기도할 때에 네 골방(ταμεῖον)에 들어가 문을 닫고 '은밀한
> 중'(ἐν τῷ κρυπτῷ)에 계신 네 아버지께 기도하라 '은밀한 중'(ἐν τῷ
> κρυπτῷ)에 보시는 네 아버지께서 갚으시리라. (마 6:6)

골방기도는 은밀한 중에 계시고 은밀한 중에 보시는 천부를 향한
기도를 말한다. 여기서 골방, 즉 '은밀함'의 주체는 사람이 아니라
하늘에 계신 아버지다. 천부께서는 은밀한 중에 계시는 분이고 은밀
한 중에서 살피시는 분이다.[18] 서기관과 바리새인들은 천부의 은밀
하심을 알지 못했기에 자기의 선행과 종교 행위를 사람에게 보이고
사람에게 인정받으려 했던 것이다.[19] 골방기도란 '천부의 은밀하심'
을 믿는 기도다. 마태복음에서 '은밀함'이란 주제는 천부 또는 천국
과 직결된다. 천국은 은밀한(동사 κρύπτω) 보화이며 천국 보화는 발
견된 후에도 은밀한(동사 κρύπτω) 상태로 보존된다(마 13:44).[20] 천

---

18 마이클슨(C. Michaelson)은 신의 은밀함은 신의 삶의 방식이며 신의 적극적인 자기표현이라고
설명한다(하아비 콕스, 『세속도시』[서울: 대한기독교서회, 1992], 359 참조). 파스칼(B. Pascal)
은 예측 불능 존재로서의 신의 타자성(他者性)을 나타내는 신의 은밀함을 모르는 것이 인간 불
행의 시작이며 그 은밀함을 견지하지 않는 종교는 거짓이라고 갈파했다(스티븐 배철러, 『선과
악의 얼굴』[서울: 태일소담, 2012], 75; 콕스, 『세속도시』, 360 참조).

19 콕스, 『세속도시』, 359.

20 감춰진 보화 비유가 의도하는 교훈이 보화 소유에 있다면 보화 발견자가 밭 구입 후 보화를

국복음은 지혜로운 자들에게는 숨겨지고(동사 κρύπτω) 어린아이들에게는 계시된다(마 11:25). 예수는 창세 때부터 숨겨진(동사 κρύπτω) 천국의 비밀을 비유를 통해 가르쳐주었다(마 13:34-35).

이와 같이 마태복음에서 '은밀함'은 천국 또는 천부의 속성으로 묘사되고 있다. 천부 또는 천국의 은밀함은 마태복음의 다른 본문에서도 나타난다. 최후 심판은 가난한 자들(또는 지극히 작은 자들)과 은밀하게 연대된 심판자 예수에 대한 행위에 따라 결정된다(마 25:31-46). 지극히 작은 자들에 대한 행동이 곧 예수에 대한 행동이다. 지극히 작은 자들을 돌봐준 것은 곧 예수를 돌봐준 것이며 그들을 돌보지 않은 것은 예수를 돌보지 않은 것이다. 예수와 지극히 작은 자들과의 이와 같은 동일시(identification)는 지극히 작은 자들에게 내재하는 예수의 은밀함을 보여준다. 예수의 제자를 영접하는 것은 예수를 영접하는 것이다(마 10:40). 구약성서의 잠언서는 가난한 자와 신의 은밀한 동일시를 이렇게 묘사한다.

> 가난한 사람을 학대하는 자는 그를 지으신 이를 멸시하는 자요 궁핍한 사람을 불쌍히 여기는 자는 주를 존경하는 자니라. (잠 14:35)
> 가난한 자를 조롱하는 자는 이를 지으신 주를 멸시하는 자요. (잠 17:5)
>
> 가난한 자를 불쌍히 여기는 것은 여호와께 꾸이는 것이니 그 선행을 갚아주시리라. (잠 19:17)

천부는 은밀한 분이다. 그는 가난한 자들에게 은밀하게 내재하셔

캐내어 품에 안고 기뻐하는 장면까지 이어져야 할 것이다. 하지만 비유의 스토리는 발견 후 보화를 밭에 다시 숨기고 그 밭을 구입하는 장면으로 끝난다. 이것은 비유의 강조점이 '보화의 소유'가 아닌 보화의 은밀성에 있음을 시사하는 대목이다. 이에 관한 구체적인 논의는 본서 "제5장 두 번째 기도"를 참조하라.

서 그들이 받는 대우를 함께 받는다. 이와 관련된 일화를 하나 소개한다.[21] 평생을 미혼으로 살아온 어느 부자 할머니의 사연이다. 할머니는 재산을 물려줄 자식이 없었다. 혈육이라곤 조카뿐이었다. 할머니는 자신의 재산을 조카에게 물려줄 생각을 하고 있었다. 평소에 자신에게 잘 하는 조카였기 때문이다. 하지만 언제부턴가 조카에 관한 소문들이 할머니에게 들려왔다. 좋지 않은 내용들이었다. 한동안 재산 상속 문제로 고민하던 할머니는 한 가지 묘안을 짜냈다. 어느 날 아침, 할머니는 낡은 누더기 옷을 입고 머리를 풀어헤친 거지 행색을 하고 조카의 집에 찾아가 문을 두드렸다. 문을 열고 나온 조카는 다짜고짜 욕을 하며 당장 가지 않으면 경찰을 부르겠다고 소리쳤다. 그때서야 조카의 됨됨이를 알게 된 할머니는 가난한 노파를 박대하는 조카에게는 재산을 맡기지 않겠다고 결심한다. 신은 가난한 자, 약한 자들이 받는 대우를 함께 받고 그 대우를 기준으로 사람을 판단한다. 신의 은밀함은 그러므로 인간의 내면을 측정하는 결정적 기준으로 작용한다.

신의 은밀함을 믿는 사람은 사람에게 보이려는 외식적인 기도를 하지 않는다. 마태복음 6장 6절의 "골방"(ταμεῖον, inner room)은 사람이 아무도 없는 상황적, 장소적 개념이라기보다는 사람을 의지하지 않고 오직 천부께만 의지하고 신뢰하는 마음가짐을 뜻한다. 신께서 은밀한 중에 계시며 은밀한 중에 보시는 아버지라는 믿음을 전제로 하는 골방기도는 신의 편재성(omnipresence)을 나타낸다. 신은 어디나 계시고 어느 곳에서나 보고 계시기 때문에 특정 장소에서만 기도할 필요가 없고 사람들에게 보이려고 애쓸 이유도 없다. 사람의 도움

---

21 팀 켈러, 『정의란 무엇인가』(서울: 두란노서원, 2012), 258-259에서 인용.

이 없어도, 사람의 칭찬과 보상이 없어도 천부께서 나를 알고 나를 보고 있음을 믿는 믿음으로 맺어진 천부와의 관계, 골방은 바로 그 '관계의 은밀함'을 의미한다. 채영삼은 "골방"을 신과의 은밀하고 배타적인 교제의 순간이라고 표현했다.[22] "골방"은 장소적 개념이 아닌 관계적 개념이며 집단적 개념이 아닌 개인적 개념이다. 신자 개개인이 천부와의 은밀한 관계 속에서 갖는 교제, 그것이 골방기도다. 천부께서는 은밀한 중에 계시고 은밀한 중에 보시고 응답하신다는 6절의 선언은 유대교 지도자들의 과시적 기도를 향한 무효 선언이다. 이 선언은 사람에게 칭찬과 영광을 얻기 위한 모든 인위적, 가식적 기도를 부정한다. 은밀한 중에 계시는 천부께서 은밀한 중에 보고 응답하신다는 믿음의 기도는 결코 가식적일 수 없기 때문이다.

사람에게 보이고자 하는 기도가 아닌 오직 천부에게 향하는 골방기도를 나타내는 6절의 '엔 토 크립토'는 장소의 은밀함, 곧 아무도 없는 곳에서의 기도를 의미하지 않는다. 만일 그것이 장소적 개념이라면 교회를 비롯한 공공장소에서의 기도는 모두 과시적 기도이며[23] 다른 사람과의 합심기도는 응답을 못 받는 무익한 기도일 것이다. '엔 토 크립토'는 5절의 "사람에게 보이려고"의 반대 개념이다. 여기서 "보이려고"의 그리스어 동사 '화노신'(φανῶσιν)은 수동형 동사로서 이를 정확히 번역하면 '사람에게 보여지기 위해'가 된다. 이 동사는 금식에 관한 교훈에도 두 차례(마 6:16, 18) 사용되어 금식이라는, 신께 드려져야 하는 경건 행위가 사람에게 보이고 사람으로부터 인정받으려는 자기과시의 수단으로 오용되는 것을 지적한다. 또

---

22 채영삼, 『긍휼의 목자 예수』(서울: 이레서원, 2011), 139.
23 예수 자신도 공개된 장소에서 기도했다(마 18:19-20; 21:13; 26:38-42; 막 11:25; 눅 11:1 참조).

구제에 관한 교훈(마 6:2-4)에서 "사람에게 영광을 얻으려고"라는 표현은 자기과시적 선행을 고발한다. 자기과시적 행위는 신의 관심을 끌지 못한다(마 6:1, 16). 오직 천부의 성품을 닮은 은밀한 행위만 천부의 인정을 받는다(4, 6, 18절).

골방기도를 통해 천부의 은밀하심을 경험하는 사람은 천부의 성품을 닮는다. 그는 사람들에게 자기의 행위를 보여서 자기를 나타내고 사람들의 인정을 받으려 하지 않는다. 타인의 주목과 인정을 갈구하지 않고 선행과 종교 행위를 행하는 그는 '은밀 휴머니스트'(secret humanist)이다.

기복적 기도: '비난수'를 경계하라

마태복음 6장 5-6절이 유대교 지도자들의 과시적 기도와 은밀한 기도의 비교를 통해 무소부재(無所不在)하신 천부에 대한 믿음을 강조한다면, 7-8절은 이방인의 기복적 기도를 경계하고 천부의 전지하심(omniscience)에 대한 믿음을 역설한다.

> 또 기도할 때에 이방인과 같이 중언부언하지 말라 저희는 말을 많이 하여야 들으실 줄 생각하느니라. (마 6:7)

유대교 지도자들의 기도가 사람에게 보이려는 과시적 기도라면, 이방인의 기도는 기도의 공력으로 응답을 얻어내려는 기복적 기도다. 다시 말해서, 이방인의 기도는 첫째, 자기의 소원을 이루어달라는 기도이며 둘째, 신에게 정성을 들여야 소원을 들어준다고 믿는 기도다. 이방인들은 기도의 분량에 따라서 신의 응답이 결정된다고 믿는다. 따라서 그들의 기도는 '비난수', 즉 같은 말을 오랜 시간 되풀이하는 중언부언(重言復言)의 기도다. 기도의 공력과 정성이 많아야 신에게 받아들여진다는 '비난수' 기도. 8절은 이방인들의 '비난수' 기도를 경계한 후 새로운 기도관을 제시한다.

> 그러므로 저희를 본받지 말라 구하기 전에 너희에게 있어야 할 것
> 을 하나님 너희 아버지께서 아시느니라. (8절)

7절에서 이방인의 기복적 기도를 비판한 예수는 8절에서 '구하기 전 내 필요를 다 아시는' 하늘 아버지를 제시한다. 신의 전지하심을 공포하는 8절은 종래의 기복적 기도관을 향한 폭탄선언과도 같다. 이 선언은 내 기도를 상달하기 위해 쌓아올리는 온갖 인위적 노력과 공적을 파쇄한다. 나의 사정을 다 아시는 천부이심을 알고 믿는 기도는 이방인들의 기복적 기도처럼 될 수 없다. 8절의 기도관은 32절에서 한 번 더 강조된다.

> 이는 다 이방인들이 구하는 것이라 너희 천부께서 이 모든 것이
> 너희에게 있어야 할 줄을 아시느니라. (32절)

8절과 32절은 신이 이미 다 아시므로 구하지 않아도 된다는 의미일 수 없다. 은밀한 중에 계신 천부께 기도하라는 권면이 이미 6절에서 주어졌기 때문이다. 8절과 32절은 신께 기도하는 사람이 가져야 할 믿음의 대전제를 설명한다. 기도의 본질은 기도 시간이나 기도 횟

수에 있지 않고 기도자의 믿음에 있다. 신은 자녀의 원하는 것을 이미 다 아시는 전지하신 아버지이심을 인정하는 믿음, 그 믿음이 기도하는 사람에게 전제돼 있어야 한다는 것이 8절과 32절의 의미다.

> 은밀한 중에 계시는 아버지께서는 너를 이미 보고 계신다. 이미 너의 속사정을 다 알고 계신다. 이 사실을 알고 기도하는 믿음이 네게 필요하다. 그러므로 마치 신이 자녀의 사정을 모르시는 분인 것처럼 그분을 대하지 말라. 너의 정성과 공력의 분량에 따라 기도가 받아들여진다고 오해하지 말라.

천부의 은밀함을 아는 사람은 기도하기 전에 천부께서 이미 다 알고 계시다는 사실을 알기에 이방인처럼, 철부지 아이가 부모에게 떼쓰고 매달리는 것처럼 기도하지 않는다. 그는 기도의 응답이 곧바로 주어지지 않는다고 원망하거나 초조해하지 않는다. 기도의 정성과 노력이 부족해서라고 생각하지도 않는다. 천부께서 내 사정과 상황을 다 알고 계심을 믿기 때문이다. 자녀의 상황을 모두 아시는 아버지께서 당신의 계획과 뜻이 있음을 알고 평안 가운데 기다리는 그는 은밀 휴머니스트이다.

> 주님의 시간에,
> 주의 뜻 이뤄지길 기다려.
> 하루하루 살 동안 주님 인도하시네.
> 주의 뜻 이뤄지길 기다려.

믿음은 기다림이다. 기다린다는 것은 믿는다는 뜻이다. 믿기에 기다린다. 믿지 못하면 기다리지 못한다. 하늘에 계신 신, 무소부재하시고 전지하신 신께서 우리의 아버지이시며 자녀들의 필요와 상황

과 사정을 모두 알고 계시는 분임을 믿는 자녀들은 그 믿음 안에서
잠잠히 아버지를 기다린다. 아버지의 때에, 아버지의 뜻에 따라, 아
버지께서 이루실 것임을 믿고 기다린다. 이 기다림이 믿음이며 믿음
은 참된 기도의 대전제다. 이 믿음이 있는 이들은 자기과시적 삶을
추구하지 않으며 기복적 신앙에 빠지지 않는다.

주기도문의 복음

지금까지 살펴본 마태복음 6장 6절과 8절의 두
선언은 주기도문이 선포하는 메시아 복음이다.

> 은밀한 중에 보시는 네 아버지께서 갚으시리라. (마 6:6)

은밀하신 천부의 편재(遍在)하심을 천명하는 6절의 선언은 가난한
자, 소외된 이들에게 복음이다. 장소와 시간에 상관없이 기도를 들
어주시고 응답하시는 신께서 그들의 아버지 되신다는 예수의 선언
은 회당과 성전의 기도 시간에 맞추어 기도하기 어려운 하루 벌이
노동자들에게 기쁜 소식이 아닐 수 없다. 동시에 이 선언은 외식하
는 서기관, 바리새인들처럼 회당이나 성전 등 공개적 장소에서 자신
의 기도 능력을 한껏 과시하는 이들에게 얼마나 허탈한 선언인가?

> 구하기 전에 너희에게 있어야 할 것을 하나님 너희 아버지께서 아
> 시느니라. (8절)

은밀하신 천부의 전지하심을 공포하는 8절의 선언은 농아(聾啞)들에게 복음이다. 말로 기도하지 못해도 천부께서 나의 마음속 사정을 다 아신다는 예수의 선언은 그들에게 기쁜 소식이 아닐 수 없다. 또 이 선언은 성전에 많은 제물을 바치고 득의양양하던 부자들로부터 소외당한 이들에게 복음이 아닐 수 없다. 인간의 기도 공로나 예물 공세에 따라 기도 응답의 유무와 속도가 결정되는 것이 아니기 때문이다. 반대로 자녀의 일류대 입학을 위해 새벽마다 밤마다 쌓아올린 공든 탑(기도의 탑, 정성의 탑, 예물의 탑 등)이 모래 위 성 쌓기였다니……, 자기 소원을 신에게 상달하기 위해 예물과 공력을 쌓아 올린 부자들에게 이 얼마나 허망한 선언인가?[24]

주기도문은 오늘의 교회에게 신앙 개혁을 선포한다. 주기도문의 도입구인 8절과 9절의 "그러므로"는 주기도문이 예수 당시의 과시적, 기복적 종교에 대한 개혁 선언문임을 말해준다. "그러므로"는 주기도문이 예수 당시만 아니라 그 이전 시대를 배경으로 하고 있음을 암시한다. 예수께서 지적한 당시 유대 종교의 폐습은 과거 남북 왕정 시대와 그 이전의 사사 시대, 그리고 더 이전의 모세 시대 때부터 야훼 신앙에 유입된 이방 종교에서 기인한다. 430년간의 노예 생활에 종지부를 찍고 애굽의 철권통치로부터의 탈출에 성공한 이스라엘 백성들. 그러나 그들은 애굽의 종교로부터는 탈출하지 못했다. 애굽에서의 기나긴 종살이는 그들의 DNA 속에 이방 종교의 유전자를 깊게 심어놓았다. 눈앞에서 바다가 갈라지는 미증유의 이적을 보고, 그 바닷길을 건넌 뒤 다시 닫힌 바닷속에 애굽의 마병들이 수장되는 기적의 현장을 목격하고도 이스라엘 백성들은 자신들을 인도

---

24 따라서 예수의 이 두 가지 선언은 '자기 의'(自己義)에 도취된 당시의 종교 지도자들 및 부유층의 반감과 적대감을 촉발시켰을 것이다.

아론의 금송아지 형상

한 신을 신뢰하지 못하고 애굽을 추억한다. 출애굽 후 채 한 달도 안 되는 기간 동안에 홍해 사건을 비롯한 수많은 초자연적 기적(구름기둥과 불기둥의 현현, 마라의 쓴물 사건 등)을 체험했음에도 신을 향한 이스라엘 백성의 불평은 끊이지 않는다. 홍해 도하 때부터(출 14:10-12) 가나안땅에 들어가기 전 시내반도 아라바 광야의 불뱀 사건에 이르기까지(민 21:4-9) 여호와에 대한 이스라엘의 불신과 불평은 40년 광야 노정 중에 계속된다(출 14-17장; 민 11-21장).

출애굽 공동체의 뇌리 속에 박힌 이방 종교 DNA의 증거는 그 유명한 '아론의 금송아지 사건'에서 잘 드러난다. 출애굽기 32장의 기록을 보면, 홍해를 건넌지 두 달여 지나 시내산에 도착한 이스라엘 백성들은 십계명 돌판을 받기 위해 모세가 시내산 정상에 머물러 있던 그때, 제사장 아론에게 그들을 인도할 신의 형상을 만들어달라고 종용한다. 이에 아론은 백성들에게서 금을 수거하여 그것으로 송아지 형상을 만들어 그 형상이 그들을 인도한 신이라고 백성들에게 공포한다(출 32:1-5). 그러자 백성들은 금송아지 형상 앞에 제단을 쌓고 번제와 화목제를 바치며 유흥을 즐겼다(6절). 이들이 만든 금송아지 형상은 애굽의 신들 가운데 다산(多産)을 상징하는 '아피스'(Apis)의 황소 형상을 모방한 것으로서 아론과 백성들은 이 송아지 형상을 이방 민족의 신으로 숭배한 것이 아니라 애굽과 홍해에서 그들을 구해낸 여호와 신으로 숭배했다.[25] 금송아지 사건은 이스라엘 백성들의 의식 속에 애굽 종교의 잔상이 얼마나 깊게 드리워져 있는가를 보여주는 대표적 사건이다.

'금송아지 사건'이 출애굽 초기(기원전 약 1446년)의 사건이라면 '바알브올 사건'은 광야의 40년 여정이 끝나가는 시점(기원전 약 1406년)에 싯딤에서 발생한 사건이다. 싯딤은 요단강 동편 모압 지역으로서 이스라엘 백성이 가나안 입성을 앞두고 머물렀던 마지막 장소다.[26] 가나안을 향한 길고 긴 여정을 끝내고 전열을 정비하여 요단강을 건너야 하는 중요한 시점에서 또다시 우상숭배와의 악연이 이스라엘의 발목을 붙잡고 만다. 민수기 25장을 보면, 모압 여인들의 초대를 받은 이스라엘 남자들은 모압 여인들과의 육체적 향락에 빠져 모압의 신 바알브올에게 바친 제물을 먹고 그에게 절했다(1-2절). 이스라엘이 바알브올에게 예속되었다는 3절의 기록은 이 사건이 음행과 우상숭배에 참여한 몇몇 사람들만의 문제가 아닌 이

---

25 R. Alan Cole, *Exodus: An Introduction and Commentary* (Downers Grove: IVP, 1973), 213 참조.
26 이곳에서 모세는 백성들에게 고별설교를 하고 여호수아에게 안수함으로써 이스라엘의 리더십이 여호수아에게 이양되었다.

스라엘 백성 공동체와 관련된 사건임을 시사한다. 가나안 정벌이라는 민족적 중대사를 코앞에 두고 벌어진 이 사건에 대해 크게 진노한 여호와는 백성의 두령들(족장들)을 공개 처형(교수형)하는 특단의 조치를 단행한다(4절). 백성에 대한 관리감독 소홀의 책임을 묻는 동시에 이스라엘 공동체에 대한 경고성 처벌인 것이다. 그런데 모세는 여기서 실수를 범하고 만다. 여호와는 두령들을 '모두' 처형하라고 했는데 모세는 바알브올에게 제사를 지낸 장본인들만을 처형한 것이다(5절).[27]

이 사건으로 인해 백성들의 참회의 울음과 처형당한 자들로 인한 통곡 소리가 이스라엘 온 진영을 뒤덮었고 상황은 여기서 일단락되는 듯 보였다. 하지만 그 시점에 시므온 지파의 시므리라는 족장이 이방 여인을 데리고 진영에 들어와 자기 장막에 들어가는 장면이 모세와 백성들에 의해 목격된다. 바알브올 사건으로 희생된 자들의 피가 채 마르지 않았고 또 살아남은 이들의 참회와 통곡 소리가 아직도 이스라엘 진영 곳곳에서 들려오는 엄중한 시기에 벌어진 참담한 사건이 아닐 수 없다. 이 장면을 지켜본 대제사장 아론의 손자 비느하스는 창을 들고 시므리의 장막에 쳐들어가 서로 뒤엉켜 있는 시므리와 이방 여인을 그 자리에서 처단한다(민 25:6-8). 비느하스의 이 행동은 그때까지 이스라엘 진영에 돌고 있던 염병을 물러가게 했으며(8절), 여호와는 비느하스의 이 의로운 행동을 이스라엘 백성들을 위한 속죄로 인정하여 비느하스와 그의 자손들에게 영원한 제사장 직분을 약속한다(11-13절). 성서는 이 약속을 '평화의 언약'이라고

---

27 이 사건 이후 25,000명의 목숨을 앗아간 참혹한 전염병 사건은 여호와의 처벌 명령을 제대로 이행하지 못한 것에 대한 징벌이었다.

명명한다(12절).

이와 같이 각각 광야 생활 초기와 말기에 벌어진 금송아지 사건과 바알브올 사건은 이스라엘 공동체가 애굽으로부터의 정치적 엑소더스에는 성공했지만 그보다 더 중요한 정신적, 종교적 엑소더스에는 성공하지 못한 채 가나안에 들어갔음을 보여준다. 이방 종교의 DNA가 남아 있는 상태에서의 가나안 입성과 정착은 훗날 사사 시대와 왕정 시대의 신정 통치와 제의종교 안에 거대한 우상숭배 헤게모니가 똬리를 트는 빌미가 되고 만다. 겉으로는 야훼 유일신 종교의 형태를 취하고 있지만 그 이면에는 이방 종교의 가공할 아메바들이 득실거리고 있었다. 우상숭배 헤게모니는 야훼 신앙의 근간을 허물기 시작했고 이는 결국 남북왕조의 멸망으로 이어졌다. 이후 민족적 참회와 대대적인 종교개혁 운동을 통해 예루살렘성전이 재건되고 야훼 제의 종교가 회복되었지만 우상숭배 DNA는 끝내 제거되지 않은 채 예수 당시의 과시적, 기복적 유대교의 흉물스러운 모습으로 재생되고 말았다.

주기도문을 소개하는 9절의 서두 "그러므로……"는 예수 당시 유대 사회에 깊숙이 자리 잡고 있던 왜곡된 종교 현상들의 기원이 출애굽 시대로 귀착된다는 점, 따라서 주기도문은 단순한 주문이나 암송문이 아니라 1,500여 년 동안 참된 야훼 신앙을 훼손하고 여호와의 백성들을 미혹한 이방 종교 헤게모니에 대한 선전포고라는 점을 함의한다. 예수는 지금, 출애굽공동체에서 뻗어나간 우상숭배의 뿌리를 끊고 새로운 신국(神國) 건설을 위한 참 신앙의 원리를 제자공동체에게 가르쳐주고 있다. 주기도문은 기도를 '자기 의'(自己義, self-righteousness) 과시용으로 전락시킨 종교엘리트들에게 은밀하신 천부의 편재하심을 선포함으로써 모든 외식적인 기도를 단죄한다. 사람들의 주목과 칭찬을 바라는 자기과시적 욕구가 철저히 배제된 골방의 기도, 천부 한 분만을 향한 진정성의 기도가 '주의 기도'이다. 또한 주기도문은 기도를 자기 소원 성취용으로 전락시킨 미신(迷信)을 향해 은밀하신 천부의 전지하심을 선포함으로써 모든 기복적인 기도를 거부한다. 기도 상달을 위한 인위적 정성과 공력이 차단된 기도, 천부의 뜻을 잠잠히 기다리는 '은밀 휴머니즘'(secret humanism)의 기도, 이것이 주기도문의 본질이며 주기도문의 케리그마(kerygma)다.

"이렇게 기도하라": 신앙과 삶의 대(大)원리

> 그러므로 너희는 이렇게 기도하라……. (마 6:9)

9절의 "그러므로"는 과시적 기도(5절) 및 기복적 기도(7절)에 대한 경계와 골방기도(6절) 및 믿음의 기도(8절) 권고가 예수께서 친히 제자들에게 기도를 가르쳐주는 직접적 배경임을 보여준다. 예수를 따르는 이들의 기도는 유대교 지도자들의 과시적 기도 및 이방인들의 기복적 기도와 다르다. 기도는 신앙의 요약이며 핵심이다. 그의 기도는 그의 신앙이요, 삶이다. 예수는 올바른 기도의 원리를 제자들에게 가르쳐줌으로써 그들의 신앙과 삶이 외식적인 유대교 지도자들과 구별되고 기복적인 이방인들과 달라야 할 것을 천명한다. 따라서 주기도문에는 그리스도인의 신앙과 삶의 원리가 제시되어 있다.

주기도문의 도입부는 '그러므로 너희는 이것을 기도하라'가 아니라 "그러므로 너희는 이렇게(οὕτως) 기도하라"이다. 그리스어 '후토스'(οὕτως)는 '주의 기도'가 '기도의 내용'(what to pray for)이라기보다는 '기도의 방법'(how to pray)이라는 것을 보여준다.28 즉, '주의 기도'의 여섯 개 기도문(six petitions)은 정형화된 암송문이 아니라 올바른 기도의 원리다. 같은 말을 되풀이하는 이방인의 중언부언형 기도를 비판하는 맥락(7절)에서 제시된 주기도문은 수정 불가의 암송문일 수 없다. 예수는 천부를 믿는 자녀들의 기도와 삶의 원리가 어떠해야 하는지를 제자들에게 가르쳐준 것이다.

기도는 곧 삶이다. 삶으로 이어지지 않는 기도는 자기과시이며 강복술(降福術)일 뿐이다. 주기도문은 복 받기 위해 암송하는 종교적 주문이 아니라 천부의 다스림을 받는 자녀들의 삶의 대원리다. 천부의 자녀들의 삶은 천부의 이름, 천부의 나라, 그리고 천부의 뜻을 위해 살아간다(9-10절). 그들의 신앙과 삶의 우선순위는 천부의 이름이요, 나라요, 그의 뜻이다.

> 이는 다 이방인들이 구하는('에피제테오'[ἐπιζητέω]) 것이라. (마 6:32)
>
> 너희는 먼저 그의 나라와 그의 의를 구하라('제테오'[ζητέω]). (33절)

위 두 본문은 이방인들과 천부의 자녀들이 추구하는 것을 비교하여 설명한다. 32절의 동사 '에피제테오'(ἐπιζητέω)는 이방인들의 '구함', 즉 7-8절에서 지적된 이방인들의 기복적 기도를 묘사한다. 이방인들의 '구함'(ἐπιζητέω)의 대상은 먹을 것, 마실 것, 입을 것이다(마

---

28 카슨은 주기도문을 기도의 모델이라고 평가했다(Carson, *Matthew Chapter 1 Through 12*, 169).

6:31). 그들이 중언부언하며 시간과 정성을 들여 구하는 것은 그들의 식음의(食飮衣)다. 이에 반해 "너희", 곧 신의 자녀들의 '구함'(제테오[ζητέω])의 대상은 천부의 나라와 천부의 의(義)다.

구함의 주체	이방인들	천부의 자녀들
구함의 대상	먹을 것, 마실 것, 입을 것	천부의 나라와 천부의 의
구함의 용어	에피제테오(ἐπιζητέω)	제테오(ζητέω)

본문(마 6:7-8과 31-33절)은 이방인들과 천부의 자녀들, 그리고 이방인들의 구함과 천부의 자녀들의 구함을 각각 비교한다. 그런데 7절에서 이방인들이 구하는 대상이 31절의 먹을 것, 마실 것, 입을 것이고 7-13절에서 이방인들의 구함과 주기도문이 대비되고 있음을 볼 때, 33절의 '천부의 나라와 의'는 주기도문과 직접 연결될 수 있다. 다시 말해서, 마태복음 6장에서 식음의의 반대 개념으로 제시되는 주기도문과 '천부의 나라와 의 구함'은 서로 같은 의미라고 볼 수 있으며, 따라서 주기도문의 여섯 개 기도는 곧 '천부의 나라와 의를 구함'으로 요약될 수 있다.

여기서 주목할 것은 이방인들의 구함(에피제테오)과 천부의 자녀들의 구함(제테오)을 나타내는 두 동사 '제테오'(ζητέω)와 '에피제테오'(ἐπιζητέω)다. 마가복음 및 누가복음과 달리 마태복음에서 '제테오'와 '에피제테오'는 용례상 차이를 보인다. 그 차이는 두 동사의 '상대어 동사'[29]를 통해 확인된다. 마태복음에서 동사 '제테오'의 14회 용례[30] 중 해당 문맥에서 상대어 동사가 나타나는 경우는 6회

---

29 예를 들어, 'A를 구하다가 마침내 A를 찾았다'라는 문장에서 동사 '찾다'를 '구하다'의 상대어 동사라고 할 수 있다.

(7:7, 8; 12:43; 13:45-46; 18:12-13; 26:59-60)인데 6회 모두 동사 '휴리스코'(εὑρίσκω, 발견하다)가 능동형으로 나타난다. 이에 반해 동사 '에피제테오'의 경우는 총 3회 용례 중 상대어 동사를 수반하는 2회(12:39; 16:4) 모두 동사 '디도미'(δίδωμι, 주다)의 수동형을 수반한다.[31]

이처럼 마태복음에서 '제테오'의 상대어 동사로 '휴리스코'의 능동형을, '에피제테오'의 상대어 동사로 '디도미'의 수동형을 설정한 것은 두 동사의 용례상의 구분을 보여준다. '제테오'는 '주어지다'는 수동형 동사가 아닌 '발견하다'는 능동형 동사와만 결합되어서 '발견할 때까지 지속적으로 찾는 행위'를 강조한다.[32] 또한 '발견하다'는 의미의 능동형 동사가 아니라 '주어지다'는 의미의 수동형 동사만을 수반하는 '에피제테오'는 '(누구에 의해) 주어질 때까지 요구하는 행위'를 나타낸다고 볼 수 있다. 즉, 마태복음에서 동사 '제테오'의 대상은 (내가) 발견할 때까지 (내가) 계속 찾아야 할 어떤 것이며, '에피제테오'의 대상은 누군가에 의해 (내게) 주어지는 어떤 것으로 묘사되고 있다. 악하고 음란한 세대가 구하는(에피제테오) 표적은 (신에 의해) '주어질'('디도미'의 수동형) 요나의 표적이다(12:39; 16:4). 사람에게서 축출된 귀신은 자신이 쉴 곳을 구하였으나(제테

---

30 마 2:13, 20; 6:33; 7:7, 8; 12:43, 46, 47; 13:45-46; 18:12; 21:46; 26:16, 59; 28:5.

31 마태복음에서 두 동사의 용례상의 차이에 관한 자세한 논의를 위해서는 김형근, 「마태복음 25:31-46에 나타난 심판의 기준: 의와 심판 기준의 연관성을 중심으로」(신학박사학위 논문, 웨스트민스터신학대학원대학교, 2012), 34-38; 「마태복음 6:33의 τὴν δικαιοσύνην αὐτου 다시 보기: 동사 제테오와 에피제테오의 용례를 중심으로」, 『신약연구』 13/1 (2014), 18-27을 보라.

32 프란스(France)는 마 6:33의 현재시제 명령형 동사 '제테이테'(ζητεῖτε)는 계속되는 의무, 즉 천부의 나라와 의에 대한 지속적 관심을 의미한다고 밝힌 바 있다(France, *The Gospel of Matthew*, 141). 그리고 해그너(Hagner)는 6:33의 '제테이테'를 '끊임없이 추구해 나가라'는 의미로 해석한다(해그너, 『WBC 성경주석: 마태복음 1-13』, 316).

오) '얻지'('휴리스코'의 능동형) 못했다(12:43). 천국은 좋은 진주를 구하는(제테오) 상인과 같은데 그 상인이 마침내 극히 값진 진주 하나를 '발견했다'('휴리스코'의 능동형)(13:45-46). 아흔 아홉 마리를 산에 두고 길 잃은 한 마리 양을 찾는(제테오) 양 주인이 마침내 그 한 마리를 '찾는다면'('휴리스코'의 능동형) 길을 잃지 아니한 아흔 아홉 마리보다 그 한 마리를 더 기뻐할 것이다(18:12-13). 대제사장 들과 온 공회가 예수를 고소할 거짓 증거를 찾으려(제테오) 했으나 끝내 '얻지'('휴리스코'의 능동형) 못했다(26:59-60).

위 예문들을 요약하면, '제테오'의 주체(사람에게서 축출된 귀신, 좋은 진주를 구하는 상인, 양 주인, 대제사장들과 온 공회)는 '제테 오'의 대상(쉴 곳, 극히 값진 진주, 길 잃은 양 한 마리, 거짓 증거) 을 그들이 찾을(또는 발견할) 때까지 지속적으로 찾는다.33 그런데 '에피제테오'의 경우 그 주체(악하고 음란한 세대)가 구하는 '에피제 테오'의 대상(표적)은 (신에 의해) 주어진다.

이와 같은 '제테오'와 '에피제테오'의 용례상의 차이는 마태복음 6장 32-33절에서 명확하게 드러난다. 본문에서 '제테오'와 '에피제 테오'의 대상은 각각 '천부의 나라와 의'(33절), 그리고 '이 모든 것'(32절= '먹을 것, 마실 것, 입을 것'[31절])이다. '에피제테오'의 대상인 '이 모든 것'은 '에피제테오'의 주체에게 '(~에 의해) 더하 여질'(동사 '프로스티데미'의 수동형)34 때까지 '에피제테오'의 주체

---

33 마태복음에서 상대어 동사가 수반되지 않는 '제테오'의 다른 용례들(2:13, 20; 12:46, 47; 21:46; 26:16; 28:5)의 해당 문맥에서도 '제테오'의 주체에게 '제테오'의 대상이 (누구에 의해) 주어진다는 정황은 나타나지 않는다.

34 33절 "…… 그리하면 이 모든 것을 너희에게 더하시리라(προστεθήσεται)"에서 "더하시리라"의 그리스어 '프로스테데세타이'(προστεθήσεται)는 동사 '프로스티데미'(ροστίθημι)의 수동형으로 서 본문에서 '이 모든 것'은 신에 의해 '주어지는 것'으로 묘사된다. 따라서 한글 성경의 능동 형 번역 "더하시리라"는 수동형 동사의 의미를 충분히 반영하지 못한 번역이다.

가 요구하는 것으로, '제테오'의 대상인 '천부의 나라와 의'는 '제테오'의 주체가 '발견할' 때까지 찾는 것으로 각각 묘사되고 있다. 동사 '제테오'와 '에피제테오'의 이러한 용례 차이는 마태복음 6장의 문맥에서도 확인된다. 앞에서 언급한 바와 같이, 이방인들은 자신들이 구하는(에피제테오) '이 모든 것'이 주어질 때까지 중언부언, 많은 말로써 계속 구한다(에피제테오: 7절, 31-32절). 여기서 '에피제테오'는 자기 정성과 공력으로 천부에게 자기의 '이 모든 것'을 상달하고 응답받고자 하는 이방인들의 기복적 욕망을 시사한다. 반면, 천부의 자녀들은 그들이 구하는(제테오) 것, 즉 '천부의 나라와 의'를 그들이 발견할 때까지 지속적으로 추구한다(제테오: 33절). 이방인들이 구하는(에피제테오) 먹을 것, 마실 것, 입을 것은 천부의 나라와 의를 구하는(제테오) 자에게 더하여진다.

　지금까지 동사 '제테오'와 '에피제테오'의 용례상의 차이를 살펴본 결과 주기도문과 관련하여 중요한 사실이 도출되었다. 앞에서 언급한 바와 같이, 주기도문은 '천부의 나라와 의 구함'의 여섯 가지 실천 원리이며 천부의 나라와 의는 '에피제테오'의 대상이 아니라 '제테오'의 대상이다. 즉, 천부의 나라와 의가 사람의 '기복적, 인위적 공력'(=에피제테오)으로 천부에게 받아낼 수 있는, 신으로부터 주어지는 무엇이 아닌 것처럼, 주기도문의 여섯 개 기도는 복 받기 위한 예전용 기도문도, 신통력 있는 주문도 아니다. 삶의 현장에서 끊임없이 실천하고 적용해야 하는 원리, 이것이 예수께서 가르쳐준 기도의 본질이다. 주기도문의 전반부(You-petitions)는 천부의 나라와, 후반부(our-petitions)는 천부의 의(義)와 관련되어 있다. 천부의 나라는 천부의 통치(다스림)를, 천부의 의는 천부의 옳으심을 의미한다.

전자는 신앙의 수직적 측면, 곧 천부와의 관계와 관련되고, 후자는 신앙의 수평적 측면, 곧 사람과의 관계와 관련된다. 천부의 나라를 구한다(제테오)는 것은 자신의 삶 속에서 천부의 다스림에 순종한다는 의미로서 이것은 사람에게 보이기 위한 과시적 기도와 대비된다. 아버지의 이름이 우리를 통해 거룩히 여김을 받으실 것을, 아버지의 나라가 세상에 임하실 것을, 그리고 아버지의 뜻이 이 땅에서 이루어지는 것을 삶의 최우선 순위로 자리매김하는 것이 천부의 나라를 추구하는(제테오) 삶이다. 천부의 의를 구한다(제테오)는 것은 천부께서 옳다고 인정하는 것을 인간관계 속에서 실천한다는 의미로서 이것은 이방인의 기복적 기도와 반대된다. 일용할 양식, 곧 하루의 필요 이상을 탐하지 않고, 내게 잘못한 이를 용서하며, 유혹과 악의 도전을 물리치는 삶이 천부의 의를 구하는(제테오) 삶이다. 천부의 나라와 천부의 의를 추구하는 삶, '주의 기도'가 촉구하는 그리스도인의 삶이다.

제2장

하늘들에 계신

ὁ ἐν τοῖς οὐρανοῖς

'무너짐'은 은총의 시작이다.
하늘나라는 '자기 의'의 폐허 위에 세워진다.

가뭄이라는 한계 상황에서 하늘을 응시하는 농부의 절망,
죽음이라는 허무의 심연에 빠져 울부짖는 구도자의 절망,
영생의 문턱을 넘지 못해 고개를 떨군 부자 청년의 절망,
신의 뜻 앞에 선 실존의 참담함을 선언하는 사도의 절망,
그 아득한 절망은 그러나 소망의 묘상(苗床)이다.

'주의 기도'는 "하늘들에 계신 우리 아버지"라는 호칭으로 시작된다. 이 호칭 속에서 우리는 예수의 신관(神觀)을 만난다. 유대교의 전통적 신관은 하늘과 땅과 그 가운데 있는 만유를 지은 창조주를 믿고 순종하는 우주적, 보편적 신앙이며 아브라함을 부르고 이삭을 선택하고 야곱을 인정한 여호와를 섬기는 유일신 신앙이다. 예수의 신관은 이러한 유대교의 전통에서 출발하지만 거기에 머물지 않는다. 구약시대에 아브라함과 모세를 비롯한 많은 믿음의 사람들을 통해 자신을 부분적으로 계시하신 신이 마지막 때에 아들을 통해 자신을 나타내셨기 때문이다(히 1:1-2).

> 주기도문의 서두에 나타난 예수의 하나님은,
> 첫째, '하늘들'에 계시다,
> 둘째, '아버지'이시다,
> 셋째, '우리의' 아버지이시다.

주기도문에서 하늘은 두 차례 등장하는데 10절 세 번째 기도에서의 '하늘'이 단수형인 반면, 9절 서두 호칭의 '하늘'은 복수명사 '하늘들'이다. 고대인들은 하늘을 세 개의 하늘, 즉 '구름의 하늘'(sky, 대기권), '별들의 하늘'(space, 대기권 밖), 그리고 '영적 세계의 하늘'(heaven)로 구분했다.[1] 주기도문 호칭의 '하늘들'은 이 세 개의 하늘을 총칭하는 표현으로서 '모든 하늘들에 계신 하나님'을 의미하며 이는 신의 초월성을 나타낸다.[2] 이런 관점에서 볼 때, '땅'과 대비되는 10절의 단수형 '하늘'은 신의 뜻과 통치가 이미 성취된 영역이라는 측면에서 세 하늘 중 영적 의미의 하늘, 즉 heaven을 지칭한다고 할 수 있다.

신의 초월성은 인간과 신 사이에 존재하는 무한의 간극을 의미한다. 인간은 땅에 있고 신은 하늘들에 계신다.[3] 그러나 예수의 하나님은 하늘들에만 계신 분은 아니다. 신은 초월적인 동시에 내재적이다. 그는 산과 바다에도 계시며 들판과 사막 한가운데도 계시다. 보이지 않는 인간의 마음속에도 신은 계신다. 없는 곳이 없는 분, 그가 예수의 하나님, '천부'(heavenly father)이시다. 이와 같은 천부의 무소부재(omnipresence)를 모를 리 없는 예수께서 천부를 '만유 안에 계시는 하나님'이 아닌 "하늘들에 계신 하나님"이라고 제자들에게 알려준다. "하늘들에 계신"은 땅에 있는 인간과의 대비를 강조하는 표현이다.

신은 하늘에, 인간은 땅에

신과 인간의 간격은 '하늘과 땅 사이'다. 하늘과 땅 사이……, 인간

---

1 사도 바울의 '삼층천 체험'에 언급된 '세 번째 하늘'은 '영적 세계의 하늘'이라고 할 수 있다.

2 J. Nolland, *The Gospel of Matthew: a Commentary on the Greek Text* (Grand Rapids: Eerdmans, 2005), 286. 스프라울은 신의 초월성 또는 독립성을 다음과 같이 설명한다: "신과 인간의 가장 큰 차이는 이것이다. 신 없이 나는 존재할 수 없다. 그러나 내가 없어도 신은 존재한다. 신이 존재하는 데는 내가 필요 없으나 내가 존재하려면 신이 반드시 필요하다"(R. C. Sproule, *One Holy Passion: The Consuming Thirst to Know God* [Nashville: Thomas Nelson, 1987], 18).

3 드 보어(Martinus C. De Boer)에 따르면, "하늘들에 계신"(in heaven)은 신이 계시는 '장소'를 강조하는 표현이다(Martinus C. De Boer, "Ten Thousand Talents?: Matthew's Interpretation and Redaction of the Parable of the Unforgiving Servant [Matt 18:23-35]", *CBQ* 50 [1988]: 221, n. 36). Gibbs, *Matthew 1:1-11:1*, 361-362, 324는 "하늘들에 계신"은 만물을 다스리심을 의미한다고 진술한다.

의 능력으로 도달할 수 없는 간극이다. "하늘들에 계신"이란 수식어에서 제자들은 자신들과 천부 사이의 아득한 간극을 느끼고 절망하지 않았을까? 표범처럼 빨리 달리지 못하는 절망감이 인류로 하여금 자동차를 발명하게 하고 새처럼 날지 못하는 절망감이 비행기를 발명하게 했듯이, 신과의 절망적인 간극을 좁히기 위해 인간은 종교를 만들었다.[4] 신에게 가까이 가는 그들의 방법들을 고안해낸 것이다. 신에게 제물을 바치는 법, 신에게 소원을 아뢰고 응답받는 법, 신의 마음을 달래는 법 등등, 고대로부터 인류는 각 인종과 민족마다 신에게 다가가기 위한 그들만의 방식을 만들어냈다. 앞에서 예수께서 비판한 이방인들의 중언부언 기도가 이 노력에 해당한다. 기도를 많이 해야, 그리고 정성을 많이 들여야 신이 소원을 들어준다고 믿는 이방인들의 모든 노력은 신과 인간 사이의 절망적인 간극을 메우기 위한 몸부림이었다. 하늘과 땅의 간극……, 주기도문의 "하늘들에 계신"은 기도자(祈禱者)로 하여금 이 절망적인 간극에 직면하게 한다. 하늘에서 비가 내리지 않으면 땅의 수고가 헛되듯, 땅에 있는 인간은 하늘에 계신 이의 은총이 아니면 살 수 없는 절망적인 존재임을 주기도문의 서두가 직시하게 한다.

절망과 믿음

　　　　　주기도문은 땅에 있는 인간의 절망 선언으로 시작된다. 기나긴 가뭄으로 타 들어가는 대지를 바라보는 농부. 저수지도 말랐고 지하수도 고갈되어 더 이상 퍼 올릴 물이 없다. 수일 내

---

4 제임스 던, 『첫 그리스도인들은 예수를 예배했는가?』(서울: 좋은씨앗, 2016), 288.

로 비가 내리지 않으면 다 말라 죽을지 모른다. 작열하는 태양 아래, 갈라져 가는 논바닥을 밟고 서 있는 농부. 그것은 한계 상황이다. 어찌할 수가 없다. 농부의 어떤 노력도 이 상황을 해결하기에는 역부족이다. 하늘을 바라볼 수밖에 없다. "하늘들에 계신"은 땅에서는 더 이상 할 수 있는 게 없어 하늘을 바라보는 농부의 처절한 절망을 담아낸다. 주기도문은 바로 이 절망을 선언함으로 시작된다.

메마른 대지에 서서 하늘을 올려다보는 농부의 절망. 그것은 갈망의 절망이다. 평생을 농사치기로 살아온 자신도 어찌해볼 수 없는 한계 상황. 거북 등처럼 갈라진 논바닥에 주저앉아 하늘을 응시하는 농부의 눈빛은 땅에서 할 수 있는 것이 아무것도 없는 절망의 눈빛이다. 하지만 그 눈빛은 동시에 하늘의 도우심을 향한 갈망의 눈빛이다. 가뭄은 길어지고 비 소식은 들리지 않지만 언젠가는 하늘이 비를 내려주실 것을 농부는 알고 있고 또 믿고 있다. 하늘의 도우심을 믿고 바라는 절망이기에 농부의 절망은 믿음의 절망이다. 땅을 쳐다보며 농부는 절망하지만 하늘을 바라보며 농부는 믿음을 갖는다. 따라서 농부의 절망은 믿음 속 절망이고, 농부의 믿음은 절망 속 믿음이다. '절망 속 믿음, 믿음 속 절망.' 땅의 것에 대한 농부의 절망의 파토스(pathos)는 이렇게 하늘의 것에 대한 믿음과 소망의 에토스(ethos)로 승화한다.

모세도 그러했다. 여호와의 약속에 따라 애굽을 탈출한 모세와 이스라엘 백성 앞에 약속의 땅이 나타나지 않는다. 자신의 말을 믿고 수백 년 된 삶의 터전을 떠난 백성들은 그들 앞에 펼쳐진 광활한 사막을 보고선 자신을 원망하고 신을 원망한다. 먹을 것도, 마실 것도 없는 사막. 끝도 없이 이어지는 사막에서의 삶이 어느 덧 40년 세월이다. 약속의 땅은 언제 나타날 것인가? 오랜 광야생활로 지칠 대로 지쳐 원망을 쏟아내는 백성들의 거센 도전 앞에서 기력이 쇠한 노(老)지도자가 할 수 있는 것은 없었다. 동족을 핍박한 애굽인을 단번에 내친 혈기도 사라진 지 오래다. 철권 통치자 바로 왕 앞에서 애굽의 술객들을 무력화시키고 애굽 전역에 초자연적 재앙들을 펼쳐 보였던 그 능력의 모세가 더 이상 아니다. 죽음의 날이 가까운 모세, 이제 그에게는 여호와의 약속을 믿는 것 외엔 할 수 있는 것이 없다. 절망이다. 믿음으로 하늘을 바라보는 것, 노쇠한 영웅이 할 수 있는 전부다. 모세의 절망은 그래서 믿음의 절망이다. 신의 약속을 움켜잡는 절망이다. 하늘에 계신 이가 이루실 것이라는 모세의 믿음은 그래서 '절망 속 믿음'이다. 신의 약속을 믿는 이들의 절망은 그렇게 소망의 출발점이 된다.

이어령 박사는 자신의 신앙이 절망에서 싹텄다고 고백한다. 미국에서 검사로서 성공적인 삶을 살던 딸의 이혼과 거듭되는 암 투병. 이때까지 딸의 간절한 전도에도 꿈쩍하지 않던 박사의 마음 문이 열린 건 2007년경이었다. 신앙으로 암까지 이겨낸 딸에게 실명의 위기가 닥쳐왔다. 잘 보이지 않는 눈으로 아버지를 위해 조심조심 식사를 준비하던 딸이 속절없이 접시를 떨어뜨리는 모습을 지켜본 그는 생애 처음으로 절망을 느꼈다. 사랑하는 딸이 더 이상 아비를 볼 수 없게 될지도 모른다는 두려움에 절망한 이 박사는 딸의 애끓는 청을 거절하지 못하고 신과 눈물의 담판을 벌인다.

만약 신이 계시다면, 당신을 사랑하는 내 딸에게서 빛을 거두어가지 않으신다면 남은 삶을 당신의 종으로 살겠습니다.

이후 딸은 기적적으로 시력을 회복했고 이어령 박사는 자기가 한 약속에 붙들려 세례를 받는다. 한국 대표 지성의 신앙은 이렇게 절망에서 꽃을 피웠다.

절망에서 시작되는 생의 호흡

성서가 말하는 신앙의 출발점은 절망이다. 김남준 목사는 청년 시절 자신에게 다가온 체험을 이렇게 회상한다.[5]

> 지금으로부터 약 육칠 년 전에 이 말씀을 보았을 때가 생각납니다. 그때 저는 '나'라는 인간의 존재가 얼마나 초라하고 허무한지를 절실하게 느끼게 하시는 하나님을 만났습니다. '모든 육체는 풀이요 그 모든 아름다움은 들의 꽃 같으니 풀은 마르고 꽃은 시듦은 여호와의 기운이 그 위에 붊이라 이 백성은 실로 풀이로다.' (사 40:6, 7)
>
> 여섯 달 동안을 밤마다 침상에서 울었습니다. 이 말씀을 기억하면서 말입니다. 침묵 가운데 흐르는 끝없는 공간과 영원의 틈바구니에서 잠시 살다가 가도록 보냄 받은 인생 앞에 한없이 초라하게 창조된 자신을 바라보며 울었습니다. '나의 때가 얼마나 단촉한지 기억하소서 주께서 모든 인생을 어찌 그리 허무하게 창조하셨는지요.' (시 89:47)

성서 본문 앞에 선 그에게 무슨 일이 일어난 것일까? 그것은 허무 (nothingness)와의 대면이었다. 끝이 보이지 않는 허무의 심연을 그는 말씀 속에서 보았다. 아니 정확히 말해서, 허무의 심연이 그에게 들어왔고 그는 그 심연에 던져진 것이다. 그의 고백은 이어진다.

---

5 김남준, 『설교자는 불꽃처럼 타올라야 한다』(서울: 도서출판 두란노, 1996), 171.

인생의 본질적인 허무 앞에서 고독해보지 않은 사람은 영원에 대하여 단지 피상적인 것만을 말할 수 있습니다. 생의 허무 앞에서 모든 것을 버릴 만큼 좌절해보지 않은 사람이 갖는 영원에 대한 확신은 단지 신념에 그치기 쉽습니다.[6]

무엇이 그의 침상을 눈물로 적시게 했는가? 만물의 영장인 인간, 그 영특한 인간이 들판 어디에나 널려 있는 풀과 꽃처럼 단숨에 사라질 존재라는 성서의 선언 앞에서 그는 자신의 본질을 보았다. 그리고 그는 절망의 블랙홀로 빨려 들어갔다. 아무것도 보이지 않는다. 아무것도 느껴지지 않는다. 감각과 지각의 마비였다. 그 절망의 심연이 얼마나 깊은지 그는 죽은 자와 같이 되었다. 그렇게 반년의 세월을 통곡과 흐느낌 속에 지새운 청년 김남준은 비로소 깨닫는다. 영원에의 확신은 생에 대한 처절한 절망 뒤에 찾아온다는 것을.

필자에게도 비슷한 경험이 있다. 내 나이 20세 무렵, 아직 인생의 의미와 삶의 아픔을 채 알기도 전에 닥친 어머니의 갑작스러운 죽음은 나를 깊은 수렁에 빠뜨렸다. 그해 광복절 아침, 친구들과 등산을 가기 위해 집을 나서는 아들에게 도시락을 건네며 배웅하신 어머니는 그날 밤 돌아온 아들 앞에 영정 사진으로 나타났다. 영정 속 어머니의 얼굴을 본 순간 그 자리에 주저앉아 버린 나의 머릿속을 스쳐가는 것은 '허무', 그것이었다.

어머니께서 만들어주신 계란말이 도시락이 아직 남아 있는데……,
오늘 아침 집을 나설 때가 마지막이었다니.

장례기간 내내 나의 마음을 짓누른 건 슬픔 이전에 '허무'였다. 이

---

6 김남준, 『설교자는 불꽃처럼 타올라야 한다』, 173.

렇게 허망하게 사라져버릴 수 있는 것이 사람의 목숨이라는 사실이 믿기지 않았다. 그때의 공허함을 무슨 말로 표현할 수 있을까? 김남준 목사는 "몸서리쳐질 정도"의 공허함이라고 했다.7 그 죽음의 공허함 앞에서는 모든 것이 의미를 잃어버린다. 언제 죽을지 모르는데 내가 지금 하는 일이, 내가 지금 하는 공부가 무슨 의미가 있나? 스무 살 청년의 뇌리 속에는 삶의 의미에 대한 의문들이 꼬리에 꼬리를 물고 이어졌고 해답을 얻지 못한 그의 영혼은 채워지지 않는 공허함에 몸부림쳤다.

'절대허무', 죽음과의 불편한 만남은 그렇게 시작되었고 그로부터 4년 후 청년은 드디어 허무의 심연에서 구원의 빛을 본다. 그것은 하늘로부터의 빛이었다. 땅의 허무함으로 깊은 절망에 빠져 있을 때 하늘의 은총이 임했다. 주기도문의 서두 "하늘에 계신"은 절망의 자리에서 하늘의 구원을 갈망하는 믿음의 절규다. 땅에서는 더 이상 나를 도울 이가 없다는 절망의 탄식은 하늘의 은총을 향한 소망의 호흡이다.

> 내가 산을 향하여 눈을 들리라 나의 도움이 어디서 올꼬 나의 도
> 움이 천지를 지으신 여호와에게서로다. (시 121:1-2)

시편 기자는 거짓된 술수와 모함으로 사면초가의 위기에 몰려 있다. 사방을 둘러봐도 도움의 손길은 없고 모두가 자신을 벼랑 끝으로 몰아내고 있다. 땅에는 온통 적과 원수뿐이다. 낮엔 해가, 밤엔 달마저 그를 해하려 한다(6절). 그의 눈길이 산을 향한 것은 산으로 도피하겠다는 말이 아니다. 땅에선 도움을 기대할 수 없기에 산을

---

7 김남준, 『설교자는 불꽃처럼 타올라야 한다』, 173.

만드신 이, 곧 하늘에 계신 이의 도움을 갈망한다는 의미다. 땅에서의 절망이 그의 눈을 들어 하늘을 보게 한다. 하늘을 향한 신앙의 출발점은 땅에서의 절망이다. 땅에서 질식된 영혼이 비로소 하늘의 소망을 호흡하게 된다.

땅의 절망에서 하늘의 소망이 싹튼다는 성서의 원리가 잘 나타난 본문이 '부자 청년 이야기'(마 19:16-22)다. 사두개파의 부잣집 아들로 보이는 청년이 예수께 찾아와 묻는다.[8]

> 선생님이여, 내가 무슨 선한 일을 하여야 영생을 얻으리이까. (마 19:16)

청년의 방문은 두 가지 면에서 파격적이다. 지체 높은 제사장 가문의 자제가 나사렛 출신 떠돌이 전도자를 직접 찾아온 것이 첫 번째 파격이고, 사두개파 가문의 자제로서 영생의 길을 묻는 사실 자체가 두 번째 파격이다. 부활과 내세를 믿는 바리새파와 달리 사두개파는 현세 지향적 종파로서 전통적으로 부활과 천사와 내세를 믿지 않는다(마 22:23; 막 12:18; 눅 20:27; 행 23:8). 따라서 사두개파 귀족으로서 가문과 종파의 오랜 신념과 전통을 벗어나 빈촌 출신 전도자를 찾아와 영생을 묻는다는 것은 내세와 영생에 관한 청년의 갈급함이 얼마나 컸는가를 보여준다.

---

8 누가복음의 기록(18:18)에 의하면, 이 청년은 공권력을 가진 관원(ruler, official)으로서 당시 유대 사회의 입법, 사법을 관장하는 산헤드린(Sanhedrin)공의회의 의원이었을 것으로 추정된다. 산헤드린은 유대교의 양대 계파인 바리새파(평민 중산층)와 사두개파(제사장 가문의 상류층)로 구성되었다는 점으로 볼 때 본문의 부자 청년은 사두개파 인물이었을 것이다.

4단계 영생 솔루션

사두개파 청년에게서 의외의 질문을 받은 예수는 청년에게 4단계 영생 솔루션을 제시한다. 예수의 영생 솔루션 제1단계는 십계명이다.

생명에 들어가려면 계명들을 지키라. (마 19:17)

"계명들을 지키라"

예수의 제1단계 솔루션은 청년의 질문에 나타난 문제점을 우회적으로 지적하고 있다. "내가 무슨 선한 일을 하여야 영생을 얻으리이까?"라는 질문 속에는 사람이 선한 일을 해야 영생을 얻을 수 있다는 청년의 확신이 담겨 있다. 청년은 영생 얻는 방법이 선행임을 전제하고 질문하는 것이다. 그가 궁금한 것은 영생 얻는 방법이 아니라 영생을 얻게 하는 선행이다. 사람들의 칭찬과 부러움을 한 몸에 받을 만큼 율법과 윤리에 충실하고 나름대로 착하게 살아왔다고 자부하는 자신이지만 이상하게도 영생이 보이지 않고 잡히지 않는다. '도대체 어떤 착한 일을 해야만 영생이 보장되는 것일까?' 이러한 의문으로 고민하던 청년이 소문으로만 듣던 갈릴리의 현자에게 찾아와서 영생을 보장하는 착한 일을 묻는다.

그렇다면 여기서 의문이 생긴다. 선행이 영생을 얻게 한다는 전제는 과연 맞는 것일까? 청년의 전제대로 사람이 착한 일을 해서 영생을 얻는다면 몇 가지 문제가 생긴다.

첫째, 착한 일의 정의(定義)의 문제다. 무엇이 착한 일인가? 착한 일에 관한 견해는 개인마다 다를 수 있다. 사회나 국가마다 선행에 관한 정의가 다르고, 민족과 인종마다 선행의 개념이 같을 수 없다. 그렇다면 영생에 들어가게 하는 착한 일을 무엇으로 규정해야 할까? 통일된 개념 도출이 쉽지 않다.

둘째, 착한 일의 분량의 문제다. 영생에 들어가기 위해서는 어느 정도의 선행을 해야 하는 것인가? 얼마큼의 선행이 영생을 가능하게 하는가? 이 역시 사람마다, 사회마다 기준이 다를 수밖에 없다.

셋째, 선행으로 영생을 얻는다면 가난한 사람들은 어떻게 되나? 도움을 받는 입장인 그들은 구제를 베풀 능력이 못 되니 영생은 꿈도 꾸지 못하는 것인가? 가난한 자들보다 선행을 더 많이 할 수 있는 부자들이 영생에 더 가깝지 않겠는가? 그렇다면 '부자가 천국에 들어가기가 낙타가 바늘귀로 들어가는 것보다 어렵다'는 말씀은 '가난한 자가 천국에 들어가기가 낙타가 바늘귀로 들어가는 것보다 어렵다'라고 바뀌어야 할 것이다.

넷째, 선행으로 영생을 얻는다는 말은 고의적인 선행과 고의적인 구제로도 영생을 얻을 수 있다는 말이 된다. 영생을 얻기 위해 고의적으로 행하는 선행과 구제가 우리를 천국에 들어가게 할 수 있을까? 그렇다면 앞에서 언급한 바와 같이 부자가 가난한 자보다 천국에 더 가깝다. 돈과 재물이 많은 사람이 더 많은 선행을, 더 신속하게 할 수 있기 때문이다. 선행과 구제로 영생을 얻는다면 이 부자 청년은 당장 재물과 인력을 동원해서 평소에는 관심도 두지 않던 빈민촌 사람들에게 양식과 땔감을 배달시킬 것이다. 신문 배달원이 오토바이를 타고 다니며 목표 지점만을 골라 능숙한 솜씨로 신문을 꽂아 넣듯이 가난한 이들만 골라서 보급품을 전달하고 난 후 자신의 영생을 확신하며 득의의 미소를 지을 게 아닌가? 과연 이와 같은 고의적 선행이 영생을 보장한다고 할 수 있을까?

예수의 제1단계 솔루션은 청년의 잘못된 선행관을 바로잡는다. 인간이 선행을 통해 내세를 보장받을 수 있다는 청년의 선입관을 수정하기 위해 예수는 계명 준수를 요구한다. 그러자 청년이 지체 없이 묻는다.

어느 계명이오니이까. (마 19:18上)

어지간히 궁금했나 보다. 예수의 대답도 즉시 이어진다.

살인하지 말라, 간음하지 말라, 도둑질하지 말라, 거짓 증언하지 말라, 부모를 공경하라. 그리고 네 이웃을 네 자신처럼 사랑하라. (18下-19절)

이건 십계명이 아닌가? '대단한 비책을 주겠지' 하며 잔뜩 기대하던 청년의 얼굴이 순간 일그러진다. 그리고 즉각 항변한다.

이 모든 것을 내가 지키었사오니. (20절)[9]

이 정도는 기본이라는 말투 아닌가? 이건 당당함인가, 당돌함인가? 십계명 중 어느 한 가지도 만만한 게 없는데 이 계명들을 다 지켰다니……, 어디서 나오는 자신감인가? 예수는 십계명 다섯 개 계명에다 "네 이웃을 네 자신처럼 사랑하라"는 더 센 계명을 넣었는데 이것마저 지켰다고 말하는 청년의 자신감은 하늘을 찌를 기세다. 그의 자신감과 당당함은 "아직도 무엇이 부족합니까?"(20절)라는 반문에서 절정에 이른다. 그는 부잣집 아들이다. 거기다가 계명을 다 지켰다고 한다. 흠 잡을 데 없다. 이보다 더 훌륭한 청년이 있을까? 한마디로 돈 많고 인간성도 좋은 엄친아 아닌가? 청년의 자신만만한 대답에 잠시 머뭇거린 예수께서 제2단계 솔루션을 꺼내 든다.

네가 온전하고자 할진대 가서 네 소유를 팔아 가난한 이들을 주라. 그리하면 하늘에서 보화가 네게 있으리라. (21절)[10]

이번엔 제대로 한 방 먹었나 보다. 자신만만하게 질문하고 거침없이 대답하던 청년이 웬일인지 입을 열지 않는다. 침묵이 흐른다.

그 청년이 재물이 많으므로 이 말씀을 듣고 근심하며 가니라. (22절)

---

9 마가복음(10:20)과 누가복음(18:21)을 보면 청년은 어린 시절부터 계명을 다 지켰다고 말한다.
10 마가복음(10:21)과 누가복음(18:22)은 예수께서 청년에게 소유를 '모두' 처분할 것을 요구한 것으로 되어 있다.

내가 무엇을 함으로써 영생을 얻을 수 있다는 자신감과 십계명을 다 지켰다던 당당함은 온데간데없이 사라지고 청년은 근심스러운 얼굴로 돌아간다. 마가복음과 누가복음은 청년의 모습을 각각 "슬퍼하고 근심스러워하면서"(막 10:22), "극히 근심스러워하게 되었다"(눅 18:23)고 묘사한다. 풀이 죽어 돌아가는 청년의 뒷모습을 보며 예수께서 던진 영생 솔루션 제3단계가 그 유명한 '낙[駝]바[늘]富[村]天[國]'이다.

> 약대가 바늘귀로 들어가는 것이 부자가 하나님의 나라에 들어가는 것보다 쉬우니라. (24절)

'낙바부천'은 부자가 천국에 들어가는 것이 낙타가 바늘귀를 통과하는 것보다 어렵다는 선언이다. 이 선언대로라면 부자 청년은 영생 얻기엔 틀렸다. 낙타가 바늘구멍에 들어갈 방법은 없기 때문이다.[11] 그런데 정작 예수의 말씀에 충격을 받은 건 제자들이다.

> 제자들이 듣고 심히 놀라 가로되 그런즉 누가 구원을 얻을 수 있으리까? (25절)

'낙바부천' 선언을 들은 제자들은 소스라치게 놀란다.

> 십계명을 다 지킨 저 청년. 윤리적으로, 율법적으로, 그리고 사회적 지위로도 흠잡을 데 없는 청년도 영생 앞에서 좌절하고 돌아가는데 우리는?

---

11 예수의 '낙바부천' 선언이 주는 충격을 완화하기 위해 주석가들은 '낙타'(카멜론)를 그와 발음이 유사한 '밧줄'(카밀론)로 바꾸거나, '바늘귀'를 예수 당시 예루살렘성문 옆의 작은 문을 지칭하는 것으로 해석하기도 한다(G. R. Osborne, *Matthew* [Grand Rapids: Zondervan, 2010], 719; 도날드 해그너, 『WBC 성경주석: 마태복음 14-28』[서울: 도서출판 솔로몬, 2000], 888; Nolland, *The Gospel of Matthew*, 795 각주 113번; France, *The Gospel of Matthew*, 738 참조).

제자들의 고민은 깊어간다.

재산을 다 처분해야 천국에 들어간다고? 그렇다면 우리도?

'낙바부천'의 충격으로 술렁거리는 제자들에게 드디어 영생 솔루션 최종 제4단계가 주어진다.

사람으로는 할 수 없으되 하나님으로서는 다 할 수 있느니라. (26절)

'인불가(人不可) 신가능(神可能).' 이 선언은 '낙바부천'의 절망을 극복하는 예수의 명쾌한 솔루션이다. '낙바부천'은 인간의 불가능을 인정함과 동시에 신의 가능을 선포한다. 부자가 천국에 들어가는 것은 인간 편에선 불가능하지만 신에게는 가능하다. 정확히 말하면 천국이나 영생은 인간의 영역이 아니다. 신의 영역, 신의 권한이다. 인간이 자기 노력과 '자기 의'로 천국에 이르고자 하면 천국은 멀어진다. 부자 청년이 재물의 힘을 빌려 영생을 얻고자 할수록 그에게 영생 획득은 낙타가 바늘귀를 통과하는 것보다 더 어려운 것이 된다. 이것이 제3단계 영생 솔루션 '낙바부천'의 진짜 의미다.

제3단계 솔루션은 필연적으로 제4단계로 이어진다. 영생 획득이 인간의 영역 밖의 문제라는 예수의 진단은 영생 획득이 신의 영역이라는 최종 솔루션으로 연결되고 있다. 제3단계의 절망이 제4단계의 소망으로, '낙바부천'의 불가능이 '신적(神的) 가능'으로 전환된다는 것이 메시아가 전해준 영생의 복음이다.

영생으로 이어지는 절망

절망을 선포하는 '낙바부천'이 실상은 부자 청년에게 구원의 소망을 제시하고 있다. 재산을 처분하여 가난한 자들에게 주라는 명령이 부자 청년을 절망하게 했지만 사실 그 절망은 영생으로 이어지는 길이었다. 천국과 영생은 인간의 능력 밖의 것이라는 절망적 인식에서 비로소 신의 가능이 보이기 때문이다. 예수의 절망적 선언 '낙바부천'은 그러므로 청년에게 복음이었다.

그러면 낙타가 바늘귀로 들어가는 것보다 더 어려운 '부자 천국'을 신은 어떻게 가능하게 한다는 말일까? 모든 면에서 자신만만한 청년. 윤리, 율법, 재물까지 다 갖춘 그는 영생까지도 자기의 능력으로 가능하다고 믿었다. 앞에서 언급한 대로 '내가 무슨 선을 행해야 영생을 얻을 수 있습니까?'라는 질문이 그의 이러한 신념을 뒷받침한다. 부자 청년은 인간이 무언가를 해서 영생을 얻을 수 있다고 믿었다. 그러나 영생은 인간의 영역이 아니다. 영생이 인간의 능력으로 가능하다고 믿을수록 영생은 멀어진다. 이것이 예수의 관점이다. 사람들은 '소유를 팔아서 가난한 자들에게 주면 하늘에서 보화를 얻게 될 것'이라는 2단계 솔루션(21절)을 오해한다. 재산을 처분해서 빈민을 구제하는 그 선행 덕분에 영생을 얻는다는 의미라면 이것은 부자 청년의 관점과 다를 게 없다. 예수의 제2단계 솔루션, 즉 재산 처분 및 빈민 구제 명령은 계명을 다 지켰다고 호언하는 청년의 자신감, 자신의 선행으로 영생을 얻을 수 있다는 그의 확신이 재물에 근거하고 있음을 지적한 말씀이다.

예수는 처음부터 그의 내면을 꿰뚫고 있었다. 부잣집 아들로 태어난 청년은 부족함을 모르고 살아왔다. 게다가 그는 여느 부잣집 아들과는 달랐다. 어린 시절부터 율법을 착실히 지키는 모범생이었다. 재력가의 아들들에게서 흔히 나타나는 사치와 방탕과 같은 일탈은 그에게서 찾아볼 수 없다. 부모에게 순종하고 율법의 경건을 철저히 따랐다. 윤리적으로, 종교적으로 흠이 없는 청년이다. 이웃, 친척은 물론이고 마을과 지역에서도 칭찬과 부러움을 한 몸에 받는 전도유망한 청년이다. 이토록 사람들의 눈에 부족함이 없어 보이는 완벽남이지만 사실 그는 남모르는 공허함에 오랜 시간 번민하고 있었다. 모든 면에서 부러울 것도, 아쉬울 것도 없는 그의 가슴 한편에 남아 있는 공허함은 무엇으로도 채워지지 않았다. 재물로도, 윤리로도, 율법으로도 채워지지 않았다. 그리고 언제부턴가 마음 한구석에서 피어난 의문의 구름이 그의 영혼에 그늘을 드리우고 있었다. 그것은 죽음과 내세에 관한 의문이었다. 이 땅에서 갖출 건 다 갖춘 삶. 그러나 시편의 가르침대로 안개와 같이 살다가 먼지로 돌아가야 하는 삶. 언제부터인가 성서를 대할 때마다 인간의 삶, 인간의 생명이란 것이 허망하다고 느껴지기 시작했다.

주께서 사람을 티끌로 돌아가게 하시고 말씀하시기를 너희 인생들은 돌아가라 하셨사오니…… 주께서 저희를 홍수처럼 쓸어가시나이다 저희는 잠깐 자는 것 같으며 아침에 돋는 풀 같으니이다 풀은 아침에 꽃이 피어 자라다가 저녁에는 벤 바 되어 마르나이다. (시 90:3-6)

우리의 연수가 칠십이요 강건하면 팔십이라도 그 연수의 자랑은 수고와 슬픔뿐이요 신속히 가니 우리가 날아가나이다. (시 90:10)

안개처럼, 풀처럼 잠시 살다가 사라질 인생, 수고와 슬픔뿐인 70,

80년의 인생이 지나가고 나면 이 많은 재물이 내게 무슨 의미가 있을까? 또 죽음 뒤엔 어떤 세계가 있나? 풀리지 않는 의문과 의문이 실타래처럼 그의 머릿속에 꽉 들어차았다. 그리고는 언제부터인가 재물이 더 이상 든든하다고 느껴지지 않는다. 흠결 없이 사는 삶이 뿌듯하다고 여겨지지 않는다. 모든 사람이 부러워하고 모든 이의 칭찬을 한 몸에 받고 있건만 정작 자신은 즐겁지도, 행복하지도 않다. 알 수 없는 불안과 공허함이 커다란 바위처럼 그의 가슴을 짓누르고 있다.

그런 청년에게 어느 날 예수에 관한 소식이 들려왔다. 갈릴리 출신 예언자가 놀라운 능력을 행할 뿐 아니라 랍비들에게서도 들어보지 못한 권위 있는 가르침들을 쏟아낸다는 소문이었다. 정신이 번쩍 났다. 그에게서 해결책을 찾을 수 있으리라는 생각이 들었다. 드디어 자신의 오랜 번민에 종지부를 찍을 수 있을 것이란 기대감으로 청년은 예수를 찾아갔다.

아직도 무엇이 부족합니까? (마 19:20)

그렇다. 청년은 자신의 문제가 결핍의 문제임을 알고는 있다. 다행이다. 문제의 원인을 알면 해결이 가능할 테니까. 그런데 안타깝지만 거기까지다. 그는 아직도 선행이 부족하여 영생에 이르지 못하는 것으로 믿고 있다. 그렇다면 무엇일까? 결핍의 문제인 것은 맞는데 과연 그에게는 무엇이 부족한 것일까?

재산을 처분하라는 예수의 명령은 영생과 직결되는 청년의 결핍이 무엇인지를 말해준다. 그의 결핍은 바로 '절망'이었다. 그에게 부족한 것은 재물도 아니고 윤리도 아니다. 율법도 아니고 선행도 아니다. 그에게 부족한 것은 '절망'이었다. 그는 절망을 모르고 살아왔다. 그는 재물로 무엇이든 할 수 있었다. 부모 공경도 재물로 가능했고 이웃 사랑도 재물만 있으면 문제될 게 없었다. 결국엔 영생조차 자신의 능력으로 얻을 수 있다고 그는 믿었다. 이러한 자신감이 그로 하여금 '내가 무엇을 하면 영생을 얻을 수 있다'라는 착각에 빠지게 했던 것이다. 아이러니하게도 영생에 대한 청년의 갈망을 가로막는 장애물은 바로 자신감이었다. 돈과 재물로 못할 것이 없다는 자신감, 윤리와 율법에 흠이 없다는 자부심이 오히려 그의 영혼을 공허하게 만들었다. 다 가지고 다 갖췄다는 뿌듯함이 내면적 공허함의 이유였다. 내 능력으로 모든 것을 할 수 있다는 청년의 '자기 의'가 영생으로 가는 길목을 막고 있었던 것이다. 예수께서 그에게 재산 처분을 촉구한 이유가 바로 여기에 있다. 예수는 청년의 빗나간 '자기 의'가 그의 재물에 근거하고 있음을 간파했다. 그의 자신감과 자부심의 실체가 재물임을 지적한 것이다.

> 부자의 재물은 그의 견고한 성이라 그가 높은 성벽 같이 여기느니라. (잠 18:11)

재물은 높은 성벽으로 둘린 철옹성과 같아서 그 안에 있으면 두려울 것이 없다. 재물은 만능이다. 그것만 있으면 못할 것이 없다. 인간은 그렇게 재물의 철옹성에 둘러싸여 재물을 의지하고 재물에 붙들리고 만다.

> 이 사람은 하나님으로 자기 힘을 삼지 아니하고 오직 그 재물의 풍부함을 의지하며 제 악으로 스스로 든든케 하던 자라 하리로다. (시 52:7)

재물을 의지하는 사람은 하나님을 의지하지 않는다. 하나님을 의지할 필요와 이유를 느끼지 못한다. 재물이 신의 기능까지 한다고 믿기 때문이다.

> 너희가 하나님과 재물(mammon)을 겸하여 섬기지 못하느니라.
> (마 6:24)

재물은 맘몬(mammon), 즉 '돈 신(神)'이다. 엄밀히 말하면 재물 자체가 맘몬이 아니라 재물을 섬기는 자에게 재물은 신이 된다. 재물을 추종하는 사람은 재물에게 장악된다. 재물의 종이 되는 것이다. 이것이 성서의 재물관이다. 창세기 실낙원 사건 이후, 저주받은 땅과 씨름하고 땅의 소산으로 목숨을 부지하게 된 인간은 땅의 것에 착념한다. 땅은 그들의 생(生)의 터전이 되었고, 땅 및 땅에서 나는 것은 인간의 자부심과 자랑의 근거가 되었다. 땅의 것으로 축적된 재물은 신의 영역인 영생까지 넘볼 수 있다는 헛된 자만심을 인간들의 영혼 속에 불어넣는다. 이것이 맘몬의 기만술(欺瞞術)이다. 맘몬의 거짓 술책에 사로잡혀 있던 청년은 예수의 재산 처분 명령을 듣고 근심스러운 표정을 지으며 돌아갔다. 자기 온 존재의 근거인 재물을 처분하라는 말씀 앞에 철옹성 같던 그의 자신감이 흔들리기 시작한 것이다. 윤리도 율법도 완벽하게 행했던 부자 청년의 '자기 의'의 실체는 재물이었다. 청년은 재물의 능력으로 선행도 하고 율법도 지킬 수 있었다.[12] 이것이 맘몬의 위력이면서 동시에 맘몬의 함정이

---

12 복음서는 예수와 가까운 관계에 있었던 계층으로 세리와 죄인들을 소개한다(마 9:10; 11:19; 막 2:15; 눅 5:30; 7:34). 여기서 죄인들(ἁμαρτωλός, 하마르톨로스)은 강도, 강간, 살인 등의 사회법을 범한 범죄자들을 말하는 것이 아니라 당시 바리새파의 행위 규율인 할라코트(Halakoth)를 지키지 않은 비(非)바리새파 평민들(non-observant Jews), 즉 '암하아렛츠'를 지칭한다(Carson, *Matthew Chapter 1 Through 12*, 224; France, *The Gospel of Matthew*, 353). 바리새인들은 자

다. 재물로 못할 것이 없다는 그의 빗나간 확신이 실상은 영생의 걸림돌이었던 것이다.

예수는 바로 그 점을 간파했다. 재산 처분은 영생 얻는 조건이 아니다. 내 것을 남에게 나누는 선행 자체가 영생에 들어가게 하는 것이 아니다. 재물을 처분하라는 예수의 말씀은 첫째, 맘몬의 노예 생활을 청산하라는 뜻이다. 애굽에서 430년 종살이 하던 족속을 여호와의 신정공동체로 거듭나게 한 첫걸음은 종살이의 청산이었다. 만나와 메추라기로 연명하는 광야에서의 비참한 생활과 비교할 때 애굽에서의 삶은 모든 면에서 충족된 삶이었다. 매일같이 먹어야 하는 광야의 만나와 비교하면 애굽에서 먹었던 고기, 생선, 수박, 각종 야채는 진수성찬이다. 그러나 애굽의 진수성찬이 제아무리 좋아도 그곳에서의 삶은 종살이일 뿐이다. 의식주가 갖춰진 애굽 생활은 그저 노예 생활에 불과하다. 아브라함과 이삭과 야곱에게 주어진 약속(창 22:18; 26:4; 28:14)과 같이 천한 히브리 노예들이 거룩한 여호와의 백성이 되어 천하 만민을 위한 복의 근원이 되려면 먼저, 얽매인 것으로부터 벗어나야 한다. 애굽의 풍족함은 그들을 노예로 안주하게 할 뿐이다. 신의 거룩한 약속과 원대한 비전을 이루기 위해서는 현

신들의 정결법과 십일조 규례를 따르지 않는다는 이유로 대다수의 유대인 평민들로부터 자신들을 구분하여 참된 이스라엘로 자처했으며 그들과의 상거래는 물론 통혼도 하지 않았다(예레미아스, 『예수시대의 예루살렘』, 331, 339-40). 누가복음 18장 9절 이하의 성전에서 기도하는 바리새인은 매주 두 차례 금식했고 소득의 십분의 일 이상을 바쳤다. 그런데 이스라엘 백성들 가운데 이와 같은 엄격한 바리새파 규율을 지키지 못하는 사람들은 죄인들로 규정되었다. 특히 생계유지를 위해 부득이하게 바리새파의 엄격한 십일조 규정과 정결법(음식 규정 포함)을 지키지 못하는 빈곤층의 경우 바리새인들로부터 죄인으로 취급받곤 했다. 해그너(Hagner)에 따르면, 비록 죄인들이 바리새적 규율이 요구하는 수준에 이르지는 못했지만 세리 마태의 스승을 만나기 위해 마태의 집을 방문하는 것으로 볼 때 그들 나름대로 올바른 삶을 살기 위해 노력하는 사람들이었을 것으로 추정된다(해그너, 『WBC 성경주석: 마태복음 1-13』, 421). 이와 같은 당시의 사회적 상황은 돈으로 선행을 하고 돈으로 율법까지 지켰다는 부자 청년의 자부심이 허구가 아닌 그의 내면의 실체였음을 뒷받침한다.

실에 안주하지 말고 일어서야 한다. 의식주가 보장된 종살이를 끊어 버릴 때 비로소 하나님의 나라를 이룰 수 있다. 예수는 부자 청년의 안전을 보장하는 재물이 실상은 그를 옭아매는 영생의 장애물임을 지적하고 재물의 올가미로부터 탈출할 것을 명령한다. 청년을 종노 릇하게 하는 맘몬의 사슬을 끊고 자유를 누릴 것을 촉구한 것이다.

둘째, 예수의 재물 처분 명령은 절망의 자리에서 영생의 소망이 움 튼다는 구원의 진리를 함의한다. 청년은 재물로 구제하고 재물로 이웃 을 도왔다. 재물로 부모 공경도 할 수 있었고 재물로 계명을 지킬 수 있었다. 재물로 못할 것이 없는 그에게는 재물이 곧 '만능 신'이었다.

> 자기의 재물을 의지하고 풍부를 자긍하는 자는 아무도 결코 그 형
> 제를 구속하지 못하며 저를 위하여 하나님께 속전을 바치지도 못
> 할 것은 저희 생명의 구속이 너무 귀하며 영영히 못할 것임이라.
> (시 49:6-8)

위 시편 본문은 재물신, 즉 맘몬에게 장악된 사람을 회복시킬 수 있는 방법이 인간에게는 없다고 선언한다. 재물의 종이 된 사람을 돌이키게 하기 위해 필요한 대가는 인간의 영역이 아니다. 재물의 지배를 받는 자에게 하나님, 영생, 천국은 불가능의 영역이다. 청년 은 이 불가능의 영역에 이르고자 예수께 온 것이다.

그런데 모든 것을 다 갖춘 청년에게 부족한 것은 이 불가능을 아 는 것이었다. 재물로 모든 것을 할 수 있다고 굳게 믿는 그가 영생을 얻기 위해 필요한 단 한 가지는 '절망'이었다. 영생과 천국은 재물로 되지 않고 '자기 의'로도 되지 않는다는 사실 앞에서의 처절한 절망, 바로 그것이 청년이 영생에 이르는 유일한 길이다.

청년: 아직도 무엇이 부족합니까?
예수: 사람으로는 할 수 없으되······.

예수의 진단은 정확했다. 재물로, 권력으로, 선행으로, 인간의 그 무엇으로도 영생을 얻을 수 없다는 아득한 절망, 그것이 '엄친아' 청년의 결핍이었다. 신의 영역 앞에 선 인간의 절망, 그것이 맘몬의 종들을 위한 영생으로의 유일한 관문인 것이다.

네 소유를 팔아 가난한 자들을 주라 그리하면 하늘에서 보화가 네 게 있으리라. (마 19:21)

청년은 예수의 재산 처분 명령과 하늘 보상 약속을 믿었을까? 그가 근심하며 돌아갔다는 성서의 기록(마 19:22; 막 10:22; 눅 18:23)은 적어도 그가 예수의 명령의 의미와 자신의 진짜 문제를 뒤늦게 깨달았음을 암시한다.[13] 자기 온 존재의 근거인 재물을 처분하라는 말씀 앞에 그의 자신감에 금이 가기 시작했다. 재물에 근거한 자신감은 재물이 사라지면 모래 위의 집에 불과하기 때문이다. 재물에 의거한 '자기 의'는 재물과 함께 무너지고 만다. '자기 의'를 든든하게 지켜주던 재물의 철옹성이 흔들리자 그 위에 있던 모든 것이 함께 흔들리기 시작했다.

---

13 만약 청년이 예수 말씀의 깊은 의미와 도전을 깨닫지 못했다면 슬픈 표정을 짓기보다는 비아냥대거나 거부 의사를 보였을 것이 틀림없다.

절망:
구원과 창조의 카이로스

'무너짐'은 은총의 시작이다.

은총은 인간이 신 앞에서 자신의 가치를 상실하기까지는 시작되지
않는다.[14]

영생은 '자기 의'가 무너진 곳에서 시작된다. 재개발 현장을 보았
는가? 거대한 중장비들이 동원돼서 보이는 모든 것을 철거한다. 노
후화된 건물과 구조물을 사정없이 자르고 부수고 깨버린다. 그렇게
모든 것이 부서지고 철거된 현장은 마치 전쟁터와 같다. 남아 있는
것은 하나도 없다. 다 무너지고 다 부서져야 한다. 기둥 하나, 담벼
락 하나라도 남아 있으면 건축은 시작되지 않기 때문이다. 철거가
모두 끝난 폐허 위에 비로소 새 건물이 세워진다. 하늘나라는 '자기
의'의 폐허 위에 세워진다. 자기 자랑, 자기 공력이 다 무너진 현장
에 비로소 하늘나라가 건설된다. 재산 처분 명령을 듣고 깊은 근심
과 슬픔에 빠진 청년은 그때서야 '자기 의'의 한계를 깨닫고 절망의
나락으로 떨어지는 아득한 경험을 한다. 이것이 '낙바부천' 선언의
진짜 목적이다. 영생은 절망에서 출발한다. 하늘의 통치는 인간의
선, 의로움, 능력 등등 이 모든 인간적, 육적 가치들이 천 길 낭떠러
지에 이르렀을 때 그 시점, 그 자리에서 시작된다. 그때가 철거 시작
이다. 재물 위에 세워진 견고한 '자기 의'가 무너지고 자기 공력이

---

14 H. G. Rhea, *Introducing the Great Themes of Scripture* (Cleveland: Pathway Press, 2005), 76.

모두 부서진 자리에 비로소 하늘의 통치가 임한다.

천국은 인간의 절망 위에서 건설된다. "회개하라 천국이 가까이 왔느니라"(마 3:2; 4:17)는 인간과 천국의 접점이 회개임을 선포한다. 이 땅에 임하는 하늘나라는 회개하는 자와 접속된다. 회개는 자신이 절망적인 존재, 즉 죄인이라는 자각으로부터 시작된다. 밖으로 드러난 죄는 희생제사라는 종교적 안전장치로 덮는다고 하지만 내면의 죄는 그것으로 해결되지 않는다. 예수의 천국 선포는 인간 내면의 죄를 낱낱이 드러내는 것으로 시작한다. 윤리적, 율법적 완벽함을 자부한 부자 청년도 마음 속 간음, 마음 속 살인, 마음 속 탐욕이라는 죄의 그물망을 피할 수 없다. 원수를 사랑하고 나를 괴롭히는 자를 위해 기도하라는 계명(마 5:44)으로부터 청년은 자유로울 수 있을까? 과연 내면의 죄로부터 자유로운 사람이 있을까?

인간 내면의 죄를 밝히고 율법 본래의 의미를 규명하는 예수의 교훈(마 5장)은 인간의 '자기 의'를 무장 해제한다. 선행과 윤리, 종교와 율법의 의로 쌓아 올려진 견고한 진을 파한다. '자기 의'의 바벨탑이 무너진 자리, 성한 것이라고는 하나도 남아 있지 않은 완전한 파멸의 자리에서 비로소 하늘나라의 싹이 움튼다. 신의 창조와 구원은 이렇게 절망에서 시작된다.

> 태초에 하나님이 천지를 창조하시니라 땅이 혼돈하고 공허하며 흑암이 깊음 위에 있고 하나님의 신은 수면에 운행하시니라. (창 1:1-2)

천지창조의 대역사는 혼돈과 공허와 흑암이 뒤엉킨 절망의 정점에서 시작되었다. 인간의 마지막 소망마저 끊겨버린 절망의 때는 하

늘나라의 창조와 구원의 카이로스(καιρός)다.[15]

재물을 팔아 가난한 자들에게 주라.

의기양양하던 청년의 호기를 단숨에 잠재운 절망 선언이다. 부자 청년에게는 모든 것이 'I'm possible'이지만 재물 처분만은 'Impossible'이다. 재물은 그의 'I'm possible'의 근거였기 때문이다. 율법 수행도 재물의 힘이었다. 윤리도, 선행도 모두 재물로 가능했다. 재물은 그의 존재의 전부이며 그의 맘몬이다. 맘몬과 하나님은 결코 양립될 수 없다. 하나를 얻으려면 하나를 포기해야만 한다. 예수는 맘몬 포기라는 최후 처방을 통해 청년의 '자기 의'를 해체하고 그를 절망의 나락으로 밀어버렸다.

그러나 하나님 앞에서의 절망은 더 이상 절망이 아니다. 그것은 하늘나라의 구원을 알리는 소망의 다른 이름이기 때문이다. '낙바부천'은 영생에 대한 인간의 절망적 상황과 불가능을 선언하면서 동시에 부자도 영생을 얻을 수 있는 방법을 제시한다. 영생, 천국에 대한 인간의 절망과 불가능이 선포된 그 자리가 하나님의 소망, 하나님의 가능이 시작되는 자리다. 인간의 불가능은 하나님 역사의 출발점이며 인간의 절망은 하늘 소망이 움트는 모판이다. 부자 청년의 모든 의(선행, 공로, 종교적 경건 등)가 한계에 이르렀을 때, 바로 그 절망의 때가 비로소 하늘나라가 임하는 구원과 창조의 시간이다. 재산 처분 명령 앞에 선 청년의 절망은 영생에 들어갈 수 있는 소망의 시작점이었다. 이것이 하늘나라 복음의 역설이다.

---

15 그리스어 '크로노스'(χρόνος)는 물리적 시간을, '카이로스'(καιρός)는 신의 섭리의 때를 의미한다.

십자가(1):
절망과 구원의 크로스

골고다 언덕에 세워진 예수 그리스도의 십자가는 절망과 구원의 교차점이다.

> 엘리 엘리 라마 사박다니 하시니 이는 곧 나의 하나님, 나의 하나님, 어찌하여 나를 버리셨나이까 하는 뜻이라. (마 27:46)

십자가는 신의 아들이 버림받은 곳이다. "엘리, 엘리", 이 두 번의 외침은 버림받은 자의 절규다. 예수는 자신을 따르던 무리들, 자신에게서 병 고침과 기적을 체험한 많은 사람들로부터 버림받았다. 그런데 세상으로부터의 버림받음보다 더 견디기 어려운 것은 사랑하는 제자들로부터의 버림받음이다. 3년 반 세월을 동고동락했던 제자들도, 목숨 바쳐 스승을 지키겠다던 베드로도 골고다언덕에서 보이지 않는다. 스승이 십자가에 달리는 그 순간에 어떤 제자도 그의 곁을 지켜주지 않았다. 당신은 버림받음의 아픔을 아는가?

아일랜드의 시인이자 극작가인 올리버 골드스미스(Oliver Goldsmith, 1730-1774)의 "버림받은 개의 슬픈 이야기"라는 시가 있다. 이슬링턴가(街)에 사는 마음씨 좋은 남자는 어느 날, 길가에 버려진 개 한 마리를 발견하고 집에 데려와 정성껏 보살핀다. 그런데 새 주인의 사랑을 독차지하고 싶은 개는 주인의 주변 사람들을 질투하여 그들을 괴롭히다가 급기야는 주인까지 물어버리고 만다. 결국 주인에게 버림받은 개는 다시 떠돌이 신세가 되어 길거리를 배회하다가 병이 들어 죽고 만다는 이야기다. 버림받음의 아픔을 반복하지 않으려던

개의 욕망이 오히려 주인은 물론 다른 사람들로부터 버림받는 결과로 이어졌다. 버림받는다는 것은 이처럼 짐승에게조차 절망스러운 고통이었던 것이다.

세상과 제자들로부터의 버림받음보다 더 절망적인 버림받음이 신으로부터의 버림받음이다.

> 이 세상의 친구들 나를 버려도 나를 사랑하는 이 예수뿐일세 예수
> 내 친구 날 버리지 않네 온 천지는 변해도 날 버리지 않네.

사람들은 이 찬송을 부르면서 세상으로부터 받은 상처를 위로받고자 한다. 친구로부터, 사랑하는 사람으로부터 버림받을지라도 신으로부터의 버림받음만큼은 피하고 싶어 한다. 마지막 희망이기 때문이다. 그러나 십자가에 달린 예수에게는 그마저도 허락되지 않았다. 천부마저 아들을 버렸다. 완벽한 절망이다. "나의 하나님, 나의 하나님, 어찌하여 나를 버리셨나이까." 하늘과 땅으로부터 버림받은 절망의 클라이맥스에서 예수는 묻는다. "어찌하여 나를⋯⋯", 이 외침의 배경인 시편 22편은 다윗의 절망적 상황을 묘사한다.[16]

> 내 하나님이여 내 하나님이여 어찌 나를 버리셨나이까 어찌 나를
> 멀리하여 돕지 아니하옵시며 내 신음하는 소리를 듣지 아니하시나
> 이까. (시 22:1)

본 시편의 정확한 역사적 배경은 알려지지 않았지만 그 내용상의 긴박성과 처절함으로 볼 때 다윗의 일생 중에 가장 고통스러운 순간

---

16 예수의 가상칠언(架上七言) 중 유일하게 마태복음에 기록된 제4언은 가상칠언 중 유일한 구약 인용문이다.

의 심정을 묘사한 것으로 보인다. 사람들은 고난을 당할 때 이렇게 묻는다. "왜 납니까?" 다윗은 왜 하필 자신이 이런 고난과 고통을 당해야 하는지 받아들이기 힘들어 따지듯 묻는다. 지금 다윗의 상황은 밤낮으로 부르짖는 그의 기도를 신께서 듣지도 않고 돕지도 않는 상황이다. 보는 사람마다 그를 벌레에 빗대어 조롱하고(6절) 신으로부터 버림받았다고 힐난한다(7-8절). 황소와 사자와 개들에 둘러싸인 다윗의 처지는 바닥에 쏟아진 물 같아서 뼈가 어긋나고 마음은 녹아 내린다(12-14절). 모든 기력이 쇠하여 말라비틀어진 질그릇 조각 같이 되고 혀가 턱에 붙어버렸다(15절). 죽음의 먼지구덩이에 내동댕이쳐진(15절) 절망의 상황, 바로 그 절망의 파토스가 십자가에 달린 예수의 외마디 부르짖음에 담겨 있다.

골고다 십자가는 신의 아들이 버림받은 유기(遺棄)의 현장이다. 하나님의 아들이 인류의 죄의 형벌을 대신 받은 심판의 형틀이 십자가다. 그런데 신의 아들이 버림받은 그 절망의 십자가에서 인류 구원의 위대한 역사가 시작되었다. 예수께서 인류의 죄를 향한 신의 무서운 심판을 십자가에서 받으심으로 인류를 위한 구원의 길이 활짝 열렸다. 이렇게 십자가는 죄를 향한 신의 심판과 죄인을 향한 신의 용서가 교차하는 곳이다.

흔히 십자가에 대한 두 가지 오해가 있다. 십자가를 용서의 관점에서만 보는 것이 그 하나고, 십자가가 죄의 용서를 성취했다는 것이 또 다른 오해다. 예수의 십자가는 용서뿐 아니라 심판도 함께 성취된 곳이다. 그 심판은 죄에 대한 심판이다. 십자가는 죄를 심판한 장소이며 동시에 죄인을 용서한 장소다. 죄를 용서한 것이 아니라 죄인을 용서한 것이다. 그러므로 '죄 용서'는 성서적 용어가 아니다.

'죄인 용서'가 올바른 표현이다. 성서의 하나님은 죄를 심판하고 죄인을 용서하는 신이다.[17] 구약성서의 속죄제는 이스라엘 백성의 죄에 대한 형벌을 제물이 대신 받게 했다(레위기 4:1-5:13; 6:20-30; 8:14-17; 9:8-11, 15). 구약의 속죄 제사를 완성한 십자가 대속(代贖, redemption)은 죄를 향한 신의 진노와 심판을 만천하에 드러냈다.

그러므로 예수 그리스도가 달린 십자가는 죄의 관점에서는 절망의 나무이지만 죄인의 관점에서는 소망의 나무, 구원의 나무다.

> 이와 같이 그리스도도 많은 사람의 죄를 담당하시려고 단번에 드리신바 되셨고 구원에 이르게 하기 위하여 죄와 상관없이 자기를 바라는 자들에게 두 번째 나타나시리라. (히 9:28)

예수 그리스도의 십자가를 바라보자. 그곳에서 우리는 죄에 대한 신의 심판과 죄인에 대한 신의 자비를 동시에 만난다. 인간의 죄는 신의 아들도 버림받게 하는 참담한 것이다. 겉으로 드러나는 죄뿐 아니라 드러나지 않는 죄에 이르기까지 끊임없이 죄를 생산해내는 인간이 이토록 비참한 존재라는 자각은 우리를 절망하게 한다. 신의 아들을 십자가에 참혹하게 죽게 한 그 죄가 여전히 '나'라는 존재 안에서 꿈틀거리고 있다는 사실을 깨달은 사람은 "오호라 나는 곤고한 사람이로다"(롬 7:24)라는 바울의 고백에 공감한다. 처절한 지옥 같은 절망에 빠진 사람은 구원의 손길을 기다린다. 이때 절망의 십자가는 구원의 십자가가 된다. 예수 그리스도의 십자가에서 자신의 절망적 부패함과 연약함을 깨달은 사람은 비로소 참된 구원을 경험

---

17 신구약 성서의 대속 사상이 '죄 심판과 죄인 용서'라는 일관된 주제를 함의하고 있다는 점에 관하여는 김형근, 「예수의 무정죄(non-condemnation) 선언: 용서인가?- '간음한 여인 이야기' (요한복음 7:53-8:11), 그 장구한 표류의 역사」, 『신약연구』12/3 (2013), 559-568을 보라.

한다. 그리스도의 십자가에서 인간의 절망과 신의 구원이 교차된다. 그러므로 십자가와의 만남은 절망으로 시작되고 구원으로 완성된다.

십자가(2): 공의와 사랑의 크로스

예수 그리스도의 십자가에는 신의 구원이 나타났다. 그 구원은 신의 공의와 사랑의 합작품이다. 죄에 대한 신의 공의의 심판과 죄인을 향한 신의 사랑의 용서가 만난 결과가 곧 십자가다. 예수는 십자가에서 인류의 죄에 대한 신의 심판을 온몸으로 받고 죽으심으로 죄인을 위하여 살길을 열었다.

> 그 길은 우리를 위하여 휘장 가운데로 열어놓으신 새롭고 산 길이요 휘장은 곧 저의 육체니라. (히 10:20)

예수 그리스도의 십자가를 통해 구원을 경험한 사람은 죄인에 대한 신의 사랑과 죄에 대한 신의 심판을 함께 만나게 된다. 십자가는 죄를 향한 신의 진노와 심판이 얼마나 철저한가를 보여준다. "엘리 엘리 라마 사박다니"(나의 하나님, 나의 하나님, 어찌하여 나를 버리셨나이까)……, 십자가에 달린 예수의 절규는 신의 아들이라도 죄를 향한 공의의 심판을 피할 수 없음을 웅변한다. 십자가는 죄인에 대한 용서가 죄에 대한 심판의 결과임을 말한다. 즉, '나의 죄가 심판받음으로 내가 용서받는다', '나 대신 예수께서 내 죄에 대한 형벌을 다 받으심으로 죄인인 내가 용서받을 수 있게 된 것이다', 이것이 십자가의 메시지다.

그러므로 십자가를 경험한 사람은 내가 용서받은 사실만 아니라 그 용서를 가능하게 한 대속에 주목하게 된다. 나 같은 죄인을 대신해 신의 아들이 십자가 형벌을 받으신 사실에 압도된다. 그것은 감사함, 그 이상의 감성이다. 은혜를 받았기에 감사한 것은 맞지만 왠지 감사하다는 표현이 어울리지 않는다. 만약 당신의 형제가 당신의 범죄 때문에 당신을 대신해서 감옥에 구금되었다면 당신의 마음은 감사로 충만할까? 그가 법정에서 사형을 언도받고 당신 대신 죽었다면 감사의 기도를 올릴 수 있겠는가? 나 대신 죽은 이의 시신을 앞에 놓고 축배를 들 수 있는가? 그렇다. 대속의 은총은 감사, 축하, 그 이상의 차원으로 우리를 이끈다. '나를 위해~'라는 감사 찬양 이전에 '나 때문에~'라는 송구함의 탄식이 앞선다. 십자가 대속을 경험한 사람에게는 신의 아들이 나를 구원하기 위해 죽으셨다는 사실이 감격보다는 떨림으로 다가온다. 죄 사함의 기쁨 이전에 내 죄의 심악(甚惡)함에 전율하게 한다. 신의 아들일지라도 인간의 죄를 담당하면 죽음을 피할 수 없다는 십자가의 메시지는 내 죄의 참담함을 선포한다. 이것이 죄의 비참함이다.

예수를 죽게 만든 그 죄가 여전히 자기 육체 속에서 꿈틀거리고 있음을 느낀 바울은 그래서 절망했다. 내 속에 있는 죄의 본성이 악을 행하려고 나를 충동할 때 바울은 자신의 비참함과 연약함에 절망했다. '안 된다. 나로서는 도저히 이 죄의 육신을 어찌할 수 없다.' 사도는 그렇게 절망 속에서 부르짖는다.

절망 휴머니즘:
소망의 묘상(苗床)

사도 바울은 절망과 구원이 만나는 십자가 영성의 증인이다.

> 오호라 나는 곤고한 사람이로다 이 사망의 몸에서 누가 나를 건져 내랴. (롬 7:24)

바울은 자신을 "곤고한"(ταλαίπωρος) 사람이라고 묘사했다. 그리스어 "탈라이포로스"(ταλαίπωρος)는 '비참한', '절망적인'이란 뜻이다. 바울이 누군가? 다메섹 도상에서 예수의 부름을 받은 사도가 아닌가(행 9:1-18)? 소위 삼층천(三層天) 체험을 통해 낙원에 이끌려가서 형언할 수 없는 신묘불측의 비밀을 들은 놀라운 영적 경험의 소유자가 아닌가? 그런 그가 자신을 비참한 존재라고 고백한다. 자신은 사망의 몸으로부터의 구원이 필요한 절망적인 존재라고 탄식한다.

> 내 속 곧 내 육신에 선한 것이 거하지 아니하는 줄을 아노니 원함은 내게 있으나 선을 행하는 것은 없노라 내가 원하는바 선은 하지 아니하고 도리어 원치 아니하는바 악은 행하도다. (롬 7:18-19)

바울은 무엇 때문에 이러한 고백과 탄식을 쏟아내는 것일까? 이방 세계 복음 전도의 위대한 사도이며 풍성한 성령의 은사와 열매를 체험한 깊은 영성의 소유자 바울을 이토록 비참한 존재로 전락시킨(?) 장본인은 바로 그의 육신이었다. 바울은 자신이 마음으로는 선을 추구하지만 육신이 마음을 따라주지 않고 도리어 악을 행하려 한다고 토로한다. 급기야 바울은 자기 육신에는 선한 것이 없다고 선언하기에 이른다. 그의 선언은 단호하고 진지하다. 엄살이 아니다. 겸양의 수사(修辭)로 보기 어렵다. 그러면 자기의 육신에 선한 것이 없다며 바울이 이토록 자신을 혹평하는 이유는 무엇일까? 바울은 그것을 '원함과 행함의 괴리'라고 말한다. 마음이 원하는 선을 행하지 않고 도리어 악을 추구하는 육신과 마음의 어긋남, 이것이 대사도의 숨겨진 실존이었다.

> 만일 내가 원치 아니하는 그것을 하면 이를 행하는 자가 내가 아
> 니요 내 속에 거하는 죄니라. (롬 7:20)

고린도교회의 분열과 파당을 지적하며 복음의 본질이 '십자가에 못 박히신 예수 그리스도'에 있음을 준엄하게 질책한 대사도. 그리스도의 십자가만 알고, 깨닫고, 전파하는 삶을 살아온 참 신앙의 거인. 자기 자랑과 형제 비판이 횡행하는 고린도교회를 향해 위대한 '사랑의 헌장'을 선포한 사랑의 메신저. 그러나 이러한 수사들이 무색하리만큼 바울의 자기비판은 통렬하고 적나라하다. 사도는 자기의 육신 속에 죄가 있어서 마음은 신의 뜻을 행하려 하지만 육신이 이를 거절하고 오히려 악을 행한다며 자신을 고발한다. 그리고는 자기의 육신으로 인한 고민과 갈등을 통해 발견한 한 법칙을 소개한다.

> 그러므로 내가 한 법을 깨달았노니 곧 선을 행하기 원하는 나에게
> 악이 함께 있는 것이로다 내 속으로는 하나님의 법을 즐거워하되
> 내 지체 속에서 한 다른 법이 내 마음의 법과 싸워 내 지체 속에 있
> 는 죄의 법 아래로 나를 사로잡아 오는 것을 보는도다. (롬 7:21-23)

'내 육신에 악이 함께 있다, 육신을 지배하는 죄의 법에게 내가 사로잡힌다'는 법칙을 깨달은 사도는 결국 자신의 육신을 향해 "사망의 몸"이라는 사형 선고(24절)를 내리기에 이른다. 육신으로 악을 행하는 자신의 실존을 향해 절망을 선언한 후 사도는 드디어 구원의 진리를 터득한다.

> 우리 주 예수 그리스도로 말미암아 하나님께 감사하리로다 그런즉 (ἄρα) 내 자신이 마음으로는 하나님의 법을, 육신으로는 죄의 법을 섬기노라. (롬 7:25)

> 그러므로(ἄρα) 이제 그리스도 예수 안에 있는 자에게는 결코 정죄함이 없나니 이는 그리스도 예수 안에 있는 생명의 성령의 법이 죄와 사망의 법에서 너를 해방하였음이라. (롬 8:1-2)

바울은 "이 사망의 몸에서 누가 나를 건져내랴"(24절)라는 자신의 질문에 스스로 답을 하는 방식으로 구원의 진리를 제시한다. 로마서 7장 25절 하반절 및 8장 1절의 접두사 '아라'(ἄρα)는 두 본문이 24절의 구원 요청에 대한 답이면서 동시에 절망 선언("오호라 나는 곤고한 사람이로다")의 결과임을 보여준다. 바울이 선포하는 구원은 절망 선언 뒤에 찾아왔다. 육신 속의 죄와 그로 말미암은 악행의 가능성에 절망하는 바울은 두 개의 접두사 '아라'를 통해 절망 선언의 결과를 두 가지로 설명한다. 첫째, 마음으로는 신의 법에게 종노릇하고 육신으로는 죄의 법에 종노릇한다(7:25). 둘째, 그리스도 예수 안에 있는 사람에게는 정죄가 없다(8:1). 정죄 없음의 이유는 그리스도 예수 안에 있는 생명의 성령의 법이 바울을 해방하였기 때문이다. 이 두 가지 명제는 바울이 자기 육신의 죄성(罪性)을 깨닫고 그로 인한 악행의 가능성에 절망한 뒤 고백한 구원의 실체를 설명한다.

대사도가 제시하는 그리스도 안에서의 구원은 먼저 마음과 육신의 구분에서부터 시작된다. 마음은 신의 법, 신의 뜻을 따라 살고자 하는데 육신의 소욕이 따라주지 않는다는 것을 사도는 깨닫는다. 복음을 전하는 사도로서 교회와 이방인들에게 성결한 삶의 본이 되어야 하는 자신이지만 육신 속에 있는 죄의 소욕과 악을 행하려는 욕망이 여전히 자신을 괴롭힌다. 바울은 거룩한 사도로서의 자존심을 송두리째 포기한다. 자신은 육신에 속한 존재며 죄의 지배에 팔렸다고 선언한다(14절). 존경받는 사도로서 결코 쉽지 않은 자기 고백이다. 처연하기까지 한 고백은 자기 죽음 선언에서 절정에 이른다.

> 전에 법을 깨닫지 못할 때에는 내가 살았더니 계명이 이르매 죄는 살아나고 나는 죽었도다. (롬 7:9)

바울의 자기 죽음 선언은 계속된다.

> 죄가 기회를 타서 계명으로 말미암아 나를 속이고 그것으로 나를 죽였는지라. (11절)
>
> 그런즉 선한 것이 내게 사망이 되었느뇨 그럴 수 없느니라 오직 죄가 죄로 드러나기 위하여 선한 그것으로 말미암아 나를 죽게 만들었으니 이는 계명으로 말미암아 죄로 심히 죄 되게 하려 함이니라. (13절)

바울의 자기 죽음은 율법(또는 계명)으로 인한 죽음이다. 죄의 육신 속에 깊이 숨겨져 있는 탐욕과 죄성이 율법 앞에서 낱낱이 드러나게 되면서(7-8절) 바울은 자기 육신을 향해 죽음을 선언하기에 이르렀다.

여기서 주목해야 할 것은 바울의 자기 죽음 선언이 육신의 죄에 대한 정죄로부터의 해방으로 이어진다는 점이다. 육신을 향한 사망 선고의 결과, 신의 법을 따르고자 하는 바울의 마음은 죄의 법을 추종하고자 하는 육신과 구분되고 그 순간 생명의 성령의 법에 의해 '죄와 사망의 법'(육신의 법)으로부터 자유하게 된다. 이것이 바울이 깨달은 예수 그리스도 안에서의 참된 자유와 구원의 실체다.

> 율법 ⇒ 죄 살아남 ⇒ 나의 죽음 ⇒ 마음과 육신의 구분 ⇒ 죄와 사망의 법에서 자유

육신의 소욕으로부터의 구원은 죽음에 있다. 율법에 의해 드러난 육신의 죄성과 탐욕을 깨달은 바울은 죽음을 선언한다. 바울은 율법에 의해 죄를 깨닫게 된 상황을 '율법이 나타나자 죄는 살아나고 자신은 죽었다'고 부연한다(9절). 바울이 선언한 죽음은 '내 안에 선한 것이 없다', '신 앞에 내세울 것이 전혀 없다'는 철저한 '자기 부인'(self-denial)이며 '자기 의(自己義) 포기'를 의미한다. 신의 거룩한 법 앞에서 전혀 거룩하지도 의롭지도 않는 나. 온갖 탐심과 죄성으로 점철된 육신의 굴레에 갇힌 자신의 실상을 발견한 사도는 자기에게 의가 없음을 인정한다. "사망의 몸"이란 표현은 그가 처한 '완전한 절망'을 묘사한 말이다. 신 앞에서, 율법 앞에서 낱낱이 드러나는 자신의 허물과 악함과 부패함을 직시한 '절망 휴머니즘'(despair humanism), 이것은 바울에게 계시된 그리스도 예수 안에서의 구원의 신호탄이었다.

인간은 살아 있는 한 육신의 굴레 속에 있을 수밖에 없다. 그 굴레로부터 벗어나는 길은 육신을 향해 사망을 선고하는 것이다.

> 이제는 우리가 얽매였던 것에 대하여 죽었으므로 율법에서 벗어났으니. (롬 7:6)

덫에 걸린 짐승이 덫에서 벗어나는 길은 죽는 것뿐이다. 탈출하려고 몸부림칠수록 덫은 더욱 깊이 박힌다. 바울은 육신이라는 죄의 덫에 걸려든 자신을 발견하고는 깊은 좌절에 빠졌다. 그리스도의 십자가 복음을 위해 모든 기득권을 포기하고 자비량 선교로 헌신해온 바울. 서아시아는 물론 유럽의 관문인 마케도니아 지역 곳곳에 복음을 전하고 교회를 세운 위대한 전도자 바울. 그런 그가 한갓 육신 속 탐욕의 노예가 되어 죄악을 도모하는 저급한 육신의 사람에 불과한 자신의 실체를 깨닫고는 절망한다. 그리고 그렇게 자신의 육신을 향해 사망을 선고한 후에야 비로소 죽음이 주는 자유를 누리게 된다. 율법을 향해 죽는 것이 곧 율법의 정죄와 육신의 굴레에서 벗어나는 길이다. 율법을 향해 죽을 때 마음은 육신의 죄의 지배에서 해방되어 생명의 성령의 통치를 받게 된다.

이것이 마음과 육신의 분리 적용이다. '마음은 영의 지배를 받고 육신은 죄의 지배를 받는다'는 마음과 육신의 분리 적용은 그리스도의 십자가에 나타난 구원의 원리다. 죄가 거하는 육신을 향한 절망 선언 및 사망 선고는 육신의 생각으로부터 자유하게 되는 길이다(롬 8:5-7). 율법 앞에서 내 육신의 죄성을 모른 체하고 '자기 의'를 세우려는 것은 덫에 걸린 짐승이 빠져나오려고 몸부림치는 것과 같다.

그것은 사는 길이 아니다. 신의 의(義), 신의 계명 앞에서 선행되어야 할 것은 자기 절망, 자기 부인, '자기 의' 포기다. 육신의 한계를 인정하고 '의 없음'을 고백하는 절망 휴머니즘은 그러므로 구원의 산파다. 탐욕과 죄성으로 가득한 육신을 향해 죽음을 선포하는 심령에 참 자유가 임하기 때문이다. 율법 앞에서의 절망 선언은 소망의 시작이며 신의 계명 앞에서의 사망 선고는 생명의 출발점이다.

절망 속에서 움트는 소망의 신비를 시인은 이렇게 노래했다.

> 가장 많이 고뇌하고 가장 많이 싸운 곪은 상처,
> 그 밑에서 새살이 돋는 것처럼
> 희망은 스스로 균열하는 절망의 그 안에서
> 고통스럽게 자라난다.
> 안에서 절망을 끌어안고 뒹굴어라.
> 희망의 바깥은 없다.
> <희망의 바깥은 없다> 中 - 도종환

가뭄이라는 한계 상황에서 하늘을 응시하는 농부의 절망, 죽음이라는 허무의 심연에 빠져 울부짖는 구도자의 절망, 영생의 문턱을 넘지 못해 고개를 떨군 부자 청년의 절망, 신의 뜻 앞에 선 실존의 참담함을 선언하는 사도의 절망, 그 아득한 절망은 그러나 소망의 묘상(苗床)이다.

'코람 데오'의 절망:
계시와 구원의 카이로스

예수 그리스도의 복음에 계시된 겸손은 단순한

도덕적 의미의 겸양이 아니라 영생으로 이어지는 '신적 휴머니즘'(divine humanism)으로서 이는 신 앞에 선 자의 '자기 부인'(self-denial)이다. 인간의 심장을 살피고 폐부를 시험하여 인간의 행위대로 심판을 집행하는 신(렘 17:10)의 면전에서의 겸손과 경외는 '코람 데오'(Coram Deo)의 절망이다. 신 앞에 있는 내게 아무런 의도, 자랑도 없음을 절감하는 그는 신 앞에서의 삶을 사는 '코람 데오 휴머니스트'이다. 코람 데오의 사람들은 신을 경외하는 사람들이다. 호렙산의 불타는 떨기나무에서 나오는 여호와의 음성을 들은 모세는 신을 쳐다보기가 두려워 얼굴을 가렸다(출 3:6). 밧모섬의 사도 요한도 이와 비슷한 체험을 한다. 등 뒤에서 신의 음성을 들은 요한이 몸을 돌이키자 강력한 광채를 발하는 예수 그리스도의 얼굴을 보게 된다(계 1:10-16). 요한은 그 즉시로 땅에 엎어져 죽은 자처럼 되었다. 예수 그리스도의 계시는 이때 시작된다.

> 그를 뵐 때에 내가 그의 발 앞에 엎어져서 죽은 사람과 같이 되니 그가 내게 오른손을 얹고 말씀하셨습니다. '두려워하지 말아라 나는 처음이며 마지막이요 살아 있는 자다…… 그러므로 너는 네가 본 것과 지금의 일들과 이다음에 일어날 일들을 기록하여라. (계 1:17-19)

예수 그리스도의 영광과 위엄에 압도당하여 죽은 듯이 엎어져 있는 요한의 등에 오른손을 얹은 예수는 일곱 교회를 향한 메시지를 전한다. 요한은 하늘 보좌 환상을 통해 신의 보좌와 어린양을 중심으로 펼쳐지는 '천상예배'(天上禮拜)의 장엄한 광경을 목도하게 되고(계 4-5장), 이후 어린양이 일곱 인을 떼는 장면을 필두로 종말적 계시가 시작된다(계 6:1). 신의 영광과 거룩하신 위엄에 압도되어 죽음과 같은 절망적 상황에 처한 종들을 통해 신의 역사와 계시가 전개되었다.

> 화로다 나여 망하게 되었도다 나는 입술이 부정한 사람이요 입술
> 이 부정한 백성 중에 거하면서 만군의 여호와이신 왕을 뵈었음이
> 로다. (사 6:5)

환상을 통해 하늘의 성전과 스랍들, 그리고 신의 보좌의 이상을 보게 된 이사야 선지자는 절망의 탄식을 쏟아낸다. 입술이 부정한 자신이 신을 본 것 자체가 자신에게는 재앙이고 죽음이라며 두려워 떨었다.[18] 바로 그때 스랍 하나가 숯불을 들고 날아와 이사야의 입에 있는 악을 제거하고 죄를 사하자(6-7절) 이사야는 비로소 신 앞에서 자신의 소명을 받는다(8-9절). 코람 데오는 이사야를 죽음 같은 절망 속으로 몰아넣었다. 신 앞에 선 자신의 부패함을 보고 그는 좌절한다. 이렇게 신을 경외하는 코람 데오의 체험을 거친 이사야에게 비로소 선지자로서의 소명이 임했다.

신의 위엄과 영광 앞에 선 인간의 부패함과 나약함의 심연에 빠진 절망의 때는 계시와 구원의 카이로스다. 영생을 갈구하는 부자 청년이 영생을 얻기 위해 필요한 것은 '코람 데오의 절망'이었다. 성전에서 기도하는 바리새인과 세리 이야기(눅 18:9-14)를 보면, 하늘을 향해 얼굴을 들지 못하고 자신을 불쌍히 여겨달라고 기도하는 세리는 지은 죄가 너무 커서 자신이 죄인이라고 고백한 것일까? 그는 살인죄, 간음죄, 부모불공경죄, 도적질 등 십계명을 비롯한 율법을 범한

---

18 마이클 호튼(Michael Horton)은 성전 환상에 대한 이사야의 반응이 황홀경에 도취된 찬탄이 아니라 신의 임재 앞에 드러난 자신의 죄성(罪性) 인식에 따른 절망감의 표출임을 적시한다(마이클 호튼, 『미국제 영성에 속지 말라』[서울: 규장, 2005], 41).

자기의 죄과들을 토해내고 있는 것일까? 성전에서 자기 공력을 자랑하며 기도하는 바리새인과 대비되는 세리의 모습에서 우리는 신 앞에 선 인간의 경외심을 만나게 된다. 신의 거룩하심과 인간의 비천함, 신의 의로우심과 인간의 불의함, 신의 선하심과 인간의 악함이 명확하게 대비되는 신앙적 인식을 가진 코람 데오 휴머니스트는 자신에 대해 절망한다. 신의 거룩하심과 선하심과 의로우심에 맞닥뜨린 그는 자신의 비천함과 불의함과 악함을 깨닫고 절망할 수밖에 없다.

반면에 세리와 대비되는 바리새인의 모습에서 우리는 '자기 높임', 곧 교만의 실체를 본다. 신 앞에서 자신을 세리와 비교하며 자신의 우월성을 확인하고 자신의 선행과 종교성을 과시하는 바리새인은 절망 휴머니즘을 모른다. 신 앞에서의 절망이 곧 영생의 소망으로 이어지는 복음의 신비를 그는 알지 못한다. 율법을 다 지킬 뿐 아니라 율법의 규정 그 이상도 지켰다는 '자기 의', 그리고 자신보다 못한 사람들을 향한 우월감은 바리새인과 부자 청년에게 공통적으로 나타난 '자기 높임'의 양상이다. 신 앞에서의 절망은 참된 겸손의 다른 이름으로서 구원 및 영생의 소망과 연계되고, 신 앞에서의 공로 자랑은 교만의 다른 모습으로서 구원 및 영생과 멀어진다.

신 앞에 있는 자신에 대한 절망은 역으로 신의 자비하심에 대한 믿음을 전제로 한다. 자신을 불쌍히 여겨달라는 세리의 처절한 울부짖음 속에서 우리는 자기의 죄성에 대한 세리의 절망 휴머니즘과 함께 신의 긍휼과 구원을 향한 그의 강한 확신을 만난다. 코람 데오의 절망은 그래서 소망의 변장술이다. 율법에 대한 죽음이 신을 향한 열매로 이어지듯(롬 7:4), 코람 데오의 경외와 절망은 구원과 영생에로의 참 소망으로 연결된다.

아! 나는 비참한 존재로구나. 이 죽음의 몸뚱이로부터 누가 나를
구원할 수 있겠는가? (롬 7:24 참조)

육신에 대한 절망, 땅에 속한 것에 대한 강한 부정의 외침은 곧
하늘에 계신 이를 향한 강한 긍정의 탄원으로 승화된다. 코람 데오
의 경외와 절망은 그러므로 성서적 구원의 시작이며 완성이다.

제3장

우리 아버지
Πάτερ ἡμῶν

주기도문 서두의 호칭 "우리 아버지"는
자녀들의 머리카락 개수까지 카운트하는 친밀도 100%의
아버지에 대한 자녀들의 순도 100%의 믿음을 천명하고 있다.

신을 "우리 아버지"로 고백하는 이들은
혈육의 테두리를 뛰어넘는 '메시아닉 패밀리'다.

예수는 제자들에게 신을 아버지로 호칭하게 함으로써 구약의 토라와 예언서의 전통(신 32:6; 사 63:16; 64:8; 렘 31:9)을 따른다. 구약성서의 이스라엘 백성들은 여호와 하나님을 민족의 아버지로, 그리고 개인의 아버지로 믿었다. 이러한 구약시대의 천부관(天父觀)은 가정 내 절대적 권한을 가진 가부장적 개념으로 이어져 이스라엘 사회에서는 자녀에 대한 부모의 체벌과 고발이 권장되었고(잠 13:24; 23:13-14; 29:15; 신 21:18-21), 부모를 향한 불순종과 악행은 극형의 대상이었다(출 21:15-17). 여호와 하나님은 이스라엘 민족 공동체를 조성한 아버지로서 그들을 다스리고 심판할 권한을 가진 존재로 묘사된다. 이스라엘 백성을 진흙으로, 여호와를 토기장이로 표현한 이사야의 선언이 여호와의 강림과 심판을 예언하는 문맥에 등장한다는 사실(사 64:1-2)은 만드신 이가 하나님 아버지이니 만드신 것을 처단할 권한도 하나님 아버지에게 있음을 시사한다.

　　이와 같은 구약의 천부관과 비교할 때 예수의 천부관은 친밀함이 보다 강조되고 있다는 점에서 구별된다. 예수의 하나님 아버지는 은밀한 중에서 자녀들을 지켜보고 은밀한 중에서 그들의 기도를 듣고 계신다(마 6:6). 그분의 응답을 위해서는 많은 말과 많은 시간의 기도가 중요하지 않다. 구하기 전에 이미 자녀들의 필요를 다 알고 계시기 때문이다(8, 32절). 농사도, 추수도 하지 않는 새가 먹고 살아가도록 돌보는 그분, 일도 안 하고 길쌈도 안 하는 들판의 백합화에게 솔로몬의 비단옷보다 더 아름다운 것으로 입히는 그분이 예수의 하나님 아버지다(26-29절). 새를 먹이고 백합화를 입히는 천부께서는 새보다, 백합화보다 더 귀한 자녀들을 돌보신다고 예수는 단언한다(6:26, 30; 10:30-31). 이 사실을 믿는 것이 믿음이며(6:30), 이 믿음이 있는 자는 내일 일을 염려하지 않게 된다(34절). 신이 아버지임을 선언하는 주기도문 서두의 호칭 "우리 아버지"는 자녀들의 머리카락 개수까지 카운트하는 친밀도 100퍼센트의 아버지에 대한 자녀들의 순도 100퍼센트의 믿음을 천명하고 있다.

예수의 새 가족:
메시아닉 패밀리

주기도문 서두 호칭에서 소개되는 예수의 하나님은 하늘에 계신 '내 아버지'가 아니라 "우리 아버지"다. 나와 같이 신을 아버지로 믿고 고백하는 다른 이들이 있음을 호칭이 시사한다. 신약성서는 이들을 '형제, 자매' 또는 '지체'라고 표현한다. 예수는 이들을 자신의 가족, 즉 '메시아닉 패밀리'(messianic family)로 인정하였고(마 12:50), 바울은 이들이 예수를 머리로 하여 한 몸을 구성하는 지체들임을 통찰한다(롬 12장, 고전 12장 참조). 주기도문의 "우리 아버지" 호칭은 신을 아버지로 믿는 자들은 필연적으로 '우리', 즉 공동체의 구성원임을 말하고 있다. 그렇다면 주기도문의 "우리"는 어떤 '우리'이며 제도권 교회와는 어떤 관련이 있을까? 현대의

제도권 교회는 과연 주기도문이 제시하는 '우리 공동체'로서의 정체
성을 갖고 있는가?

위 물음의 답을 얻기 위해 먼저 마태복음서가 말하는 '메시아닉
패밀리'에 대해 알아보자. 다음은 예수께서 자신의 가족들이 지켜보
는 앞에서 새 가족공동체를 선언하는 장면이다.

예수와 제자들

예수께서 무리에게 말씀하실 때에 그 모친과 동생들이 예수께 말
하려고 밖에 섰더니 한 사람이 예수께 여짜오되 보소서 당신의 모
친과 동생들이 당신께 말하려고 밖에 섰나이다 하니 말하던 사람
에게 대답하여 가라사대 누가 내 모친이며 내 동생들이냐 하시고
손을 내밀어 제자들을 가리켜 가라사대 나의 모친과 나의 동생들

을 보라 누구든지 하늘에 계신 내 아버지의 뜻대로 하는 자가 내 형제요 자매요 모친이니라. (마 12:46-50)

집을 떠나 오랜 시간 객지 생활하는 아들의 소식이 궁금해서 먼 길을 찾아온 어머니와 동생들이 왔다는 말을 전해들은 예수의 반응이 싸늘하다. 아무리 설교 중이라지만 아들로서 어머니께 잠시 인사라도 해야 하는 게 아닌가? 부모 공경의 계명(출 20:12)을 모를 리 없는 유대인 전도자가 왜 공개된 자리에서 모친과 형제들을 그토록 냉정하게 대했는지 의문이 든다. 대중들 앞에 서야 하는 복음전도자는 부모 공경의 모범을 보일 필요가 있을 것이다. 불효자라는 오명이 전도 사역에 지장을 초래할 수 있기 때문이다. 그런데도 예수는 가족들에게 눈길 한 번 주지 않고 오히려 가족 방문 소식을 전해준 사람에게 '누가 내 어머니며 동생들이냐'고 반문한다(48절). 그리고는 열두제자들을 가리키며 그들이 자신의 어머니며 형제들이라고 선언한 후(49절) 혈통을 초월한 보편적 새 가족공동체 '메시아닉 패밀리'를 공포한다(50절).[1] 지친 몸으로 먼발치에서 아들을 보고 있던 모친이 이 말을 들었을 때 심정이 어떠했을까?

왜 예수는 하필 윤리적 비난을 받을 수 있는 상황에서 이런 선언을 하는 것일까란 의문을 이렇게 바꿔보자: '무슨 의도가 있지 않을까?' 모친이 없을 때 해도 될 말을 군이 먼 길 오신 모친과 형제들 앞에서 하는 것엔 어떤 의도가 있다고 볼 수 있다. 그 실마리를 찾아보자.

---

1 마가복음은 예수께서 자기 주위에 앉은 무리들을 향해 '메시아닉 패밀리'를 선언했다고 보도하는(3:32-35) 반면, 마태복음은 "손을 내밀어 제자들을 가리켜"(49절) 선언했다고 묘사한다. 천부의 뜻 순종이 혈육의 관계를 초월한 메시아닉 패밀리의 조건임을 강조하기 위한 표현이라고 볼 수 있다(P. Luomanen, *Entering the Kingdom of Heaven: a Study on the Structure of Matthew's View of Salvation* [Tübingen: Mohr Siebeck, 1998], 185 참조).

사람의 원수가 자기 집안 식구니라. (마 10:36)

열두제자들에게 천국 도래의 소식을 전할 것을 명하는 장면에서 주어진 예수의 이 말씀은 혈육을 미워하고 증오하는 것이 전도자의 사명이라는 뜻이 아니다. 혈육의 가족이 예수 및 예수의 사역을 가로막는 장애물이 될 수 있음을 경계한 말이다. 공(公)과 사(私)의 엄격한 구분, 즉 공을 수행하는 데 사가 방해가 되어선 안 된다는 전도자의 결연함이 배어나는 말이다. 예수의 모친과 동생들은 혈육의 감정으로 예수를 찾아왔다. 그러나 공적 사역을 행하는 예수는 사적 감정에 빠질 수 없다. 예수는 공과 사가 충돌하는 이 순간을 메시아의 새 가족공동체를 선언할 기회로 삼았다. 혈육의 끈끈하고 애틋한 정이 등장하는 장면에서 선포된 '메시아닉 패밀리'는 긍정적이든 부정적이든 당시 사람들에게는 물론이고 훗날 이 이야기를 듣는 이들의 뇌리에 각인되었을 것이 분명하다.

신의이행자:
심판의 증인

예수의 선언에 따르면, 메시아닉 패밀리의 구성원이 될 기회는 누구에게나 주어지지만 아무나 될 수 있는 것은 아니다. '신의이행'(神意履行)이 그 자격 조건이다(마 12:50). 예수와 함께, 그리고 예수처럼 하나님을 아버지라 부르고 하나님의 자녀로 인정받을 자는 곧 하나님 아버지의 뜻을 실행하는 자들이며 결국 그들이 예수의 형제들이다. '최후 심판 이야기'(마 25:31-46)에서 심판의 증인으로 예수의 형제들이 등장한다. 여기서 주목할 것은 심판자 예수는 자기의 형제들을 자신과 동일시하여 그들에 대한 사람들의 행위를 곧 예수 자신에게 한 행위로 간주하고 바로 그 행위를 영생과 영벌 심판의 기준으로 삼는다는 점이다. 이처럼 메시아닉 패밀리라는 예수의 새 가족공동체가 종말적 심판과 연계돼 있다는 사실은 우리를 주기도문 도입부의 "우리 아버지"라는 이 짧막한 호칭에 천착하지 않을 수 없게 한다.

최후 심판 이야기를 듣는 이들은 궁금해진다. 그렇다면 심판의 증인들이며 예수와 동일시되는 예수의 형제들은 누굴까? 신의 뜻을 행하는 자들이라는데……, 그들에게 선을 행하면 영생, 선을 행하지 않으면 영벌로 심판받는다니 그들의 정체가 궁금해진다. 그들과 가깝게 지내고 그들에게 잘 해주면 영생은 보장받는 것 아니겠는가라는 판단으로 예수의 형제들을 찾아 나서는 이들도 있을 것이다. 하지만 안타깝게도(?) '예수 형제 찾기'는 성공할 가능성이 없어 보인다. 예수의 형제들은 '신의 뜻을 행하는 자', 곧 '신의이행자'(神意履行者)라는 다소 모호한 정체성을 갖기 때문이다. 신의이행자는 특정 계층이나 특정 집단을 지칭하는 개념이 아니어서 그들이 누구라고 딱 집어서 말하기 어렵다. 그렇다면 초점은 자연스럽게 '신의'(神意), 즉 신의 뜻이 무엇이며 신의 뜻을 행한다는 것은 무슨 의미인가에 모아진다. '신의'에 관하여는 본서 "제6장 세 번째 기도"에서 자세하게 언급될 것이다. 여기서는 최후 심판의 증인으로 등장하는 예수의 메시아닉 패밀리와 관련하여 주기도문의 "우리 아버지" 호칭이 암시하는 마태복음의 천부관 및 그와 관련된 성서적 신앙관을 살펴본다.

메시아의 천부관:
은밀성

앞에서 잠시 언급됐듯이, 예수께서 제시하는 천부관은 구약의 천부관에 근거하면서도 그보다 구체적이고 실제적이다. 예수의 천부관은 산상설교에서 이렇게 소개되고 있다.

> 구하기 전에 너희에게 있어야 할 것을 하나님 너희 아버지께서 아시느니라. (마 6:8)

위 본문은 만물을 지으신 창조주로서 모든 피조물을 통치하고 인간들의 폐부까지 꿰뚫어 보는 심판의 천부를 강조하는 장면처럼 느껴진다. 하지만 그것은 구약의 천부관이다. 본문은 만물을 다스리고 인간의 생사화복을 주관하는 조물주로서 천부의 '전지하신 능력'(omniscience)만을 말하는 것이 아니다. 본문의 전후 문맥을 보면 예수의 의도를 짐작할 수 있다. 본문 앞에서 예수는 이방인의 기도, 즉 신을 아버지로 믿지 않는 이들의 중언부언 기도를 비판한다. 신을 아버지로 믿는 자녀들은 시간과 정성을 들여 응답을 얻어내려는 이방인들과 달라야 한다는 예수의 천부관이 바로 '천부의 은밀성'이고(마 6:6)[2] 이 천부관에 대한 보충 설명이 위 본문이다. 본문의 "있어야 할 것"은 '필요한 것, 결핍된 것'을 말한다.[3] 메시아가 제시하는 천부의 은밀성이란 '자녀들의 결핍과 필요를 이미 아시는 아버지'다. 여기서 우리는 메시아 천부관의 두 가지 측면을 만난다. 하나

---

2 '천부의 은밀성'에 관한 구체적인 설명에 관하여는 본서 "제1장 그러므로 너희는 이렇게 기도하라"를 보라.

3 마 6:8의 "있어야 할 것"으로 번역된 그리스어 '크레이아'(χρεία)는 '필요', '결핍'을 뜻한다.

는 천부께서는 자녀들이 '원하는 것'(want)보다 자녀들에게 '필요한 것'(need)에 관심을 둔다는 것이고, 다른 하나는 자녀들이 구하지 않아도 그들의 필요한 것을 천부께서 이미 알고 있다는 것이다. 이방인들이 그들의 신에게 구하는 것은 그들이 '원하는 것'이다. 그들은 신에게 많은 시간과 정성을 쏟아 부어 '원하는 것'을 얻고자 한다.

식음의(食飮衣):
Want? Need?

예수는 이방인들의 기도 목적 및 기도 방식의 오류를 지적하고 올바른 천부관 및 그 천부관에 따른 기도론(祈禱論)을 알려준다. 천부의 관심은 우리의 want가 아니라 우리의 need다. 사람들의 want는 보물을 땅에 쌓아두는 것이다(마 6:19절). 그들은 몸이나 목숨보다 중요하지 않은 것들(식음의=먹을 것, 마실 것, 입을 것)을 소유하기를 원한다(25, 31-32절). 이방인들은 그들의 want를 위해 그들의 신에게 시간과 노력을 투자한다. 그것은 천부가 없는, 천부를 모르는 이들의 가치관이며 신앙관이다. 여기서 흥미로운 본문 한 구절을 소개한다.

> 이는 다 이방인들이 구하는 것이라 너희 천부께서 이 모든 것이 너희에게 있어야 할 줄을 아시느니라. (마 6:32)

위 32절은 8절의 반복이라고 할 수 있다. 그런데 32절에는 8절과 달리 식음의가 이방인들의 want라는 설명이 추가되면서 동일한 식음의가 이방인들에게는 '원하는 것'이고 아버지의 자녀들에게는 '있어야 할 것', 즉 '필요한 것'이라는 대비가 성립된다. '원하는 것'으로서의 식음의는 인간의 노력과 정성으로 획득할 수 있다. 그렇다면 천부의 자녀들에게 '필요한 것'으로서의 식음의는 어떻게 획득되는가?

> 너희는 먼저 그의 나라와 그의 의를 구하라 그리하면 이 모든 것을 너희에게 더하시리라. (마 6:33)

천부의 자녀들에게 식음의는 원하는 것이 아니라 필요한 것이다. 필요한 것으로서의 식음의는 시간과 노력으로 쟁취하는 것이 아니라 천부의 나라와 천부의 의를 추구하는 이들에게 '주어지는'(προστεθήσεται) 것이다.[4] 정리해보자. 천부께서는 자녀들에게 필요한 것을 이미 다 알고 계신다. 그러므로 하나님을 아버지로 믿는 이들은, 하나님을 모르는 이방인들이 그들의 want를 얻기 위해 노력과 정성을 기울이는 것처럼 하지 않는다. 도리어 천부의 자녀들은 이방인들의 관심에서 벗어난 천부의 나라와 의를 추구하게 되고 식음의는 그 나라와 의를 추구하는 이들에게 주어진다. 본문의 문맥에서 식음의가 세상적 가치, 곧 재물, 권력, 부귀영화 등등을 상징한다고 본다면 천부를 믿는 자녀들의 가치관, 재물관이 무엇인지는 명확해진다.

---

4 33절의 "더하시리라"의 그리스어 동사 프로스테데세타이(προστεθήσεται)는 수동형으로서 "이 모든 것", 즉 식음의가 하나님에 의해 주어지는 것임을 시사한다. 본문에 관한 자세한 논의는 본서 "제1장 그러므로 너희는 이렇게 기도하라"를 보라.

식음의 DNA:
실낙원의 유전자[5]

세상 사람들에게 식음의는 노력과 정성을 기울여 얻고자 하는 것, 곧 '원하는 것'이다. 수고와 땀으로 땅을 경작해야만 먹고 살 수 있게 된 실낙원의 징벌(창 3:19)이 인생의 불문율로 정해진 결과 식음의는 사람들의 '원하는 것'이 되어버렸다. 에덴에서 쫓겨나 신의 보호를 더 이상 기대할 수 없는 실낙원의 후예들에게 식음의는 자기를 지켜주는 안전장치로 인식됐기 때문이다. 그래서일까? 식음의를 얻고 더 얻으려는 인간의 탐욕은 시간이 흐르고 세대가 바뀌면서 점차 유전자처럼 그들의 체질 속에 박히고 만다. '식음의 DNA'라고 할까? 실낙원 후예들의 식음의 욕구는 체질화되었고 그로 인해 식음의는 맘몬(mammon)이라는 신적 지위로까지 격상되어(마 6:24) 인간을 노예로 삼는다. 남보다 더 많은 식음의를 남보다 더 먼저 얻으려는 '식음의 DNA'에 붙들린 인간 군상들이 연출하는 실낙원 막장 드라마는 말 그대로 목불인견의 참상이다. 머리 둘 곳조차 없는 스승을 이용해서 권력욕을 채우려는 제자들(마 20:20-21), 그들의 권력욕은 공동체 및 사회 갈등과 분열의 불씨가 된다(24절). 맘몬의 마력에 사로잡혀 선행조차 재물의 힘으로 감당했다고 자부하는 부자 청년(마 19:20), 맘몬의 무소불위를 체득한 그에게는 영생도 문제없어 보였다. 재물만 있으면 어떤 선행도 할 수 있었기에 그에겐 선행의 종류가 문제였다. 할 수 있는 선행은 다한 것 같은데 왜 영생은 멀게만 느껴지는 건지, 자기에게 어떤 선행이 부족한 것인지 청년

---

5 창세기 실낙원 사건(2:4-3:24)에 관하여는 본서 "제6장 세 번째 기도"를 보라.

은 궁금했다. 자기가 모르는, 영생에 직행하는 선행이 따로 있는 것인지 소문으로만 듣던 갈릴리 현자에게 영생을 보장하는 선행을 묻는다.

> 선생님이여 내가 무슨 선한 일을 하여야 영생을 얻으리이까. (마 19:16)

영생 획득의 길이 선행에 있음을 전제로 한 이 질문은 '식음의 DNA'가 보내는 유전 정보에 따라 청년이 맘몬에 굴복한 결과다. '선행=영생'이라는 전제를 들이대는 실낙원의 후예에게 내려진 메시아의 처방은 재산 처분이다. 당연한 통찰이다. 우선 그를 사로잡고 있는 재물의 마법을 풀어야 하기 때문이다. 예수의 재산 처분 권고에 아무 대답 없이 돌아가는 청년을 보며 예수께서 말씀한 '낙바부천'('**낙**타가 **바**늘귀로 들어가는 것이 **부**자가 **천**국에 들어가는 것보다 쉽다', 24절)은 맘몬의 마법이 얼마나 무서우며 그 마법의 올가미에서 풀려난다는 것이 얼마나 어려운가를 단적으로 보여준다.

맘몬에 붙들린 실낙원의 후예들은 약자에 대한 배려가 없다. 선한 포도원 주인 비유(20:1-16)를 보면, 가장 먼저 채용된 오전 6시 품꾼들은 자신보다 능력이 떨어지고 경쟁에서 뒤처진 이들을 위한 포도원 주인의 복지 지출에 항의한다(11-12절).[6] 그들의 주장은 '일한 만큼 받는다'이다. 낯익은 논리다. 일을 해야 먹을 수 있다는 실낙원 경제 논리의 파생 이론이라고 할까? 일한 만큼 식음의를 얻을 수 있어야 한다는 품꾼들의 항의는 자본주의경제 논리와 일맥상통한다.

---

6 비유에 관한 자세한 논의는 본서 "제5장 두 번째 기도"를 보라.

언뜻 합리적으로 보이는 이 논리 속에는 그러나 더 많은 것을 욕망하는 실낙원 후예들의 '식음의 DNA'가 작동하고 있다. 오전 6시 품꾼들은 주인과 계약한 일당을 다 받았다. 그런데도 주인에게 항의한다. 자기보다 적게 일한 사람에게 자기들과 동일한 일당을 지급하는 것을 문제 삼는 것이다. 그들은 인력시장 경쟁에서 뒤처진 사회적 약자에 대한 지주의 배려가 부당하다고 말한다. 그들의 항의에는 더 많이 일한 자신들에게 더 많은 일당을 달라는 압력이 담겨 있다.

그러나 약자에 대한 주인의 복지 지출은 일한 만큼 받는다는 실낙원의 경제 논리를 훼손한 것이 아니라 약자에 대한 배려가 없는 차가운 경제 논리에 따뜻한 기운을 불어넣은 것이다. 포도원 주인은 무노동 적선을 베풀지 않았다. 한 시간이라도 일하게 하고 일당을 지급했으므로 주인은 경제 정의를 준수한 것이다.[7] 따라서 오전 6시 품꾼들의 항의는 정당하지 못하다. 그들의 주장은 사회적 약자에 대한 배려가 없는 '자비 없는 정의'다. 자비 없는 정의는 폭력에 가깝다. 경제 정의 확립이라는 그럴듯한 구호를 외치며 소외계층의 복지를 외면하는 품꾼들의 항의는 맘몬에게 포로가 된 실낙원 후예들의 탐욕의 아우성이다.

에덴을 잃어버린 아담의 자손들에게 식음의는 '원하는 것'인 반면, 천부의 자녀들에게 식음의는 '필요한 것'이다. 식음의를 추구하는 (에피제테오=ἐπιζητέω) 세상은 그들이 '원하는' 식음의를 그들의 노력과 정성으로 획득하지만 천부의 나라와 의를 추구하는(제테오=ζητέω)

---

[7] 포도원 주인이 노동시장의 약자들에게 일을 시키지 않고 적선을 베풀었다면 주인은 품꾼들의 항의를 받지 않아도 됐을 것이다. 하지만 일할 의사가 있는데도 일을 시키지 않고 적선을 하는 그 행위가 도리어 '무노동 적선'을 부추겨 '일한 만큼 받는다'는 사회경제적 원칙을 훼손하는 정의롭지 못한 행위일 것이다. 따라서 항의가 예상되는데도 이를 감수하고 한 시간이라도 일을 하게 한 뒤 일당을 지급한 주인의 처신은 정당하다고 평가돼야 한다.

자녀들에게는 그들이 '필요한' 식음의가 주어진다.[8] 따라서 천부의 자녀들에게 식음의는 공로가 아니라 은혜다. 은혜는 인간의 공로와 무관하다. 선한 포도원 주인 비유에서, 한 시간 일하고 하루 치 일당을 받은 오후 5시 품꾼들에게 그 일당은 그들의 노동량과 무관한 은혜이듯, 천부의 자녀들에게 주어지는 '식음의'는 은혜다. 식음의는 그들이 추구해서 획득한 것이 아니라 하나님의 나라와 의를 추구하고 순응한 결과로 주어지기 때문에 은혜다. 해와 비와 공기는 인간의 노력으로 얻을 수 없기에 주어지듯(마 5:45), 천부를 믿는 자녀들에게 식음의는 천부의 선물이다. 천부께서는 언제나 자녀들에게 '필요한' 것을 줄 준비가 되어있다(마 7:11). 부모는 자식이 원하는 것이 아닌 자식에게 필요한 걸 준다. 그것이 부모의 속성이며 부모의 마음이다. 부모와 자녀 사이에서는 구한다고 주고 안 구한다고 안 주지 않는다. 구해도 필요하지 않으면 안 주고 구하지 않아도 필요하면 준다. 그것이 부모자식의 관계이고, 그런 부모자식 관계 안에서 식음의는 은혜다.

천부의 은밀성: 복낙원의 원리

하늘에 계신 창조주를 아버지로 소개하는 예수의 의도가 여기에 있다. 하늘에 계신 분을 아버지로 인식하지 못하는 실낙원 군상들에게 식음의는 여전히 '원하는 것'이다. 식음의를

---

8 천부의 자녀들의 추구 양상과 이방인의 그것과의 차이와 구분에 관해서는 본서 "제1장 그러므로 너희는 이렇게 기도하라"를 보라.

더 많이, 더 빨리 얻기 위해 신에게 시간과 정성을 들이는 것은 실낙원의 징벌 아래 있는 그들의 생존 전략이다. 이처럼 재물을 땅에 쌓아두고 맘몬에게 종노릇하는 실낙원의 후손들에게 예수의 천부관 '천부의 은밀하심'(마 6:8)은 맘몬의 굴레로부터 그들을 해방시키고 에덴보다 더 복된 하늘나라를 이 땅에 건설하게 하는 복낙원(復樂園)의 원리다.

천부의 은밀성은 중언부언이라는 작위적 공로에 의해 더 많은 '원하는 것'을 더 빨리 얻을 수 있다고 믿는 실낙원 후예들의 왜곡된 신관을 바로잡는다. '천부께서는 자녀들의 필요를 다 아신다.' 그러니 어찌해야 할까? '기도공력, 물질공력이 신을 감동시킬 거라고 생각하지 말라', '더 많이 기도하고 더 많이 정성을 들이면 네 원하는 것을 더 빨리 주실 거라고 착각하지 말라', 그리고 '식음의를 염려하지 말라'는 뜻이다(마 6:34). 식음의를 주관하는 천부의 자녀들에게 식음의는 그들의 필요에 따라 '주어지는 것'이다. 재물, 권력, 성공, 인기, 출세, 합격 등은 실낙원의 후손들에게는 '원하는 것'이지만 천부의 자녀들에게는 '필요한 것'이다. 아담의 자손들은 그들이 '원하는 것'을 그들의 공력과 정성으로 얻으려 하다가 하늘나라와 의를 잊어버린다. 그러나 그들이 '원하는 것'은 천부의 나라와 의를 추구하는 자들에게 필요에 따라 주어지는 은혜다. 주어지는 때도 아버지의 권한이고 주어지는 규모 또한 아버지의 결정이다.

천부의 은밀성을 믿는 자는 식음의가 부족하다고 염려하거나 불평하지 않으며 풍부하다고 교만하거나 자랑하지 않는다. 천부의 때를 알기 때문이다. 심을 때가 있으면 심은 것을 뽑을 때가 있고(전 3:2) 부술 때가 있으면 세울 때가 있고(3절) 얻을 때가 있으면 잃을 때가 있고 지킬 때가 있으면 버릴 때가 있다(6절)는 것을 믿기 때문이다. 어제는 주시는 때이니까 내 공로로 얻은 것처럼 자만하지 않고, 오늘은 안 주신다고 버림받은 것처럼 실망하지 않는다. '자녀의 필요를 아시는 아버지', 예수의 천부관은 천부의 자녀들을 궁핍의 염려와 풍부의 교만으로부터 자유하게 하며 탐욕이라는 맘몬의 굴레에서 벗어나게 한다. 만약 당신이 재물의 궁핍으로 염려하거나 또는 재물의 풍요로 한껏 높아져 있다면 당신의 천부관이 잘못됐거나 흔들린다는 반증이다. 공중의 새와 들의 백합화가 천부의 보살핌 속에 자신들이 재배하지 않은 것들을 은혜로 받아 살아가듯이(마 6:26-30), 새 한 마리의 운명도 철저히 관리하시는 천부를 믿는 자녀라면(마 10:29-31) 식음의가 천부의 은혜임을 고백하게 된다. 따라서 천부의 자녀는 식음의를 위해 더 많이 구제하고 더 많이 기도하고 더 많이 금식하는 이들과 구별된다. 그들의 관심은 오직 천부의 나라와 의에 있다. 그것이 그들의 '원하는 것'이고 그 외의 것은 모두 '필요한 것'이다.

천부의 가족공동체

앞에서 언급한 것과 같이, 주기도문의 호칭이 '하늘에 계신 나의 아버지'가 아니라 "우리 아버지"인 것은 형제들을 전제로 하는 표현이다. 부모를 공경하는 형제들은 서로 불화할 수 없다. 부모를 공경한다는 것은 부모님의 자녀인 내 형제들과의 화목을 전제하기 때문이다. 이와 같이 하늘에 계신 절대적 존재가 '우리

의 아버지' 되신다는 표현은 그분의 많은 다른 자녀들이 내 형제들
이며 그 형제들과 화평한 관계에 있음을 의미하는 고백이다. 형제와
불화한 상태에서의 예배는 그러므로 하늘에 계신 우리 아버지께 무
의미하다(마 5:23-24). 나 때문에 형제가 상처받아 고통스러워하는
데 내가 드리는 선물을 기쁘게 받는 부모는 없다. 부모가 원하는 건
선물보다 화해다. 예배보다 형제간의 화목이다. 전자와 후자의 우선
순위가 바뀌는 건 신을 아버지로 알지 못하는 이방인들의 종교다.
그들에게는 형제와의 화해보다 예배가 먼저다. 그들은 자기와 친하
고 자기에게 호의적인 사람에게만 친절하다. 이러한 이기적, 차별적
대인 관계는 천부를 모르는, 천부를 믿지 않는 이방인들의 생활 방
식이며 천부를 닮은 모습이 아니다(마 5:47-48).

주기도문의 "우리 아버지" 호칭은 신을 아버지로 고백하는 새로
운 형제들의 관계, 즉 천부의 새 가족공동체를 함의한다. 혈육의 관
계를 초월하여 신을 아버지로 믿는 믿음을 토대로 구성되는 새로운
개념의 가족이다. 이 가족은 혈육의 관계 자체를 부정하지 않는다.
예수는 자신을 찾아온 어머니와 형제들과의 관계를 부인한 것이 아
니라 혈육의 울타리를 뛰어넘는 우주적 가족을 선포한 것이다. 혈육
이라는 육정은 때때로 천부의 뜻에 반대된다. 예수의 전도 사역은
정작 그의 고향에서는 실패로 끝났다. 예수의 모친과 형제들을 잘
아는 고향 사람들이 예수의 어린 시절을 기억하게 되면서 더 이상의
전도 사역이 불가능하게 됐다(마 13:54-58). 화평하게 하는 자가 복
있다고 선포한(마 5:9) 예수께서 자신이 세상에 화평이 아닌 칼을
'두기 위해'[9] 왔다고 말씀한다(마 10:34). 보복의 악순환 종식과 원
수 사랑을 외치신(마 5:38-44) 예수께서 부모자식 사이를, 시모와 며

느리 사이를 갈라놓기 위해 왔다고 말씀한다(마 10:35). 무슨 뜻인 가? 혈육이라는 천륜을 부정하는 건가? 부모를 예수보다 더 사랑하 는 자가 예수에게 맞지 않다는 선언은 부모 공경을 강조하는 십계명 제5계명(출 20:12)과 충돌하는가?

수긍하기 어려운 가족 관련 예수의 말씀들은 믿음을 기초로 한 새 가족 형성에 혈육의 육정이 걸림돌이 될 수 있음을 갈파한 말씀들이 다. 가족 중 한 사람이 예수의 가치관과 삶의 양식을 선택할 때 가족 중 누군가가 반대할 수 있다는 말이다. 자녀의 선택을 부모가 반대 할 수 있고 며느리의 선택을 시어머니가 반대할 수 있다. 이 경우 가 족을 염려해서 반대하는 그 가족이 원수가 된다.

> (그) 사람의 원수가 자기 집안 식구리라 아비나 어미를 나보다 더 사랑하는 자는 내게 합당치 아니하고 아들이나 딸을 나보다 더 사 랑하는 자도 내게 합당치 아니하고 또 자기 십자가를 지고 나를 좇지 않는 자도 내게 합당치 아니하니라. (마 10:36-38)

본문은 선택을 반대하는 가족을 '그 사람의 원수'라고 말했지 예 수의 원수라고 하지 않았다(36절). 37절 이하 예수 말씀의 초점은 원수가 아니라 '그 사람', 즉 예수의 길을 선택했지만 가족의 반대에 부딪힌 제자에 있다. 예수의 제자가 자기 부모를 사랑하는 게 문제 가 아니라 부모의 반대에 굴복하는 게 문제며, 제자가 자기의 자녀 를 사랑하는 게 문제라기보다 자녀 때문에 자신의 선택을 포기하는 게 문제라는 것이 예수의 논점이다. 결국 자기 십자가를 지지 않고

---

9 마 10:34에서 "화평을 주러……검을 주러……"의 동사 "주러"는 그리스어 '발로'(βάλλω)인데 이 동사는 give의 의미가 아니라 throw(던지다), put(두다)의 의미를 갖는다.

예수를 따르는 제자들을 지적한 38절에서 '자기 십자가를 지지 않고 나를 따르는 자'라는 표현10은 가족들의 반대에 굴복하여 예수의 가치관과 삶의 양식을 실천하지 않는 형식적 제자를 지칭한다. 양의 옷을 입은 늑대와 같이(마 7:15) 겉과 속이 다른 자들, 입술의 고백은 있고 예수 이름으로 행한 사역들은 많지만 천부의 뜻 행함이 없어 불법자로 버림받은 자들(마 7:21-23)이 그런 이들이다. 외모와 외형은 예수의 제자인데 내면과 실제적 삶이 그렇지 않은 자는 예수에게 맞지 않는다(38절).

지금까지의 내용을 종합해보면, 위 본문에서 '그 사람', 곧 '제자'의 원수인 가족은 제자의 진정성을 가늠하게 하는 바로미터라는 논리가 성립된다. 자신이 예수를 정말 따르는 것인지, 아니면 예수를 이용하려는 것인지를 스스로 점검할 수 있는 계기를 마련해주는 존재가 혈육의 가족이라는 것이다. 따라서 마태복음 10장 39절의 "나를 위하여 자기 목숨을 잃은 자"는 사랑하는 가족의 반대에도 불구하고 예수의 가치관과 삶의 양식을 선택한 자를 말한다. 자신의 선택으로 인해 생명처럼 소중한 부모와 자식에게 아픔을 안긴다는 것은 자식으로서, 부모로서 내리기 어려운 결정이다. 그렇게 어렵고 힘든 결정과 그로 인한 본인 및 가족의 고통을 예수는 목숨을 잃는다는 은유적 표현으로 묘사한다. 예수의 길을 따르는 제자들은 이처럼 사적 관계에 얽매일 수 없다. 개인의 이해득실이나 가족애로 인해 그 길이 중단되어서는 안 된다. 예수를 따르는 것은 끊임없는 '자

---

10 개역한글판 성서는 38절을 "또 자기 십자가를 지고 나를 좇지 않는 자도……"라고 번역했지만 그리스어 본문의 올바른 번역은 '자기의 십자가를 지지 않고 나를 따르는 자'이다. 영역본(NIV, ASV, RSV 등)도 이 번역을 따르고 있다.

기 부인'(self-denial)과 '자기 죽음'(self-death)의 연속이다. 내면의 욕망과 자랑, 혈육의 정까지 부인할 수 있어야 비로소 갈 수 있는 길이 예수를 따르는 길이다.

신을 "우리 아버지"로 고백하는 이들은 혈육의 테두리를 뛰어넘는 '메시아닉 패밀리'다. 그들은 아버지께서 자녀들의 필요를 다 아신다는 천부관을 갖고 식음의가 아닌 천부의 나라와 의를 추구하는 이들이다. 아버지의 뜻에 따라 식음의 채워주심을 믿음으로 사는 그들은 식음의에 대한 염려와 탐욕에서 자유로운 삶을 영위한다. 메시아의 가족들은 최후 심판의 날에 심판의 증인으로 등장해서 그들에게 행해진 선행의 여부에 따라 모든 민족이 영생과 영벌의 판결을 받는 장엄한 심판의 현장을 지켜볼 것이다(마 25:31-46).

제4장

첫 번째 기도
아버지의 이름이 거룩히 여김을 받으소서

ἁγιασθήτω τὸ ὄνομά σου

국가는 왜 사회적 약자들, 기본생활권을 위협받는
소외계층에게 복지 혜택을 주어야 하는가?
왜 한국 교회는, 화려하고 웅장한 교회당의 문턱을
들어서지 못해 좌절하고 방황하는 한 마리 양을 위해,
돌 위에 돌 하나도 남기지 않겠다는 결연한 각오로
환골탈태해야만 하는가?
이유는 자명하다.
그 한 사람이 창조주의 형상을 가진
창조주의 아바타이기 때문이다.

(아버지의) 이름이 거룩히 여김을 받으소서. (마 6:9下)

　'주의 기도'는 여섯 개 기도문으로 구성된다. 앞의 세 개는 소위 'You-petitions'로서 하늘에 계신 아버지, 곧 '천부' (天父)와 관련된 기도문이고, 뒤의 세 개는 'We-petitions'로서 '우리', 곧 주기도문 공동체와 관련된 기도문이다. 'You-petitions'는 ① '아버지의 이름이 거룩히 여김을 받으소서', ② '아버지의 나라가 임하소서', ③ '아버지의 뜻이 땅에서 이루어지소서'이며, 'We-petitions'는 ① 일용할 양식, ② 죄용서, ③ 시험과 악에서의 구원에 관한 기도로 이뤄진다. 본 장에서는 'You-petitions' 중 첫 번째 기도의 의미를 살펴보고자 한다.

　천부와 관련된 세 개의 기도 중 첫 번째는 '아버지의 이름'에 관한 기도다. 예수는 그의 제자들에게 천부의 이름을 존중할 것을 제일 먼저 가르쳤다. 그런데 천부의 이름이 거룩히 여김을 받으시라는 수동형 간구가 좀 이상하다. 천부의 이름을 천부 스스로 거룩하게 하시옵소서라는 기원이 아니라 천부의 이름이 다른 누군가에 의해 거룩히 여김을 받으소서라는 의미가 되기 때문이다. 성서의 기록을 보면 여호와는 자신이 거룩한 신임을 공포하고 그의 백성들에게 거룩할 것을 요구한다.

여호와께서 모세에게 일러 가라사대 너는 이스라엘 자손의 온 회중에게 고하여 이르라 너희는 거룩하라 나 여호와 너희 하나님이 거룩함이니라. (레 19:1-2)

오직 너희를 부르신 거룩한 자처럼 너희도 모든 행실에 거룩한 자가 되라 기록하였으되 내가 거룩하니 너희도 거룩할지어다 하셨느니라. (벧전 1:15-16)

이스라엘 백성들의 민족적 거룩함을 명령하는 엄위한 장면에서 자신의 거룩함을 선포한 여호와가 주기도문의 천부라면 첫 번째 기도의 수동형 간구는 이해하기 어렵다. 위 본문들에서 여호와는 거룩함의 주체로서 백성들의 거룩함을 촉구하는 데 비해 주기도문 첫 번째 기도에서 천부는 그의 자녀들로부터 거룩히 여김을 받는 객체로 묘사되고 있기 때문이다. 첫 번째 기도에서 천부의 이름을 거룩하게 하는 주체는 천부가 아니라 천부의 자녀들이다. 천부는 그의 자녀들에 의해 자신의 이름이 거룩히 여김을 받는 수동적 입장에 있다. 다시 말해서, 주기도문의 천부는 자신의 자녀들이 자신의 이름을 거룩히 여기는지 여기지 않는지를 지켜봐야 하는 입장에 있다. 거룩의 주체로서의 자신을 공포한 여호와께서 어찌하여 인간에 의해 거룩히 여김을 받는 상황에 이르게 되었다는 것일까? 히브리서의 기록대로(1:1-2) 예수가 하나님의 자기 계시의 결정판이라면 그가 가르친 기도에서 드러난 수동적 천부관은 천부를 이해하는 데 있어 중요하다. 천부께서는 거룩이 부족해서 누구로부터 거룩히 여김을 받아야 하고 거룩을 보충 받아야 하는 존재라는 말인가? 동의하기 어렵다. 천부께서는 그 자체로 영광과 거룩과 존귀와 능력이신 존재이기 때문이다. 거룩, 영광, 은혜에 있어서 천부는 영원한 주체다.[1] 태양계에서 태양이 다른 행성들에게 빛을 공급하는 발광체이듯 천부는 만물에게 거룩과 영광과 생명을 부여하는 창조주다(행 17:25). 그런 존재가 타자(他者)로부터 거룩히 여김을 받는다는 주기도문 첫 번째 기도의 수동형 간구는 도대체 무슨 뜻일까?

신과 인간 사이의 중개자로서, 부분적이었던 구약시대 신의 자기계시의 영역을 전방위로 확장하여 천부를 가장 완전하게 계시한 예수가[2] 알려주는 천부는 '타자', 즉 인간의 협력을 기다리는 신이다. 조물주이며 만유의 주재이신 이가 자기 명예를 인간의 협력에 의존한다는 주기도문의 신학을 이해하기 위해서는 첫째, 아버지의 이름이 무엇인지 알아야 하고 둘째, 아버지 이름이 거룩히 '여김을 받는다'(ἁγιασθήτω)는 수동형 문장의 의미를 파악할 필요가 있으며 셋째, '누구에 의해', 그리고 '어떻게' 아버지의 이름이 거룩히 여김을 받는가를 살펴보아야 할 것이다.

천부의 이름

예수는 그의 제자들에게 신을 '하늘에 계신 아버지', 곧 '천부'라고 소개함으로써 제자들이 신의 자녀들임을 천명한 다음 아버지와 관련된 세 개의 'You-petitions'를 가르쳐 준다. 따라서 세 개의 'You-petitions'는 천부와 천부의 자녀들인 제자공동체(또는 교회)의 관계 설정을 전제로 한다. '아버지 이름이 거룩히 여

---

1 Rick W. Byargeon, "Echoes of Wisdom in the Lord's Prayer (Matt 6:9-13)", *JETS* 41/3 (September 1998), 363.

2 던, 『첫 그리스도인들은 예수를 예배했는가?』, 280-281.

김을 받으소서'라는 기도는 자녀들에 의해 천부의 이름이 거룩히 여김을 받게 된다는 점을 시사한다. 즉, 천부의 이름이 존중을 받느냐 받지 못하느냐가 그의 자녀들에게 달려 있다는 말이다. 이것은 부모의 명예가 자녀들에 의해 존중될 수도 있고 훼손될 수도 있다는 이치와 같다.

예수께서 주기도문에서 언급한 '아버지의 이름'이 구체적으로 무엇인지는 구약성서를 참조할 수 있다.

> 하나님이 모세에게 이르시되 너는 이스라엘 자손에게 이같이 이르기를 나를 너희에게 보내신 이는 너희 조상의 하나님 곧 아브라함의 하나님, 이삭의 하나님, 야곱의 하나님 여호와라 이는 나의 영원한 이름이요 대대로 기억할 나의 표호니라. (출 3:15)

출애굽기 3장은 여호와의 사자가 모세에게 나타나 이스라엘 백성들을 애굽 땅에서 구출해내겠다는 계획을 알려주는 장면으로 시작한다. 애굽에서의 종살이가 끝나게 될 것이라는 놀라운 소식을 들은 모세는 대뜸 신의 이름을 묻는다. 이스라엘 백성들이 의구심을 가질 것을 우려했기 때문이다. 그렇게 해서 모세에게 알려준 이름이 '여호와'(또는 야훼)다. 신께서 자기의 이름을 걸고 약속을 이룰 것이라는 강한 의지가 감지되는 대목이다. 그런데 이토록 영광스러운 이름을 이스라엘 백성들은 부르지 않게 된다. 출애굽 직후 그들에게 주어진 십계명 중 "너는 너의 하나님 여호와의 이름을 망령되이 일컫지 말라"(출 3:7)는 계명 때문이다. 이스라엘 사람들은 '여호와'의 히브리어 모음을 생략한 채 자음만으로 표기해서 '아도나이'(주님)라고 부르다가 바벨론 포로기 이후에는 자음 표기조차 꺼렸다고 한다.

이와 같이 구약의 이스라엘 백성들이 부르기를 꺼렸던 신의 이름을 예수께서 주기도문에서 다시 거론하는 것일까? 그렇지 않을 것이다. 약 1,500년 동안 두려움과 불가칭(不可稱)의 대상이었던 '여호와' 이름을 제자들에게 다시 상기시키려고 기도를 가르쳐주었다고 보기 어렵다. 포인트는 관계 설정에 있다. 예수께서 알려주는 신은 더 이상 두려움의 대상만은 아니다. 이름조차 함부로 부를 수 없는 전제 군주가 아니다. 그는 아버지이시다. 제자들은 그의 자녀가 된다. 이 새로운 관계 설정을 위해 '아버지 이름'을 제시하는 것이다. 주인이 두려워 그 이름조차 입에 담을 수 없는 주종 관계가 아니라, 자녀로서 아버지의 이름을 마음껏 부를 수 있고 아버지의 이름을 사랑하는 관계, 다시 말해서 아버지를 사랑해서 아버지의 이름이 나로 말미암아 존중받는 그런 관계 형성이 첫 번째 기도에서 강조되고 있는 것이다.

'여호와의 이름을 망령되이 부르지 말라'는 십계명 제3계명은 신의 이름이 너무 거룩해서 그 이름을 부르는 것 자체를 터부시해야 한다는 뜻이 아니다. 이스라엘은 이것을 오해했다. 이름은 존재를 대표한다. 신의 이름은 신의 성품, 속성, 권위를 나타낸다. 신의 이름을 함부로 부른다는 것은 마치 철부지 아이들이 아버지 이름을 아무렇게나 불러대는 것을 의미한다고 보기 어렵다. 아버지의 이름을 함부로 부른다는 것은 아버지를 존중하지 않는다는 것, 곧 아버지의 인격과 뜻, 그리고 아버지의 명예와 권위에 도전하고 대적하는 것을 말한다. 따라서 천부의 이름이 거룩히 여김 받으시기를 기도하라는 것은 천부의 뜻을 따르고 그분의 권위에 순종하는 삶을 살라는 의미이다.[3]

어떤 이들은 신의 이름을 거룩하게 한다는 것을 다음과 같이 이해한다.

신의 이름을 찬양해야 한다. 그 이름에 영광을 돌려야 한다. 더 좋은 목소리로, 더 좋은 악기로, 더 웅장한 찬양대를 동원해서 신의 이름이 영광을 받으시도록 해야 한다.

신의 이름을 전파해야 한다. 그 이름을 알려야 한다. 더 많은 사람들이, 더 많은 민족들이 신의 이름을 높이고 그 이름 앞에 무릎 꿇도록 열방을 향해 나가서 전해야 한다.

신의 이름을 찬양하고 전파하는 것은 신앙인의 사명이며 특권이다. 그런데 그것이 주기도문의 첫 번째 기도가 의미하는 것일까? 앞에서 언급한 것처럼, 주기도문은 예수 당시 유대 사회의 과시적이고 기복적인 신앙 행태를 비판하고 그것과 구별되는 참 신앙을 제시하는 대목에서 주어진다. 신의 자녀이며 천부의 다스림을 받는 시민으로서 그리스도인의 신앙과 삶은 은밀함(in secret)을 지향한다. 구제나 금식과 같은 자신의 공력을 남에게 과시하거나 떠벌리지 않는다. 예수께서는 사람들로부터 인정받고 싶어 하는 바리새인들의 외식(外飾)을 경계하고 오직 천부를 의지하고 천부께 인정받는 기도의 모범을 제시하고 있다. 이러한 주기도문의 배경과 문맥을 볼 때, "아버지 이름이 거룩히 여김 받으소서"는 신의 영광을 위해서라면 어떤 행동도 정당화하는 이방 민족들의 맹목적 종교를 배척하고 나를 향한 신의 뜻을 매일매일 삶 속에서 순종하고 실천하는 신앙의 일상성(日常性)을 강조한다고 할 수 있다.

---

3 Byargeon, "Echoes of Wisdom in the Lord's Prayer (Matt 6:9-13)", 363.

천부의 명예 고양과 훼손

　　　　　'천부의 이름을 거룩하게 함' 또는 '천부의 명예
고양'의 의미는 그 반대 개념인 '천부의 명예훼손'의 의미를 통해 명
확해진다. 구약성서는 신의 명예훼손과 관련된 사례들을 전해준다.
말라기서는 이스라엘 민족이 여호와의 책망과 심판을 받은 것은 제
사 의식이 미흡하거나 제물이 부족해서가 아니라 그들이 신의 명예
를 훼손했기 때문이라고 기록한다.

　　내 이름을 멸시하는 제사장들아. (말 1:6 上)

　말라기서의 서두에서 선지자는 당시 성전에서 사역하던 제사장들
을 '여호와의 이름을 멸시하는 자들'이라고 혹평한다. 이 표현을 수
동형 문장으로 바꾸면 '제사장들에 의해 멸시받는 여호와의 이름'이
다. 여호와의 이름을 높이고 그 이름에 영광을 돌려야 할 제사장들
에 의해 여호와의 이름이 멸시를 받고 더럽혀진다는 말라기의 추상
같은 질책은 1장 전체에 걸쳐 이어진다.

　　내가 아비일진대 나를 공경함이 어디 있느냐 내가 주인일진대 나
　　를 두려워함이 어디 있느냐. (말 1:6 下)

　제사장은 성전 제사에 일생을 바친 이들이다. 모세의 율법을 통해
레위지파에게 성전 제사의 중책이 맡겨진 이후 약 1,000년의 세월을
성전에서 여호와를 섬기고 백성들의 신앙 멘토로서의 삶을 살아왔
다. 다른 직업에 종사한 적도 없는, 오로지 율법의 규례대로 여호와

께 제물을 바치고 제사를 집행해온 성전지기(temple-man)인 제사장들. 그런 제사장들이 여호와를 공경하지도 않고 두려워하지도 않는다는 말라기의 책망은 도대체 무슨 뜻일까? 선지자의 책망에 어안이 벙벙해진 제사장들의 반문이 이어진다.

우리가 어떻게 주의 이름을 멸시하였나이까. (말 1:6下)

평생을 성전지기로 살면서 섬김을 다해온 그들로서는 선지자의 책망을 받아들일 수 없었을 것이다. 그들의 손에는 신께 바친 무수한 제물들의 피비린내가 나고 그들의 몸에서는 제물의 가죽과 지방을 제단 불에 태울 때 나는 역겨운 악취가 배어 있다. 이처럼 성전 봉사에 온몸을 바쳐온 제사장들로서는 여호와의 이름을 멸시했다는 질책이 한편으로는 억울하기도 하지만 다른 한편으로는 두렵기도 했을 것이다. 선지자의 질책이 두려운 것은 그때로부터 약 1,000년 전, 출애굽 당시에 있었던 한 사건을 그들이 기억하고 있기 때문이다. 레위기 24장을 보면, 단 지파의 슬로밋이란 여인이 애굽 남자에게서 낳은 혼혈아가4 이스라엘 백성과 다투다가 여호와의 이름을 모욕하고 비방하는 사건이 벌어진다(10-23절).5 이 사안의 심각성을 깨달은 이스라엘 백성들이 그 혼혈아를 모세에게 데려가자 모세는 이 문제를 놓고 여호와께 기도한다.6 이때 여호와의 판결이 내려진다.

---

4 모세 당시 애굽을 탈출한 사람들 중에는 이스라엘 백성뿐 아니라 그들과 혼인한 애굽인들도 있었으며(출 12:38; 민 11:4), 모세의 기적을 통해 개종한 이방인들도 상당수 포함되었을 것으로 추정된다(신 29:10-13).

5 유대문헌의 전승에 따르면, 출애굽 당시 이스라엘 캠프는 순수 히브리인 혈통의 캠프와 이방계 혈통 캠프로 구분해서 장막을 설치했다고 전해진다. 아마도 슬로밋의 아들은 모계 혈통을 주장하며 히브리인 캠프에 거주할 것을 요청했는데 그의 부계 혈통을 문제 삼은 이들의 반대로 양측 간에 충돌이 빚어진 것으로 추정된다.

여호와께서 모세에게 일러 가라사대 저주한 사람을 진 밖에 끌어내어 그 말을 들은 모든 자로 그 머리에 안수하게 하고 온 회중이 돌로 그를 칠지니라. (레 24:13-14)

범죄자를 진 밖에 끌어낸다는 것은 공동체로부터의 격리를 의미한다. 그리고 신에 대한 그의 모욕과 저주의 말을 들은 이들이 그의 머리에 안수한다는 것은 첫째, '사실 심리'(事實審理)에 의한 판결에 대하여 증인으로서 책임을 진다는 의미이며 둘째, 범죄자의 악행의 영향권에서 벗어나겠다는 결단의 의미이기도 했다(신 17:5-7 참고). 슬로밋 여인의 아들에게 내려진 형벌은 우상숭배에 대한 형벌과 동급에 해당하는 처벌로서 여호와께서 그의 행위를 자신에 대한 도전으로 간주했음을 함의한다. 말라기 선지자로부터 여호와의 이름을 멸시했다는 책망을 접한 제사장들의 뇌리 속에는 아마도 1,000년 전 이 사건이 떠올랐을 것이다. 그들이 선지자에게 항의성 질문을 던진 이유가 여기에 있다. 선지자의 답변을 들어보자.

너희가 더러운 떡을 나의 단에 드리고도 말하기를 우리가 어떻게 주를 더럽게 하였나이까 하는도다 …… 만군의 여호와가 이르노라 너희가 눈먼 희생으로 드리는 것이 어찌 악하지 아니하며 저는 것, 병든 것으로 드리는 것이 어찌 악하지 아니하냐. (말 1:8)

이건 또 무슨 말인가? 더러운 떡이라니? 눈먼 제물, 절름발이, 병

---

6 출애굽 당시 인구 150-200만 명으로 추산되는 이스라엘 사회 안에서 벌어지는 크고 작은 다툼과 소송들은 지도자 모세의 몫이었다. 시내산에서 율법이 주어지기 전에는 모세를 통해 신의 뜻을 파악하는 신탁판결제(信託判決制)를 택하였던 것이다. 홍해를 건넌 이스라엘 백성들이 시내산으로 가는 여정에서 르비딤 지역에 머물러 있을 때 모세는 장인 이드로의 조언에 따라 하급 소송을 판결할 사법 조직을 편성하기에 이른다(출 18:13-27). 모세는 재판을 담당할 사사(士師)들을 관할 권한에 따라 천부장, 백부장, 오십부장, 십부장으로 구분하고 그들에게 몇 가지 판결 기준을 제시한다(신 1:16-18 참고). 그 가운데 하나가, 중대 사안은 모세가 최종 판결을 내리도록 규정한 것이다(출 18:26; 신 1:17).

든 제물이라니? 정말 제사장들이 이런 제물을 드렸다는 것인가? 제사 규례를 보면, 제사장은 그들이 제물을 선택해서 드리는 것이 아니라 백성들이 가져온 제물을 대신 제단에 바친다. 모세의 율법에 따라 자기의 죄악을 사함받기 위해 성전에 와서 제물을 드리는 백성들이, 누가 보더라도 한눈에 흠이 있음을 알 수 있는 이런 육축들을 제물로 가져왔을까? 설령 가져왔다고 해도 거룩한 제단에서 평생을 사역해온 제사장들이 이를 용인했을까 하는 의문이 생긴다.

진설병의 경우는 더욱 그렇다. 제사 규례에는 매 안식일에 진설병을 새것으로 교체하고 교체된 것은 제사장이 먹도록 되어 있다(레 24:8-9). 일주일마다 12개의 떡이 진설되는데 1개의 진설병은 약 4.3리터의 고운 밀가루로 만든다. 진설병 1개를 만드는 밀가루의 양이 4.3리터라면 매주 드려지는 12개 진설병의 크기와 양은 상당했을 것이다. 이렇게 많은 양의 떡을, 그것도 자신들의 주식이라고 할 수 있는 고급 음식인 진설병을 제사장들이 불결한 재료로 만들어서 바쳤다는 것일까? 자신들은 결코 백성들의 흠 있는 제물을 용인하지 않았고 더러운 진설병을 드리지도 않았는데 이런 책망을 받아야 하다니, 제사장들의 항변에 일리가 있어 보인다. 그렇다면 제사장들이 여호와의 이름을 멸시했다는 말은 무슨 뜻인가? 선지자의 책망에 대한 제사장들의 이해가 혹 잘못된 것은 아닐까? 선지자의 말을 좀 더 따라가 보자.

> 만군의 여호와가 이르노라 너희가 내 단 위에 헛되이 불사르지 못하게 하기 위하여 너희 중에 성전 문을 닫을 자가 있었으면 좋겠도다 내가 너희를 기뻐하지 아니하며 너희 손으로 드리는 것을 받지도 아니하리라. (말 1:10)

본문 10절에서 우리는 선지자의 책망에 대한 이해를 돕는 두 가지 단서를 발견할 수 있다. 첫 번째 단서는 성전 문을 닫으라는 말씀이다. 이것은 자발적 폐업이다. 이스라엘 역사에서 바벨론 군대에 의해 유다 왕국이 멸망당한 때(기원전 586) 외에는 성전 문이 닫힌 적이 없다.[7] 그때의 성전 폐쇄도 침략 세력에 의한 강제적 조치였지 자발적 폐쇄가 아니었다. 천년 역사를 간직한 성전을 폐쇄하겠다는 말라기의 선언은 왜곡된 성전 제사에 대한 여호와의 진노가 어떠했는가를 짐작하게 한다. 두 번째 단서, "내가 너희를 기뻐하지 아니하며 너희 손으로 드리는 것을 받지도 아니하리라"는 성전 폐쇄 명령의 이유가 제사장들에게 있음을 시사한다. 여호와께서 스스로 성전 문 폐쇄를 결정할 만큼 그의 분노와 혐오를 불러일으켰던 것은 제물 이전에 사람이었다. 이러한 추측을 뒷받침해 주는 본문을 보자.

> 만군의 여호와가 이르노라 해 뜨는 곳에서부터 해 지는 곳까지의 이방 민족 중에서 내 이름이 크게 될 것이라 각처에서 내 이름을 위하여 분향하며 깨끗한 제물을 드리리니 이는 내 이름이 이방 민족 중에서 크게 될 것임이라. (말 1:11)

이스라엘 백성과 제사장들을 향한 여호와의 참담한 심정을 묘사한 10절의 분위기는 11절에서 돌변한다. 택하신 백성 이스라엘로부터 멸시받은 여호와의 이름이 이방 민족에게서 존귀와 찬송을 받을 것이라는 11절의 예언에서 우리는 신의 분노와 혐오의 진짜 대상이 무엇인지를 알 수 있다. 본문에서 세계 열방들이 여호와의 이름을 위해 분향을 하고 깨끗한 제물을 드린다는 대목은 '성전 제사의 세

---

7 말라기 선지자의 활동 연대는 기원전 5세기 초(B.C. 433-432년)로 추정된다. 따라서 말라기 당시의 예루살렘성전은 제2성전(일명 '스룹바벨성전')이다.

계화'를 의미한다고 보기 어렵다. 11절은 전 세계 이방 민족들이 이스라엘과 같은 제2, 제3의 성전제사국이 될 것이라는 예언일 수 없기 때문이다. 그렇다면 여호와의 이름이 열방 중에서 높임을 받는다는 것은 무슨 뜻일까? 말라기 2장이 속 시원한 답을 준다.

> 레위와 세운 나의 언약은 생명과 평강의 언약이라. (말 2:5)

5절에서 언급된 '레위와의 언약'은 모세 당시에 있었던 또 다른 두 개의 사건을 회상하게 한다. 하나는 '아론의 금송아지 사건'(출애굽기 32장)이고 다른 하나는 '바알브올 사건'(민수기 25장)이다.[8] 두 사건에는 우상숭배 외에 공통점이 하나 더 있다. 우상숭배 처리 과정에서의 제사장의 역할이 그것이다. 출애굽기 32장을 보면, 백성들의 금송아지 숭배 현장을 목격한 모세는 여호와의 편에 선 레위지파 자손들로 하여금 주동자들을 처단하게 한 후 신에 대한 그들의 헌신을 치하하고 축복한다(출 32:26-29). 본문 29절의 "여호와께 헌신하게 되었느니라"의 히브리어 원문은 "너희의 손을 채우라"(מִלְאוּ יֶדְכֶם)인데 이는 '제사장 일을 하다'는 뜻으로서(삿 17:5, 12 참조), 레위지파 자손들이 우상숭배자들을 처벌한 것은 이스라엘 백성의 우상숭배 죄를 위한 대속 제물을 여호와께 바쳤음을 의미한다. 또 '바알브올 사건'의 경우 이방 여인과의 음행과 우상숭배에 대한 여호와의 진노를 그치게 한 사람은 아론의 자손 비느하스였다. 음행의 당사자들에 대한 즉결 심판을 감행한 레위지파 비느하스의 의로운 행동으로 인하여, 그때까지 남아 있던 염병이 사라졌다(민 25:8).

---

8 두 사건의 전개 과정과 결말에 관하여는 본서 "제1장 그러므로 너희는 이렇게 기도하라"를 참조하라.

여호와께서는 비느하스의 심판을 이스라엘 백성의 속죄로 받아들이고 비느하스와 그의 자손들에게 영원한 제사장 직분을 약속한다(민 25:11-13). 성서는 이 약속을 '평화의 언약'이라고 기록한다(민 25:12).

금송아지 숭배와 바알브올 숭배, 이 두 사건은 제사장의 사명이 무엇인지를 적시하고 있다. 두 사건에서 레위지파는 이스라엘이 우상숭배로 민족적 위기에 처했을 때 자신을 내어던져 신의 공의로운 심판을 직접 집행함으로써 신의 진노를 풀어 민족을 공멸의 위기에서 구하고 나아가 신의 통치권을 확립했다. 백성들의 우상숭배로 여호와의 이름과 권위가 침해당하는 상황에서 자신을 헌신하는 과감한 단죄와 처벌을 통해 여호와의 법도와 공의를 세우는 것이 제사장의 책무임을 두 사건이 보여준다. 말라기 선지자가 제사장들에 대한 책망 중에 '레위와의 언약'을 언급하는 것은 이러한 제사장 본연의 책무와 사명을 상기시키려는 의도로서 성전지기로서의 초심으로 돌아가라는 강력한 경고였던 것이다.

> 레위와 세운 나의 언약은 생명과 평강의 언약이라 내가 이것으로 그에게 준 것은 그로 경외하게 하려 함이라 그가 나를 경외하고 내 이름을 두려워하였으며 그 입에는 진리의 법이 있었고 그 입술에는 불의함이 없었으며 그가 화평과 정직한 중에서 나와 동행하며 많은 사람을 돌이켜 죄악에서 떠나게 하였느니라. (말 2:5-6)

말라기 시대 제사장들이 회복해야 할 초심은 '삶'이었다. 여호와의 법도와 율례를 순종하는 삶을 통해 백성들을 선도해야 하는 제사장의 책무를 망각한 채 종교적 특권을 누려온 그들이다. 거룩한 사제의 사명은 점차 특권으로 변질되어 제사 의식만 남고 삶이 사라진, 소위 신행불일치(信行不一致)의 종교권력층으로 군림해왔다. 그들은 율법의 정도(正道)를 따르지 않았으며 율법을 가르치고 적용할 때 가진 자와 못 가진 자, 지식인과 비지식인을 차별했다. 그 결과 레위와의 언약은 파기되고(말 2:8-9), 이스라엘 사회에는 이방 여자와의 잡혼이 성행했으며(11절), 가정마다 이혼과 학대가 만연하게 되었다(16절). 백성들에게 율법을 가르치고 율법을 공정하게 집행하여 거룩한 백성으로 살아가도록 권계하고 모본을 보여야 할 책임을 저버린 제사장들로 인해 이스라엘 사회는 불의와 죄악이 관영한 집단으로 전락하고 말았다.

> 대저 제사장의 입술은 지식을 지켜야 하겠고 사람들이 그 입에서 율법을 구하게 되어야 할 것이니 …… 너희는 정도에서 떠나 많은 사람으로 율법에 거치게 하도다 나 만군의 여호와가 이르노니 너희가 레위의 언약을 파하였느니라. (말 2:7-8)

스스로 율법을 준행하여 백성들 앞에서 신의 거룩하심을 드러내고 불의와 죄악을 바로잡아서 신의 선민으로서의 거룩함과 경건성을 회복하게 해야 할 사명을 가진 제사장들이 오히려 여호와의 법도를 지키지 않고 백성을 차별하는 악행을 일삼는 것은 곧 레위의 언약을 파기하는 것이다. 제사장들이 여호와의 이름을 멸시한다는 말라기 선지자의 책망은 바로 레위 언약의 관점에서 내려진 것이다. 문제의 핵심은 제사 행위나 제물의 등급이 아니라 사람, 곧 제사장이다. 제사 절차나 제물 자체의 흠결은 문제의 본질이 될 수 없다. 말라기 시대의 제사장들은 레위의 언약을 망각했다. 그들은 조상으로부터 제사장의 직분은 물려받았지만 레위지파의 신앙과 정신을 계승하는 데는 실패했다.

> 너희가 또 말하기를 이 일은 얼마나 번폐스러운고 하며 코웃음하
> 고. (말 1:13上)

영광스러운 성전지기로 신의 선택을 받은 그들이지만 신의 거룩
하심에 대한 경외심이나 제사장 직분의 경건함은 찾아볼 수 없다.
직업 종교인로서의 매너리즘에 빠져 제물을 드리는 것조차 귀찮은
일로 치부한다. 심지어 성전 안에 있는 진설병 상을 비롯한 성물(聖
物)들과 드려진 제물들을 더러운 것이라고 경멸하기까지 했다(말
1:12). 이와 같은 제사장들의 악행으로 이스라엘 공동체 안에 온갖
거짓과 술수가 난무하고 남자들이 우상을 숭배하는 이방 여인들과
결혼하는 민족적 타락의 상황을 말라기 선지자는 '여호와의 성결을
욕되게 했다'고 묘사한다(말 2:11).

이제 "우리가 어떻게 주의 이름을 멸시하였나이까"(말 1:6)라는 제
사장들의 항의성 반문에 명확한 답이 주어진다. 겉으로는 제사장 직
무 수행에 문제가 없어 보였지만 여호와는 심령을 감찰한다.

> 만물보다 거짓되고 심히 부패한 것은 마음이라 누가 능히 이를 알
> 리요마는 나 여호와는 심장을 살피며 폐부를 시험하고 각각 그 행
> 위와 그 행실대로 보응하나니. (렘 17:9-10)

백성들은 마음 없는 제물을 가져왔으며 제사장들도 마음 없는 제
사 의식을 반복해왔다. 그들의 행위와 삶은 신의 말씀에서 벗어났고
신의 거룩하심에 대한 경외심 없는 종교 행위만 되풀이한 것이다.

여호와의 법이 무너진 제사 행위는 무의미하다. 여호와의 말씀에 대한 순종이 없는 그 어떤 종교 행위도 이방인들의 우상숭배와 다를 것이 없다.

> 여호와께서 번제와 다른 제사를 그 목소리 순종하는 것을 좋아하심 같이 좋아하시겠나이까 순종이 제사보다 낫고 듣는 것이 수양의 기름보다 나으니 이는 거역하는 것은 사술의 죄와 같고 완고한 것은 사신 우상에게 절하는 죄와 같음이라. (삼상 15:22-23)
>
> 나의 보는 것은 사람과 같지 아니하니 사람은 외모를 보거니와 나 여호와는 중심을 보느니라. (삼상 15:7)
>
> 나는 인애를 원하고 제사를 원치 아니하며 번제보다 하나님을 아는 것을 원하노라. (호 6:6)

사무엘(기원전 11세기 중엽)과 호세아(기원전 8세기 중엽), 그리고 말라기 선지자(기원전 5세기 초)까지 연대와 왕조의 배경은 서로 다르지만 시간과 공간을 초월하여 주어진 메시지는 동일하다. 여호와는 사람보다 제물을 우선시하는 탐욕적인 이방신들과 다르다. 사울 왕의 실수가 여기에 있다. 아말렉 족속을 진멸하라는 여호와의 명령을 받들어 친히 군사를 이끌고 아말렉 정벌에 나선 사울 왕은 전쟁을 승리로 이끈다. 신의 명령대로 아말렉 족속을 진멸하고 보무도 당당하게 돌아왔지만 그를 기다린 것은 폐위 선언이었다(삼상 15:23). 폐위의 이유는 전리품으로 가져온 육축에 있었다. 여호와는 아말렉 족속뿐 아니라 그들의 소유까지도 진멸하라고 명령했지만(삼상 15:3, 18) 사울 왕은 아말렉 족속의 육축 가운데 가장 좋은 것을 제물로 드린다는 이유로 가져온 것이다(삼상 15:15, 21).

그런데 사무엘 선지자는 사울 왕의 이러한 행위를 '사술'(邪術),

'사신(邪神) 우상숭배'로 규정한다. 무슨 우상을 섬겼다는 말인가?

우상숭배와 명예훼손

사울은 여호와의 명령을 받고 즉각 순종하여 전쟁에 직접 참전해서 승리했다. 사울 왕의 아말렉 정벌은 430여 년간 맺힌 민족의 숙원을 푼 쾌거였으며 여호와의 말씀을 성취한 사건이다(출 17:14 참조). 치하를 내려야 마땅한데도 여호와께서는 사울이 여호와를 따르지 않고 명령을 이루지 않았을 뿐 아니라(삼상 15:11) 더 나아가 여호와의 말씀을 버렸다고 질책한다(삼상 15:23). 여호와께 전리품을 바침으로써 승전의 기쁨을 배가시킬 계획으로 아말렉의 육축을 가져왔는데 우상숭배라니, 왜 이것이 우상숭배가 될까?

이유는 이것이다. 사울 왕은 여호와를 이방신과 구별하는 데 실패했다. 사울 왕의 우상숭배는, (1) '여호와 외의 다른 신을 섬겼다'는 의미의 우상숭배가 아니라 (2) '여호와를 우상 또는 이방신과 구별하지 않았다'는 뜻이다. 구약성서의 '거룩하다'(קָדוֹשׁ)는 '구별되다'(be set apart)는 의미를 갖고 있다. 따라서 '여호와는 거룩하다'(레 11:44; 19:2)는 율법의 선언은 '여호와는 거짓 신들과 구별되다'는 뜻이다. '내가 거룩하니 너희도 거룩하라'(레 19:2)는 명령은 '내가 이방신들과 구별되니 너희도 이방 민족들과 구별되라'는 주문이다. 여호와의 백성들은 이방신을 섬기는 이방 백성들과 달라야 한다는 의미다. 이방 종교의 신관은 다다익선(多多益善) 신관이다. 그들은 자신들의 신이 제물과 제사를 좋아한다고 믿는다. 더 많고 더 좋은 제물을 드리면 소원을 더 빨리 들어주고 더 많은 은총을 베풀어준다고 믿는 신앙, 이것이 미신이다. 이것이 여호와께서 경계한 '여호와-우상숭배'다. 여호와는 다다익선의 신들과 다르다는 것을 명확하게 인식하고 이방 민족의 우상숭배 관습과 철저히 구별될 것을 율법이 가르치고 요청했던 것이다.

요약하면, '내가 거룩하니 너희도 거룩하라'는 여호와를 이방신들처럼 대하지 말라는 의미다. 사울 왕은 (1)번의 우상숭배, 즉 여호와가 아닌 다른 이방신을 섬긴 것이 아니라 (2)번의 우상숭배, 즉 여호와를 이방신처럼 대우함으로써 우상숭배의 죄를 범한 것이다. 사울 왕의 범죄의 본질은 여호와를 이방신처럼 대우함으로써 여호와를 욕되게 한 것이다. 여호와는 본래 인간들이 만든 거짓 신들과 구별되어 존재하지만 사울 왕의 미신적 사고와 행위로 인해 거짓 신처럼 취급당했다. 여호와의 이름은 그렇게 더럽혀졌고 거룩히 여김을 받지 못했다.

예배와 예배자

여호와에게는 번제보다 순종이 먼저다. 제물보다 제물을 드리는 사람이 중요하다. 여호와 하나님은 제물의 종류나 값어치보다 제물을 가져오는 이의 중심을 본다. 가인과 아벨 이야기가 이 사실을 확인시켜 준다.

> 여호와께서 아벨과 그 제물은 열납하셨으나 가인과 그 제물은 열납하지 아니하신지라. (창 4:4-5)

아담과 하와의 두 아들인 '가인과 아벨의 제사' 이야기를 읽고 사람들은 묻는다.

신은 왜 아벨의 제물은 받으시고 가인의 제물은 받지 않으셨을까?

그리고는 두 사람이 바친 제물에서 답을 찾으려 한다. 가인은 땅의 소산, 즉 농산물로 제물을 삼고 아벨은 양의 첫 새끼와 그 기름을 제물로 바쳤다. 제물의 종류에서 원인을 찾으려 하는 이들은, 여호와께서는 육축의 제물을 즐겨 한다는 제사 규례를 인용하여, 아벨은 여호와께서 좋아하는 제물을 드렸기 때문에 받아들여졌지만 가인은 신의 기호와 상관없이 자기의 생각대로 드렸기 때문에 받아들여지지 못했다고 결론짓는다. 과연 그럴까? 아벨의 제물은 신이 좋아하는 메뉴이기 때문에 받아들여졌고 가인의 제물은 신의 입맛에 맞지 않아서 거절된 것일까? 우리가 아는 바와 같이, 가인은 아담의 장자로서 아버지의 직업을 이어받아 농사를 지었고 아벨은 가업을 잇지 않고 목축을 했다(창 3:23 참조). 만약 제물의 종류가 문제였다면 농사를 짓는 가인은 처음부터 신께 제물을 상달시킬 수 없었고 결국 가업을 계승한 것이 잘못됐다는 말이 된다. 농사에 종사하는 사람은 신을 기쁘시게 할 수 없다는 억지 주장도 가능해진다.

가인과 아벨의 시대는 모세의 율법이 주어지기 이전 시대다. 다시 말해서, 당시에는 신께서 육축의 피의 제사를 원한다는 어떤 규례도 계시되지 않았다. 신이 어떤 제물을 원하는지 계시된 바가 없는데 가업에 충실한 결과로 얻은 소산을 제물로 드린 것을 잘못이라고 할 수 있을까? 다른 이유를 찾아봐야 한다. 가인과 아벨의 이야기가 언급된 신약성서의 도움을 받아 이 문제의 답을 찾아보자.

> 믿음으로 아벨은 가인보다 더 나은 제사를 하나님께 드림으로 의
> 로운 자라 하시는 증거를 얻었으니……. (히 11:4)

히브리서 11장은 소위 '믿음의 장'으로서 구약의 대표적인 신앙의
인물들을 통해 믿음의 본질을 설명한다. 아벨을 비롯한 에녹, 노아,
아브라함, 이삭, 야곱, 요셉, 모세 등의 믿음의 선진들은 신의 약속을
신뢰함으로 삶을 살아간 이들로 묘사되고 있다. 특히 4절은 아벨이
가인과 달리 신께 의로운 자로 인정받은 이유가 제사 자체에 있지
않고 믿음에 있다고 말한다. 위 신앙인들은 보이지 않는 것을 믿음
으로 보며 살다가 믿음으로 죽었다. 그 믿음은 신께서 살아계심과,
그리고 신을 추구하는 이들에게 보상하는 분임을 믿는 믿음이며(6
절) 신에 의해 세상의 이치와 질서가 조성되어졌음을 믿는 믿음이다
(3절).9 아벨은 바로 그 믿음으로 제물을 드렸기에 신으로부터 인정
받은 것이다. "여호와께서 아벨과 그 제물은 열납하셨으나"(창 4:4)
라는 언급은 아벨이 신의 인정을 받은 결정적 근거가 제물이 아닌
아벨 자신이었음을 말해준다. 그리고 "가인과 그 제물을 열납하지
아니하신지라"(창 4:5)는 기록은 가인이 신의 인정을 받지 못한 이
유는 그가 바친 제물 때문이 아니라 그가 진정한 믿음의 사람이 아
니었기 때문임을 시사한다.

---

9 개역한글판 성서는 히브리서 11:3을 "믿음으로 모든 세계가 하나님의 말씀으로 지어진
(κατηρτίσθαι) 줄을 우리가 아나니……"로 번역하고 있다. 그런데 본문의 그리스어 '카테르티스
다이'(κατηρτίσθαι)는 단순히 '무에서 유의 창조'(히브리어 '바라'[בָּרָא])라는 의미보다는 사물의
속성과 품격을 부여하는 '조정, 정돈'(히브리어 '아솨'[עָשָׂה])의 의미를 갖는다. '바라'와 '아솨'의
용례에 관한 논의는 본 장의 "창조주의 아바타"를 보라.

지금까지 가인과 아벨의 이야기를 통해서 우리는 신의 관심이 제물이나 제사 의식과 같은 종교적 행위에 있지 않다는 것을 확인할 수 있었다. 신께서는 제물이나 제사 행위보다 제물과 제사를 행하는 사람에게 관심을 둔다. 가인은 이 점을 오해했다. 여호와를 제사나 제물을 즐기는 신 정도로 생각했던 가인은 제물 열납에 실패하자 동생 아벨을 질투하여 급기야 동생을 죽이는 패륜을 범하고 말았다.

> 아버지께 참으로 예배하는 자들은 신령과 진정으로 예배할 때가 오나니 곧 이때라 아버지께서는 이렇게 자기에게 예배하는 자들을 찾으시느니라. (요 4:23)

신께서 원하시는 것은 예배인가, 예배자인가? 요한복음의 위 본문은 사마리아 수가성 여인과의 대화 중 예배 장소에 관한 여인의 문제 제기에 대한 예수의 답변이다. 예배 장소의 정통성이 유대인의 예루살렘과 사마리아인의 그리심산 중 어디에 있는가를 묻는 질문인데 흥미롭게도 예수는 두 곳을 다 부인한다. 그리고는 대화의 화제를 예배의 장소가 아닌 예배의 때와 예배하는 사람에게로 돌린다. 예수의 이 말은 유대인 예수께서 당연히 예루살렘성전의 정통성을 주장할 것으로 예상했던 여인에게는 의외의 답변이었고 예수의 범상치 않음을 깨닫게 하는 선언이기도 했다(28-29절).[10] 이방 여인과 조우한 상황에서 주어진 본문의 말씀은 신이 찾으시는 대상이 예배가 아니라 예배자라는 구약 선지자들의 일관된 메시지를 확인시켜

---

10 예수의 이 답변은 전통적으로 예배 장소로서 예루살렘성전의 유일성을 확신해온 유대 사회의 혈통적, 종교적 배타성과 편협성에 대한 거부이며 동시에 하나님의 편재성 및 그에 따른 '신앙의 보편성'(믿음의 내용이나 고백의 보편성이 아닌, 신의 무소부재를 토대로 한 기도와 예배 장소의 보편성) 선언이라고 할 수 있다.

준다. 신의 관심의 대상은 예배라는 의식이 아닌 예배자다. 제물이 아닌 제물을 드리는 사람이 신을 기쁘시게 한다는 일관된 원칙이 신구약 성서를 관통하고 있다. 종교 의식이나 종교적 행위가 아닌, 신을 경외하고 신의 말씀을 순종하는 삶이 신의 이름을 영화롭게 한다. 이것이 신구약 성서에 나타난 신의 뜻이다.

주기도문의 '아버지의 이름이 거룩히 여김을 받으소서'는 천부의 자녀들이 천부의 뜻을 이해하고 동의해서 그 뜻에 따라 살아가는 삶의 문제이지 종교 의식이나 종교 행위의 문제가 아니다. 더 크고 화려한 건물과 장소에서 더 수준 높은 찬양을 드리고 더 많은 헌금을 바치는 것이 천부의 이름을 거룩하게 하는 것이 아니다. 천부를 아버지로 존중하고 주인으로 순종하는 삶이 천부의 이름을 거룩하게 여기는 삶이다. 왕에게 왕의 지위에 걸맞은 예우를 해드리는 것처럼, 창조주이시며 만물의 주인 되시는 천부의 지위에 합당한 예우를 갖추는 것이 곧 천부의 이름을 거룩히 여기는 것이다.

주인에게 합당한 예우

신의 이름을 거룩히 여긴다는 것은 신을 내 삶의 주인으로 예우해 드리는 것을 말한다. 한국대학생선교회(C.C.C.)에서 발간한 전도용 소책자 '사영리'(四靈理)의 제4원리에는 다음과 같은 그림이 있다.

좌측의 그림은 예수 그리스도를 영접하기 전 내가 내 인생의 주인이던 '나'를 묘사하고, 우측의 그림은 예수 그리스도를 영접한 후 예수 그리스도께서 내 인생의 주인이 된 '나'를 나타내고 있다. 예수 그리스도를 영접한다는 것은 그를 나의 주인으로 모신다는 것을 의미한다. 좌측의 그림처럼 내가 내 인생의 주인일 때 그리스도는 내 밖에 계신다. 위 그림들은 참된 신앙은 입술의 고백만이 아니라 예수 그리스도를 나의 주인으로 섬기는 삶의 변화에 이르게 한다는 복음의 요체를 보여주고 있다.

위의 사영리 그림은 마르다와 마리아 자매 이야기(눅 10:38-42)와 맞닿아 있다. 본문을 보면 자신들의 집을 방문한 예수를 맞이하는 두 자매의 모습이 사뭇 대조적이다. 언니 마르다가 예수와 제자들을 위한 만찬 준비에 여념이 없는 동안 동생 마리아는 예수의 발 앞에 앉아 말씀을 경청하고 있다. 이때 자신을 도와주지 않는 동생 때문에 언짢아진 마르다는 식사 준비를 돕도록 동생에게 말해달라고 예수께 부탁한다.

예수께 나아와 가로되 주여 내 동생이 나 혼자 일하게 두는 것을 생
각지 아니 하시나이까 저를 명하사 나를 도와주라 하소서. (눅 10:40)

마르다의 말을 잘 들어보면 그의 언짢은 심기는 단지 동생 때문만
은 아닌 것 같다. 음식 대접을 위해 분주하게 일하는 자신을 몰라주
는 예수에 대한 원망의 뉘앙스가 담겨 있기 때문이다. 식사를 준비
하느라 애쓰는 자신을 생각한다면 동생을 경책해주셔야 한다는 암
묵적 압박이 느껴지는 장면이다. 마르다는 예수께서 자신의 말에 따
라 동생에게 언니를 도와주라고 일러주리라 기대했다. 그런데 의외
의 상황이 전개된다. 언니 마르다에게는 질책이, 동생 마리아에게는
칭찬이 주어지는 것이 아닌가?[11] 마르다는 예수님과 제자들을 위해
음식을 준비하는 자신이 잘하고 있다고 생각했는데 예수는 오히려
아무 일도 안 하는 동생을 칭찬한다. 무엇이 문제인가? 섬김을 다하
는 마르다는 책망을 받고 섬김에 동참하지 않은 마리아가 칭찬을 받
는 이유는 무엇일까?

사영리 그림에서 그 해답을 얻을 수 있다. 예수와 두 자매와의 관
계를 그림과 비교하자면 좌측의 그림, 즉 내 인생의 의자에 '나'가 앉
아 있고 예수가 내 밖에 있는 그림은 예수와 마르다의 관계를 나타낸
다. 마르다가 예수를 위해 음식을 준비하고 있는 동안 마르다는 주인
이고 예수는 마르다의 손님이다. 주인인 마르다는 자기 집에 오신 손
님 예수를 대접하고 있는 것이다. 내 집에 오신 손님을 위해 음식을
대접하는 것은 섬김이 분명하다. 하지만 그 섬김은 내가 주인 된 섬

---

11 "마르다야 마르다야 네가 많은 일로 염려하고 근심하나 그러나 몇 가지만 하든지 혹 한 가지만
   이라도 족하니라 마리아는 이 좋은 편을 택하였으니 빼앗기지 아니하리라"(눅 10:41-42). 예수
   의 이 말씀은 마르다에 대한 질책이면서 동시에 마리아에 대한 칭찬이다.

김이다. 예수는 마르다의 손님으로서 섬김을 받고 마르다는 집 주인으로서 자기 집에 온 예수를 손님으로 대접한 것이다.

반면에 우측의 그림, 즉 예수가 의자에 앉아 있고 '나'가 그의 앞에 있는 그림은 예수와 마리아의 관계를 보여준다. 마리아는 예수께서 집에 들어오자 그가 앉으신 자리 앞에 앉는다. 이때 예수와 마리아의 관계는 선생과 제자, 또는 주인과 종의 관계다. 마리아는 스승의 가르침을 배우는 제자의 모습으로, 또는 주인의 말씀을 경청하는 종의 모습으로 예수 앞에 앉아 있다. 마르다의 섬김은 자신이 주인이고 예수는 손님인 관계에서의 섬김이지만, 마리아의 섬김은 예수를 주인으로, 스승으로 예우하는 섬김이다. 마르다는 예수를 손님으로 섬겼지만 마리아는 예수를 주인으로 섬겼다. 이것이 마르다에게는 책망이, 마리아에게는 칭찬이 주어진 이유다.

아버지의 이름이 우리를 통해 거룩히 여김 받으신다는 것, 다시 말해서 우리가 천부의 이름을 거룩히 여긴다는 것은 우리의 주인 되신 천부께 주인에게 걸맞은 예우를 해드린다는 것을 의미한다. 대통령에게는 대통령에게 걸맞은 예우를, 기업의 장에게는 그의 직함에 맞는 대우를 함으로써 그의 명예를 존중하듯, 인간과 만물을 지으시고 주관하시는 '만유의 주인'에 대한 예우를 해드림이 천부의 이름을 거룩히 여기는 것이다.

창조주에 합당한 예우

하늘에 계신 아버지, 천부께서는 창조주이시다. 그가 창조주임을 인정하고 그를 존중하는 그리스도인이 천부의 이름을 거룩하게 여기는 사람이다. 그러면 어떻게 하는 것이 창조주에 대한 예우를 다하는 것일까? 화가의 그림을 인정하고 소중히 여기는 것은 그 화가를 인정하고 존중한다는 것을 의미하듯이, 천부를 창조주로 존중한다는 것은 그가 만든 작품들을 귀하게 여긴다는 의미일 것이다. 천부의 작품을 귀하게 여기는 것이 곧 천부의 이름을 거룩히 여기는 것이 된다.

천부의 작품은 크게 두 가지다. 하나는 '인간'이고 다른 하나는 인간 외의 피조물, 즉 자연 만물[12]이다. 17세기 영국 근대경험주의 철학의 시조이며 근대민주주의의 사상적 토대를 닦은 철학자 존 로크(John Locke)는 그의 저서 『통치론(Two Treatises of Government)』에서 "모든 인간은 전지전능한 창조주의 작품"이라고 정의하고 창조주에 의해 부여된 인간의 기본권, 즉 '천부인권설'을 강조했다.[13] 로크의 말을 빌리지 않더라도 인간의 존엄성은 창조주에게 있다. 인간은 창조주의 작품 중 최고의 걸작품이기 때문이다. 인간만이 신의 형상대로 창조된 존재이며(창 1:26), 인간만이 신의 영이 불어넣어진 생령이기에(창 2:7) 인간은 누구나 존엄하다.

인간이 신의 형상을 따라 창조되었다는 것은 신의 속성을 닮았다는 뜻이다. 대표적인 것이 신의 '공의'(justice)와 '자비'(mercy)다. 창조주는 공의로우시고 동시에 자비로우시다. 공의로운 신이기에 죄를 심판하고, 자비로운 신이기에 죄인을 구원한다. 예로부터 인구(人口)에 회자(膾炙)되는 말 가운데 "죄가 밉지 사람이 밉나"라는 말이 있

---

12 '자연'(自然)은 '스스로 그렇게 되다'는 문자적 의미 때문에 기독교계에서 비성서적 용어, 또는 창조의 반대 개념으로 평가되곤 했다. 하지만 이 단어의 사전적 의미를 보면, '인공(人工)을 거치지 않은' 또는 '인공의 능력 범위를 벗어난'이라는 의미를 갖는다. 따라서 '자연'을 굳이 신의 창조를 부인하는 진화론적 용어로 간주할 필요는 없다.

13 송규범, 『존 로크의 정치사상』(서울: 아카넷, 2015), 179-180.

다. 공자의 9대손 공부(孔駙)가 편찬한 『공총자(孔叢子)』에 나오는 이 말은14 종교와 민족, 인종과 국가를 초월한 인류 사회의 보편적 윤리를 담고 있다. 죄는 미워해도 죄를 지은 사람은 미워할 수 없다는 뜻의 이 말은 흥미롭게도 신의 공의와 자비의 속성을 동시에 나타내고 있다. 죄는 공의로 대하고 죄를 지은 사람에게는 자비로 대하는 신의 속성이 인간의 내면에 부여되어 있음을 보여주는 좋은 사례다.

공의로 죄를 심판하고 자비로 죄인을 용서하는 신의 속성이 가장 잘 나타난 것이 십자가다. 예수 그리스도의 십자가는 죄에 대한 공의의 심판과 죄인에 대한 자비의 용서가 만나는 곳이다. 신의 아들이 죄에 대한 심판을 대신 받음으로써 죄인에 대한 용서가 가능해졌다. 죄는 미워하되 죄인은 미워할 수 없다는 인류의 보편적 가치는 이렇게 십자가에서 완성되었다. 예수 그리스도의 십자가는 창조주의 공의와 자비의 원칙이 완벽하게 구현된 전(全) 우주적 가치다. 따라서 십자가를 믿는다는 것은 죄인이 용서받고 구원을 얻는 그 이상의 의미가 있다. 십자가는 종교적 신념이나 내세보장용 교리에만 머물 수 없다. 십자가에 나타난 공의와 자비의 원리는 인간을 포함한 자연만물을 다스리는 창조와 구원의 원리다. 예수 그리스도의 십자가를 통한 죄 사함의 은총을 경험한 사람은 죄를 향해서는 공의로 맞서고 죄인을 향해서는 자비로 나타난다. 공의와 자비, 두 가치의 균형과 조화가 중요하다. 공의를 지나치게 강조하여 적용하면 공의는 약자에게 폭력이 될 수 있고, 자비를 지나치게 주장하여 적용하면 자비는 혼란

---

14 공총자(孔叢子) 제1권 제4장 '형론'(刑論)에는 "古之聽訟者, 惡其意, 不惡其人 (중략) 今之聽訟者, 不惡其意而惡其人"(그 옛날 소송하는 사람은 죄의 마음을 미워했지 죄인을 미워하지 않았다 (중략) 오늘날 소송하는 사람은 죄의 마음을 미워하지 아니하고 죄인을 미워한다)라는 기록이 있다. 이것은 성서의 대속 원리와 맥을 같이한다.

과 무질서를 초래할 수 있다. 공의와 자비가 서로 균형을 맞춰 조화를 이룰 때 인간과 자연계에 창조의 질서가 확립되고 구원의 은총이 성취된다. 십자가에서 나타난 '공의와 자비'라는 창조와 구원의 원리에 순응하는 삶이 창조주를 존중하는 삶이며 천부의 이름을 거룩히 여기는 삶이다.[15] 죄를 향해서는 공의의 심판으로 대함으로써 죄악과 단절하고, 사람을 향해서는 자비의 마음으로 대하여 원수까지도 용서하고 축복하는 삶, 그런 삶을 사는 이들로 인해 천부의 이름이 거룩히 여김을 받는다. 바로 그들이 천부께서 찾는 참된 예배자다.

창조주의 아바타

성서는 종종 가난한 자를 창조주와 동일시한다.

가난한 사람을 학대하는 자는 그를 '지으신'(עֹשֵׂהוּ) 이를 멸시하는 자요. (잠 14:31)

가난한 자를 조롱하는 자는 이를 '지으신'(עֹשֵׂהוּ) 주를 멸시하는 자요. (잠 17:5)

가난한 자를 불쌍히 여기는 것은 여호와께 꾸이는 것이니 그 선행을 갚아주시리라. (잠 19:17)

위 말씀들을 요약하면, 가난한 자는 창조주의 아바타다. 가난한 자를 무시하는 것은 그를 '지으신'(עֹשֵׂהוּ, 아솨) 창조주를 무시하는 것과 같다. 히브리어 '아솨'는, 없었던 것을 있게 하는 '창작'(creation)을 뜻

---

15 신의 속성이면서 창조와 구원의 원리인 공의와 자비의 관계 및 그 적용에 관하여는 본서 "제5장 두 번째 기도"와 "제6장 세 번째 기도"를 보라.

하는 '바라'(בָּרָא, 창 1:1; 신 4:32)와 달리, '조성'(fashion), '형성' (shape)의 의미를 가진다. 예를 들어, 노아가 방주를 제작할 때 방주에 창문을 '냈다'(עָשָׂה, 창 8:6)라고 표현한다. 창세기 33장 17절을 보면, "야곱은 숙곳에 이르러 자기를 위하여 집을 짓고 짐승을 위하여 우릿간을 지은고로……"에서 "집을 짓고"에는 동사 '바나'(בָּנָה)를, "우릿간을 지은"에는 동사 '아솨'를 사용한다. 집은 새로 건설하지만 우릿간은 '형태를 조성한다'는 의미에서 '아솨'가 사용된 것이다. 또 출애굽기 25장에서 동사 '아솨'는 성소(8절), 법궤(10절), 속죄소(17절), 그룹(18-19절), 진설병상(23-28절) 등의 성물을 만드는 작업을 나타낸다. 특히 법궤와 진설병상의 테두리를 정금으로 두르는 작업을 '아솨'로 표현한다(11, 24-26, 28절).

이와 같은 용례에 따르면, 위 잠언서 본문의 동사 '아솨'는 '가난한 자'가 창조주의 아바타로 세워졌다(또는 형성됐다)는 것을 보여준다. 구약성서가 말하는 당시 이스라엘 사회에서의 가난한 자는 사회의 돌봄을 필요로 하는 약자, 곧 '과부, 고아, 나그네'를 지칭한다. 이들을 학대하고 해롭게 하면 여호와의 맹렬한 심판을 받게 될 것이라고 성서는 경고한다(출 22:21-24). 마태복음 25장 31-46절의 소위 '최후 심판 이야기'는 지극히 작은 자들[16]을 외면한 이들은 지옥의 형벌을 받고 그들을 도운 이들은 영생의 보상을 받는다고 기록하고 있다. 여기서 지극히 작은 자들은 심판자(예수 그리스도)의 아바타로 등장한다. 그들에게 선행을 베푼 것이 곧 심판자에게 한 것이고 그들을 외면한 것은 심판자를 외면한 것이다.

이처럼 사회적 약자들을 창조주 또는 심판주의 아바타로 묘사하

---

16 기본적 의식주(衣食住)의 원조가 필요한 자, 질병과 투옥 등의 이유로 타인의 도움이 필요한 자.

는 성서의 기록들은 인간 사회에서 자칫 훼손되기 쉬운 약자의 존엄성을 수호하기 위한 최고의 신적 장치로서 인간 존엄성 수호의 당위성을 선포한다. 모든 인간이 인간으로서의 최소한의 기본권을 누려야 한다는 인권 선언은 성서에서 그 기원을 찾을 수 있고 또 찾아야한다. 인간은 창조주의 작품으로서 창조주의 형상을 부여받았다. 사회적 약자들이 '창조주의 아바타'임을 공포하는 성서의 선언은 인권의 본질과 당위성을 명징한다. 사회에서 소외된 이들이 그리스도인의 모임이나 교회 안에서마저 소외된다면 이는 창조주를 멸시하는 결과를 초래한다. 사도 바울은 이방 신전에 바쳐졌던 고기를 자신이먹는 것이 혹시 교회 안의 약자들, 곧 믿음의 기초가 굳건하지 못한형제들에게 우상을 가까이하는 모습으로 비춰질 가능성이 있다면결코 고기를 먹지 않겠다고 결단한다(고전 8:7-13). 교회 안의 신앙적 약자들에 대한 대사도의 세심한 배려가 느껴지는 대목이다.

국가는 왜 사회적 약자들, 기본생활권을 위협받는 소외계층에게복지 혜택을 주어야 하는가? 왜 한국 교회는, 화려하고 웅장한 교회당의 문턱을 들어서지 못해 좌절하고 방황하는 한 마리 양을 위해, 돌 위에 돌 하나도 남기지 않겠다는 결연한 각오로 환골탈태해야만하는가? 이유는 자명하다. 그 한 사람이 창조주의 형상을 가진 창조주의 아바타이기 때문이다. 보잘것없고, 가진 것 없고, 주목받지 못하는 사람이라도 그는 그를 조성한 창조주의 대리자다. 그에게 하는행동은 곧 창조주에게 한 행동으로 심판책에 기록된다. 그 행동에따라 영생과 영벌이 결정된다. 더 무엇을 말할 필요가 있을까? 국가와 교회가 사회적 약자들을 돌봐야 하는 이유와 당위성을 더 제시할필요가 없을 것 같다.

이제 창조주의 이름을 거룩히 여기는 삶이 무엇인지 명확해졌다. 내 주변의 사람들을 창조주의 작품으로 여기는 삶, 나의 도움을 필요로 하는 사람을 창조주의 아바타로 존중하는 삶이 바로 천부를 존중하는 삶이다. 사람들 중에는 상대하기 싫은 사람, 날 괴롭히는 사람, 원수 같은 사람도 있다. 하지만 그들도 창조주의 형상대로 지음받은 존재들이라는 인식과 믿음을 가진다면 그들을 미워하기보다는 내가 먼저 손을 내밀고 내가 먼저 다가가는 산상수훈의 삶이 비로소 우리에게 구현될 수 있을 것이다(마 5:46-47).

창조주에 대한 예우(1): 사람과 자연을 통한 예우

미술 작품에 대한 평가는 그 작품을 그린 화가에 대한 평가라고 할 수 있다. 경주 첨성대를 국보로 소중히 간직하는 것은 첨성대를 축조하고 후손들에게 물려준 조상들에 대한 예우다. 신을 창조주로 예우한다는 것은 그가 만드신 사람과 자연을 귀하게 여긴다는 것이며 이는 곧 창조주의 이름을 거룩히 여기는 것과 같다. 산과 들에 핀 다양한 꽃들과 이름 모를 온갖 들풀들, 그리고 공중을 나는 수많은 새들에 이르기까지 이 모두를 창조주의 작품으로서 소중히 여기는 것은 바로 창조주에 대한 예우에 해당한다.

피조물을 통한 창조주에 대한 예우는 그러나 자연 만물을 포함한 우주 전체를 신으로 보는 범신론(汎神論, pantheism)과는 다르다. 자연 만물은 신으로서가 아니라 피조물로서, 그리고 창조주의 담지자(擔持者)로서 존중받아야 한다는 것이 성서의 관점이기 때문이다.

창세로부터 그의 보이지 아니하는 것들 곧 그의 영원하신 능력과
신성이 그 만드신 만물에 분명히 보여 알게 되나니. (롬 1:20)

그림에는 화가의 마음과 정신뿐 아니라 그의 인생관과 가치관이
담겨 있듯, 거대하면서도 조밀한 조각물은 작가의 역량을 나타내듯,
지름이 15만 광년에 달하는 안드로메다은하에서부터 자기 몸무게의
25배 이상의 먹이를 운반하는 몸길이 5mm 내외의 일개미에 이르기
까지 자연 만물은 창조주의 위대한 능력과 성품을 보여준다.

단풍은 동서고금과 남녀노소를 막론하고 인간의 감탄과 찬사의
대상이다. 장장 4,800km에 이어지는 광대한 산야를 형형색색 수놓
은 로키산맥의 단풍에서부터 온 산림을 울긋불긋 물들인 내장산 단
풍에 이르기까지, 인종과 문화를 초월하여 사람들은 단풍의 풍경에
감탄하고 그 앞에서 멋들어진 시어를 읊조린다. 무엇이 사람들로 하
여금 단풍의 절경에 압도되게 하는가? 시대와 세대, 그리고 국경을
초월한 단풍 사랑의 이유는 무엇일까?

사람들의 탄성을 자아내는 단풍미(丹楓美)의 비결은 '다름'에 있
다. 나무 한 그루에 달린 수백, 수천 개의 단풍잎들은 언뜻 보기에는
같은 것 같지만 실상은 모두 다르다. 같은 나무, 같은 가지에 달려
있어도 단풍잎들은 그 모양과 크기, 그리고 색의 농도까지 똑같은
것이 없고 조금씩 다 다르다. 이것이 단풍의 아름다움의 비밀이다.
다른 모양, 다른 크기, 다른 색조를 가진 수천, 수만 개의 이파리들
이 한데 어울려 있는 것이 단풍미의 비결인 것이다. 대형 경기장에
모인 수만 명의 관중들에 의해 연출된 단풍 카드 섹션을 보고 아름
답다고 느끼는 사람이 있을까? 카드 섹션 단풍은 모양과 크기와 색
의 농도가 모두 똑같다. 똑같은 모양과 똑같은 크기와 똑같은 색깔

의 카드들이 연출하는 단풍은 아름답기보다는 왠지 섬뜩한 느낌이
다. 다름이 없이 획일화되어 다양성이 사라진 인공 단풍은 고유의
모양과 크기, 자신만의 색이 살아 있는 천연 단풍의 황홀함을 결코
흉내낼 수 없다.

여기서 단풍미의 비밀 하나 더. 생물학적으로 단풍은 나뭇잎의 집
단 괴사 현상이다. 여름을 지나 가을로 접어들어 기온이 내려가면
나뭇잎의 광합성 작용이 점차 중단되어 녹색 대신에 적색과 황색 색
소가 나타나는 것이 단풍 생성의 원리다. 가을 내내 울긋불긋 절색
을 자랑하던 단풍은 채 한 달을 넘기지 못하고 매서운 찬바람을 맞
으며 땅으로 떨어져 짧은 생을 마친다. 단풍의 황홀한 색조는 결국
나뭇잎의 사색(死色)이었던 것이다. 왕성한 생장을 나타내는 나뭇
잎의 녹색도 아름답지만 그 아름다움은 나뭇잎이 죽어가면서 내는
색조의 아름다움에 견줄 바가 못 된다. 그것은 전혀 다른 차원의 아
름다움이다.

문학과 예술의 영감의 원천인 단풍미의 비밀은 '다름'과 '죽음'이
다. 그 무엇과도 견줄 수 없는 단풍의 독보적 미는 나뭇잎의 모양과
크기의 다름, 그리고 나뭇잎이 죽어가면서 뿜어내는 색조의 다양함
에서 비롯된다. '다름'과 '죽음'의 비밀을 지닌 단풍은 창조주의 능
력과 성품을 나타내는 창조계의 담지자다. 지구상의 헤아리기 어려
운 수많은 크고 작은 생물들과 미생물들, 우주에 펼쳐진 모래알 같
은 행성들의 존재는 창조주의 크기와 규모가 얼마나 광대한지, 창조
주의 세계가 얼마나 다양한지를 보여준다. 또 예수 그리스도의 십자
가와 그의 생애는 창조주의 세계의 광대함과 다양성이 그와 그를 따
르는 이들의 죽음 또는 '죽음적 삶'(death-like life)을 통해 이 땅에

구현될 수 있음을 보여준다. 이와 같이 피조물을 통해 나타난 창조계의 다양성을 존중하고 그 다양성을 가능하게 한 죽음의 원리에 순응하는 것은 창조주를 예우하는 삶이며 주기도문 첫 번째 기도에 나타난 제자의 삶이다.

창조주에 대한 예우(2): 음식물을 통한 예우

창조주에 대한 예우는 또 다른 차원에서 적용될 수 있고 또 적용되어야 한다. 그것은 음식에 대한 예우다. 21세기 지구촌은 음식물 저주에 걸려 있다. 어떤 나라에서는 매일 일인당 0.28kg, 일 년이면 전국적으로 500여만 톤(대한민국 2010년 기준)의 음식물이 버려지고 있는 반면, 어떤 나라에서는 하루 한 끼 식사조차 먹지 못해 아이들이 아사(餓死)하고 있다. 우리나라의 경우 음식물 쓰레기로 인한 경제적 손실은 한 해 약 22조 원으로서 음식물 처리 비용으로만 한 해 약 7천여 억 원이 소요된다.[17] 음식물 쓰레기로 인한 피해는 이제 더 이상 한 나라만의 문제가 아니다. 한국환경공단의 통계에 따르면, 우리나라 1,300만 가정에서 일주일에 밥 한 그릇과 국 한 그릇을 버릴 경우 5만 6천 톤, 일 년이면 약 290만 톤의 온실가스가 배출된다고 한다. 세계 각국의 음식물 쓰레기로 인해 발생되는 환경오염과 훼손은 지구촌 생태계에 심각한 위협이 되고 있다. 바야흐로 음식물의 저주가 시작된 것이다. 버림받은 음식물의

---

17 한국환경공단 홈페이지(www.zero-foodwaste.or.kr) 참조.

반란이라고 해야 할까? 아프리카의 빈곤국에서는 쌀이나 밀 같은 곡류를 구경조차 하기 어려운데 지금 이 시간에도 우리나라 가정의 밥상에서는 먹다 남은 밥과 반찬들이 고스란히 버려지고 있다. 어떤 나라 아이들에게는 없어서 영양실조 걸리고 없어서 죽어가는 밥과 빵이 또 어떤 나라에서는 처치 곤란한 쓰레기로 전락하고 만다.

지금 우리 사회의 아이들과 청소년들에게 음식은 더 이상 감사의 이유가 되지 못하고 있다. 인간의 생명 유지를 위한 필수 영양소가 듬뿍 담긴 각종 채소들이 식탁에서 외면당하기 일쑤다. 창조주의 작품이 푸대접을 받고 있는 것이다. 프라임 셰프의 최고 요리를 먹다 남기고 쓰레기통에 버리는 것은 심혈을 기울여 그 요리를 개발하고 조리한 거장에 대한 큰 무례이듯, 음식물을 홀대하는 것은 그 모든 음식물의 재료와 원료를 만들어 제공해준 우주의 셰프에 대한 예우가 아니다. 그것은 셰프의 명예를 손상시키는 행위다.

창조주의 이름을 거룩히 여기는 그리스도인의 삶은 음식에 대한 감사에서부터 시작된다. 음식에 대한 감사는 음식을 소중히 여기는 생활로 이어지고 그러면 음식물 쓰레기는 자연히 줄어들게 된다. 밥 한 톨, 반찬 하나, 물 한 모금, 나아가 나무 한 그루, 꽃 한 송이, 숲 속의 무수한 생물들에 이르기까지 이 모든 창조주의 작품들을 소중히 여기는 주기도문의 영성은 지구촌이 겪고 있는 음식물 쓰레기 문제 해결과 환경보호 운동의 원초적 동인(動因)이다.

여기서 우리는 복음서의 오병이어 사건에 주목할 필요가 있다. 공관복음서의 기록을 보면, 광야에서 수천 명의 사람들에게 분배되고 남은 빵과 물고기가 열두 광주리에 가득 찼다고 한다(마 14:20; 막 6:43; 눅 9:17). 이 부분을 요한복음은 이렇게 보도한다.

저희가 배부른 후에 예수께서 제자들에게 이르시되 남은 조각을
거두고 버리는 것이 없게 하라 하시므로 이에 거두니. (요 6:12-13)

사람들은 오병이어 사건을 적은 양의 음식으로 수천 명을 먹인 기
적의 사건으로만 이해해왔다. 그런데 이 사건에는 간과해선 안 되는
장면이 있다. 요한복음에 따르면 무리들에게 나눠주고 남은 음식을
예수께서 제자들에게 수거하게 한다.18 이 음식물 수거 장면은 신의
선물을 소중히 여긴다는 의미와 함께, 음식물이 썩기 쉬운 고온다습
한 갈릴리 호숫가 환경 및 호수 생태계 보호 측면에서 재해석될 필
요가 있다. 오병이어 사건의 음식물 수거 장면은 광야의 배고픈 무
리들에게 소중한 생명의 양식을 주신 우주의 셰프에 대한 예우를 다
함으로써 그를 존중하는 사례로 재조명되어야 한다. 2,000년 전, 갈
릴리 호숫가 벳새다 들판에서의 음식물 수거 운동은 21세기 현재,
지구촌 전체에 확산되고 있는 음식물 저주를 막을 수 있었던 역사상
최고(最古)의 음식물 쓰레기 방지 캠페인이었다.

주기도문의 첫 번째 기도, "아버지의 이름이 거룩히 여김을 받으소
서"는 신을 아버지로 믿고 순종하는 자녀들의 기도다. 천부의 이름은
사람에 의해 존중을 받고 사람에 의해 멸시도 받는다. 이 땅에서 천부
의 명예 고양과 관련하여 천부는 객체이고 자녀들이 주체다. 천부를
만유의 창조주로, 그리고 내 삶의 주인으로 섬기고 예우해 드리는 자
녀들에 의해 천부의 이름이 존중을 받고 비로소 천부는 세상의 거짓
신들과 구별되어 경배를 받는다. 바로 이것이 하늘 아버지의 이름이
사람들로부터 거룩히 여김을 받는 주기도문 첫 번째 기도의 비전이다.

---

18 공관복음서에는 수거하라는 예수의 지시는 나타나지 않고 남은 조각들을 수거했다고만 보도한
다(마 14:20; 막 6:43; 눅 9:17).

제5장

두 번째 기도
아버지의 나라가 임하소서

ἐλθέτω ἡ βασιλεία σου

선과 악을 구분해서 선 보호를 위해 악을
제거하려는 땅의 논리는 제도권 교회의 끝없는 분열과 분쟁을
야기했을 뿐 아니라 선이 악으로 오인되어 침탈당하는
불행한 교회사의 원인이 되고 말았다.
가라지 비유는 선악의 공존이라는 하늘 통치 원리를
선포함으로써 땅의 상식이 빚어낸 인간사의 참극을 치유한다.

"(아버지의) 나라가 임하옵시며." (마 6:10 上)

아버지의 이름에 관한 첫 번째 기도에 이어 예수께서 가르쳐준 두 번째 기도는 아버지의 나라에 관한 기도다. "나라"는 그리스어 '바실레이아'(βασιλεία)의 번역으로서 바실레이아는 '왕권', '왕국', '왕의 통치'를 뜻한다.[1] 첫 번째 기도와 세 번째 기도에서 각각 주어 "아버지의 이름"과 "아버지의 뜻"이 수동형 동사를 동반하는 데 반해, 두 번째 기도의 주어 "아버지의 나라"는 능동형 동사 '에르코마이'(ἔρχομαι, come)를 동반한다. 동사의 용례에 따르면, 천부의 이름과 천부의 뜻은 각각 '거룩히 여겨지는 것', '이뤄지는 것'인 데 비해 '천부의 나라'(이하 '천국'[天國] 또는 '신국'[神國])는 '임하는 것'이다. 전자에서는 주체(천부의 뜻과 이름)가 수동적 입장을, 후자에서는 주체(천부의 나라)가 능동의 입장을 각각 취하고 있다. 이러한 동사 용례의 차이가 암시하는 바는 이것이다. 천부의 이름이 세상에서 구별되는 것과 천부의 뜻이 땅에서 성취되는 것에는 인간의 순종과 협력이 동반되는 반면, 천부의 통치와 왕권은 주권적으로 임한다.[2] 그 '임함'에 인간의 순종이나 협력은 필수 조건이 아니다. 왕

---

1 G. von Rad, "βασιλεύς", *TDNT* 1, 570.

2 Gibbs, *Matthew 1:1-11:1*, 152; Keener, *The Gospel of Matthew*, 149.

이나 대통령의 외국 방문은 일종의 통치 행위로서 통치자의 일방적 결정에 의해 이뤄지는 것처럼, 신국의 임함은 땅의 동의나 협력을 필요로 하지 않는다.

땅에 임하는 하늘나라: 이미? 아직?

> 회개하라 천국이 가까이 왔느니라. (마 4:17)

천국에 관한 예수의 첫 번째 언급이다. 메시아의 공생애 시작을 알리는 이 선언은 천국과 회개의 관계에 관한 중요한 함의를 갖고 있다는 측면에서 주목할 필요가 있다. 여기서 "천국"으로 번역된 그리스어 '헤 바실레이아 호 우라노스'는 '하늘의 왕국(또는 통치)'(the kingdom[or kingship] of heaven)이다.[3] 마태복음을 비롯한 공관복음서의 "천국"은 사후 세계로서의 '천당'이 아니라 하늘 왕국의 통치 또는 그 통치의 영역을 의미한다.[4] "가까이 왔느니라"는 그리스어 '엥기조'($\dot{\epsilon}\gamma\gamma\dot{\iota}\zeta\omega$)의 완료형으로서 '하늘의 왕권이 가까이 임하였다', '하늘의 통치가 이미 시작됐다'는 점을 명시한다.[5] 그러므로 마태복음 4장 17절의 선언은 하늘 왕국이 인간의 협력이나 도움 없이도 이미 임하여 있고 하늘의 통치가 세상에서 인간의 협력과 상관없이 이미 시작되었음을 알리는 천국 복음이다.

하늘 왕국이 이미 임하여 천부의 통치가 시작됐다는 4장 17절의

---

3 해그너, 『WBC 성경주석: 마태복음 1-13』, 152.

4 France, *The Gospel of Matthew*, 102; Gibbs, *Matthew 1:1-11:1*, 152.

5 France, *The Gospel of Matthew*, 103; Gibbs, *Matthew 1:1-11:1*, 153.

선언은 하늘 왕국의 도래를 간구하는 두 번째 기도와 충돌하는 듯하다. 그러나 4장 17절의 동사 '엥기조'의 완료형은 천국의 도래가 다 끝났다는 의미가 아니다. 천국은 이미 와 있지만 그것은 '가까이 와 있는 것'이지 '다 온 것'이 아니다.6 마태복음 13장 소위 '천국비유록'의 감춰진 보화 비유(44절)를 보면, 천국에 비유된 보화는 밭에 묻혀 있다가 그 밭에서 일하던 농부에 의해 발견되지만 농부는 보화를 다시 밭에 묻은 후 전 재산을 처분한 돈으로 보화가 묻혀 있는 밭을 구입한다. 비유는 이 장면에서 끝이 난다. 밭을 구입한 농부가 보화를 밭에서 캐내는 장면이 없다. 비유에서 보화는 발견 전에도 발견 후에도 여전히 땅속에 묻혀 있다. 이것은 보화로 상징되는 천국의 정체성이 '숨겨진 것'이라는 점을 함의한다.7

그런데 만일 밭에 묻힌 보화가 누군가에 의해 발견되지 않고 묻힌 채 그대로 있다면 그 보화는 주어진 것인가, 주어지지 않은 것인가? 정답은 '주어졌지만 아직 안 주어진 것'이다. 보화가 땅에 묻혀 있다는 것은 보화를 발견한 사람은 누구라도 가져갈 수 있는 상태, 즉 이미 '주어진' 상태를 의미한다. 하지만 아무도 보화를 발견하지 못한다면 보화는 '주어지지 않은' 상태에 있는 것이 된다. 4장 17절의 선언이 표방하는 천국의 도래가 이와 같다. 천국의 도래와 그 통치는 메시아 예수의 탄생 및 그의 공생애와 함께 이 땅에서 이미 시작됐

---

6 Gibbs, *Matthew 1:1-11:1*, 153; R. H. Gundry, *Matthew: A Commentary on His Literary and Theological Art* (Grand Rapids: Eerdmans, 1982), 44.

7 비유의 문맥상, 밭을 구입한 농부가 밭에 묻혀 있는 보화를 캐내어 수중에 넣고 보화의 가치에 흡족해하는 장면까지 이어지는 것이 상식적인 결말이라고 할 수 있다. 비유의 주제가 천국 소유에 있다면 농부가 보화를 끌어안고 기뻐하는 모습까지 기술되어야 마땅하다. 그런데도 비유가 밭 구입 장면으로 끝나고, 결과적으로 보화의 숨겨진 상태에 변화가 없는 비유의 정황은 천국의 은폐성 주제를 부각시킨다. 마태복음에서의 천국의 은폐성 주제에 관하여는 김형근, 「감추인 보화 비유와 진주 상인 비유 연구: 믿음과 행위의 구원론적 관계성을 중심으로」(신학석사학위 논문, 한영신학대학교, 2004), 54-60을 보라.

지만 그것을 발견하지 못한 사람에게 천국은 아직 도래하지 못했고 천국의 통치는 시작되지 않았다. 그리고 보화를 발견한 사람에게도 보화는 여전히 밭에 묻혀 있다는 점에서는 발견하지 못한 사람과 다를 바 없지만 한 가지 중요한 차이점이 있다. 보화를 발견한 사람이 보화를 밭에 숨겨둔 후 자발적으로 자신의 재산을 처분하여 보화가 숨겨져 있는 밭을 구입한다는 점이 그것이다.

또한 마태복음 13장 44절에서는 보화를 밭에 숨긴 이후 농부의 후속 행동들(돌아가다, [재산을] 소유하다, 팔다, 구입하다)이 모두 현재형 동사로 묘사되고 있다. 이 후속 행동들은 보화 발견의 결과 또는 효과에 해당한다. 보화를 발견한 농부가 이를 다시 숨겨두는 동작은 부정과거형 동사로서 단회적 동작을 의미한다. 반면, 집으로 돌아가서 가진 재산을 다 처분하여 밭을 구입하는 일련의 동작이 현재형이라는 것은 그 동작들이 단지 과거의 단회적 행동이 아니라 '역사적 현재'(historic present), 즉 과거에 진행되었지만 지금도 진행되고 앞으로도 진행되는 '오늘의 행동들'이라는 점을 강조한다.[8] 다시 말해서, 발견된 보화가 다시 밭에 숨겨지는 동작은 일회성이어서 보화는 발견 전에도 후에도 밭에 묻힌 상태가 유지된다. 하지만 보화 발견 이후 농부의 후속 행동은 보화 발견의 결과 또는 효과로서 지속된다는 것을 의미한다.

결론적으로 비유에서 보화는 발견자에게나 미발견자에게나 이미 주어진 상태에 있으며, 또 보화는 발견 전에나 발견 후에나 숨겨진

---

8 감춰진 보화 비유에 이어지는 진주 상인 비유(13:45-46)에서 진주를 발견한 상인의 후속 행동들(돌아가다, [재산을] 가지다, 팔다, 사다)은 완료형, 미완료형, 부정과거형이다. 동사 시제와 관련해서 두 개 비유의 유사점과 차이점에 관하여는 김형근, 「감추인 보화 비유와 진주 상인 비유 연구」, 17-36을 참조하라.

상태에 있다.[9] 따라서 누가 보화를 발견한 사람인가는 그에게 보화 발견에 따른 후속 행위들이 나타나느냐 나타나지 않느냐로 알 수 있다. 천국은 이미 도래해 있다. 보화가 밭에 묻혀 있는 것처럼 천국은 이미 주어졌다. 가까이 와 있다. 하지만 그 천국을 발견하지 못한 사람에게 천국은 아직 오지 않았다. 천국이 이미 왔지만 아직 오지 않은 사람에게는 천국 발견의 후속 행동들, 즉 천국 발견의 결과(또는 효과)가 나타나지 않는다. 반면에 이미 주어진 천국을 발견한 사람, 즉 하늘의 통치를 경험한 사람에게는 그에 따른 후속 행동들이 나타난다. 그는, 비유의 보화 발견자와 같이, 자발적으로 자기의 모든 것을 내어놓는다. 그에게는 천부의 이름을 존중하는 삶, 천부의 뜻을 추구하고 순종하는 삶이 나타난다. 그리고 그는 그 삶이 중단되지 않기를 기도한다. 이 기도가 바로 주기도문의 두 번째 기도 '아버지의 나라가 임하소서'이다.

하늘나라의 표징

마태복음 4장 17절의 그리스어 원문(μετανοεῖτε· ἤγγικεν γὰρ ἡ βασιλεία τῶν οὐρανῶν)을 직역하면 '회개하라 왜냐하면(γὰρ) 천국이 가까이 와 있기 때문이다'가 된다. 접속사 '가르'(γὰρ)는 회개의 이유가 천국의 임박한 도래임을 보여준다. 즉, 천국이 가까이 와 있기 때문에 회개하라는 뜻이다. 그런데 개역한글판

---

9 보화가 밭에 숨겨진 채로 이미 주어졌고 농부가 그 숨겨진 보화를 우연히 발견하는 정황, 그리고 발견된 보화가 다시 숨겨지는 정황은 보화와 관련해서 농부의 노력과 공로가 개입되어 있지 않음을 시사한다. 보화의 '숨겨짐'과 농부의 후속 행동의 관련성에 관한 상세한 설명은 본서 "제7장 네 번째 기도"를 보라.

성서처럼 '가르'가 번역되지 않을 경우10 본문은 '회개하면 천국이 도래한다', 즉 회개라는 인간의 공로 때문에 천국이 도래한다는 의미로 잘못 해석될 수 있다.11 감춰진 보화 비유에서 확인된 바와 같이 천국은 인간의 협력이나 공로와 상관없이 이미 주어졌고 시작됐다. 그것은 신의 주권적 역사다. 따라서 접속사 '가르' 및 '가까이 와 있다'는 완료의 의미, 그리고 감춰진 보화 비유의 교훈과 주기도문 두 번째 기도를 종합하면 본문 4장 17절은 이런 의미가 된다: '천국, 곧 하늘의 통치는 이미 시작됐다. 그러나 아직 완전한 통치는 아니다. 따라서 회개를 통해 생각과 행동을 전환한다면 우리 일상의 삶에서 하늘의 통치를 경험하게 될 것이고 하늘의 통치에 순종하는 삶을 간구하는 하늘의 시민으로 살아갈 것이다.'

예수께서 선포한 천국의 주권적 도래는 회개를 통해 이스라엘이라는 혈통적, 민족적 경계를 넘어선 글로벌적 사건이며, 그 천국 도래의 표징은 물리적, 공간적 장벽을 초월하여 성취된다. 마태복음 8장에 기록된 '백부장 하인 치유 기사'가 이 주제를 잘 전해준다. 산상설교 이후 예수의 두 번째 치유 사역인 본 사건은 다른 치유 사건들과 몇 가지 점에서 구별된다. 우선 치유 사건의 주인공이 유대인이 아닌 이방인 백부장이라는 점이다.12 그리고 유대 지역의 치안과

---

10 개역한글판 성서에는 본문이 "회개하라 천국이 가까이 왔느니라"로 번역되었지만 대부분의 영어 성경(ASV, KJV, NIV, NRS, RSV, YLT 등)은 접속사 '가르'를 for로 번역했다.

11 본문 4:17의 접속사 '가르'가 생략되면 천국을 내세적 차원으로 이해하여 '회개하면 천당에 들어갈 수 있다'로 해석될 수 있다. 마태복음의 천국은 천당이 아니라 통치 또는 왕권을 의미한다는 것은 앞에서 이미 설명했으므로 여기서는 언급을 생략한다.

12 본 사건의 배경인 가버나움은 예수 당시 헤롯 안티파스의 통치 관할 지역으로서 가버나움에는 로마군대가 아닌 비유대인들로 구성된 헤롯의 군대들이 주둔하고 있었다(France, *The Gospel of Matthew*, 311; Carson, *Matthew Chapter 1 Through 12*, 200). 백부장이라는 명칭은 백 명의 군사를 통솔하는 권한이 주어졌다는 의미다.

질서 및 징세를 담당하는 막강한 권한13을 가진 고위 관료가 무명의 전도자 앞에서 자신을 낮추고 그에게 부탁을 하는 정황 자체가 매우 이례적이다. 그뿐 아니라 치유 대상자인 백부장의 종과 예수의 직접적인 대면이 없이 치유가 이뤄졌다는 점에서 본 사건은 특이하다.14 다른 치유 사례의 경우 예수께서 병자에 손을 얹어 기도하거나(마 8:3), 신체적 접촉(마 8:15; 9:20; 14:36) 또는 대면(마 8:16, 32; 9:6)을 통해 치유의 이적이 나타난 반면, 백부장의 종과 예수는 서로 다른 장소에 있는 상태에서 중풍병이 치유됐다. 예수께서 행한 온갖 치유 사역을 천국 도래의 표적으로 본다면 본 사건과 같이 예수와의 직접적 접촉이나 기도나 대면이 전혀 없는 상태에서 이뤄진 치유를 어떻게 이해해야 할까? 이러한 원격 치유 기적은 천국의 도래와 어떤 관련이 있을까? 우선 본문 관찰을 통해 실마리를 풀어보자.

전술한 바와 같이 본 사건의 주인공은 이방인 백부장이다. 이스라엘 사람에게서 볼 수 없던 이방인 백부장의 믿음에 대한 극찬에 이은 예수의 선포는 본 치유 사건의 함의를 보여준다.

> 또 너희에게 이르노니 동서로부터 많은 사람이 이르러 아브라함과 이삭과 야곱과 함께 천국에 앉으려니와 나라의 본 자손들은 바깥 어두운 데 쫓겨나 거기서 울며 이를 갊이 있으리라. (마 8:11-12)

예수의 선언은 이스라엘이라는 민족적, 혈통적 경계를 무너뜨리고 유대인의 종교적 특권마저 깨부수는 가히 혁명적 선언이 아닐 수

---

13 Nolland, *The Gospel of Matthew*, 354.
14 마태복음에서 병자와의 직접적 접촉이나 대면 없이 치유의 기적이 나타난 사례는 본 기사와 '가나안 여인의 딸 축귀 기사'(15:21-28)뿐이다.

없다.[15] 혈육의 울타리를 넘어선 영적 새 가족 공동체 형성을 공포한 마태복음 12장 50절의 선언과 함께 위 선언은 천국의 우주적 조망을 제시한다. 인간이 만든 모든 불평등과 차별의 장벽이 철폐되고 신의 통치가 온 인류에게 임할 것이라는 천국의 비전이 본 치유 사건을 통해 선포되고 있다. 앞에서 언급한 바와 같이 다른 치유 사건들은 예수와의 직접적 접촉이나 대면 중에 발생했지만 본 사건은 그렇지 않다. 예수와의 어떠한 만남이나 접촉이 없이 이루어진 원격 치유 기적이다. 여기서 주목할 것이 바로 이 원격 치유의 원리다. 어떻게 이런 일이 가능했을까? 예수의 능력일까? 그렇다고 하기에는 치유 과정에 있어서 예수의 비중이 크지 않다. 중풍 걸린 종을 만나 기도해주거나 안수한 적이 없다. 병자를 전혀 대면해보지도 않은 상태에서 예수께서 한 것이라고는 백부장에 대한 칭찬과 위의 선언, 그리고 이 한마디 말뿐이다.

가라 네 믿은 대로 될지어다. (마 8:13)

이것이 예수께서 하신 전부다. 백부장 하인 치유를 위해 예수께서 무슨 능력을 발휘했나? 마술이라도 한 건가? 전화 통화로 치유한 것도 아니다. 병자가 현장에 없는 상태에서 대리인의 믿음을 칭찬하고 그 믿음대로 되리라는 말 한마디가 무슨 능력이라도 된다는 것인가? 무엇이 이 기적을 가능하게 한 것일까? 아무래도 단서는 백부장에게서 찾아야 할 것 같다.

---

15 천국의 도래와 관련하여 기존의 질서와 관습 및 체제의 변혁과 철폐에 관한 천국의 혁명적 요구는 본문 외에도 제자의 부친 장례식 참석을 저지하는 장면에도 잘 나타나 있다(Cox, 『세속 도시』, 149 참조).

"가라 네가 믿은 대로 되어질 것이다."

백부장은 이방인으로서 가버나움에 주둔하며 그 지역의 치안과 질서 및 징세 권한을 행사하는 자리에 있었다. 그러한 고위층 관료가 떠돌이 전도자를 찾아와서 부탁하는 모습은 종에 대한 그의 사랑과 그간의 치유 노력을 짐작하게 한다. 백부장은 권력을 가진 자로서 불쌍한 종을 위해 할 수 있는 노력을 다했다. 로마제국의 첨단 의술과 의약품을 다 동원했다. 그러나 그 모든 노력에도 종의 상태가 호전되지 않자 크게 낙심해 있던 백부장은 예수에 관한 소문을 듣게 된다. 각종 질병 걸린 자들이 치유되고 장애자들이 회복된다는 소식을 들은 그는 마지막 희망을 걸고 기다리던 중 드디어 예수 일행이 가버나움 지역으로 들어온다는 소문을 듣고 예수를 찾아 나선다. 집을 떠나기 전에 백부장은 누워 있는 종에게 이 사실을 알렸다.

> 내가 너를 대신해서 오늘 예수님을 만나러 간다. 그분은 나와 너의 주인이시기에 그분이 일어나라 명하시면 넌 일어날 수 있어. 아니 일어나야 해. 그러니 아무 염려하지 말고 기도하고 있거라!

백부장은 종을 위로하고 안심시키며 치유의 희망을 불어넣어 주었을 것이다. 결국 원격 치유의 원리를 알 수 있는 단서는 백부장의 '사랑'이 아니라 백부장의 '믿음'에서 찾아야겠다.[16]

> 다만 말씀으로만 하옵소서 그러면 내 하인이 낫겠사옵나이다. (마 8:8)

'믿음대로 되라'는 예수의 선언은 백부장의 믿음 고백에 따라 주어졌다. 예수마저 놀라게 한 믿음을 백부장이 갖게 된 경위를 정확히 알 수는 없지만 이어지는 그의 설명이 중요한 단서를 제공한다.

> 나도 남의 수하에 있는 사람이요 내 아래도 군사가 있으니 이더러 가라 하면 가고 저더러 오라 하면 오고 내 종더러 이것을 하라 하면 하나이다. (9절)

백부장은 군인이다. 평생을 군인으로 살아온 그는 원격 치유에 대한 자신의 믿음의 근거로 상명하복이라는 군인 정신을 제시한다. 부하가 상관의 명령에 복종하는 것처럼 자신 및 자신의 종의 주인이신

---

16 중풍병 치유의 직접적 원인을 하인에 대한 백부장의 사랑으로 볼 경우 본 사건에서 예수의 역할은 불필요하고 백부장과 예수와의 만남에도 의미를 부여하기 어렵다.

예수께서 명령하면 집에서 믿음으로 기도하고 있는 종이 치유될 것이라는 것이 백부장의 믿음이다. 예수는 백부장의 충격적 믿음을 인정하고 그 믿음이 현실화될 것이라고 선언했다. 병자와의 접촉이나 대면이 없는 원격 치유를 예수께서 인정했다는 것은 이 치유 방법이 천국의 도래와 관련이 있음을 시사한다. 천국 도래의 표징으로서의 치유는 기도와 안수와 같은 직접적 접촉이나 대면이 없어도 가능하다는 것이 본 치유 사건이 주는 메시지다.

마태복음에서 병자와의 접촉이나 대면 없이 치유된 또 하나의 사례로 '가나안 여인의 딸 축귀 사건'(마 15:21-28)이 있다. 예수께서 이방 지역인 두로와 시돈을 향해 가던 길에 가나안 여인이 다가와 귀신 들려 고통당하는 딸의 처지를 호소한다. 여인의 간곡한 사정을 예수께서 묵살하자 제자들은 성가시게 하는 여인을 보내주시라고 예수께 부탁한다(23절). 이때 예수는 자신의 선교 사역이 이스라엘 백성들에게로 국한됐다는 말을 하고는 여전히 관심을 보이지 않는다. 그러나 계속되는 예수의 무관심과 무반응에도 여인은 포기하지 않는다. 기어이 제자들의 저지선을 뚫고 예수 앞에 나아와 엎드리고는 간곡히 도움을 요청한다. 하지만 예수의 반응은 차디찬 얼음장 같다.

자녀의 떡을 취하여 개들에게 던짐이 마땅치 아니하니라. (마 15:26)

옆에서 들은 제자들조차 놀라지 않았을까? 자녀? 개들? '자녀'가 이스라엘 백성을 의미한다면 '개들'은? 예수께서 오늘은 좀 이상하다. 딸의 안타까운 사정을 아뢰는 모성의 애끓는 호소를 단호하게 거절한다. 가난하고 소외된 이들을 위로하고 치료해준 이전의 모습과는 사뭇 대조적이다. 예수의 사역이 천부의 뜻에 따라 이뤄지기에 예수 자신도 그 뜻에 따라야 한다는 천부의 구원 경륜의 관점에서 이해한다고 해도 이 말씀은 좀 심하지 않은가? 이방인들을 '개'로 지칭하는 건 지극히 세속적인 표현이다. 예수답지 않은 언행이다. 백부장 하인 치유 사건에서 이방인의 천국 참여를 선포한 예수께서 유대인의 특권을 노골화하는 속된 표현을[17] 정말 사용했는지 의구심이 들 정도다. 이방인에 대한 유대 사회의 배타적 편견이 고스란히 배어 있는 비속어를 예수는 꼭 사용해야 했을까? 귀신들려 고통당하는 소녀가 유대인이 아니라는 이유로 외면 받아야 한다면 천국의 글로벌적 비전을 선언하는 예수의 복음은 궤변 아닌가? 자애로운 손길로 약한 자들을 보듬고 천국의 소망을 불어넣어 주던 모습은 어디로 갔는가? 예수의 의도가 혼란스럽다. 혼란을 잠시 뒤로하고 본문의 스토리로 돌아가자.

여자가 가로되 주여 옳소이다마는 개들도 제 주인의 상에서 떨어지는 부스러기를 먹나이다 이에 예수께서 대답하여 가라사대 네 믿음이 크도다 네 소원대로 되리라 하시니. (27-28절)

이번에는 여인의 반응이 놀랍다. 예수로부터 두 차례의 거절과 모욕적 대우까지 받았음에도 여인은 물러서지 않는다. 아니 물러설 수 없다는 말이 맞을 것이다. 딸의 치유를 위한 모성의 집념은 자신을 개로 비하하는 모욕과 차별에도 굴하지 않는다. 오히려 이를 받아들인다. 그리고 비유를 통해 딸 치유의 당위성을 강조한다. 이른바 '부

---

17 Nolland, *The Gospel of Matthew*, 634.

"이스라엘 자녀의 떡을 어찌 개들에게?"

스러기 비유'다. 개들이 주인의 밥상에서 떨어진 부스러기를 먹을 권리가 있는 것 같이, 이방인도 유대인에게 주어진 천국 은혜의 부스러기라도 누릴 권리가 있다는 주장이다. 여기서 주목할 것은 예수의 반응이다. 마치 이런 대답을 기다리기라도 했다는 듯 예수는 여인의 일련의 행동을 '믿음'이라 칭하고 여인의 믿음이 크다고 칭찬한다. 그리고는 여인의 소원대로 되어질 것을 선포한다. 딸의 치유 소식이 들려 온 건 이때였다. 여인의 믿음에 대한 인정과 선포가 주어진 바로 그 시간에 집에 있던 딸이 나았다고 성서는 기록한다(28절).

세 차례(23, 24, 26절)나 여인의 청원을 냉정하게 거절하고 무시하던 예수의 태도가 갑자기 칭찬과 치유 선언으로 돌변한 것은 무엇을 의미할까? 그것은 여인에 대한 예수의 이전 행동이 다분히 의도적이었음을 짐작하게 한다.[18] 세 번의 거절은 여인의 의지를 떠보려 했던 것으로 보인다. 특히 마지막의 모욕적 언사는 여인의 겸손함을 시험하려 했던 것으로 해석할 수 있다. 고통당하는 딸을 위한 모성애로 호소하는 여인을 '개'에 비유한 것은 아무리 예수의 제한적 선교를 강조하기 위한 의도였다 해도 예수의 진심이었다고 보기에는 무리가 있다. 줄곧 무시하는 태도로 일관하던 예수께서 여인의 '부스러기 비유'를 듣고 돌연 여인의 행동을 '큰 믿음'이라고 격찬했다는 것은 여인을 무시한 행동이 진심이 아니었음을 시사한다. 여인으로부터 이런 반응을 기대하고 의도적으로 무시와 모멸 전략을 펼친 것이다. 그렇다면 여인의 행동이 어떤 면에서 믿음, 그것도 큰 믿음으로 인정받은 것일까?

혹자는 이 여인이 예수를 메시아로 믿었으며 예수는 그 믿음을 칭찬한 것이라고 진술한다. 그리고 여인의 믿음과 백부장의 믿음은 메시아에 대한 믿음이라는 측면에서 동일하다고 주장한다.[19] 하지만 두 사람의 믿음의 내용이, 예수를 그리스도(메시아)로 고백한 믿음이라고 단정 짓는 것은 무리가 있다. 마태복음에서 예수의 공생애 이후 사람들(일반 대중, 예수를 따르던 무리들, 제자들 포함)이 예수를 그리스도로 고백한 경우는 베드로가 유일하다(16:16). 베드로의 고백이 있었던 가이사랴 빌립보 지방 사람들이 예수를 엘리야나 예

---

18 양용의, 『마태복음 어떻게 읽을 것인가』(서울: 한국성서유니온선교회, 2008), 273-274.

19 양용의, 『마태복음 어떻게 읽을 것인가』, 274.

레미아의 계보를 잇는 선지자 또는 세례 요한의 환생으로 인식하고 있었다는 점(16:13-14; 참고 21:46), 베드로의 고백을 접한 예수 자신이 그리스도임을 알리지 말 것을 제자들에게 당부했다는 점(16:20), 그리고 예수 본인도 자신의 정체성에 관한 사람들의 의혹과 무시에도 자신이 그리스도임을 밝히지 않았다는 점(11:2-6; 13:54-58; 21:23-27) 등은 예수께서 칭찬한 백부장과 가나안 여인의 믿음이 '메시아 믿음'이라는 주장을 지지하지 않는다. 만약 백부장과 가나안 여인의 믿음이 메시아에 대한 믿음이고 예수께서 그 믿음을 칭찬한 것이 맞는다면 가이사랴 빌립보에서의 베드로의 고백을 큰 믿음이라고 언급하거나 칭찬하지 않은 것은 이해하기 어렵다. 또 마태복음의 다른 치유 사례들[20]을 보면, '메시아 믿음' 고백 유무와 상관없이 치유가 베풀어졌으며 특히 치유 대상자의 믿음이 치유의 근거로 작용하고 있는 몇 가지 사례들(9:2, 22, 28-29; 17:20)에서 해당 치유 대상자의 믿음이 메시아에 대한 믿음이었다고 볼 수 있는 근거가 없다.

한편 백부장의 믿음과 가나안 여인의 믿음이 동일하다는 주장도 설득력이 떨어진다. 백부장과 가나안 여인은 예수의 치유 능력을 알고 믿었고 그 믿음은 예수의 경탄과 찬사의 대상이었다는 면에서 공통점이 있다. 그러나 백부장은 예수를 만나기 전부터 원격 치유를 믿고 이를 요청한 반면, 가나안 여인의 경우는 원격 치유를 믿었다거나 원격 치유의 방법을 기대했다는 기록이 없다.

그렇다면 여인의 말과 행동 가운데 무엇이 큰 믿음인 것일까? 이방 여인으로서 유대인들로부터 배척당할 것을 알면서도 유대인인 예수와 그 일행에게 적극적으로 접근했다는 점, 그리고 두 차례의

---

20 마 8:1-4; 14-15; 9:1-2; 20-22; 25; 28-30; 14:36-37; 15:30-31; 17:14-18.

무시와 한 차례의 인격적 모독에도 포기하지 않고 도리어 모욕을 수용하면서까지 치유 요청의 뜻을 굽히지 않았다는 점이 예수를 감탄하게 한 큰 믿음의 본질이라고 보아야 할 것이다. 특히 본 사건의 지리적 배경이 되는 두로와 시돈은 예수의 능력을 보고도 회개하지 않은 유대 지역 고라신과 벳새다의 불신앙과 대비되어 칭찬을 받은 이방 지역이다(마 11:20-22). 따라서 두로와 시돈 지역에서 벌어진 본 치유 사건에서 여인의 믿음은 예수의 능력에 대한 믿음인 것은 맞다고 할 수 있다. 그러나 두로와 시돈 지역의 다른 주민들도 갖고 있던 그 믿음을 예수께서 큰 믿음이라고 칭찬했다고는 보기 어렵다. 예수께서 다른 누구에게도 사용하지 않은 '큰 믿음'이라는 용어를 이 여인에게 적용한 것은 온갖 멸시와 모욕에도 굴하지 않고 포기하지 않은 여인의 행동을 인정한 것으로 보아야 할 것이다.

여인이 구한 것은 '부스러기 은혜'였다. 하지만 정작 그녀는 최고의 칭찬과 함께 원격 치유라는 천국의 놀라운 능력을 목도한다. 예수의 사역을 통한 천국의 임함은 이처럼 다양하고도 획기적인 방법으로 나타난다. 천국 도래의 표징으로서의 치유 능력은 치유 대상자의 믿음을 근거로 완성될 뿐 아니라 치유 대상자와 예수와의 직접적 접촉이나 대면이 없어도 그 대리인의 믿음을 통로로 치유의 기적이 나타난다는 것이 백부장 하인 치유 사건과 가나안 여인의 딸 치유 사건을 통해 확인됐다.[21] 예수께서 선포한 천국은 인간의 반응과 무관

---

[21] 치유 대상자의 대리인인 백부장과 가나안 여인의 믿음을 통해 치유의 능력이 구현된 것은 맞지만 치유 대상자들(백부장의 하인과 여인의 딸)도 대리인과 같은 믿음을 갖고 원거리 처소에서 기도하고 있었다고 추정할 수 있다. 또 치유 대상자와 대리인 간의 굳건한 신뢰 관계도 원격 치유의 중요한 요소임을 알 수 있다. 특히 백부장 하인의 경우 오랜 시간 백부장과 정서적, 인격적 교감 속에서 공고한 신뢰와 연대감을 공유하고 있었을 것으로 추정된다. 이러한 상호 신뢰와 연대감을 바탕으로 백부장의 하인과 여인의 딸은 대리인이 예수를 만나더라도 자기가 만난 것과 마찬가지라는 믿음으로 치유를 위해 기도하고 있었을 것이다.

하게 주권적으로 이미 임했으며, 그 나라를 향하여 마음을 열고 반응하는 이들에게 천국은 탈혈통적, 초공간적 능력으로 나타난다.

땅에 임한 하늘나라(1): 땅의 부정과 하늘의 구원

선과 악의 공존

마태복음에는 소위 '천국비유록'으로 불리는 13장의 6개 비유를 비롯해서 모두 11개의 '천국비유'가 수록되어 있다.[22] 각 비유는 천국, 즉 하늘 왕국 및 하늘 통치의 본질과 가치를 설명하고 나아가 천국이 이 땅에서 어떻게, 그리고 누구에게 경험되는가를 보여준다. 여기서는 11개 비유 중 몇 개의 비유를 선택하여 메시아 예수께서 선포한, 그리고 메시아 예수와 함께 시작된 이 땅에서의 천국을 비유 속에서 만나보자.

그 첫 번째 비유는 '가라지 비유'(마 13:24-30)다. 예수의 해설(36-43절)이 첨부된 본 비유는 초기 교회 이후 교회 안팎에 잔존하는 이단 또는 행악자(行惡者)를 다루는 문제에 있어서 일종의 로드맵으로 인식되어 왔다. 교부 오리겐(Origen)과 어거스틴(Augustine)은 교회 안에 존재하는 행악자들을 가라지로 간주하면서도 알곡의 안전을 위해 가

---

22 11개 천국비유는 '가라지 비유'(마 13:24-30), '겨자씨 비유'(31-32), '누룩 비유'(33), '감취진 보화 비유'(44), '진주 상인 비유'(45-46), '그물 비유'(47-50), '빚진 종 비유'(18:23-35), '선한 포도원 주인 비유'(20:1-16), '혼인 잔치 임금 비유'(22:1-14), '열 처녀 비유'(25:1-13), '달란트 비유'(14-30)다. '씨 뿌리는 자 비유'(13:3-23)와 '악한 포도원 농부 비유'(21:33-45)는 '천국은 ~와 같다'는 서두가 나타나지 않으므로 천국비유로 분류될 수 없다. 또 마 25:31-46은 이 서두가 없을 뿐 아니라, '악한 포도원 농부 비유'와 달리, 실제 일어날 미래의 사건을 묘사하는 것인지 또는 그 사건에 대한 비유인지를 결정하기 어렵다. 따라서 본서에서는 이 세 개 본문을 천국비유로 분류하지 않는다.

라지 제거의 자제를 강조했다.[23] 기독교 이단을 가라지로 간주한 크리소스톰(Chrysostom)은 신체적 살인을 제외한 출교나 제재 등의 방법으로 대응할 것을 용인했으며,[24] 제롬(Jerome)은 윤리적 타락과 이단 문제를 비롯한 교회 내 제반 범죄를 취급함에 있어 가라지 비유를 광범위하게 적용하여 경우에 따라 관대하기도 하고 때로는 엄격하게 다룰 것을 주장하기도 했다.[25] 터툴리안(Tertullian)은 숙적 프락세아스(Praxeas)와 그의 단일신론을 가라지로 규정하고 이들이 뿌리째 뽑혀야 할 것을 역설했으며,[26] 토마스 아퀴나스(Thomas Aquinas)는 알곡 보호를 위한 종교 전쟁을 옹호함으로써 교회 안의 악행이나 위선 등의 경우에 비해 이단 퇴치에 있어서는 더 한층 단호한 입장을 취했다.[27]

한편 종교개혁자들은 'corpus permixtum'(혼합체)으로서의 교회의 본질을 인정하면서도 교회 내 징계 제도를 철폐하지 않았다.[28] 칼빈(Calvin)은 가라지 비유를 교회 내에 잔존하는 모든 오염이나 더러움 등의 제거에 실패한 목회자들을 위한 격려로 해석함으로써 루터(Luther)나 진젠도르프(Zinzendorf)와 같은 다른 개혁자들과 달리 가라지 제거에 적극적인 태도를 취했다.[29] 멜랑흐톤(Melanchton)

---

23 U. Luz, *Matthew 8-20: a commentary* (Minneapolis: Fortress Press, 2001) 272; R. H. Bainton, "The Parable of the Tares as the Proof Text for Religious Liberty to the End of the Sixteenth Century", *Church History* 1 (1932), 71.

24 Bainton, "The Parable of the Tares", 72, 76.

25 Bainton, "The Parable of the Tares", 71-72.

26 Bainton, "The Parable of the Tares", 71.

27 Luz, *Matthew 8-20*, 272-273.

28 Luz, *Matthew 8-20*, 272.

29 Luz, *Matthew 8-20*, 272. 스페인의 천문학자이자 의학자이며 신학자였던 세르베투스(Michael Servetus, 1511년 출생-1553년 사망)는 전통적 삼위일체 교리와 칼빈주의 교리에 반대 입장을 표명한 죄목으로 제네바 시의회의 종교 재판에서 이단으로 단죄되어 산 채로 화형에 처해졌다. 칼빈에 의해 자행된 세르베투스 화형에 반대한 세바스찬 카스텔리오(Sebastian Castelio)는, 가라지 비유의 가라지를 이단과 그들의 사설(邪說)로 해석하고 이단과 사설을 정확히 분

은, 1536년 헤세의 필립에게 보낸 재침례교도 취급에 관한 그의 비망록에서, 가라지를 놔두라는 비유의 권고는 교회적, 목회적 차원의 권고일 뿐 행정적, 사법적 대응까지 제한하라는 의미로 볼 수 없으므로 신성 모독이나 거짓 교훈들, 그리고 이단과 그 분파들에 대한 세속 군주의 행정적, 사법적 처벌은 가능하다는 견해를 밝혔다.[30]

루츠(U. Luz)에 의하면, 16세기 가톨릭교회는 종교 재판을 정당화하는 성서의 근거로 가라지 비유를 채택했으며, 루터가 교황권과의 공존을 거절하고 이단에 대한 물리적 처벌권이 세속 권력에 있음을 인정했다는 점에서 개혁교회는 이단 대응에 있어서 가톨릭교회와 크게 다르지 않았다.[31] 가라지 비유의 요점은 가라지를 뿌리째 뽑지 말라는 의미이지 가라지의 격리까지 금지하라는 의미는 아니라고 주장한 루터는 세속 권력에 의한 가라지 처벌의 정당성을 역설하고 급기야는 이단에 대한 사형을 승인하기에 이른다.[32]

지금까지 가라지 비유에 관한 교부들과 종교개혁자들의 견해를 살펴본 결과, 비유에 관한 구교와 신교의 해석과 이해의 요점은 '알곡과 가라지의 구분'에 있다. 구분을 찬성하는 쪽도, 구분을 반대하는 쪽도 가라지 비유의 주제를 '알곡과 가라지의 구분'으로 이해하고 있다. 과연 그럴까? 예수께서는 가라지 비유를 통해서 천국의 본질과 속성이 알곡과 가라지를 구분하는 데 있음을 말하고자 했을까? 물론 비유의 말미에서 가라지와 알곡을 구분하여 심판하는 장면이

별할 능력이 교회에 있다는 주장은 잘못된 것이라고 지적했다(Bainton, "The Parable of the Tares", 85-86 참조).

30 Bainton, "The Parable of the Tares", 77.
31 Luz, *Matthew 8-20*, 273. 칼빈과 쯔빙글리를 비롯한 여러 종교개혁가는 재침례교도들을 가라지로 단죄하는 데 이의가 없었다(Bainton, "The Parable of the Tares", 77-78 참조).
32 Bainton, "The Parable of the Tares", 81.

나타나고(30절), 비유 해설의 절반가량이 알곡과 가라지의 분리 및 심판에 관하여 언급하고 있다(40-42절). 하지만 이것이 본 비유의 주제가 알곡과 가라지의 구분 또는 심판이라는 증거라고 단정할 수는 없다. 비유의 내용을 주의 깊게 읽어보면 밭 주인의 행동과 의도가 비유의 스토리를 관통하고 있기 때문이다. 비유 본문을 보자.

> ²⁴예수께서 그들 앞에 또 비유를 베풀어 가라사대 천국은 좋은 씨를 제 밭에 뿌린 사람과 같으니 ²⁵사람들이 잘 때에 그 원수가 와서 곡식 가운데 가라지를 덧뿌리고 갔더니 ²⁶싹이 나고 결실할 때에 가라지도 보이거늘 ²⁷집 주인의 종들이 와서 말하되 주여 밭에 좋은 씨를 심지 아니하였나이까 그러면 가라지가 어디서 생겼나이까 ²⁸주인이 가로되 원수가 이렇게 하였구나 종들이 말하되 그러면 우리가 가서 이것을 뽑기를 원하시나이까 ²⁹주인이 가로되 가만 두어라 가라지를 뽑다가 곡식까지 뽑을까 염려하노라 ³⁰둘 다 추수 때까지 함께 자라게 두어라 추수 때에 내가 추수꾼들에게 말하기를 가라지는 먼저 거두어 불사르게 단으로 묶고 곡식은 모아 내 곳간에 넣으라 하리라. (마 13:24-30)

우선 가라지 비유의 서두("천국은 좋은 씨를 제 밭에 뿌린 사람과 같으니")에서 우리는 비유의 초점이 어디에 맞춰지고 있는가를 알수 있다. 11개 천국비유 가운데 7개는 천국을 사람에 비유하고 4개는 천국을 사물에 비유한다.³³ 가라지 비유와 같이 천국을 사람에 비유한 경우, 열 처녀 비유를 제외하고는,³⁴ 모두 천국의 왕 되신 천

---

33 천국을 사람에게 비유한 것은, 마 13:24 '천국=좋은 씨를 뿌린 사람', 마 13:45 '천국=진주를 찾아다니는 상인', 마 18:23 '천국=종들과 회계(會計)하던 임금', 마 20:1 '천국=포도원 주인', 마 22:2 '천국=혼인 잔치를 베푼 임금', 마 25:1 '천국=열 처녀', 마 25:14 '천국=소유를 맡긴 주인'이고, 천국을 사물로 비유한 것으로는, 마 13:31 '천국=겨자씨', 마 13:33 '천국=누룩', 마 13:44 '천국=감추인 보화', 마 13:47 '천국=그물'이 있다.

34 천국이 신앙의 대상(천부 또는 예수)이 아닌 신앙의 주체(인간)에게 비유된 열 처녀 비유에 관하여는 본 장의 "책임과 심판"을 보라.

부 또는 예수를 상징하는 것으로 이해할 수 있다. 그렇다면 가라지 비유의 경우 천국의 왕이며 세상의 통치자인 천부 또는 '예수'(24, 37, 41절)를 중심으로 해석하는 것이 바람직하다.

비유의 서두는 천국을 자기 밭에 좋은 씨를 뿌린 사람으로 비유하면서 하늘의 통치, 곧 이 땅에 이루어지는 하늘 왕국을 설명한다. 자기 소유의 밭에 좋은 씨를 파종한 밭 주인. 그의 생각과 행동을 따라가 보자. 가라지 비유를 밭 주인의 생각과 의도를 중심으로 이해할 경우 가장 먼저 주목해야 할 것은 가라지를 뽑겠다는 종들을 주인이 저지하는 장면이다. 주석가들은 가라지 비유의 포인트가 이 장면에 있다는 데 동의한다.[35] 가라지를 뽑아주어야 알곡이 잘 생장한다는 농사의 상식을 모르지 않을 텐데[36] 왜 주인은 가라지를 뽑겠다는 종들의 제안을 거절한 것일까? 비유의 스토리에서 가장 궁금한 대목이다.

가라지를 뽑다가 알곡을 뽑을 것이 우려된다는 주인의 말(29절)에는 알곡을 보호하겠다는 종들의 충정이 도리어 알곡을 해칠 수 있다는 경고가 담겨 있다. 그러면 종들이 가라지를 뽑다가 알곡까지 뽑게 되는 이유는 무엇일까? 대체로 두 가지로 요약된다. 하나는 '뿌리의 엉킴'이고 다른 하나는 '종들의 미숙함'이다. 해그너(Donald A. Hagner)는 가라지와 알곡의 뿌리가 서로 엉켜 있어 가라지를 뽑을

---

35 요아킴 예레미아스, 『예수의 비유』, 허혁 역(서울: 분도출판사, 1999), 81; J. Lambrecht, *Out of the Treasure: The Parables in the Gospel of Matthew* (Louvain: Peeter's press, 1991), 165; Arland, J. Hultgren, *The Parables of Jesus: A Commentary* (Grand Rapids, MI: Wm. B. Eerdmans Publishing Company, 2000), 301; Herman Hendrickx, *The Parables of Jesus* (London: Geoffrey Chapman, 1986), 67; R. Stein, *An Introduction to the parables of Jesus* (Philadelphia: Westminster Press, 1981), 144.

36 양용의, 『마태복음 어떻게 읽을 것인가』, 241. 예레미아스, 『예수의 비유』, 217; David R. Kaylor, *Jesus the Prophet: His Vision of the Kingdom on Earth* (Louisville: John Knox Press, 1994), 143에 따르면 알곡을 해칠 우려가 있는 가라지를 제거하지 않고 추수까지 기다리는 것은 농사의 상식에 부합하지 않는다.

때 알곡이 같이 뽑힐 것을 주인이 우려해 가라지 제거 작업을 저지한 것이라고 말했다.37 반면에 예레미아스(Joachim Jeremias)는 알곡과 가라지가 외관상 비슷하여 종들이 알곡을 가라지로 오인할 위험이 있기 때문이라고 주장했다.38 뿌리의 엉킴 때문에 알곡이 뽑힐 수 있다는 해그너의 의견은 농업의 상식을 근거로 한 주장이지만39 본문의 정황에는 적합하지 않다. 싹이 나고 낱알이 맺혔다는 26절의 설명은 알곡과 가라지의 성장이 이미 끝났고 따라서 뿌리의 생장이 상당히 진행됐음을 짐작하게 한다.40 뿌리의 엉킴이 가라지 제거 저지의 이유라면 주인의 판단은 틀렸다. 가라지를 하루라도 빨리 제거해야 뿌리의 엉킴을 막을 수 있기 때문이다. 뿌리가 더 엉키기 전에 가라지를 제거하는 것이 상식인데도 주인이 이를 저지했다는 것은 뿌리 엉킴이 가라지 제거 저지의 이유가 될 수 없음을 반증한다.

이번엔 두 번째 이유(종들의 미숙함)에 대해 알아보자. 비유의 해설(36-43절)은 비유의 캐릭터들이 각각 무엇을 나타내는지 설명한다.

> 좋은 씨를 뿌리는 이는 인자요 밭은 세상이요 좋은 씨는 천국의 아들들이요 가라지는 악한 자의 아들들이요 가라지를 심은 원수는 마귀요 추수 때는 세상 끝이요 추수꾼은 천사들이니……. (마 13:37-39)

위 해설을 주의 깊게 보면, 다른 등장인물들에 대한 설명은 다 있는데 유독 설명이 없는 캐릭터가 있다. 바로 "종들"이다. 비유에서

---

37 해그너, 『WBC 성경주석: 마태복음 1-13』, 627. T. W. Manson, *The Sayings of Jesus* (Eerdmans: SCM Press, 1957), 193; J. P. Meier, *Matthew: New Testament Message 3* (Wilmington: Michael Glazier, 1980), 147 참조.

38 예레미아스, 『예수의 비유』, 219.

39 양용의, 『마태복음 어떻게 읽을 것인가』, 241-242.

40 Keener, *The Gospel of Matthew*, 387.

"종들"은 "주인"과 함께 스토리의 주요 캐릭터임에도 비유의 해설은 그들이 누구인지 밝히고 있지 않다. 이유가 무엇일까? 비유의 "종들"은 누구일까? 궁금증을 자아내는 대목이다. 가라지 비유를 비롯한 마태복음 13장의 비유들은 갈릴리 호숫가에 모인 군중들에게 주어진 말씀이다(13:1-3). 따라서 가라지 비유의 "종들"은 비유의 청중들, 곧 열두제자를 포함하여 예수의 말씀을 듣고 따르는 사람들을 지칭한다고 볼 수 있다.[41] 중요한 것은 비유에서 종들과 추수꾼들이 동일 캐릭터가 아니라는 점이다. 주인은 종들의 가라지 제거 작업을 저지하면서 추수 때가 되면 추수꾼들에게 가라지와 알곡의 구분과 추수를 맡길 것을 언명한다. 종들과 추수꾼은 서로 다른 캐릭터로 묘사되고 있다. 종들은 전문 추수꾼이 아니다. 추수꾼들은 알곡과 가라지를 잘 구분할 수 있지만 종들은 전문가가 아니기에 알곡과 가라지를 혼동할 우려가 있다. 뿌리의 엉킴보다 더 위험한 것은 추수에 미숙한 종들의 잘못된 판단이다. 주인은 바로 이 점을 우려해서 종들의 행동을 제지한 것이다. 28-30절에 등장하는 동사 '쉴레고'($\sigma \upsilon \lambda \lambda \acute{\epsilon} \gamma \omega$)와 '쉬나고'($\sigma \upsilon \nu \acute{\alpha} \gamma \omega$)의 용례는 이 견해를 뒷받침한다.

> [28]주인이 가로되 원수가 이렇게 하였구나 종들이 말하되 그러면 우리가 가서 이것을 뽑기를($\sigma \upsilon \lambda \lambda \acute{\epsilon} \gamma \omega$) 원하시나이까 [29]주인이 가로되 가만 두어라 가라지를 뽑다가($\sigma \upsilon \lambda \lambda \acute{\epsilon} \gamma \omega$) 곡식까지 뽑을까($\acute{\epsilon} \kappa \rho \iota \zeta \acute{o} \omega$) 염려하노라 [30]둘 다 추수 때까지 함께 자라게 두어라 추수 때에 내가 추수꾼들에게 말하기를 가라지는 먼저 거두어($\sigma \upsilon \lambda \lambda \acute{\epsilon} \gamma \omega$) 불사르

---

41 종들의 첫 번째 질문(27절)에서 사용된 2인칭 단수 동사 '에스페이라스'($\acute{\epsilon} \sigma \pi \epsilon \iota \rho \alpha \varsigma$=파종하다)는 밭에 씨를 뿌린 이가 종들이 아니라 '당신', 곧 주인 자신임을 나타낸다. 또 비유의 "주인"이 인자, 곧 예수라는 비유의 해설(37절)을 고려할 때 비유의 "종들"은 추수 전문가 또는 전문 농업인이라기보다는 비유의 청중인 예수의 열두제자들 또는 예수를 따르는 자들을 의미한다고 보아야 한다.

게 단으로 묶고 곡식은 모아(συνάγω) 내 곳간에 넣으라 하리라.
(마 13:28-30)

본문에서 동사 '쉴레고'는 종들의 작업(28, 29절)과 추수꾼들의
작업(30절)을 나타낸다. 즉, 종들의 작업과 추수꾼들의 작업의 양상
이 다르지 않다는 뜻이다. 마태복음에서 동사 '쉴레고'와 '쉬나고'는
그 의미와 용례에 있어 차이를 보인다. 어떤 이들은 '쉴레고'는 좋은
열매 또는 선한 것을 모은다는 의미로 사용된다고 주장한다.[42] 하지
만 본문에서 '쉴레고'는 세 차례 모두 가라지를 대상으로 사용되고
있으며 '쉬나고'는 알곡을 대상으로 한다.[43] 반면, 그물 비유에서
'쉴레고' 동사는 좋은 물고기를 그릇에 담는 동작을(48절), '쉬나고'
동사는 각종 물고기를 그물에 모으는 행동을 각각 나타낸다. 따라서
수거 대상의 좋고 나쁨에 따라 두 동사의 용례가 결정된다는 주장은
설득력이 떨어진다.

가라지 비유와 그물 비유에서 두 동사의 용례를 비교해보면, '쉬
나고'는 일반적 수거(gathering)를, '쉴레고'는 선별 작업을 각각 의
미한다. 알곡과 가라지가 함께 자라는 밭에서 가라지를 골라내는 작
업(28-30, 40절), 인자의 나라에서 의인들을 제외하고 '넘어지게 하
는 것들과 불법을 행하는 자들'을 골라내는 작업(41-43절), 좋은 물

---

42 Hendrickx, *The Parables*, 56; B. Keach, *Exposition of the Parables* (Grand Rapids: Kregel
Pub., 1991), 414는 그 예로 마태복음 7:16과 누가복음 6:44를 제시한다. 그러나 마 7:16은 반
어법을 사용하여 가시나무에서 포도를 엉겅퀴에서 무화과를 딸 수 없음을, 눅 6:44는 가시나무
에서 무화과를 찔레에서 포도를 딸 수 없다는 불가능성을 강조하는 구절이다. 따라서 신약성
서에서 동사 '쉴레고'가 좋은 열매를 거두는 작업을 의미하는 예로 위 구절을 제시하는 것은
적절치 않다. 한편, 마 13:29의 동사 '엑크리조'(ἐκριζόω)의 의미와 용례에 관하여는 본 장의
각주 45번, "제9장 여섯 번째 기도"의 각주 34번을 참조하라.
43 마태복음 24:31에서도 동사 '쉬나고'는 "인자의 택하신 자들"(τοὺς ἐκλεκτοὺς αὐτοῦ)을 모은다
는 의미로 사용된다.

가라지(左)와 알곡(右)

고기와 나쁜 물고기가 같이 있는 그물 안에서 좋은 물고기를 골라내는 작업(48절)은 동사 '쉴레고'로 묘사한다. 반면에 추수꾼들이 가라지를 먼저 골라낸 뒤 남은 알곡들을 수거하는 작업(30절), 바다에 그물을 쳐서 각종 물고기를 잡는 작업(47절)과 같이 선별이 아닌 단순 수거 작업은 '쉬나고'로 표현한다. 알곡과 가라지가 혼재되어 있는 상황에서 종들과 추수꾼들이 가라지를 골라 모으는 선별 작업이 '쉴레고'로 표현됐다는 것은 주인이 종들의 선별 작업을 저지한 이유가 종들의 선별 실수에 있음을 확인해준다. 그리고 종들의 성급한 선별 작업을 저지한 주인이 "둘 다 추수 때까지 함께 자라게 두어라"(30절)고 명한 것은 충분한 생장 이후에 비로소 알곡과 가라지의 외형이 뚜렷하게 구분되어 실수 없는 분리, 즉 알곡을 가라지로 오인하지 않는 완벽한 구별이 가능하다는 점을 시사한다.[44]

지금까지의 분석 결과, 가라지 비유에서 우리는 천국의 모습을 발견

---

44 Hendrickx, *The Parables of Jesus*, 57은 "함께 자라게 두어라"는 주인의 명령이 곡식과 가라지의 확실한 구분을 위해서 시간이 필요하다는 사실을 강조하고 있음을 지적한다.

할 수 있다. 천국은 좋은 씨가 심어진 자기 밭에 원수가 몰래 뿌린 가라지를 제거해서 알곡을 보호하려는 세상의 상식을 거부하고 오히려 원수와의 동거를 명령한다. 이것이 천국, 곧 하늘의 왕국, 하늘의 통치 원리다. 악이 제거되어야 선이 보호받을 수 있다는 것은 땅의 이치다. 그러나 하늘로부터 온 이치는 다르다.

> 여호와의 말씀에 내 생각은 너희 생각과 다르며 내 길은 너희 길과 달라서 하늘이 땅보다 높음같이 내 길은 너희 길보다 높으며 내 생각은 너희 생각보다 높으니라. (사 55:8-9)

땅의 상식으로는 악과의 동거가 선에게 위험하고 위협적이다. 그러나 하늘의 이치에는 악의 제거가 악과의 동거보다 선에게 더 위험할 수 있다. 그 이유는 악을 제거하겠다고 나서는 "종들"에 있다. 악을 처단하겠다는 징벌자(懲罰者, punisher)들의 과욕과 미숙함이 선을 악으로, 악을 선으로 오판할 위험이 있기 때문이다. 종들이 알곡을 가라지로 오인하여 뿌리째 뽑아버릴 수 있다는 밭 주인의 우려(29절)는[45] 섣부른 악 제거로 초래될 수 있는 불행한 사태를 경고하는 하늘의 음성이었다. 카슨(D. A. Carson)은 가라지 비유의 초점이 알곡과 가라지의 공존에 있다고 말한다.[46]

주인이 가로되 가만 두어라 …… 둘 다 추수 때까지 함께 자라게

---

[45] 종들이 가라지를 뽑다가 알곡까지 뽑을 위험이 있다는 주인의 우려(29절)에서 알곡을 '뽑는다'는 뜻의 동사 '엑크리조'(ἐκριζόω)는 '뿌리까지 뽑는다'는 의미인데 여기서 능동형 동사가 사용된 것은 종들이 알곡을 가라지로 오인해서 가라지와 함께 알곡도 뽑는 종들의 주체적 행동을 강조하고 있다.

[46] D. A. Carson, "The ὅμοιος Word-Group as Introduction to Some Matthean Parables", *NTS* 31 (1985), 279.

두어라. (마 13:29-30)

알곡과 가라지가 함께 자라도록 놔두라는 주인의 명령은 가라지와의 동거가 알곡에게 피해를 전혀 입히지 않는다는 의미는 아닐 것이다. 가라지의 생장은 영양 및 수분 공급 면에서 알곡에게 불리하게 작용할 수 있기 때문이다. 하지만 본문의 정황을 통해 짐작할 수 있는 것은 농사 전문가인 주인의 경험과 판단으로는 종들의 성급한 가라지 제거보다 가라지와의 공존이 차라리 알곡에게 이롭다는 것이다. 가라지 제거는 종들의 전문 분야가 아니다. 그것은 주인의 권한이다.47 전문 추수꾼이 아닌 종들의 열심과 충정은 오히려 알곡에게 치명적인 피해를 줄 수 있다.48 따라서 가만 두라는 주인의 명령은 주인의 판단과 권한을 침해하지 말라는 경고이기도 하다. 이것이 가라지 비유를 통해 나타난 천국의 실상이다.

지금까지의 분석을 토대로 가라지 비유가 말하는 천국의 본질과 원리를 정리해보자. 천국, 곧 하늘의 통치는 비유의 밭 주인을 통해 그 실상이 드러났다. 밭 주인은 천국의 주인이신 천부 또는 예수를 나타낸다. 예수는 그의 공생애와 함께 하늘의 통치가 이미 시작됐음을 선포했다. 그리고 하늘의 통치가 이 땅에서 이루어지기를 기도할 것을 제자들에게 가르쳤다. 그가 비유를 통해 알려준 하늘 통치의 실상은 천국의 아들들과 악한 자의 아들들의 공존이다. 이것은 선을 위한 악의 제거를 주장하는 땅의 논리와 정면으로 충돌한다. 땅, 곧 세

---

47 R. K. McIver, "The Parable of the Weeds among the Wheat (Matt 13:24-30; 36-43) and the Relationship between the Kingdom and the Church as Portrayed in the Gospel of Matthew", *JBL* 114/4 (1995), 646.

48 Hultgren, *The Parables of Jesus*, 302. Hendrickx, *The Parables*, 72는 종들의 성급한 가라지 제거 열정이 무의식적으로 그들을 주인의 원수의 편이 되게 하여 행동하게 할 위험성이 있음을 지적한다.

상의 논리는 선을 보호하기 위해 악을 제거하는 것인데 천국의 주인은 이를 반대한다. 하늘과 땅의 충돌이다. 어떤 이들은 가라지 비유의 핵심을 '알곡과 가라지의 구분'으로 이해하고 알곡의 보호와 가라지 제거라는 이분법적 주제를 설정한다. 비유의 초점이 알곡과 가라지의 공존임에도 불구하고 제도권 교회는 이 비유를 교회 안의 가라지, 즉 이단, 사이비 색출 및 추방의 근거로 적용해왔다. 가라지를 심판 날까지 가만 두라는 밭 주인의 엄명이 내려졌음에도 말이다.

가만 두어라.

천국의 아들들을 수호하기 위해 악한 자의 아들들을 제거해야 한다는 주장은 땅의 논리다. 그 땅의 논리에 하늘의 논리가 제동을 걸었다. 땅의 눈으로는 천국의 아들들과 악한 자의 아들들을 제대로 구별하기 어렵기 때문이다. 그 구별은 하늘의 권한이다. 따라서 악한 자의 아들들을 땅의 기준으로 솎아내겠다는 것은 하늘의 권한을 거스르는 중대한 도전이다. 천국의 논리는 선과 악의 공존이다. 자신의 주관적 판단을 근거로 악을 심판하고 제거하겠다는 땅의 호기는 가만 두라는 하늘의 뜻에 배치된다. "가만 두어라"는 명령은 가라지 때문에 알곡이 죽거나 알곡이 가라지로 변종할 우려가 없다는 것을 전제로 한다.[49] 그렇지 않다면 가라지를 제거하지 않는 것은 현명한 처사라고 할 수 없다. 파종에서부터 추수 때까지 알곡은 알곡으로, 가라지는 가라지로 존재한다. 씨 뿌리는 자 비유(마 13:3-9)에서 파종 이후 결실의 성공과 실패가 함께 언급되는 것과 달리 가

---

49 Nolland, *The Gospel of Matthew*, 548은 알곡과 가라지, 두 종류의 재배를 이러한 결정론적 관점에서 이해한다.

프리스킬리아누스 주교(A.D. 340?-385)

라지 비유에서는 파종된 좋은 씨 가운데 결실하지 못한다는 언급이
없다. 또 알곡이 가라지가 된다거나 가라지가 알곡이 된다는 종의
변이에 관한 암시도 나타나지 않는다. 가라지 비유에서 파종부터 추
수까지 알곡은 알곡으로, 가라지는 가라지로 존재한다는 것이 밭 주
인이 가라지 제거를 저지하는 중요한 배경이 되고 있다.[50]

가라지 비유를 통해 나타난 천국의 본질과 원리는 2,000년 교회
사의 얼룩진 정죄와 출교의 역사에 대한 재조명 및 반성의 당위성을
역설한다. 기원후 313년 콘스탄티누스 로마 황제의 기독교 국교화
선언 이후 70여 년이 지난 385년경, 스페인 아빌라의 프리스킬리아
누스(Priscillianus) 주교가 이단으로 정죄되어 처형되기에 이른다. 기
독교 역사상 최초의 이단 정죄 사건이다. 그 후 세속 권력과의 밀월

---

50 Hendrickx, *The Parables*, 59는 다가올 최후의 분리(심판)에 대한 확신으로 인해 주인이 곡식
  의 운명에 관하여 우려하지 않고 종들의 가라지 제거 작업을 저지한 것이라고 진술한다.

과 야합, 긴장 및 적대 관계가 반복되면서 교회는 자신들의 교리와 교권 수호를 위해 교회 안의 가라지를 솎아내는 일에 점차 몰두해갔다. 삼위일체 논쟁, 성육신 논쟁, 성만찬 논쟁 등 굵직굵직한 교리 논쟁을 거치면서 중세 가톨릭교회와 개신교회 안팎에서는 참담한 피의 역사가 이어졌다.[51] 공의회가 한 번씩 개최될 때마다 잔혹한 단죄와 출교의 광풍이 몰아쳤고 가라지들(?)은 여지없이 뽑혀나갔다. 천국의 아들들을 보호하려는 그리스도의 '종들'의 열정은 비유에서와 달리 별다른 제재를 받지 않았고, 가라지 비유는 저들의 성급한 추수를 제지하는 본연의 역할보다는 도리어 가라지 조기 제거의 근거로 오용되고 말았다.

그 결과는 어떠했을까? 과연 가라지들은 박멸됐을까? 가라지가 추방되고 알곡만 남은 교회는 과연 건강하게 성장했을까? 교회사를 보면, 그리스도의 종들은 가라지라고 의심되면 예외 없이 색출해서 제거했지만 가라지의 출현은 시대를 막론하고 계속 이어졌다. 가라지가 뽑힌 자리에는 알곡의 풍성한 결실이 기대됐지만 역사의 무대에 등장했던 수많은 제도권 교회들의 상태는 그리 양호해 보이지 않는다. 다툼과 분쟁의 연속이다. 가라지의 위협에서 벗어나 건강한 자태를 뽐내고 있어야 할 알곡들은 서로를 비난하고 다투다가 마침내 상대방을 가라지로 단죄해버린다. 그렇다면 가라지들이 뽑혀나간 자리에 남은 건 알곡이 아니라 가라지였다는 말인가?

---

51 2,000년 교회사에서 자행됐던 정죄와 출교의 혈사(血史)에 관하여는 라은성, 『이것이 교회사다』 (서울: PTL, 2014)를 참조하라.

루터와 쯔빙글리

가라지 제거 후 남은 알곡들이 서로를 가라지로 정죄한 사례를 보자. 종교개혁자 마틴 루터(Martin Luther)와 쯔빙글리(Huldrych Zwingli)의 성만찬 논쟁이 그것이다. 논쟁의 발단은 종교개혁자들이 로마 가톨릭교회의 '화체설'(transsubstantiation)을 거부하고 성만찬 예식에 관한 각자의 알곡 같은(?) 교리를 내놓은 것이었다. 루터는 1520년 「교회의 바빌론유수」란 논문에서 떡과 포도주가 실제 그리스도의 몸과 피로 변한다는 가톨릭교회의 화체설 교리를 반대하고 그리스도의 몸과 피가 떡과 포도주에 임재한다는 '공재설'(consubstantiation)을 주장했다. 루터의 공재설은 그러나 로마 가톨릭교회의 반대뿐 아니라 그의 개혁 정신의 영향을 받은 개혁 진영의 도전에 직면하게 된다. 쯔빙글리는 루터의 공재설이 가톨릭교회의 화체설과 다르지 않다고 보고 성찬식의 떡과 포도주는 단지 그리스도의 몸과 피를 기념하고 상징하는 기능을 할 뿐이라고 반박한다. 이렇게 시작된 양 진영 간의 논쟁은 언필칭 '진흙탕 싸움' 그것이었다. 개혁 진영의 몇 차례 중재 시도에도 불구하고 양측은 끝내 접점을 찾지 못한 채 서로를 향해 돌아섰다. 루터는 쯔빙글리를 사탄의 조종을 받는 비그리스도인이라고 정죄했고 쯔빙글리는 루터에게 우상숭배의 낙인을 찍었다.[52] 로마 가톨릭의 교권에 맞선 성서적 교회 개혁을 위해 힘을 모아야 하는 대업의 동지들이 상대방을 솎아내야 할 가라지로 단죄하고 끝내 서로를 향해 등을 돌리고 말았다.

프로테스탄트 교리 논쟁사의 원조 격인 이 성만찬 논쟁은 이후 전개될 개신교교회 내 가라지 제거 열풍의 촉발제가 되었다. 오백 년 개신교회의 역사는 그들의 시조들이 벌인 막장 논쟁의 본을 따른 단죄와 등 돌림의 역사라 해도 과언이 아니다. 상대방을 향해 그리스도의 이름으로 정죄의 성시(聖矢)를 쏟아 붓고는 가라지 섬멸의 사명을 완수했다는 자화자찬의 축배를 들었다. 가라지를 제거하여 불살라야 한다는 땅의 논리에 함몰된 그들에게 가라지 제거 중지를 명하는 예수의 목소리는 들리지 않았다. 가라지 비유를 통해 계시된 선악의 공존이라는 하늘나라의 원리는 무시되었고 그 결과 땅에서의 하늘의 통치는 요원해졌다. 가라지들이 축출된 그 자리에서 성대하게 치러지길 기대했던 알곡들의 천국 잔치는 미움과 증오, 분쟁과 분열의 도가니로 대체되고 말았다. 선악 공존 원리는 그렇게 땅의 논리에 사로잡힌 그리스도인들의 빗나간 충정에 의해 거부되었다. 가라지 제거 사명으로 무장한 신구교 교회 안에 과연 하늘의 통치가

---

52 루터는 쯔빙글리와 그의 후계자들을 마귀에 속한 자들로 단죄하고 그들에게 지옥의 저주를 내렸다(Bainton, "The Parable of the Tares", 86).

이루어졌는지, 만약 이루어지지 않았다면 그 원인은 무엇인지, 가라지 비유 및 주기도문 두 번째 기도에 대한 깊은 통찰과 그에 따른 냉철한 자기반성이 제도권 교회에 있어야 할 것이다.

자비와 공의의 시너지

이번에는 천국을 종들과 정산하는 임금(주인)에 비유한 '일만 달란트 빚진 종 비유'(마 18:23-35)(이하 '빚진 종 비유')를 살펴보자. 본 비유의 주제에 관하여는 본서 "제8장 다섯 번째 기도"에서 상세히 언급될 것이다. 여기서는 '빚진 종 비유'에 나타난 천국의 본질과 원리를 중심으로 비유의 의미를 분석해보자.

> [23]이러므로 천국은 그 종들과 회계하려 하던 어떤 임금과 같으니 [24]회계할 때에 일만 달란트 빚진 자 하나를 데려오매 [25]갚을 것이 없는지라 주인이 명하여 그 몸과 처와 자식들과 모든 소유를 다 팔아 갚게 하라 한대 [26]그 종이 엎드리어 절하며 가로되 내게 참으소서 다 갚으리이다 하거늘 [27]그 종의 주인이 불쌍히 여겨 놓아 보내며 그 빚을 탕감하여 주었더니 [28]그 종이 나가서 제게 백 데나리온 빚진 동관 하나를 만나 붙들어 목을 잡고 가로되 빚을 갚으라 하매 [29]그 동관이 엎드리어 간구하여 가로되 나를 참아 주소서 갚으리이다 하되 [30]허락하지 아니하고 이에 가서 저가 빚을 갚도록 옥에 가두거늘 [31]그 동관들이 그것을 보고 심히 민망하여 주인에게 가서 그 일을 다 고하니 [32]이에 주인이 저를 불러다가 말하되 악한 종아 네가 빌기에 내가 네 빚을 전부 탕감하여 주었거늘 [33]내가 너를 불쌍히 여김과 같이 너도 네 동관을 불쌍히 여김이 마땅치 아니하냐 하고 [34]주인이 노하여 그 빚을 다 갚도록 저를 옥졸들에게 붙이니라 [35]너희가 각각 중심으로 형제를 용서하지 아니하면 내 천부께서도 너희에게 이와 같이 하시리라. (마 18:23-35)

앞에서 언급한 바와 같이, 본 비유도 가라지 비유처럼 천국을 인물에 비유한다. 천국에 비유된 인물은 임금인데 그는 자신의 종들과 정산하는 임금이다. 천국을 밭 주인에 비유한 가라지 비유와 비교할 때 천국을 왕에 비유한 빚진 종 비유는 천국의 왕 되신 천부의 이미지를 보다 더 잘 묘사할 것으로 기대된다.[53] 두 비유는 각각 가라지와 빚진 종을 중심으로 제목이 붙여졌지만 정작 비유의 초점은 밭 주인과 임금에 맞춰져 있다. 가라지 비유가 종들의 어설픈 열정을 저지하는 주인의 의도를 부각시킨다면, 빚진 종 비유는 자기에게 막대한 빚을 진 종에 대한 임금의 태도에 방점을 찍는다.[54] 예수의 비유가 대부분 그렇듯이 빚진 종 비유도 시공간을 초월해서 누구라도 쉽게 이해할 수 있는 내용이면서도 본문의 스토리에는 상식적으로 납득이 가지 않는 부분이 있다. 임금으로부터 탕감 받은 일만 달란트에 비해 약 60만 분의 일에 불과한 백 데나리온의 빚을 갚지 않는 동료를 투옥시킨 무자비한 종을 소환하여 호통을 치는 장면까지는 누구라도 동감할 수 있는 임금의 처신이다. 문제는 그다음이다.

주인이 노하여 그 빚을 다 갚도록 저를 옥졸들에게 붙이니라. (34절)

무자비한 종을 호출한 임금님은 다짜고짜 빚 탕감을 취소한다. 적당히 야단쳐서 동료의 빚을 탕감해주라고 명령하면 간단히 해결될 문제인데 왜 굳이 탕감을 취소하는 것일까? 임금 자신이 공식적인 정산을 통해 베푼 빚 탕감의 은혜를 철회한다는 것은 대국민 약속을 저버리는 것과 같다. 백성과의 약속을 스스로 취소하는 통치자를 누

---

53 해그너, 『WBC 성경주석: 마태복음 14-28』, 855 참조.
54 France, *The Gospel of Matthew*, 705 참조.

가 신뢰하고 따르겠는가? 이 장면이 더욱 납득하기 어려운 것은 비유의 임금은 천부를 상징하고 있다는 점에 있다.[55] 빚 갚을 능력이 안 되는 백성을 불쌍히 여겨 베푼 탕감의 은혜를 취소하는 임금의 모습은 그리스도를 통해 베푸신 대속의 은총을 특정 개인에게 취소하는 천부를 나타내는 것이어서 받아들이기 거북하다. 게다가 취소의 사유와 과정이 석연치 않다. 받은 은혜를 망각하고 동료에게 호의를 베풀지 않은 종은 벌을 받아 마땅하다. 하지만 그렇다고 해서 임금이 자신의 약속까지 취소하는 것은 지나치다. 알아듣도록 훈계한 후에 동료의 빚을 탕감해주라고 지시했다면 종은 그리할 수밖에

종의 빚 탕감을 취소하는 왕

55 해그너, 『WBC 성경주석: 마태복음 14-28』, 859; Nolland, The Gospel of Matthew, 761.

없지 않은가? 그렇게 되면 임금님은 약속을 굳이 취소하지 않아도 되고 그 종은 감옥에서 죽도록 고문당하지 않아도 되며 또 종의 동료는 감옥에서 풀려나올 수 있어 좋으니 임금, 종, 동료 이 삼자가 윈윈(win-win)할 수 있는 방법이 아닌가? 이러한 합리적인 해결 방안이 있음에도 탕감 취소라는 극단적 방법을 택한 임금님의 행동은 이해하기 어렵다.

이 문제와 관련해서 프란스(R. T. France)는 종이 은혜를 받을 자격이 없다는 것이 밝혀졌기 때문에 빚 탕감이 취소됐다고 말했고,[56] 양용의는 이미 주어진 신의 은혜가 상실될 수 있다는 점을 빚진 종 비유가 보여준다고 설명하지만[57] 이미 주어진 은총이, 이미 경험된 그리스도의 대속의 은혜가 개인의 행위에 따라 취소될 수 있다는 비유의 교훈은 이신칭의 사상이나 예정론에 익숙한 이들에게는 낯설기만 하다. 어떻게 대속의 은혜가 취소될 수 있을까? 잘못을 했다는 이유로, 이미 은혜를 받은 사람에 대해 그 은혜가 취소된다면 과연 천부와 그의 자비하심을 신뢰할 수 있는가라는 회의가 일어날 수밖에 없다.

가라지 비유에서 알곡 보호를 위해 가라지를 제거하는 것은 땅의 상식인 것처럼, 빚진 종 비유에서 비정한 종을 책망한 후 동료의 빚을 탕감하게 조치하는 것 역시 보편타당한 땅의 상식일 것이다. 그런데 가라지 제거라는 땅의 논리를 정면으로 뒤엎는 천국의 원리가 가라지 비유에서 밭 주인의 행동을 통해 나타났듯이, 빚진 종 비유에서 자신의 탕감 약속을 철회하는 임금님의 극단적이고 과격한 행

---

56 France, *The Gospel of Matthew*, 708.

57 양용의, 『마태복음 어떻게 읽을 것인가』, 322. Nolland, *The Gospel of Matthew*, 761 참조.

위는 다시 한 번 땅의 논리를 거부한다. 두 비유에서 하늘의 통치는 땅의 통치 원리와 정면으로 충돌한다. 특히 빚진 종 비유에 나타난 임금님의 행동은 자신의 권위를 스스로 부인하는 것이어서 충격적이다. 임금의 권위로 베푼 탕감의 은혜를 임금 자신이 철회하다니, 꼭 그래야만 했을까? 종의 행동이 괘씸한 건 맞지만 임금이 자신이 한 약속을 취소하는 극단적 조치를 해야만 했을까? 땅의 상식, 땅의 논리는 이 점을 묻지 않을 수 없다. 이와 관련하여 우리는 본문에 나타난 임금님의 의도에 주목할 필요가 있다.

비유가 소개하는 임금님은 정산하는 임금이다. 종들의 채무 상태를 검토하여 받을 건 받고 연체한 건 연체료까지 받아서 채무 관계를 점검하겠다는 것이다. 임금님은 그중 일만 달란트 채무가 있는 종을 소환한다. 일만 달란트가 실제 빚인지 아니면 빚의 막대한 분량을 상징하는 단위인지는 정확하지 않지만 어쨌든 일만 달란트라는 빚은 개인이 상환하기에는 불가능한 액수인 것은 분명하다.[58] 중요한 것은 종을 호출한 임금의 속마음이다. 갚을 능력이 안 된다는 것을 이미 알고 있으면서도 임금님은 갚으라고 호통을 친다.

> 갚을 것이 없는지라 주인이 명하여 그 몸과 처와 자식들과 모든 소유를 다 팔아 갚게 하라 한데 그 종이 엎드리어 절하며 가로되 내게 참으소서 다 갚으리이다 하거늘. (25-26절)

처자식까지 팔아서라도 빚을 갚으라니……, 천문학적 금액의 빚을 아무 조건 없이 탕감해준 자비로운 임금님의 말이라고는 믿기지 않

---

58 한 달란트는 육천 데나리온인데 당시 한 데나리온은 근로자의 일당에 해당하는 금액이다. 그렇다면 일만 달란트는 육천만 데나리온으로서 이는 근로자 한 사람의 16만 년 치 일당이다.

는다. 피도 눈물도 없는 임금님의 호통 앞에 고개를 떨구는 그때, 이게 어찌 된 일인가?

> 그 종의 주인이 불쌍히 여겨 놓아 보내며 그 빚을 탕감하여 주었
> 더니. (27절)

당장이라도 종의 일가족을 감옥에 처넣을 것 같았던 임금님의 기세가 종의 애원 앞에서 단번에 꺾여버리고 만다. 그리고는 돌연 빚 탕감을 선언한다. 빚을 갚지 않으면 엄벌에 처할 것처럼 호령하던 임금님의 마음이 종의 애걸복걸에 갑자기 약해진 것일까? 그런 것 같지는 않다. 본문의 정황을 볼 때, 한 번의 통사정으로 임금님의 마음이 바뀌었다기보다는 임금님은 처음부터 탕감해줄 요량이었다고 보는 것이 맞다. 그렇다면 임금님은 왜 호통을 친 것일까? 어차피 탕 감해줄 생각이었다면 식솔들까지 모두 노예로 팔라는 말은 왜 한 것일까? 임금님의 비정한 호통에는 어떤 의도가 있는 것이 아닐까? 아마도 임금님은 빚의 막대한 분량과 그리고 그 빚을 상환할 능력이 없음을 확인시키기 위해 종을 부른 것으로 보인다. 이를 통해 자신이 받을 빚 탕감의 은혜가 얼마나 큰 것인가를 알게 하려는 의도가 내포됐다고 볼 수 있다. 빚이 막대한 만큼 그 빚을 청산해주는 임금님의 은혜 또한 막대하다는 것을 깨우쳐주기 위해 종을 소환하고 호통을 친 것이다.

여기까지 비유의 전반부에서 우리가 알 수 있는 천국, 즉 하늘 통치의 본질은 무엇인가? 예수의 십자가 대속으로(마 26:28) 성취된 하늘의 은혜는, 비유에서의 일만 달란트 빚 탕감과 같이, 인간의 능

력을 넘어서는 막대한 죄의 값을 아무 조건 없이 청산해주는 일방적 은혜, 막대한 은혜임을 비유는 보여준다. 비유의 임금님과 같이, 천부께서는 막대한 죄의 빚을 갚을 능력이 안 되는 인간을 불쌍히 여겨 아무 조건 없이 대속의 은혜를 주신 막대한 자비의 아버지다. 그러면 비유 후반부에 나타난 천부는 어떠한가?

막대한 금액의 빚을 조건 없이 탕감해주는 비유 전반부의 충격도 크지만 이보다 더 큰 충격은 비유 후반부의 빚 탕감 철회 장면이다. 땅의 논리로 설명되기 어려운 이 장면을 우리는 비유 전반부와 관련하여 이해할 수 있다. 앞에서 언급한 바와 같이, 비유 후반부의 의문점은 임금님이 왜 굳이 탕감을 취소함으로써 자신의 권한과 신뢰를 훼손하는 행동을 하는가에 있다. 모두에게 유익이 돌아가는 합리적인 방법이 있음에도 약속 철회라는 초강수를 두는 이 대목에서 우리는 임금님의 공의를 본다.

> 내가 너를 불쌍히 여김과 같이 너도 네 동관을 불쌍히 여김이 마땅치 아니하냐. (33절)

임금님과 종, 그리고 동료 모두가 웃으면서 끝낼 수 있는 상식적인 해결 방안이 있음에도 굳이 자신의 권위 훼손을 감수하면서까지 탕감을 철회하는 이 충격적 사실에서 우리는 임금님의 막대한 공의를 만난다. 33절에 나타난 탕감 철회의 결정적 이유는 종이 '마땅한 일'을 하지 않았기 때문이다. 은혜를 받은 자로서 은혜를 베푸는 것은 당연하고 마땅한 일이다. 자신이 받은 은혜는 막대한 은혜이고 그에 비해 자신이 베풀 은혜가 지극히 작은 것이라면 더더욱 그렇다. 이 마땅한 은혜 베풂을 거절한 종의 무자비함은 결코 작다 할 수 없다. 막대한 은혜를 받고도 작은 은혜를 베풀지 않는 그의 무자비는 실로 막대한 것이다. 따라서 종의 막대한 무자비에 대한 임금님의 처벌 또한 상식을 넘어서 무자비하다. 이 상황에서는 임금님의 명예와 권위보다, 모두가 상생하는 합리적 해결책보다 막대한 무자비에 대한 처벌이 더 중요하다. 이것이 빚진 종 비유의 임금님 캐릭터를 통해 선포된 하늘 통치자 천부의 뜻이다. 천부께서는 한편으로는 무조건적, 일방적 은혜를 베푸는 막대한 자비의 신이면서 동시에, 베푼 은혜에 걸맞은 행위가 나타나지 않는 것에 대해 단호한 처벌을 내리는 공의의 신이다. 자비가 막대한 만큼 공의 또한 막대한 하늘 통치자의 면모가 빚진 종 비유에 잘 나타나 있다.

예수께서 비유를 통해 알려주는 "하늘에 계신 아버지"(마 6:9)는 자비와 공의의 신이다. 이것이 빚진 종 비유의 신관이다. 자비와 공의는 새의 두 날개처럼, 철길의 두 철로처럼 서로 균형을 이루어 하나님의 '천부 되심'을 공포한다. 신의 '천부 되심'은 서로 반대 개념처럼 보이는 두 개의 속성이 함께 한다는 데 있다. 땅의 상식으로는 자비와 공의가 함께 하기 어렵다. 즉, 자비를 베풀면 공의가 훼손될 수 있고, 반대로 공의를 강조하면 자비가 위축될 수 있다. 땅의 관점에서 자비와 공의의 관계는 한쪽이 융성하면 다른 쪽이 쇠락하는 '제로섬(zero-sum) 관계'다. 자비를 베풀어주었으면 그만이지 잘못을 했다고 자비를 철회하는 건 땅의 이치에 맞지 않는다. 자기가 한 약속을 어찌 그렇게 쉽게 뒤집을 수 있는가? 자비의 신은 그래선 안 된다. 이것이 땅의 관점이다. 베푼 자비를 철회하는 공의의 출현이 세상에게는 낯설다. 한 번의 잘못쯤은 따끔한 경책으로 끝내야지 잘못을 했다고 자비를 철회한다는 건 땅의 논리로서는 받아들일 수 없다.

그러나 하늘의 이치는 다르다. 천부의 두 가지 속성인 자비와 공의는 서로 다르지만 반대되는 두 개가 아니다. 신의 자비와 공의는 천부의 두 개의 속성으로서 동전의 양면처럼 언제나 함께 한다. 막대자석의 N극과 S극은 서로 다르지만 서로 붙음으로써 둘이면서 하나이고 하나면서 둘이다. 이와 같이 신의 자비와 공의는 서로 다르지만 자비로 인해 공의가 훼손되지 않고 공의 때문에 자비가 위축되지 않는다. 오히려 천부에게 있어 양자는 '윈윈(win-win) 관계'다. 이것이 자비와 공의의 '신적 시너지'(divine synergy)다. 비유에서 막대한 빚을 탕감해준 임금의 자비가 막대한 만큼 종의 무자비에 대한 임금의 공의 또한 막대하다. 임금님에게는 막대한 자비 베풂 및 그 자비 베풂의 철회가 충돌하지 않는다. 서로를 침해하지 않는다. 막대자석이 하나이면서 둘이고 둘이면서 하나인 것처럼 천부의 두 속성은 하나면서 둘이고 둘이면서 하나다. 지금 당신이 자비의 신을 보고 있다면 바로 그 반대쪽엔 신의 공의가 자비와 동일한 크기와 동일한 강도로 자리하고 있다. 막대자석의 N극과 S극처럼, 그리고 동전의 양면처럼 천부의 공의와 자비는 서로를 상처 내는 제로섬 관계가 아닌 서로를 지탱해주는 윈윈 관계다. 자비가 살아야 공의가 서고 공의가 서야 자비가 산다.

이것이 땅의 착각이며 무지였다. 비유의 종은 바로 이 점을 간과한 땅의 상식을 상징한다. 사람들은 자비의 신에는 익숙하지만 공의의 신은 낯설어한다. 사람들은 자비의 신은 원하면서도 공의의 신은 부담스러워한다. 은혜와 사랑을 무한정 베푸시는 신, 어떤 잘못을 해도 너그러이 용서하는 신을 인간은 원한다. 자비의 신을 원하는 것 자체를 잘못이라고 할 수는 없을 것이다. 죄성으로 가득한 인간이기에, 또 자신의 한계와 무능함에 절망하는 실낙원의 후예들이기에 신의 무한한 자비와 용서를 구하는 건 어찌 보면 당연하다고 할 수 있다.

문제는 사람들이 신의 자비만을 구하려 한다는 데에 있다. 죄악의 풍랑 속에서 침몰하는 자신을 구원해줄 자비로운 신의 손길을 간절히 기다리는 인간, 인생의 육체적, 정신적 한계 상황 속에서 고통받는 자신을 안아줄 따사로운 신의 품을 그리워하는 인간은 추상처럼 벌하는 신의 모습을 원하지 않는다. 자신이 듣고 싶은 것만 듣고 얻고 싶은 것에만 관심을 갖는 인간의 외눈박이 습성은 신에게도 그대로 적용되곤 한다. 원하는 건 신의 무한한 자비이지 추상같은 공의가 아니다. 이것이 곧 땅의 논리, 땅의 속성이다. 죄인 된 인간을 변함없이, 조건 없이 사랑해주고 은혜 베풀어주는 신을 추구하는 땅의 논리에 함몰된 사람들에게 공의의 신은 보이지도 들리지도 않고 또 원하지도 않는 신이다.

이와 같이 신의 공의의 속성을 외면한 채 자비의 속성만을 추구하는 땅의 논리를 향해 하늘의 원리가 선포됐다. 사람들이 바라는 대로 천부는 막대한 자비의 신이 틀림없다. 막대한 빚을 지고도 갚지 않는 종, 빚을 갚기 위한 노력도 하지 않는 종이 괘씸하기도 할 텐데 임금님은 아무 조건 없이 그 막대한 빚을 탕감한다. 놀라운 은혜다. 상상할 수 없는 자비다. 그런데 정작 놀라운 건 따로 있었다. 본문 27절에 따르면 임금님의 탕감 은혜는 종에 대한 자비의 결과다. 그런데 막대한 빚을 탕감해준 임금님의 무한한 자비는 아이러니하게도 종에 대한 무자비한 형벌의 근거가 되고 있다.

내가 너를 불쌍히 여김과 같이. (33절下)

　막대한 은혜를 받았음에도 작은 은혜조차 베풀지 않았다는 것이 임금의 진노의 이유다. 채무 상환 능력이 안 되는 종을 일부러 불러서 호통 몇 번 치고 탕감해준 것은 은혜의 막대함을 잊지 말고 은혜를 베풀며 살라는 무언(無言)의 교훈이었다. 임금님은 종이 마땅히 그리할 것이라고 기대했다. 받은 은혜를 기억하며 살아갈 것이라고 믿었다. 그러나 종은 돌아서자마자 은혜를 잊어버렸다. 자기에게 빚진 동료의 멱살을 잡고는 그를 감옥에 처넣었다. 이 사실을 보고 받은 임금님이 다른 합리적 방법이 있음에도 탕감 철회와 영속적 감금 및 고문이라는 극단적 형벌을 내린 이유가 33절에 명시되어 있다. 종은 자신이 임금에게 했던 애원과 똑같은 애원을 하는 동료의 모습(26, 29절)을 봤을 때 바로 조금 전 자신의 모습을 떠올려 마땅히 동료의 빚을 탕감해주었어야 했다. 자신이 탕감 받은 빚의 60만 분의 일에 불과한 동료의 빚 탕감을 거부하는 것은 곧 임금님의 탕감 은혜를 무위에 그치게 하는 행동이다. 그 은혜의 효과를 거부한 것이나 마찬가지다. 임금님의 빚 탕감 철회는 그런 면에서 당연한 귀결이라고 할 수 있다.

　탕감의 은혜를 망각한 종은 스스로 은혜를 버렸다. 자비는 공의의 다른 얼굴이라는 하늘나라의 원리를 그는 알지 못했다. 동전을 쥐고 있으면 동전의 앞뒤 양면을 다 쥐고 있는 것과 마찬가지로 내게 신의 자비가 주어졌다는 건 그 자비와 함께 공의도 같이 주어졌음을 의미한다. 자비가 있으면 그 뒤에 공의가 있다. 자비의 신을 경험했다면 공의의 신도 알아야 하는데 종은 자비에만 도취된 채 공의를 망각하다가 자비마저 잃어버리고 만 것이다. 예수 그리스도의 십자가는 죄인에 대한 용서와 죄에 대한 심판을 함께 보여준다. 십자가를 믿는다는 것은 죄인을 향한 천부의 자비를 믿는다는 말이며 동시에 죄를 향한 천부의 공의의 엄중함을 경험했다는 말이다. 골고다 언덕 십자가에는 천부의 자비와 공의가 함께 나타났기 때문이다.

그러므로 은혜는 그냥 은혜가 아니다. 그 은혜 안에는 천부의 공의의 엄중한 요구가 내재되어 있다. 다시 말해서, 천부의 자비로 말미암아 거저 받은 은혜, 그 은혜에 걸맞은 삶을 천부의 공의는 요구한다. 천부의 공의가 요구하는 은혜에 부합한 삶은 은혜의 조건이 아니라 은혜의 결과다. 비유의 '선(先) 탕감, 후(後) 행실' 구도는 행실이 탕감의 조건이 아니라 탕감의 결과에 해당된다는 점을 명시하고 있다. 동료에게 은혜를 베푼다는 것은 '은혜 받은 자'에게 당연히 나타나는 은혜의 결과이며 열매다. 그 은혜에 합당한 열매(행위, 삶)가 맺히지 않는 사람은 '아노미아', 곧 불법자(또는 무법자)로 심판받는다(마 7:16-23). 천부의 나라가 임하기를 기도하는 주기도문의 영성은, 하늘의 통치 원리를 모르고 또는 망각하고 땅의 논리에 매몰된 채, 받은 은혜를 스스로 부인하는 삶을 사는 이 땅의 무지함과 어리석음을 일깨운다.

강자와 약자의 윈윈

가라지 비유와 빚진 종 비유를 통해 우리는 땅의 논리와 하늘의 논리의 충돌을 보았다. 두 비유는 땅의 논리의 한계를 드러내고 그 한계를 뛰어넘어 천부의 나라를 이룩할 하늘 통치의 원리를 선포한다. 선과 악을 구분해서 선 보호를 위해 악을 제거하려는 땅의 논리는 제도권 교회의 끝없는 분열과 분쟁을 야기했을 뿐 아니라, 나아가 선이 악으로 오인되어 침탈당하는 불행한 교회사의 원인이 되고 말았다. 가라지 비유는 선악의 공존이라는 하늘 통치 원리를 선포함으로써 땅의 상식이 빚어낸 인간사의 참극을 치유한다. 한편 '은혜 받음'에 부지런하고 '은혜 베풂'에 게으른 것은 자비와 공의의 신적 시너지에 대한 몰이해의 결과이며 그것은 결국 은혜의 철회로 이어질 수 있다는 빚진 종 비유의 하늘 통치 원리는 '은혜 받음'보다 '은혜 베풂'에 부지런한 삶으로의 전환을 촉구한다.59

이제 또 하나의 천국비유를 통해 하늘 통치의 보다 광대한 세계로 나아가 보자. 우리 신앙의 지평을 넓혀줄 비유는 소위 '선한 포도원 주인 비유'(마 20:1-16)다.

> [1]천국은 마치 품꾼을 얻어 포도원에 들여보내려고 이른 아침에 나간 집 주인과 같으니 [2]저가 하루 한 데나리온씩 품꾼들과 약속하여 포도원에 들여보내고 [3]또 제 삼시에 나가 보니 장터에 놀고 서 있는 사람들이 또 있는지라 [4]저희에게 이르되 너희도 포도원에 들어가라 내가 너희에게 상당하게 주리라 하니 저희가 가고 [5]저희에게 이르되 너희도 포도원에 들어가라 내가 너희에게 상당하게 주리라 하니 저희가 가고 제육 시와 제구 시에 또 나가 그와 같이 하고 [6]제십일 시에도 나가 보니 서 있는 사람들이 또 있는지라 [7]가로되 너희는 어찌하여 종일토록 놀고 여기 서 있느뇨 가로되 우리를 품꾼으로 쓰는 이가 없음이니이다 가로되 너희도 포도원에 들어가라 하니라 [8]저물매 포도원 주인이 청지기에게 이르되 품꾼들을 불러 나중 온 자로부터 시작하여 먼저 온 자까지 삯을 주라 하니 [9]제십일 시에 온 자들이 와서 한 데나리온씩을 받거늘 [10]먼저 온 자들이 와서 더 받을 줄 알았더니 저희도 한 데나리온씩 받은지라 [11]받은

후 집 주인을 원망하여 가로되 ¹²나중 온 이 사람들은 한 시간만 일하였거늘 저희를 종일 수고와 더위를 견딘 우리와 같게 하였나 이다 ¹³주인이 그중의 한 사람에게 대답하여 가로되 친구여 내가 네게 잘못한 것이 없노라 네가 나와 한 데나리온의 약속을 하지 아니하였느냐 ¹⁴네 것이나 가지고 가라 나중 온 이 사람에게 너와 같이 주는 것이 내 뜻이니라 ¹⁵내 것을 가지고 내 뜻대로 할 것이 아니냐 내가 선하므로 네가 악하게 보느냐 ¹⁶이와 같이 나중 된 자로서 먼저 되고 먼저 된 자로서 나중 되리라. (마 20:1-16)

앞의 두 개 비유, 가라지 비유 및 빚진 종 비유와 마찬가지로 이 비유 역시 천국을 인물에 비유한다. 천국에 비유된 인물은 포도원 주인이다. 천국은 포도 수확을 위해 이른 새벽에 인력시장에 가서 노동자를 고용하는 포도원 농장 소유주와 같다. 과연 이 비유가 말하는 땅의 논리는 어떤 것이고 그 땅의 논리를 뒤엎는 하늘나라의 원리는 무엇일까?

"당신도 포도원에 들어가시오!"

앞의 두 비유에서 천국에 비유된 인물들이 그랬던 것처럼 이번에도 비유의 포도원 주인의 행동이 상식을 벗어난다. 주인은 포도를 수확할 일꾼을 이른 아침(오전 6시로 추정)부터 저녁까지 무려 다섯 차례나 고용한다. 포도 재배와 수확 과정의 이윤을 생각한다면 최소의 인력으로 최단 시간에 작업을 마치는 것이 가장 경제적이고 상식적인 농장 경영일 것이다. 그런데도 포도원 주인은 삼 시(오전 9시), 육 시(정오), 구 시(오후 3시)에 인력시장에 가서 추가로 일꾼들을 고용한다. 심지어는 작업 종료 1시간을 앞둔 십일 시(오후 5시)에도 인력시장에 남아 있는 몇 사람을 또다시 고용한다. 이윤을 남겨야 하는 농장주 입장으로서는 이해할 수 없는 행동이다. 포도원 주인의 비상식적 행동은 여기서 끝나지 않는다.

수확 작업이 다 끝나고 일당을 지급하는 장면에서 주인은 품꾼들 중 제일 나중에 들어온 이들, 즉 '오후 5시 품꾼들'부터 제일 먼저 들어온 '오전 6시 품꾼들'까지의 순서로 일당을 지급한다.[60] 먼저

---

60 본문의 결어 "이와 같이 나중 된 자로서 먼저 되고 먼저 된 자로서 나중 되리라"(16절)는 비유의 스토리 중에서 종들의 일당이 근무의 역순으로 지급되는 것과 관련시켜 해석할 수 없다. 본문 16절과 유사한 '부자 청년 기사'(19:16-30)의 결구("그러나 먼저 된 자로서 나중 되고 나중 된 자로서 먼저 될 자가 많으니라"[30절])가 비유 바로 앞에 한 번 더 등장하는데 여기서 "먼저 된 자"는 제자들을, "나중 된 자"는 미래에 회심이 기대되는 부자 청년 또는 29절의 미래의 회심자들을 가리킨다고 볼 때 30절의 '먼저 되고 나중 되고'는 영생 상속 순서를 의미한다고 할 수 있다. 그런데 30절에서는 "먼저 된 자"가 "나중 된 자"보다 먼저 언급되어서, 회심하지 않고 돌아간 부자 청년이나 미래의 제자들보다 앞서 예수의 제자가 된 열두제자들도 나중 될 수 있다는 경고성 메시지가 담겨 있다. 반면에, 포도원 비유의 결구인 16절에서는 "나중 된 자"가 먼저 등장한다. 여기서 "나중 된 자"는 오후 5시 품꾼을, "먼저 된 자"는 오전 6시 품꾼을 각각 나타낸다고 볼 때 16절에서의 '먼저 되고 나중 되고'는 부자 청년 기사의 경우처럼 영생 상속과 관련됐다고 보기 어렵다. 비유에서 근로의 대가로 지급되는 일당은 인간의 능력으로 획득 불능의 구원 또는 영생(19:26)을 의미한다고 볼 수 없기 때문이다. 비유에서 노동의 대가로 주어지는 일당을, 사람으로서는 할 수 없고 신으로서만 가능하다고 선포된 영생 또는 구원 또는 은혜로 해석하는 것은 부자 청년 기사의 주제와도 맞지 않는다. 청년의 율법적 의, 도덕적 의, 인격적 의 등 인간의 어떤 공로나 의로도 영생을 얻을 수 없다는 것이 청년에게 주어진 예수의 메시지이기 때문이다. 따라서 30절과 16절은 서로 유사한 결어이지만 전자는 영생 획득과 관련된 반전을, 후자는 사회적 경쟁 구도와 관련된 반전을 각각 의미한다고 보아야 할 것이다.

고용된 순서대로 일당을 지급하는 것이 상례임에도[61] 마지막에 고용된 품꾼들에게 먼저 지급함으로써 그들이 한 데나리온 받는 것을 먼저 들어온 품꾼들이 알게 되었고 결과적으로 먼저 온 품꾼들이 주인에게 항의하는 빌미가 됐다. 가장 일찍 고용되어 가장 많은 시간을 일한 '오전 6시 품꾼들'부터 먼저 지급해서 그들을 보낸 후 '오후 5시 품꾼들'에게 일당을 주었다면 불필요한 소란을 피할 수 있었을 것이기에 포도원 주인의 일당 지급 방법 역시 이해하기 어렵다. 더군다나 인력시장 경쟁에서 밀려날 만큼 근로 능력이 떨어지는 이들[62]을 돕겠다는 주인의 취지는 공감하지만 그들에게 하루 일당을 다 주는 것은 형평에 맞지 않을 뿐 아니라 열심히 일하지 않아도 된다는 그릇된 인식이 만연될 우려가 있다. 사회적 약자에 대한 가진 자의 배려라는 선한 의도를 감안해도 포도원 주인의 행동은 일한 만큼 받는다는 사회 관습과 상식에 배치된다는 비난을 피하기 어려워 보인다.[63] 그렇다면 우리는 선한 포도원 주인 비유에서 어떤 교훈을 도출해낼 수 있을까? 사회적 통념에 어긋나는 듯 보이는 포도원 주인의 행동에서 우리는 천국, 즉 하늘나라의 본질과 원리를 발견할 수 있을까?

먼저 포도원 주인의 일탈(?) 행위를 요약해보자. 포도원 경영 이익 창출에 역행하는 다섯 차례의 고용, 그리고 일당 지급 순서와 일당 금액, 이 세 가지는 땅의 상식에 어긋난다. 그런데 비유는 포도원 주

---

61 France, *The Gospel of Matthew*, 750.

62 France, *The Gospel of Matthew*, 750; Nolland, *The Gospel of Matthew*, 808.

63 포도원 비유에 나타난 근로 시간과 무관한 동일 임금 지급은 행위에 따른 심판을 묘사하는 성서의 다른 구절들과 충돌하지 않는다. 복음서와 바울서신, 그리고 요한계시록의 기록들(마 16:27; 롬 2:6; 계 20:13; 22:12)은 행위의 성격(선행과 악행 등)에 따른 종말적 심판을 설명하는 반면, 포도원 비유에서 포도원 주인의 임금 지급은 종말적 구원과 멸망에 관련된 것이 아니라 사회적 약자에 대한 천국의 자비와 배려를 주제로 하고 있다. 그런 의미에서 포도원 비유의 임금 지급을 종말적 행위 심판 주제와 연계하여 이해하는 것은 적절하지 않다.

인의 엉뚱한 행동에서 하늘의 통치 원리를 암시한다. 포도원 주인의 행동 가운데 가장 이해되기 어려우면서 스토리의 중심이 되는 부분이 고용 횟수 문제다. 그는 자선사업가가 아니다. 포도원 운영을 통해 이윤을 창출해야 하는 경영자다. 그날의 수확 예상량에 적합한 수의 일꾼을 고용하여 인건비를 초과 지출하지 않음으로써 최대의 수익을 남기는 것이 경영의 기본 방침일 것이다. 그런데도 무려 다섯 번이나 일꾼을 고용하고 노동 시간과 무관하게 하루 치 임금을 동일하게 지급한다는 것은, 사회적 약자 배려 의도를 감안한다 해도 사회 통념상 수용하기 어렵다. 사업 운영이 어려워지는 것은 물론이고 사회의 기본 질서에 대한 심각한 위협이 될 수 있기 때문이다.

그렇다면 선한 포도원 주인 비유는 경쟁을 통한 이윤 추구와 성과급 지급을 원칙으로 하는 자본주의경제 체제를 거부하는 것인가? 여기서 잠시, 현대 자본주의의 문제점에 관한 전문가들의 지적에 주목해보자. 장하준은 그의 책 『그들이 말하지 않는 23가지』에서 지난 수 세기 세계경제의 지배 체제로 굳어진 자본주의의 여러 폐단에 대한 반성과 함께 장기 침체의 늪에 빠진 세계경제 활성화를 위한 효과적인 방안을 제시했다. 그중 한 대목을 보자.

경기 활성화를 위한 최선책은 부자 감세가 아니라 저소득층에게 복지 지출을 늘리는 것이다.[64]

19세기 초 영국의 경제학자 토머스 맬서스(Thomas R. Malthus)는 가난한 자의 주머니를 채우면 소비가 촉진된다는 복지자본주의를

---

64 장하준, 『그들이 말하지 않는 23가지』, 김희정, 안세민 역, (서울: 출판사 부키, 2010), 196.

주창한 바 있다.[65] 장하준은 저소득층 자녀에 대한 무상교육과 무상급식만으로는 자본주의사회에서 공정한 경쟁이 어렵다고 보고 해당 자녀들 가정의 최저생계비를 보존해주어서 최소한의 의료와 교육 혜택을 영위하게 해주어야 비로소 공정한 경쟁이 가능하다고 말했다.[66] 이를 위해 국가가 고소득층에 비해 소비지수가 상대적으로 높은 저소득층에게 복지 지출을 늘리면 그 효과는 경기 활성화로 이어진다. 장하성은 최근 그의 책『왜 분노해야 하는가』에서 기업의 성장이 소비와 직결되고 소비는 소득 증대와 맞물려 있는 경제 기본 구조를 상기시킨 후 경기 활성화의 근본 대책이 저소득층의 소득 증가에 있음을 강조했다. 그가 인용한 IMF의 보고서(세계 159개국 대상 분석)에 따르면, 고소득층의 소득 1% 증가는 GDP(국내총생산) 성장을 0.08% 감소시키는 반면, 저소득층의 소득 1% 증가는 GDP 0.38%의 성장으로 이어졌다.[67]

이와 같이 저소득층의 주머니가 채워지면 소비가 살아나서 결국에는 사회 전반의 경기가 활성화된다는 근현대 경제학의 기본 원리는 흥미롭게도 기원후 1세기 팔레스타인 어느 마을에서 설파된 포도원 비유에 이미 제시되어 있다. 경쟁 일변도 사회 및 자본주의의 횡포로부터 낙오자를 배려하고 구제하는 것이 국가 경제 활성화에 기여한다는 최근 세계경제학계의 주장과 반성은 놀랍게도 2,000년 전 선포된 선한 포도원 주인 비유에서 포도원 주인의 행동이 주는

---

65 토머스 맬서스,『인구론』(서울: 동서문화사, 2011), 467.

66 장하준,『그들이 말하지 않는 23가지』, 286.

67 장하성,『왜 분노해야 하는가』(성남: 헤이북스, 2016), 152, 315. 2009년 통계청 발표 '가계동향' 조사 자료에 따르면, 한국 국민의 평균 소비성향(소비지출/가처분소득)은 75.6인데 소득 상위 계층 20%와 하위 계층 20%의 소비지수는 각각 57.7과 179.6으로서 하위 20%의 소비지수가 상위 20%에 비해 3배가 넘는다. 이는 저소득층의 소득 대비 소비가 고소득층보다 3배 이상 많다는 것을 의미한다.

함의와 맞닿아 있다.

오후 5시 품꾼들보다 더 많이 일한 다른 품꾼들의 항의가 예상되는데도 굳이 하루 일당을 그들에게 제일 먼저 지급한 점, 그리고 품꾼들의 항의를 일축하고 경쟁에 뒤처진 약자에 대한 배려가 없는 기득권층을 질타한 점 등, 이러한 포도원 주인의 일련의 행동들은 앞에서 언급한 경제학자들의 자본주의에 대한 반성 및 경제 활성화 방안과 맥락을 같이한다. 비유에서 일당으로 지급된 한 데나리온은 당시 일가족의 하루 생계비에 해당한다.[68] 기득권자들의 거센 반발이 예상되는데도 하루 치 일당을 지급한 것은, 장하준의 주장과 같이, 저소득층을 위한 복지 지원과 궤를 같이한다. 일반적으로 노동자의 일당은 그 사회의 물가가 반영된 금액으로서 노동자와 그 부양가족들의 생계유지를 위해 책정된 최소한의 임금이라고 볼 수 있다. 포도원 주인이 비난을 감수하면서까지 하루 치 임금을 다 지급한 것은 인력시장 경쟁에서 뒤처지는 취약계층을 배려한 사회복지 정책 측면에서 조명되어야 한다. 사회의 빈부격차 문제 해결을 위해 '노블레스 오블리주'(Noblesse oblige) 정신이 어떤 방식으로 실천되어야 하는가를 1세기 선한 포도원 주인 비유가 제시하고 있다. 특히 비유에서 기득권층의 항의를 유도한 후 그들을 경책하는 장면은 자본주의의 폐단에 대한 21세기 현대 경제학자들의 질타를 연상하게 한다.

이것이 선한 포도원 주인 비유에서 주목해야 할 또 하나의 경제이

---

[68] 최근 한국 사회에서 근로자의 임금과 관련된 핫이슈는 '생활임금'(living wage)이다. 생계유지에 필요한 최소한의 임금인 최저임금과 달리, 근로자 및 그 가족의 기본 문화비와 의료비 등 물가와 상황이 반영된 실질적 임금으로서의 '생활임금'이 국내외에서 주목받고 있다. 1994년 미국 볼티모어 시에서 처음으로 도입된 이후 2014년 현재 미 전역 140여 개 도시에서 '생활임금'제도가 시행되고 있다. 영국 런던의 경우 2003년부터 2014년까지 생활임금이 최저임금보다 평균 26.4% 높았다. 국내에서는 서울시 노원구가 전국 최초로 2014년 8월에 생활임금 조례를 통과시키고 2015년부터 관내 근로자들에게 생활임금제를 적용하고 있다.

론이다. 품꾼을 여러 차례 고용하는 것이 포도원 운영에 손해라는 것은 자명하다. 그렇다면 본 비유는 이윤 창출이라는 자본주의사회의 경제 논리에 배치되는, 저세상에서나 지켜질 수 있는 비현실적 이데아에 불과한 것일까? 그렇지 않다. 손해임을 알면서도 불필요한 잉여 인력을 고용하고 그들에게 하루 치 일당을 지급하는 것은, 저소득층의 소득은 고스란히 소비로 이어져 경제 활성화에 기여한다는 경제 원리와 맞닿아 있다. 이익 창출이라는 기업 운영 원칙에 반하는 것처럼 보이는 포도원 주인의 경제관은 놀랍게도 빈곤층에 대한 복지 증대에 따른 국가 경제 활성화라는 명제를 정확히 관통하고 있다. 단기적으로는 잉여 고용 및 인건비 초과 지출이 포도원 주인에게 손해일 수 있지만, 장기적으로는 저소득층의 소비 촉진과 지역경제 활성화로 이어져 포도 소비가 늘어나게 된다. 결과적으로, 포도원 주인의 잉여 고용과 최저생계비 일당 지급은 지주와 노동자 계급 양자가 윈윈 하는 복지자본주의의 이상적 모델이다. '강자는 약자를 배려하라, 가진 자는 못 가진 자에 대한 책임을 다하라, 그리하면 모두가 잘사는 세상이 올 것이다'라는 하늘의 메시지가 비유에서 선포된다.

선한 포도원 주인 비유는 빈부격차, 부의 재분배, 자본가와 노동 계층 간의 첨예한 갈등 등 현대 자본주의가 안고 있는 여러 난제들을 예견하고 그 근본 해결책을 제시한다. 1세기 팔레스타인 땅 어느 들판에서, 갈릴리 호숫가 어느 비탈에서 가난하고 소외된 백성들에게 새 세상의 기쁜 소식으로 들려진 예수의 비유는 오늘 이 시대, 21세기 현대 자본주의의 불공정과 불평등에 신음하는 영혼들에게 천상의 복음으로 다시금 들려온다. 상식 같지만 모순을 배태한 땅의 논리가, 비상식 같지만 진리를 품은 하늘의 통치 원리로 대체되는 그 시간 그 자리에 주기도문이 꿈꾸는 하늘나라가 이뤄질 것이다.

땅에 임한 하늘나라(2):
땅의 긍정과 하늘의 심판

지금까지 살펴본 세 개의 천국비유 '가라지 비유', '빚진 종 비유', '선한 포도원 주인 비유'는 천국에 비유되는 주인 또는 임금 캐릭터를 종 또는 품꾼 캐릭터와 대비하면서 하늘나라의 본질과 원리를 투영한다. 전자(주인 또는 임금 캐릭터)는 후자(종 또는 품꾼 캐릭터)를 통해 땅의 모순된 상식을 드러내고 이를 뒤엎어버린다. 그리고 땅의 상식이 무너진 자리에 하늘의 통치를 세워간다. 이 세 개의 천국비유가 '땅의 논리 부정 및 하늘의 원리 선포'라는 공식으로 전개되고 있다면 지금부터 살펴볼 마태복음의 세 개의 천국비유 '혼인 잔치 임금 비유'(22:1-14), '열 처녀 비유'(25:1-13), '달란트 비유'(25:14-30)는 '땅의 논리 긍정 및 하늘의 심판 선포'라는 새로운 공식으로 하늘의 통치를 펼쳐 보인다.

책임과 심판

세 개 비유에는 몇 가지 공통점이 있다. 첫째, 비유에서 천국은 사람에게 비유되고 있으며 둘째, 세 개 비유 모두 심판의 메시지를 담고 있다. 또 비유에서 캐릭터들에게 어떤 임무 또는 책임이 주어지고 있는데 그 임무 또는 책임이 해당 캐릭터들에 대한 심판의 근거가 된다는 것이 또 하나의 공통점이다. '열 처녀 비유'와 '달란트 비유'에서는 열 처녀들과 종들에게 각각 신부의 들러리 역할과 달란트가 맡겨진다. 신랑을 안내하는 들러리 역할이 열 명의 처녀들에게 주어졌는데 그중, 등을 밝힐 여분의 기름을 준비한 다섯 명은 혼인 잔치에 들어가고 준비하지 못한 나머지 다섯 명은 들어가지 못했다. 먼 길에서 오는 신랑 일행의 연착을 예상해서 충분한 기름을 준비하는 것은 들러리로서의 마땅한 임무임에도[69] 이를 소홀히 한 것이 잔치 참여에서 배제된 결정적 이유가 되고 있다. 어느 시대, 어느 사회이건 혼인 잔치에는 일정한 관습(慣習)이 있어서 사람들은 그 관습에 따라 예식을 거행하기 마련이다. 그것은 일종의 사회적 약속이다. 신랑을 안내하는 중요한 직임을 맡은 처녀들이 여분의 기름을 준비하지 못해 안내 임무를 다하지 못한 것은 사회적 약속을 어긴 것이며 마땅히 해야 할 것을 하지 않은 배임(背任)에 해당한다.

열 처녀 비유에서 천국에 비유된 열 명의 처녀들을 통해 우리는 다시 한 번 하늘 통치의 원리를 만난다. 신랑을 맞으러 나간 것은 열 명의 처녀다. 지혜로운 다섯 처녀들도, 미련한 다섯 명도 신랑을 맞으러 나갔다. 따라서 비유의 포인트는 신랑을 맞으러 갔느냐 안 갔느냐가 아니다. 또 등불이 준비됐느냐 안 됐느냐, 그들이 잠을 잤느냐 안 잤느냐도 포인트는 될 수 없다. 열 명의 처녀 모두 신랑을 맞이하러 나가서 등불을 밝히고 신랑을 기다렸으며 모두 졸았기 때문이다. 비유의 핵심은 여분의 기름 '준비'에 있다. 비유에서 신랑의 연착이 곧 인자의 재림 지연을 의미한다는 측면에서 여분의 기름 '준비'는 비유 이해의 열쇠다.[70]

---

69 Keener, *The Gospel of Matthew*, 597.
70 어떤 이들은 등 또는 기름 자체에 주목하고 이들이 무엇을 상징하는가에 초점을 두어 비유를

등불을 들고 신랑을 맞이하러 나간 열 명의 처녀들을 천국에 비유한다는 것은 무엇을 의미할까? 그것은 열 명의 처녀들 모두가 하늘의 통치에 속해 있음을 뜻한다. 즉, 열 명의 처녀들은 인자의 재림을 믿고 그 재림을 기다리는 신앙인들을 상징한다. 중요한 것은 재림을 믿고 기다리는 이들 중 재림에 동참하지 못하는 경우가 발생할 수 있다는 점이다. 동참 실패의 원인은 재림을 기다리는 입장에서 마땅히 해야 할 것을 하지 못해서다. 지혜로운 처녀들이 준비한 것을 어리석은 처녀들은 준비하지 않았다. 신랑이 온다는 것을 믿고 기다렸으나 신랑이 더디 올 수 있다는 사회적, 관습적 상식을 존중하지 않은 결과는 탈락이었다.

하늘의 통치는 이와 같다. 좋은 나무가 좋은 열매를 맺는 건 당연한 일이다. 좋은 나무가 당연히 맺어야 할 좋은 열매가 없으면 좋은 나무로 인정받지 못할 뿐 아니라 벌목되어 불 태워진다(마 7:19). 좋은 나무에 좋은 열매가 맺히고 나쁜 나무에 나쁜 열매가 맺히는 것은 당연한 이치다. 신랑이 연착하는 사회적, 관습적 상례를 고려하여 여분의 기름을 준비하는 것은 신랑을 맞이하여 안내할 직임을 맡은 들러리의 당연한 준비다. 이 당연한 행동을 하지 않았기 때문에 혼인 잔치 참여를 거절당했다. 직임을 맡은 자로서 마땅히 해야 할 일을 하지 않는 것은 천국 입성을 거절당하는 직접적 사유가 된다. 주님을 믿는 다양한 표징들이 주를 믿는 자들에게 나타났지만(마 7:22-23) 그들 중에서 '신의이행'(神意履行)의 열매가 있는 이들만이 천국, 곧 하늘의 통치 안으로 들어갈 수 있다(21절). 이와 같이 은혜

해석하려 한다(Gundry, *Matthew*, 499; 해그너, 『WBC 성경주석: 마태복음 14-28』, 1116 참조). 그러나 비유의 핵심은 기름 자체가 아니라 여분의 기름을 미리 마련하는 준비성에 있다.

한 달란트를 땅에 묻은 종

를 경험했지만 은혜를 경험한 자로서의 마땅한 열매가 생산되지 않는 이들은 하늘나라에 동참할 수 없다는 것이 열 처녀 비유에 나타난 천국의 심판 원리다.

'달란트 비유'의 경우도 이와 유사하다. 외국으로 여행을 떠나는 주인이 자신의 재산을 세 명의 종들에게 맡긴다. 한 종에게는 다섯 달란트를, 다른 한 종에게는 두 달란트를 맡기고 나머지 한 종에게는 한 달란트를 맡겼다. 훗날 여행에서 돌아온 주인이 종들을 불러 정산을 해보니 앞의 두 종들은 주인의 재산을 밑천으로 열심히 일해서 맡은 금액만큼의 이익을 남겨 주인에게 돌려주었다. 하지만 세 번째 종은 맡은 한 달란트를 고스란히 땅에 묻어두었다가 주인에게 한 달란트 그대로 돌려준다. 주인에게 금전적 손해를 끼치지 않았기에 잘못이 없다고 생각했던 종은 그러나 주인으로부터 엄한 꾸중을 받고 급기야는 바깥 어두운 곳으로 쫓겨나고 만다(마 25:30). 무슨 잘못이 있기에 주인에게 아무 피해도 입히지 않은 종이 심판을 받아야 했을까?

이 장면에서도 우리는 비유의 스토리를 관통하는 사회적 상식을 만난다. 한 달란트는 6천 데나리온, 곧 한 데나리온이 노동자 일당이니까 한 달란트는 6천일, 약 16년 4개월 치의 일당에 해당하는 금액이다. 이렇게 상당한 거액의 재산을 종들에게 맡기고 먼 길을 떠났다는 것은 주인의 입장에서는 엄청난 모험이다. 종들이 도망가거나 사기를 당해서 재산을 잃어버릴 수 있기 때문이다. 그런데도 위험을 감수하고 종들에게 재산을 맡겼다는 것은 무엇을 의미하는가? 재물이 있는 곳에 마음이 함께 있다는 말씀(마 6:21)이 있다. 재산 상실의 위험에도 불구하고 세 명의 종들에게 거액의 재산을 맡긴다는 것은 곧 그들을 믿는다는 것을 의미한다. 여러 종이 있지만 그중 세 명의 종들을 믿었기 때문에 그들에게 재산을 맡길 수 있었다. 자신들에 대한 주인의 신뢰, 그것도 엄청난 금액의 재산을 아무 조건 없이 맡기고 떠나는 주인의 전폭적 신임을 받은 종들의 입장에서는 그 신뢰에 부응하는 자세를 보였어야 한다. 그것은 상식이다. 나를 믿어주는 사람에게 조금이라도 이익을 돌리고픈 것이 인지상정 아닌가? 그것이 전폭적 신뢰를 받은 이의 마땅한 태도다. 앞의 두 종들은 주인의 재산을 잘 활용하여 최선을 다해 일했고 그 결과, 받은 만큼의 재산을 추가로 증식하여 주인에게 돌려줄 수 있었다.

문제는 세 번째 종이다. 주인이 매우 깐깐하고 엄격하다는 것을 알고 있는 그는 다른 종들처럼 주인의 재산으로 모험을 감행할 자신이 없었다. 이익은커녕 주인의 재산에 손해를 끼칠 것을 우려한 것이다. 자기 딴에는 현명한 판단이라 여기고 받은 재산을 잘 보관하여 그대로 돌려줬지만 악한 종이란 책망과 함께 형벌이 내려진다. 도대체 무슨 잘못을 했단 말인가? 주인의 말을 들어보자.

> 나는 심지 않은 데서 거두고 헤치지 않은 데서 모으는 줄로 네가 알았느냐 그러면 네가 마땅히 낸 돈을 취리하는 자들에게나 두었다가 나로 돌아와서 내 본전과 변리를 받게 할 것이니라. (마 25:26-27)

주인은 자신에 대한 종의 인식이 틀렸다고 말하지 않는다.[71] 오히려 종이 주인에 대한 자신의 인식에 충실하지 않았음을 지적한다. 엄청난 액수의 재산을 맡긴 주인이 파종하지 않은 밭에서 수확을 기대할 만큼 깐깐하고 욕심이 많은 사람이라고 인식했다면 종은 재산을 땅에 묻어두어서는 안 되었다는 것이다. 자신을 믿어준, 하지만 매우 엄격한 주인에게 이익을 돌리기 위한 모든 노력을 기울였어야 했다는 것이 주인의 책망의 요지다.[72] 다른 두 종들은 재산을 맡긴 주인의 의중을 파악하고 최선을 다한 결과 주인에게 이익을 남겨주어서 착하고 충성된 종이라는 칭찬을 받았다.

---

71 자신에 대한 종의 혹평을 주인이 부인하지 않는 장면은, 여기서 주인은 예수를 의미한다고 볼 때, 비유의 진정성, 즉 비유가 예수 자신의 것이라는 반증으로 볼 수 있다(Gundry, *Matthew*, 508).

72 Nolland, *The Gospel of Matthew*, 1018; 해그너, 『WBC 성경주석: 마태복음 14-28』, 1126.

착하고 충성된 종아 네가 작은 일에 충성하였으매. (마 25:21)

그런데 칭찬의 내용에 있어서 한 가지 흥미로운 점이 발견된다: "네가 작은 일에 충성하였으매." 두 종들을 칭찬하면서 주인은 칭찬의 이유를 그들이 "작은 일"에 충성했기 때문이라고 말한다. 작은 일? 두 종들이 한 일이 작은 일인가? 앞에서 살펴본 바와 같이 한 달란트는 약 16년 4개월 치 일당에 해당한다. 그러면 주인의 재산 다섯 달란트(약 82년 치 일당)와 두 달란트(약 33년 치 일당)를 맡은 것이 작은 일인가?[73] 그리고 어마어마한 금액의 재산을 맡아서 모든 노력을 다해 재산을 두 배로 증식한 것이 작은 일인가? 누가 봐도 종들은 참 대단한 일, 큰일을 했다. 그런데 주인은 그것을 작은 일이라고 말한다. 칭찬이라 하기에도 민망할 정도다. 종들의 엄청난 수고와 공로를 평가절하 하는 듯한 주인의 발언을 어떻게 이해해야 할까?

여기서 "작은 일"이라는 표현은 일의 성과나 실적을 의미한다기보다는 일의 중요성을 나타내는 마태의 용어다.[74] 거금의 재산을 종에게 맡기는 것은 주인의 입장이나 금액의 측면에서는 '큰일'이다. 그리고 맡은 것의 두 배의 실적을 올린 그들의 노력이나 성과 역시 결코 작은 일이 아니다. 그런데도 충성된 종들의 노력과 결과에 대

---

[73] Gundry, *Matthew*, 506.

[74] 마태복음에서 '작은'이란 형용사는 단어 본래의 뜻과 달리 수식 대상의 중요성 또는 결정적 성격을 역설적으로 강조하는 데 사용된다. 구약의 계명 중 가장 '작은' 것 하나를 소홀히 하는 자는 천국에서 가장 작은 상을 받을 것이다(5:19). 나와 분쟁 관계에 있는 자와 화해하지 못하여 끝내 패소한다면 그 형벌을 '조금도 남김없이' 다 받아야 풀려날 수 있다(5:25-26). 천부께서는 '작은' 존재들, 즉 공중의 새 한 마리, 들판의 이름 없는 풀 하나도 돌보시며(6:26-30; 10:29), '작은' 자에 대한 '작은' 대접을 보상하고(10:42) 또 그 대접 여부를 심판의 기준으로 삼는다(18:6, 10; 25:31-46). 천국에서는 아주 '작은' 자도 세례 요한보다 위대하고(11:11), '작은' 자의 실족은 천부께서 기뻐하지 않는다(18:14). 또 큰 은혜를 받고도 '작은' 은혜를 베풀지 않은 자에게는 신의 무자비한 심판이 내려질 것이며(18:23-35), 인력시장의 경쟁에서 탈락한 '작은' 자를 돌보는 것은 신의 선하신 뜻이다(20:14-15).

해 "작은 일"이라고 평가한 것은 그들의 입장에서 재산 맡음이 별로 중요하지 않을 수도 있었다는 의미다.[75] 자기 입장만 생각하고 보관에 급급했던 세 번째 종처럼, 두 종들도 '재산 맡음'을 작은 일로 간주하여 주인의 입장이나 이익을 대수롭지 않게 여길 수도 있었지만 그들은 거액의 재산을 맡긴 주인의 신뢰에 부응하기 위해 최선을 다했음을 역설적으로 강조한 표현이다.

세 번째 종은 자신이 맡은 일의 중요성을 인식하지 못했다. 그냥 보관으로 만족했다. 그것으로 할 일을 다했다고 자평했다. 거액을 맡긴 주인의 입장도 고려하지 않았고 자신을 믿어준 고마움도 생각하지 않았다. 오직 자신의 상황과 입장만 주목한 나머지 보관 외에 아무 노력도 하지 않았다. 결과적으로 세 번째 종은 주인에 대한 자신의 인식에조차 충실하지 않아 이를 중요하게 여기지 않았고 결국 게으른 자라는 책망과 함께 처벌을 받게 된다. 그에게 주인의 재산 맡음은 그저 작은 일이었다. 반면, 다른 두 종들은 중요하지 않게 치부될 수 있는 그것에 충실했고, 그래서 주인은 그들이 "작은 일"에 충성한 것이라고 평가한 것이다. 자신을 믿어준 주인에 대한 감사의 마음으로 주인의 신뢰에 보답하려는 자세는 사람들이 그냥 지나칠 수 있는 사소한 것일 수 있다. 굳이 모험을 해서 고생스럽게 애쓸 필요 없이 잘 보관했다가 돌려주면 된다고 생각할 수 있다. 그것이 안전하고 쉬운 길이기 때문이다. 쉽고 편하기에 많은 사람들이 선택하는 길이기도 하다(마 7:13).

하지만 그것은 신뢰를 받은 자의 도리가 아니다. 비록 힘들고 어

---

75 열 처녀 비유에서 신랑맞이 등불의 여분 기름을 준비하는 것, 그리고 '최후 심판 이야기'에서 극빈층을 돕는 것은 '작은 일'일 수 있다. 일반적으로 사람들이 꺼리는 일이거나 소홀하기 쉬운 것은 '작은 일'이라고 할 수 있기 때문이다.

렵더라도 나를 믿어준 이에게 조금이라도 보답을 하고픈 것이 인지상정이며 땅의 상식이다. 주인의 신뢰에 부응하지 않는 것은 주인에 대한 모독이라고 키너(C. S. Keener)는 갈파했다.[76] 주인은 사람들이 간과하기 쉬운 "작은 일"에 충실히 하는 것이 종의 마땅한 도리임을 강조하고 그 마땅한 도리에 충실하지 않은 것이 세 번째 종에 대한 형벌의 이유임을 밝힌다.

상식과 심판

세 개의 비유(가라지 비유, 빚진 종 비유, 선한 포도원 주인 비유)에서 땅의 논리와 땅의 상식을 뒤엎는 하늘 통치 원리가 제시되었다면, '열 처녀 비유'와 '달란트 비유'에서는 땅의 관습과 상식이 종말적 심판의 근거로 작용하고 있다. 혼인 잔치의 들러리 직임을 맡은 처녀들은 신랑의 연착과 같이 예상되는 모든 경우에 대한 대비를 철저히 하는 것이 당연한 책무임에도 열 명 중 다섯 명의 처녀들은 이를 소홀히 하여 혼인 잔치 참석이 거부됐다. 또 주인으로부터 거액의 재산을 위탁받은 종들은 자신들에 대한 주인의 신뢰에 감사하여 주인에게 유익을 끼치기 위해 할 수 있는 모든 노력을 기울이는 것이 당연한 도리임에도 셋 중 한 명의 종이 이를 소홀히 하여 결국 흑암에 던져지는 형벌에 처해졌다. 땅의 상식에 충실한 경우와 그렇지 못한 경우로 구분하여 후자에 대해 종말적 심판이 내려진다는 측면에서 두 비유는 동일한 메시지를 담고 있다.

한편, '혼인 잔치 임금 비유'(22:1-14)는 열 처녀 비유와 달란트

---

76 Keener, *The Gospel of Matthew*, 601.

비유에 비해 다소 복합적인 내용으로 구성되어 있다. 아들의 혼인 잔치 하객에게 일찌감치 초청장을 보낸 임금이 천국에 비유되고 있다. 초청장을 받은 이들이 혼인 잔치 참여를 거절하고 임금이 보낸 종들까지 살해하자 임금은 군대를 동원하여 살인자들과 그들의 거처를 진멸해버린다. 여기까지 비유의 전반부는 여호와가 보내신 예언자들을 핍박하고 살해한 구약시대 이스라엘에 대한 심판을 묘사하고 있다는 측면에서 신약시대 새 이스라엘(교회)의 초청과 심판을 내용으로 하는 비유의 후반부와 구분된다. 비유의 초점은 후반부에 맞춰져 있다.[77]

끌려 나가는 하객

---

77 "청함을 받은 자는 많되 택함을 입은 자는 적으니라"(14절)는 결구는 비유의 주제가 후반부에 있음을 시사한다.

처음에 초청한 이들의 참석이 불가능해지자 임금은 다른 이들을 초청하기로 한다. 그런데 첫 번째 초청이 형식을 갖춘 정식 초청이 었다면 두 번째 초청은 무작위 초청이다. 임금님은 종들을 길거리에 풀어서 지나가는 행인들을 마구잡이로 초대하도록 지시한다. 그 결과 잔치 마당은 순식간에 사람들로 채워졌고 잔치를 주관한 임금님이 하객들을 접견하기 위해 등장한다. 이때 이해할 수 없는 상황이 전개된다. 참석자 가운데 예복을 입지 않은 한 사람을 발견한 임금님은 그에게 예복 미착용의 이유를 묻지만 그로부터 아무 대답도 듣지 못한다. 임금님은 그를 결박하여 혼인 잔치에서 쫓아내고 어둠 속으로 내어 던지라는 명령을 내린다. 그런데 이 장면에는 몇 가지 의문점이 있다. 첫째, 본문을 보면 한 사람을 제외하고는 다른 참석자들이 모두 예복을 입었다. 이상하지 않은가? 이 사람들은 길거리를 지나가다 즉석에서 초대받은 이들이다. 그런데도 마치 약속이나 한 듯이 모두가 예복을 입고 있다. 그들이 모두 혼인 예복을 입었거나 소지한 채 외출한 것이 아니라면 길거리 초청을 받고 집으로 돌아가 예복을 입고 참석했다는 말인가?[78]

두 번째로, 왜 임금님은 예복을 입지 않은 사람을 쫓아낸 것일까? 정식 초청장을 받고서도 참석을 거절한 사람들에 비하면, 길을 지나가다 갑작스러운 초청을 받고 응해준 것만도 임금님 입장에서는 고

---

[78] 주인이 하객들에게 예복을 제공했으나 그 한 사람은 예복 입기를 거절했다는 견해, 예복은 천국에 들어가기 위한 '회개' 또는 '의'(righteousness)를 상징한다는 견해는 본문의 문맥과 마태의 신학에 부합하지 않는다(France, *The Gospel of Matthew*, 826; D. A. Carson, *Matthew Chapter 13 Through 28*, vol. 2 [Grand Rapids: Zondervan, 1995], 457 참조). 두 번째 피초청자들은 행인이다. 따라서 그들은 예복을 소지하고 있지 않았을 것이 분명하다. 개인 일로 길을 지나가던 상황에서 받은 갑작스러운 초청임에도 모든 이가 예복을 착용했다는 것은 결국 그들이 집에 돌아가서 예복을 착용했거나 아니면 빌리거나 구입했다는 정황 추측이 가능하다. 이런 정황들은 예복 착용이라는 사회적 관습의 중요성과 당위성을 잘 보여준다.

마운 일이 아닌가? 하마터면 썰렁한 혼인식이 될 뻔했던 상황에서 개인사를 마다하고 참석해주었으니 고마운 일이 분명한데도 예복을 착용하지 않았다는 이유로 하객을 쫓아내고 형벌까지 부여하는 건 이해하기 어려운 대목이다.

세 번째 의문점은 예복 미착용자의 태도다. 임금님이 예복 미착용의 이유를 물었을 때 그는 아무 말도 하지 않았다. 개인 일을 보러 나왔다가 혼인 잔치에 참석해달라는 부탁을 받고 급히 오다 보니 예복을 못 입었다고 하면 될 텐데 왜 그는 아무 말없이 끌려간 것일까? 말을 안 한 것일까, 아니면 못 한 것일까? "저가 유구무언이거늘"(ἐφιμώθη)(12절). "유구무언이거늘"의 그리스어 '에피모데'(ἐφιμώθη)는 동사 '피모오'(φιμόω)의 수동형으로서 'to be kept silent', 즉 '조용해지다'는 뜻이다. 누가 보더라도 억울할 만도 한데 그는 왜 조용해진 것일까? 많은 이들이 보는 앞에서 손발을 결박당하고 밖으로 끌려 나가는 수치를 겪으면서도 아무런 변호나 변명도 없고 어떤 저항이나 항의조차 하지 않는 이 장면을 어떻게 이해해야 할까?

어떤 이들은 비유의 혼인 잔치를 요한계시록이 말하는 어린양의 혼인 잔치로 이해하고 비유의 예복을 "빛나고 깨끗한 세마포"(계 19:8)에 대입하여 예복이 무엇을 의미하는가에 초점을 두고 비유를 해석하려 한다. 하지만 비유에서 예복이 하객의 것인 데 비해 계시록의 세마포는 신부인 성도들의 것이다. 또 비유에는 계시록과 달리 신부에 관한 언급이 없다. 계시록의 어린양 혼인 잔치는 신랑인 어린양과 신부인 성도들의 영적 교제와 합일에 초점이 맞춰져 있는 반면, 신부가 등장하지 않는 혼인 잔치 비유의 초점은 초청자와 피초청자의 관계(1차 초청⇒참석 거부 및 살해⇒보복⇒2차 초청⇒참석

⇒축출)에 맞춰져 있다. 따라서 혼인 잔치 비유를 계시록의 종말론적 어린양의 혼인 잔치에 대입시켜 이해하는 것은 마태복음과 요한계시록, 두 문서 간의 문헌적, 배경적 차이와 신학적 간극을 고려하지 않은 잘못된 획일화다.

앞에서 제기된 스토리의 의문점 해소와 명확한 본문 이해를 위해서는 초청자와 피초청자의 관계에서 예복 착용과 미착용이 무엇을 의미하는가가 규명되어야 한다. 즉, 예복 착용이라는 주제를 중심으로 제기되는 일련의 의문점들을 풀기 위해서는 예복이 무엇을 의미하는가라는 종래의 질문에서 예복 착용과 미착용이 무엇을 의미하는가라는 새로운 질문으로의 전환이 필요하다. 길거리 초청에 응해주고 바쁜 개인 일을 밀어둔 채 참석해준 손님들이 너무도 반갑고 고마운 것이 인지상정인데 임금님은 매정하게도 예복을 착용하지 않은 손님을 쫓아냈으며 그 손님은 억울하기도 할 텐데 그저 묵묵히 쫓겨 나간다. 이 의문투성이 정황을 이해하기 위해 주목해야 할 것은 예복 착용과 미착용이다. 고마운 하객을 매정하게 쫓아낸 이유도 예복 미착용이고, 불평이나 항의도 없이 순순히(?) 쫓겨난 이유 역시 예복 미착용이다. 도대체 예복 착용이 얼마나 중요하기에 이토록 이해하기 어려운 상황이 전개되고 있는 것일까?

이해의 단서는 예복을 착용하지 않은 사람의 침묵에서 찾을 수 있다. 길거리 초청임에도 한 사람을 제외한 모든 사람이 예복을 입었다는 점, 예복 미착용자를 임금님이 주저 없이 쫓아냈다는 점, 그리고 억울할 수도 있는 정황에서 쫓겨난 미착용자가 침묵으로 일관했다는 점은 그가 자신의 잘못을 인정한다는 것을 의미한다.[79] 스스로

---

79 Nolland, *The Gospel of Matthew*, 890.

가 잘못을 알기 때문에 아무 이의도 제기하지 않았던 것이다. 길거리에서 즉석으로 초청받은 사람들이 모두 예복을 입고 왔다는 것은 그들 사회에서 혼인 잔치 하객의 예복 착용이 마땅한 예의임을 의미한다. 각자의 바쁜 일을 뒤로하고 초청에 응해준 것만으로도 호의를 보였다고 할 수 있겠지만 그들 사회의 혼인 관습에서 예복 착용은 절대적 가치였기에 아무리 바쁘지만 모두가 예복을 착용했던 것이다. 그리고 이것이 임금님이 예복 미착용자를 사정없이 쫓아낸 이유이며 동시에 미착용자가 끝까지 유구무언일 수밖에 없었던 이유이다. 예복 미착용에 대한 변명조차 하지 않고 말없이 끌려 나갔다는 것은 예복 미착용이 명백한 잘못이었음을 반증한다.

초청자인 임금님과 피초청자인 길거리 행인들이 사는 사회에서 인정된 마땅한 예의와 상식을 따르지 않음으로 혼인 잔치 참석에 배제되는 것은 잔치를 베푼 임금님의 뜻이다. 첫 피초청자들, 즉 율법과 선지자들을 통해 주어진 천국에로의 초청장을 받은 이스라엘 백성이 천국 잔치 참석을 거절하고 선지자들을 죽이자 신은 그들을 심판하고 다시금 초청장을 발송한다. 첫 번째 피초청자들이 엄선된 자들이었다면80 두 번째 피초청자들은 '누구나'다. 길거리에서 만나는 모든 사람을 초청한다. 두 번째 초청을 위해 종들을 보내는 임금님의 말에 주목해보자.

혼인 잔치는 예비되었으나 청한 사람들은 합당치 아니하니. (마 22:8)

---

80 그들에게 혼인 잔치 전 초청장이 발송됐고 혼인 잔치 당일에 임금님이 종들을 그들에게 보냈다는 점, 그리고 한 번의 거절에도 불구하고 또다시 종들을 보내서 참석을 부탁하는 친서까지 전달했다는 점 등은 첫 번째 피초청자들이 혼인 잔치 참석을 위해 매우 엄선된 사람들임을 보여준다. 이런 관점에서 첫 번째 피초청자들을 구약의 선민 이스라엘로 해석하는 것은 타당하다.

첫 피초청자들은 자격을 상실했으니 길거리로 가서 지나가는 사람들 아무나 초청해서 데려오라는 것이다. 그렇다면 첫 피초청자들은 어떤 면에서 자격 상실(또는 미달)일까? 그리고 두 번째 피초청자들은 어떤 면에서 자격 기준을 충족했을까? 길거리 초청으로 채워진 참석자들의 면면을 본문은 이렇게 묘사한다.

> 종들이 길에 나가 악한 자나 선한 자나 만나는 대로 모두 데려오니. (10절)

선한 자만 아니라 악한 자까지, 정말 가리지 않고 모아왔다. 어떤 자격 심사도 없이 아무나 데려온 것이다. 악한 자, 즉 범죄자, 사기꾼, 깡패들도 초청을 받아서 잔치 장소에 왔다는 말이 된다. 결국 임금님이 두 번째 초청을 위해 종들을 길거리로 보내며 결정한 혼인 잔치 참석 자격 기준은 착한 성품이나 착한 행실은 아닌 게 분명하다. 종교적이나 윤리적인 어떤 공로도 기준은 아닐 것이다. 그렇다면 두 번째 피초청자들의 혼인 잔치 참여 자격 기준은 바로 예복 착용이었을 것이다. 예복을 착용하지 않은 사람을 결박하여 가차 없이 내어 쫓고 어둠 속에 가두는 것으로 볼 때 두 번째 피초청자들의 혼인 잔치 참여 자격 기준은 예복 착용이 틀림없다.[81] 두 번째 초청을 하면서 첫 번째 피초청자들이 자격 미달자였음을 강조하는 8절의 언급은 이번에는 자격 기준을 엄격하게 적용하겠다는 임금님의 의지의 표출이다. 그 자격 기준은 예복 착용이었다. 즉석 초청임에도 모두가 예복을 착용했고 예복 미착용자가 순순히 쫓겨 나갔다는 것

---

[81] 종들이 두 번째 초청객들에게 예복 착용을 고지 또는 부탁을 했는지 여부는 본문에서 알 수 없다. 스토리의 초점은 예복 착용 여부가 혼인 잔치 참여의 결정적 기준이 되고 있다는 점이다.

은 혼인 잔치 하객의 예복 착용은 그들의 사회에서 상식과 같은 지극히 당연한 예절이며 도리임을 의미한다. 첫 번째 피초청자들의 자격 조건이 무엇이었는지는 명확하지 않지만 첫 번째 초청 실패 후 임금님이 세운 기준은 누구나 알 수 있고 누구나 동의할 수 있는 보편적 상식(또는 관습), 바로 그것이었다.

아들의 혼인 잔치를 준비하고 하객을 초청하는 임금님의 행동 및 그 행동에 내포된 의도에서 우리는 천국, 곧 하늘의 통치 원리를 만난다. 지금, 즉 예수 이후 신약시대는 혼인 잔치를 위한 두 번째 초청의 때에 해당한다. 율법과 선지자들을 통한 첫 번째 초청이 실패로 끝난 뒤 아들을 통해 선포된 천국 복음, 곧 하늘 통치의 기쁜 소식은 '누구나'에게 들려진다. 신의 아들을 통한 천국 초청장은 '누구나'에게 주어지고 있다. 민족, 종교, 인종, 계급 등 모든 장벽은 철폐됐다. 천국 참여를 목적으로 하는 그 어떤 작위적 노력과 공로도 필요 없다. 인격 수양과 성품 함양이 그 나라 참여의 조건도 될 수 없다. 다시 말해서, 천국에의 참여는 착해서 되는 것도, 노력으로 가능한 것도 아니다. 그 나라 참여 초청장은 누구에게나 발송된다. 비유에서 선한 자나 악한 자나 초청된 사람은 누구라도 혼인 잔치로 통하는 대기실에 앉아 있었던 것처럼,[82] 천국 참여에 초청받은 사람은 누구나 천국에 들어갈 수 있는 자리까지 함께할 수 있다.

이렇게 대기실까지는 누구나 올 수 있다. 그런데 최종 입장을 위해서는 처음이자 마지막인 관문을 통과해야 한다. 비유에서 혼인 잔치

---

82 비유에는 대기실이 직접적으로 등장하지는 않는다. 그러나 잔치 장소에 와 앉아 있어도 임금님의 심사 기준(예복 착용)을 통과해야만 잔치 참여가 가능한 비유의 정황을 고려할 때 심사 전 초청객들의 대기 상태를 여기서는 편의상 '대기실'이라는 물리적 개념으로 표현한다.

참여를 위한 유일한 관문인 예복 착용은 혼인 잔치와 관련된 당시 사회의 보편적 상식이었다. 정식으로 초청을 받았건 무작위로 초청됐건 혼인 잔치 하객이 예복을 입고 참석하는 것이 관례였기에 길거리 초청자들도 모두 예복을 입었던 것이다. 이처럼 천국 참여에 초청받은 수많은 사람들, 즉 민족과 종교와 언어와 계급의 장벽을 초월하여 그 나라 참여에 초청된 사람들 앞에 놓인 유일한 관문은 그들 각자가 속한 사회에서 누구라도 동의할 수 있는 보편적 상식이다. 요약하면, 혼인 잔치 임금 비유를 통해 공포된 하늘 통치의 원리는 이렇게 정리된다.

> 예수 이후 천국 초청장이 세상 모든 이에게 보내졌다. 누구나 그 나라에 참여할 수 있다. 누구나 그 나라로 이어진 대기실에 와 앉아 있을 수 있다. 하지만 그 나라로 들어가려면 관문을 통과해야 한다. 그 관문은 각 피초청자들이 살고 있는 사회와 공동체가 동의하고 공감하는 보편적 상식과 관습이다. 천국과 직결된 땅의 상식과 관습에 충실한 자는 그 나라에 들어가게 되고 충실하지 않은 자는 최종 탈락한다. 그런데 해당 상식과 관습은 어느 하나로 또는 몇 가지로 특정할 수 없다. 각 나라와 민족과 사회마다 다를 수 있기 때문이다.

지금까지 우리는 세 개의 비유에서 하늘의 통치와 땅의 상식의 긍정적 관련성을 발견할 수 있었다. 각 비유들에서 천국의 종말적 심판은 땅의 상식과 관련되고 있다. 혼인식을 위해 신랑을 안내할 직임을 맡은 열 명의 처녀들 가운데 다섯 명은 신랑의 연착과 야간이라는 상황까지 고려해서 길을 밝힐 여분의 기름을 준비했지만 다른 다섯 명은 준비하지 못했다. 먼 길에서 오는 신랑이 신부의 집에 이르기까지는 여러 변수가 있어 당시에는 일몰 이후 도착하는 경우가 비일비재했다. 이를 위해 안내자들이 필요하고 따라서 안내를 맡은 들러리들은 모든 가능한 상황을 대비할 책임이 있다. 이러한 혼인식 들러리의 책무는 당시 사회의 관습이며 상식에 속하는 의무에 해당한다. 미련한 다섯 처녀들은 이러한 사회의 일반적 관습과 상식에 충실하지 않았기 때문에 혼인 잔치 참여에서 배제된 것이다.

　먼 여행을 떠나는 주인이 거액의 재산을 종에게 맡긴다는 것은 종에 대한 신뢰의 표시다. 그리고 자신을 믿어준 주인에게 무언가 이득을 주고픈 것은 그 신뢰에 대한 당연한 반응이며 도리다. 나를 믿어주는 이에 대한 충성, 그의 유익을 추구하는 마음은 사람과 사람 사이, 곧 인간 사회에서의 상식이자 인지상정이다. 그 상식과 인지상정에 충실한 두 종은 칭찬과 보상을 받았고 그렇지 않은 종은 책망과 형벌에 처해졌다. 이것이 하늘의 통치 원리다. 천국은 한편으로는 땅의 상식과 논리를 부정하고 그것을 초월하는 새로운 삶의 원리를 선포하지만, 다른 한편으로 땅의 상식과 논리를 존중하여 그것을 근거로 땅을 심판한다. 혼인 잔치 하객의 예복 착용이라는 사회적 관습과 상식을 소홀히 한 사람은, 개인사를 접어두고 갑작스러운 초청에 응한 호의에도 불구하고 잔치 참여에서 배제된다. 땅의 마땅한 상식과 관습을 거부한 자는 하늘의 심판을 피할 수 없다. 이것이 천국 심판의 원리이며 본질이다. 천국의 논리와 충돌하는 땅의 상식과 땅의 논리는 거부되고 그 자리에 하늘 통치의 원리가 임한다. 반면, 천국의 논리에 부합하는 땅의 상식과 논리는 천국의 종말적 심판의 준거로 존중된다.

　'나라가 임하소서.' 천부의 나라, 즉 천국은 '임하는 것'이다. 천국을 '가는 곳', 다시 말해서 '죽어서 가는 곳'쯤으로만 이해하는 이들에게 주기도문 두 번째 기도는 천국은 '임하는 것'이라고 선언한다.

천국이 임하는 '곳'은 이 땅, 곧 세상이다. 땅에 있는 인간 군상들에게 하늘의 다스림이 임한다. 불의와 오류로 왜곡된 실낙원의 땅에 의와 진리의 통치가 임한다. 천국의 통치는 한편으로 땅의 논리와 상식을 초월하여 임하지만 다른 한편으로는 땅의 상식을 존중하여 그것을 기준으로 땅을 심판한다. 예수는 천국이 이 세상에 어떻게 이루어지고 어떻게 다양한 양상으로 사람들에게 경험되어지는가를 비유를 통해 알려준다. 그리고 그 비유들을 통해 선포된 천국 통치의 원리와 본질 구현을 위해 기도할 것을 주기도문 두 번째 기도에서 강조한다.

제6장

세 번째 기도

아버지의 뜻이 하늘에서 이루어진 것 같이
땅에서도 이루어지이다

γενηθήτω τὸ θέλημά σου,
ὡς ἐν οὐρανῷ καὶ ἐπὶ γῆς

인간은 이웃의 아픔을 외면한 채
자신의 종교적 욕구를 채움 받고자
신 앞에 예물을 들고 나온다.
하지만 그러한 믿음은
천부를 우상처럼 대우하는 것이다.

'내 탓'은 십자가 대속의 은총으로 발현된
'신의 성품'(divine character)으로서
원죄의 후손들의 영혼 속에 회복된
'대속 휴머니즘'(redemption humanism)이다.
'내 탓'은 갈라선 부부, 깨어진 가정, 흩어진 공동체를
회복시키는 화합의 휴머니즘이다.

(아버지의) 뜻이 하늘에서 이루어진 것 같이 땅에서도 '이루어지이다'(γενηθήτω). (마 6:10下)

두 번째 기도가 천부의 통치, 곧 천부의 구원과 심판에 관한 메시지라면 세 번째 기도는 천부의 마음 또는 천부의 뜻(이하 '신의'[神意])에 초점을 맞추고 천부의 뜻이 하늘에서 존중받은 것과 같이 땅에서도 존중받기를 염원한다. 천부의 뜻이 왜 중요한가? 누구의 뜻을 존중한다는 것은 그 본인을 존중하는 것과 같다. 천부의 뜻을 존중하는 것은 천부를 존중하는 것과 동일한 의미와 가치를 지닌다.

기도에 따르면 천부의 뜻은 이미 하늘에서 이루어졌다. 주기도문에서 천부의 나라는 '임하는'(엘데토[ἐλθέτω]: 능동형 동사) 것이고 천부의 뜻은 '이루어지는'(게네데토[γενηθήτω]: 수동형 동사) 것이다. 능동형 동사를 동반하는 두 번째 기도는 하늘 통치의 주권적 도래를 시사하는 반면, 수동형 동사를 동반하는 세 번째 기도는 '신의'(神意) 성취에 있어 외부의 어떤 조건이나 협력이 필요하다는 점을 암시한다. 하늘의 구원과 심판을 선포하는 천부의 나라는 인간의 순종이나 환경적 조건과 무관하게 천부의 주권적 섭리에 따라 임한다. 그에 비해 천부의 뜻 성취는 하늘에서도, 땅에서도 되어진다. 하늘에서 신의가 이뤄진 것과 같이 땅에서도 이뤄지기를 기도하는 세 번째 기도는 땅에 사는 사람들이 신의 성취에 있어 중요한 요건임을 말한다. 즉, 하늘에서 성취된 천부의 뜻이 이 땅에서도 이뤄지도록 적극적 역할을 할 것을 땅에 있는 이들에게 촉구하는 기도가 세 번째 기도다.[1]

예수를 따르는 제자들이 하늘 아버지의 뜻 성취를 위해 일정한 역할을 담당한다는 것은, 본서 "제1장 그러므로 너희는 이렇게 기도하라"에서도 언급한 바와 같이 마태복음 6장 33절 "너희는 먼저 그의 나라와 그 의를 구하라(ζητέω, 제테오)"에서 잘 나타나 있다. 능동적, 적극적 추구를 강조하는 동사 제테오의 마태적 용법을 고려할 때 '천부의 의를 구하라'는 명령은 천부의 옳은 뜻을 깨달아 순종하라는 의미로 해석된다. 주기도문이 가르치는 신앙은 인간의 뜻을 신의 뜻에 맞추는 것이다. 반대로 인간의 뜻에 신의 뜻을 맞추는 것을 성서는 우상숭배로 규정한다. 기도는 신의 뜻을 내 뜻에 맞추는 것이 아니라 신의 뜻에 내 뜻을 맞추는 것이다. 먼저 신의 뜻을 깨닫고 신의 뜻에 내 뜻을 맞추는 '신의이행'(神意履行)의 삶이 이 땅에서 '신의 성취'(神意成就)의 필수 요건임을 세 번째 기도는 보여준다. 땅에서의 신의이행의 삶을 강조한다는 것은, 역으로 말하면, 그 삶의 결핍에 대한 경고이기도 하다. 인간의 협력과 순종에 의해 땅에서 이루어질 신의는 무엇이며 그 신의는 인의와 어떤 양상으로 충돌하는가를 산상설교의 여섯 개 반제를 통해 알아보자.

---

1 10절의 단수형 명사 "하늘"과 9절의 복수형 "하늘들"의 의미상의 구분에 관하여는 본서 "제2장 하늘들에 계신"을 보라.

제1반제와 제2반제의 신의(神意)

흔히 '여섯 개 반제'(six antithesis)라고 불리는 마태복음 5장 21절부터 48절은 "~를(을) 너희가 들었으나 나는 너희에게 이르노니"라는 예수의 독특한 수사법(rhetoric)으로 시작되는 여섯 개의 교훈이다. 이스라엘의 옛 규례, 즉 모세의 율법 및 그 율법에 관한 랍비들의 전승들을 재해석한 예수의 반제들은 각 규례에 담긴 천부의 뜻이 사람의 뜻에 의해 어떻게 각색되고 잘못 이해될 수 있는가를 보여주고 동시에 이를 바로잡음으로써 이 땅에 천부의 뜻이 세워져 갈 것을 조망하는 메시아적(messianic) 새 계명이다. 세 개의 반제(1번, 2번, 4번 반제)는 십계명과, 다른 세 개(3번, 5번, 6번 반제)는 기타 율법의 규례와 관련되어 있다.

제1반제(마 5:21-26)와 제2반제(27-30절)는 각각 십계명 제6계명 "살인하지 말라"와 제7계명 "간음하지 말라"를 언급하고 각각의 계명들의 의미를 재해석한다.

> 옛사람에게 말한바 살인치 말라 누구든지 살인하면 심판을 받게 되리라 하였다는 것을 너희가 들었으나 나는 너희에게 이르노니 형제에게 노하는 자마다 심판을 받게 되고 형제를 대하여 라가라 하는 자는 공회에 잡히게 되고 미련한 놈이라 하는 자는 지옥 불에 들어가게 되리라. (마 5:21-22)

> 또 간음치 말라 하였다는 것을 너희가 들었으나 나는 너희에게 이르노니 여자를 보고 음욕을 품는 자마다 마음에 이미 간음하였느니라. (마 5:27-28)

두 반제는 살인과 간음의 정의를 물리적 범죄의 영역에서부터 내면의 영역으로까지 확대한다. 형제에게 욕을 하거나 화를 내는 것은 마음속 미움과 증오의 표출이다. 미움과 증오는 실제 살인의 동기가 될 수 있다는 점에서 위험하다. 마찬가지로 내면의 음욕도 실제 행위로 이어질 수 있다는 이유에서 예수는 이를 경계한다. 내면의 증오와 욕정을 품는 것까지도 실제 행위와 동일하게 간주한다는 예수의 반제는 예수 이전과 이후의 어떤 종교나 철학, 사상에서도 찾아볼 수 없는 혁명적 선언이다. '형제에게 화 한 번 내거나 욕 한 번 해도 심판 받는다'(22절), '눈과 손이 간음에 관련됐다면 잘라버리라'(29-30절)는 부연 설명은 가히 충격적이다. 두 반제가 다른 반제들보다 더 많은 논란이 되는 이유가 여기에 있다. 두 반제의 교훈을 문자 그대로 적용해야 할 것인가를 놓고 의견들이 분분하지만 예수 당시나 지금이나 두 반제들이 실제 개개인에게 적용이 가능한지에 관해서는 의문이 든다. 마음속 증오와 음욕의 발생을 원천적으로 차단한다는 것 자체가 불가능하기 때문이다.[2] 죄의 본성으로 인해 불가피한 증오와 음욕의 감정까지 심판의 대상이라면 그 누구도 불구의 몸이 아니고서는 지옥의 형벌을 피할 수 없다는 논리가 된다. 신체 절단 행위로 심판을 면할 수 있다는 논리는 예수의 의도는 아닐 것이다.[3]

그럼에도 불구하고 예수께서 이와 같은 충격적인 교훈을 던지는 것은 마음속 증오와 음욕의 결과를 경계하기 위한 의도라고 볼 수

---

2 인격 수련과 마음 수양이라는 인위적 노력을 통해 내면의 감정들을 조절할 수는 있겠지만 음욕과 증오의 발생 자체를 방지하는 것은 가능하다고 보기 어렵다. 게다가 한 차례의 신체 절단으로 증오와 음욕이 완전히 제거된다고도 볼 수 없기 때문에 제2반제의 신체 절단 명령은 문자적으로 해석될 수 없다.

3 Nolland, *The Gospel of Matthew*, 239-240.

있다.[4] 마음속 증오의 결과에 관한 두 개의 예증이 23절 이하에 언급되어 있다.[5]

> 그러므로 예물을 제단에 드리다가 거기서 네 형제에게 원망 들을 만한 일이 있는 줄 생각나거든 예물을 제단 앞에 두고 먼저 가서 형제와 화목하고 그 후에 와서 예물을 드리라. (마 5:23-24)

> 너를 송사하는 자와 함께 길에 있을 때에 급히 사화하라 그 송사하는 자가 너를 재판관에게 내어주고 재판관이 관예에게 내어주어 옥에 가둘까 염려하라 진실로 네게 이르노니 네가 호리라도 남김이 없이 다 갚기 전에는 결단코 거기서 나오지 못하리라. (25-26절)

제1반제의 23절 이하는 내가 화를 내거나 욕을 한 상대 형제와의 화해의 중요성과 시급함을 강조한다. 신체적 살인(21절)과 심적 살인(22절)의 동등성이 언급된 후 이어진 두 예증 가운데 첫 번째 예증(23-24절)에서는 심적 살인의 결과로 표출된 분노와 욕설로 인해 상처받은 상대방과의 화해가 천부에 대한 예배의 선결 조건임이 강조되고 있다.[6] 그리고 화해를 하지 않으면 심판을 피할 수 없다는 것이 두 번째 예증(25-26절)의 논지다. 두 예증은 마음의 증오가 어떤 의미에서 신체적 살인과 동등하게 간주되는가를 보여준다. 심적 살인이 신체적 살인과 동등한 형벌을 받는 결정적 이유는 그것이 천부에 대한 오해 및 그로 인한 잘못된 신앙으로 이어질 수 있기 때문이다. 첫 번째 예증에 따르면, 천부께서는 형제와의 화평이 없는 이의 예배를

---

4 해그너, 『WBC 성경주석: 마태복음 1-13』, 253; 양용의, 『마태복음 어떻게 읽을 것인가』, 110.

5 해그너, 『WBC 성경주석: 마태복음 1-13』, 247; Carson, *Matthew Chapter 1 Through 12*, 149; France, *The Gospel of Matthew*, 202; Gibbs, *Matthew 1:1-11:1*, 284; Nolland, *The Gospel of Matthew*, 231.

6 Nolland, *The Gospel of Matthew*, 232; Carson, *Matthew Chapter 1 Through 12*, 150.

원하지 않는다. 그런데도 어떤 이들은 심적 살인으로 인한 분노와 욕설로 무수한 이들에게 상처를 주고도 버젓이 예배하러 온다. 그들에게는 이웃의 아픔보다 자신의 종교적 욕구 충족이 우선한다. 이사야 선지자는 이들을 '손에 피가 가득한 자들'이라고 질타했다.

> 너희가 손을 펼 때에 내가 눈을 가리우고 너희가 많이 기도할지라도
> 내가 듣지 아니하리니 이는 너희의 손에 피가 가득함이니라. (사 1:15)

손에 피가 가득한 그들은 여호와의 뜻을 거역하는 자들이다(사 1:2). 그들의 문제는 그들의 종교적 열정이 아니라 그들의 행위에 있다(4절). 그들은 헤아릴 수 없이 많은 제물을 여호와께 바쳤다(11절). 그러나 여호와께서는 그들의 예배에 눈을 가리고 그들의 기도에 귀를 막겠다고 한다. 이유는 그들의 이율배반적 태도에 있다. 그들은 악행을 일삼으면서 제사에 열중한다. 그들은 핍박받는 자들과 소외 계층을 돌보지 않았으며 고아와 과부의 억울함을 외면했다(17절). 월삭과 안식일을 비롯한 모든 제의와 종교적 회합에 열중하면서도 그들의 불의한 행위는 끊이지 않았다(13절). 이처럼 이웃에게 악행을 서슴지 않으면서 버젓이 여호와께 예물을 드리며 종교적 욕망을 추구하는 그들을 이사야는 창기와 살인자라고 고발했다.

> 신실하던 성읍이 어찌하여 창기가 되었는고? 공평이 거기 충만하
> 였고 의리가 그 가운데 거하였더니 이제는 살인자들뿐이었도다.
> (사 1:21)

종교적 열심을 다하면서 이웃을 향한 악행을 그치지 않는 이들은 살인자와 같다. 그들의 이율배반적 신앙은 여호와를 제물과 제사를

탐하는 이방신들과 같은 신으로 간주하는 우상숭배와 다름이 없기에 그들을 창기에 비유한 것이다. 이들 때문에 여호와는 이방신들과 같은 탐욕의 신으로 오해받는다. 탁월한 공중기도의 능력을 가진 자의 기도를 응답하는 신(마 6:5). 기도의 시간과 정성이 많아야 소원을 잘 들어주는 신(마 6:7). 여호와는 이러한 이방인들의 신, 곧 우상들과 동류로 숭배되는 수모를 당하게 된다. 여호와를 우상 취급하는 것은 십계명 제1, 제2, 제3계명을 송두리째 범하는 참담한 죄다.

두 개의 예증이 알려주는 천부의 뜻은 명확하다:

하늘 아버지께서는 인간들의 노력과 공로로 바치는 것들을 좋아하고 즐기는 이방신들과 같은 신이 아니다. 그분은 자기에게 잘 보이고 많이 바치는 사람으로 인해 상처받은 이웃의 고통을 눈 감아버리는 그런 저급한 거짓 신들과 구별되는 분이다. 따라서 나로 인해 상처받은 형제에게 용서를 구하고 그의 맺힌 마음을 풀어주는 것은 천부 섬김의 우선 요건이다. 이러한 요건이 충족되어야만 비로소 예배를 받으시는 분이 너희 하늘 아버지시다. 이것이 그분의 온전하심이다. 그분을 오해하지 말고 그분의 참뜻을 왜곡하지 말라. 그리고 그분을 우상화하지 말라. 이것이 온전하신 하늘 아버지에 대한 온전한 섬김이다. (마 5:48 참조)

신의 뜻과 인간의 뜻의 충돌이다. 인간은 자기 마음속 증오와 분노에 의해 상처받은 이웃의 아픔을 외면한 채 자신의 종교적 욕구를 채우고자 신 앞에 예물을 들고 나온다. 예물이 신을 감동시킬 것이라고 믿기 때문이다. 하지만 그러한 믿음은 천부에 대한 오해에서 비롯된 믿음이며 천부를 우상처럼 대우하는 것이다. 마음속 증오가 실제 살인과 동등한 죄로 간주되어 심판을 받게 되는 이유는 그것이 천부를 우상 취급하는 신성 모독으로 이어지기 때문이다.7 천부의 뜻을 도외시한 개인의 종교적 욕구 충족 행위가 우상숭배와 같은 범죄가 된다는 것은 이스라엘의 초대 왕 사울의 사례에서 찾아볼 수 있다. 사울 왕과 다윗 왕의 사례를 통해 천부의 뜻과 인간의 뜻이 어떻게 충돌하고 그 충돌의 결과는 무엇인지, 그리고 반대로 양자가 어떻게 조화되고 그 결과는 무엇인지 알아보자.

구약성서의
신의(神意) vs. 인의(人意)

사울과 다윗은 모두 신 앞에서 범죄를 저지른 이력을 갖고 있다. 그런데 흥미로운 것은 두 사람의 범죄의 양상과 결과가 서로 대조적이라는 점이다. 사울 왕은 자신의 뜻을 주장하다 신의 뜻을 왜곡한 대표적 인물이다. 이스라엘의 초대 왕 사울은 아말렉 족속을 진멸하라는 신명(神命)을 받들어 21만 대군을 이끌고 친히 참전하여 대승을 거둔다(삼상 15:1-9). 아말렉 왕을 생포해서 보무도 당당하게 돌아오는 사울 왕을 맞이한 건 그러나 백성들의 열렬한 환영이 아니라 그의 대부 사무엘의 추상같은 책망이었다. 애초 사울 왕에게 하달된 신의 뜻은 아말렉의 진멸이었다. 아말렉의 남녀노소는 물론이고 성안의 육축과 소유물을 모두 진멸하라는 '헤렘'[8]의 명령이 사울에게 내려졌었다. 그러나 개선하는 이스라엘 군대 진영에는 아말렉 족속의 소유였던 각종 육축들이 섞여 있었다. 사람만

---

7 하나님을 우상처럼 숭배하는 신성모독에 관하여는 본서 "제4장 첫 번째 기도"를 참조하라.
8 '헤렘' 명령의 의미에 관하여는 본서 "제1장 그러므로 너희는 이렇게 기도하라"의 각주 13번을 참조하라.

진멸하면 된다는 생각으로 제물로 바칠 살진 육축을 가져온 것이다 (15절). 하지만 사울 왕의 이러한 판단은 전멸(全滅)이라는 '헤렘'의 명령을 어긴 것이 됐고 이에 진노하신 여호와께서는 사무엘을 보내 사울을 질책하고 그의 왕위를 폐한다(26절). 자신의 잘못된 판단으로 신의 뜻을 범한 사울의 잘못을 사무엘은 '사술의 죄', '우상숭배'로 규정했다(23절).

한편 신의 은총과 백성들의 지지 속에 사울에 이어 왕위에 오른 다윗은 취임 후 약 20년 동안 강력한 통일왕국을 건설할 수 있었다. 그런데 즉위 후 승승장구하던 다윗 왕의 발목을 잡은 사건이 터졌다. 이른바 '밧세바 사건'이다(삼하 11:1-27). 전장에 나가 있던 충신 우리아의 아내 밧세바를 범한 다윗 왕은 그녀의 임신 소식을 듣고는 이 사실을 숨기기 위해 온갖 치졸한 방법을 써보지만 실패한다. 그러자 다윗 왕은 우리아를 치열한 전장에 내보내 전사하게 한 후 밧세바를 후궁으로 맞는다. 신하의 아내를 강제로 범하고 그것도 모자라 나라의 충신을 승산 없는 전장에 내보내 죽게 한 다음 그의 아내를 취하는 다윗, 이 얼마나 파렴치한 군주가 아닌가? 다윗 왕의 추악한 범죄에 진노하신 여호와께서는 나단 선지자를 보내 질책한 뒤 다윗과 그의 가문에 징벌을 선포하고(삼하 12:9-12) 밧세바가 낳은 아기의 생명을 거두신다(15-23절).

그런데 무슨 이유인지 사울 왕과 달리 다윗의 왕위는 폐위되지 않았다. 오히려 밧세바의 아들 솔로몬에 의해 다윗의 왕위가 계승되고 이후 다윗 왕가는 약 420년 동안 굳건히 보전된다. 사울 왕가의 비참한 최후와 비교할 때 다윗 왕가의 존속은 이해하기 힘든 대목이다. 죄의 경중을 따지자면 다윗의 죄가 사울의 그것보다 훨씬 무겁고 잔악하다. 사울 왕은 신의 명령을 받들어 직접 군대를 지휘하고 전장에 뛰어들어 혁혁한 전과를 이뤄냈다. 아말렉 족속의 육축들을 처리하지 못한 오점은 남겼지만 그것이 다윗 왕의 치졸하고 추악한 범죄보다 나쁘다 할 수 없다. 나라를 지키기 위해 전장에 나간 신하의 아내를 범하고, 완전 범죄를 위해 신하를 간접 살인하여 결국 그의 아내를 취하는 다윗. 끊이지 않는 그의 추악한 범죄는 10여 년 광야 도피 생활이라는 혹독한 시련을 은총으로 통과하고 왕위에 오른 사람의 행위라고는 도저히 믿기지 않는다.

이토록 파렴치한 죄를 저지른 다윗의 왕위는 보전되고, 목숨 걸고 싸운 사울은 한 번의 잘못으로 인해 폐위당할 뿐 아니라 그의 가문은 몰락의 길을 걷게 된다(삼상 31:1-13). 이건 불공평한 처벌이 아닌가? 누가 보더라도 사울보다 다윗의 죄가 훨씬 무겁고 크다. 사울보다 다윗에게 더 큰 처벌이 내려져야 마땅한데도 다윗은 그의 생명과 왕위를 보존 받은 반면,9 전쟁에서 승리한 사울은 폐위와 함께 일가가 비참한 최후를 맞이했다. 무엇이 이런 판단을 가능하게 했을까? 의구심을 풀 수 있는 실마리를 범죄 이후 사울과 다윗의 참회에서 찾을 수 있다. 사무엘의 추상같은 질책을 들은 사울 왕은 다음과 같이 변명한다.

> 그것은 무리가 아말렉 사람에게서 끌어온 것인데 백성이 당신의 하나님 여호와께 제사하려 하여 양과 소의 좋은 것을 남김이요.
> (삼상 15:15)

---

9 물론 다윗에게는 인간이 겪는 고통 중 가장 큰 고통인 자식의 죽음이라는 형벌이 내려졌다(삼하 12:15-18). 그것도 부모의 잘못 때문에 자식이 죽었다면 인간으로서 이보다 더한 아픔은 없을 것이다.

나는 실로 여호와의 목소리를 청종하여 여호와께서 보내신 길로 가서 아말렉 왕 아각을 끌어왔고 아말렉 사람을 진멸하였으나 다만 백성이 그 마땅히 멸할 것 중에서 가장 좋은 것으로 길갈에서 당신의 하나님 여호와께 제사하려고 양과 소를 취하였나이다. (삼상 15:20-21)

사울 왕의 변명은 이렇다. 아말렉 족속의 육축을 끌고 온 것은 자신이 아니라 백성, 곧 군사들이었으며 전리품으로 신께 바치기 위한 목적이었다는 것이다. 즉, 자신은 신의 명령에 따라 아말렉 족속을 쳐서 승리하여 왕까지 생포했는데 부하들이 신께 제물로 드리기 위해 육축을 가져온 것이라는 주장이다. 사울 왕의 변명을 요약하면, 자신은 책임이 없고 부하들에게 책임이 있다는 '남 탓' 논리다. 전장에서 군대를 진두지휘한 왕이 자신이 통솔한 군사들에게만 책임이 있고 그들을 통솔한 자신은 책임이 없다고 강변하는 것은 지휘관으로서, 왕으로서 무책임한 자세다. 자신이 통솔하는 부하들과 구성원들에 대해서도 책임을 지는 사람이 진정한 리더이기 때문이다. 부하의 실수나 잘못에 대해 상관으로서 책임을 회피하고 남 탓만 하는 사울 왕을 다윗과 비교해보자.

사울 왕에게 사무엘 대선지자가 있었다면 범죄한 다윗에게는 나단이라는 선지자가 준비되어 있었다. 여호와께서는 나단 선지자를 다윗에게 보내서 은폐된 그의 죄악을 통렬하게 지적한다(삼하 12장).

어찌하여 네가 여호와의 말씀을 업신여기고 나 보기에 악을 행하였느뇨 네가 칼로 헷사람 우리아를 죽이되 암몬 자손의 칼로 죽이고 그 처를 빼앗아 네 처를 삼았도다. (삼하 12:9)

쥐도 새도 모르게 저질렀던 자신의 악행이 선지자의 입에서 줄줄이 폭로될 때 다윗의 표정이 어떠했을까? 다음의 본문들이 당시 다윗의 심정을 잘 보여준다.

> 다윗이 나단에게 이르되 내가 여호와께 죄를 범하였노라. (삼하 12:13)
>
> 대저 나는 내 죄과를 아오니 내 죄가 항상 내 앞에 있나이다 내가 주께만 범죄하여 주의 목전에 악을 행하였사오니. (시 51:3-4)
>
> 주의 얼굴을 내 죄에서 돌이키시고 내 모든 죄악을 도말하소서. (시 51:9)

신의 질책을 들은 사울과 다윗의 태도는 사뭇 대조적이다. 앞에서 본 바와 같이 사울은 변명으로 일관했다. 자신은 잘못이 없다고 주장하며 모든 책임을 부하들에게 떠넘긴다. 그리고는 자신의 공적을 강변하기에 바쁘다. 반면에 다윗은 변명하지 않는다. 다 인정한다. 왕궁 근처에서 외부인의 눈에 띌 수 있는 상태로 목욕을 한 밧세바의 경거망동을 탓하지 않는다. 모두 자신의 잘못임을 고백하고 진정으로 참회한다.

사울은 뒤늦게 죄를 인정하는 모습을 보였지만(삼상 15:24) 그것은 자신의 악행에 대한 심판이 이미 내려진 후의 일이다. 아말렉 성 안의 육축들을 전리품으로 취함으로써 헤렘의 명령을 어긴 것은 분명히 잘못이다. 하지만 그것이 다윗의 죄악보다 더 무겁다고 할 수 있을까? 다윗에게는 신의 말씀을 업신여겼다는 질책이 내려진다(삼하 12:9). 백번을 양보해도 다윗의 죄악이 사울의 그것보다 결코 가볍지 않다. 따라서 우리는 사울과 다윗의 죄 양상의 차이를 참회의 진정성에서 찾아야 한다. 사울은 자신의 잘못을 인정하지 않았고 도리어 부하들을 탓했다. 정직하지 못한 태도다. 반면, 다윗은 누구도

참회하는 다윗 왕

탓하지 않았다. 칠흑 같은 밤에 왕궁 근처 자택에서 불을 밝혀놓고
나신을 드러낸 채 목욕한 여인을 원망하지 않았다. 다윗은 정직하게
자신의 잘못을 시인했다. 범죄 이후의 정직한 태도와 정직하지 못한
태도, 잘못의 인정과 불인정, 이것이 사울과 다윗의 차이다. 이 차이
점을 한마디로 말하면 '내 탓 vs. 남 탓'이다.

　사울과 다윗의 운명을 갈라놓은 것은 순종과 불순종의 문제가 아
니다. 사울은 신의 명령에 따라 군사를 이끌고 아말렉 족속을 공격
했다. 왕으로서 직접 전쟁터에 뛰어들었다. 목숨을 걸고 신의 뜻을
순종한 것이다. 비록 한 번의 잘못된 판단으로 헤렘의 명령에 100퍼
센트 충실하지는 못했지만 이스라엘의 오랜 숙적이자(삼상 15:2) 여
호와의 대적이기도 한(출 17:14-16) 아말렉 족속을 진멸하고 왕을
생포한 사울의 공로는 크다고 할 수 있다. 그럼에도 사울은 버림을
받고 그의 아들들까지 비참한 최후를 맞는다. 따라서 사울과 다윗에

대한 심판의 기준을 순종과 불순종의 관점에서 찾는 것은 옳지 않다. 다윗보다 중죄를 지었다고 할 수 없는 사울은 폐위되고, 사울보다 파렴치한 범죄를 저지른 다윗의 왕위는 보호받는 이 모순된(?) 상황을 해결해 줄 수 있는 단서는 그들이 보여준 참회의 양상이다. 두 사람 모두 범죄 이후 선지자들을 통해 고발되고 신의 책망을 들었다. 그리고 두 사람 모두 책망 직후 참회의 모습을 보였다. 하지만 참회의 양상이 달랐다. 사울은 남 탓, 다윗은 내 탓. 두 사람의 운명은 여기서 갈렸다. 만일 사울이 사무엘의 책망을 듣고 부하들을 탓하지 않고 자신이 책임지려 했다면 어찌 됐을까? 만일 다윗이 나단 선지자의 책망을 받고도 참회하지 않고 밧세바나 신하들을 탓했다면 신은 그를 어떻게 처리했을까? 사울의 남 탓은 왜 신의 뜻에 부합하지 않았고 다윗의 내 탓은 왜 부합했는가? 그 해답의 실마리를 창세기의 아담 하와 이야기에서 찾을 수 있다.

실낙원의 진짜 이유:
남 탓 vs. 내 탓

창세기 아담 하와 부부 설화의 핵심은 실낙원(失樂園), 즉 허락된 에덴동산에서 추방됐다는 점이다. 신께서 직접 조성한 에덴동산에 아담 부부는 집사로 임명되어 그곳을 돌보는 직임을 맡았다(창 2:8, 15). 그런데 무슨 이유인지 얼마 안 있어 그들은 에덴에서 쫓겨난다(창 3:23-24). 그사이에 무슨 일이 있었기에 신은 자신이 친히 집사로 임명한 그들을 쫓아낸 것일까? 무언가 중대한 일이 벌어진 게 틀림없다. 전통적으로 교회는 실낙원의 원인을

미켈란젤로의 <천지창조> 성 시스티나 성당/로마

'원죄'(original sin)의 개념으로 설명해왔다. 즉, 아담 하와 부부가 에
덴동산에서 추방된 이유는 선악과를 먹지 말라는 신의 명령을 순종
하지 않았기 때문이고 결국 신에 대한 불순종이 원죄의 본질이며 따
라서 모든 인간은 출생과 함께 원죄의 굴레 속에 놓여 있다는 것이
기독교의 원죄론이다. 그렇다면 과연 이러한 전통적 원죄론은 창세기
본문의 이야기를 잘 반영하고 있을까? 본문을 따라가면서 질문의 답
을 찾아보자.

> 아담에게 이르시되 네가 네 아내의 말을 듣고 내가 너더러 먹지
> 말라 한 나무 실과를 먹었은즉 땅은 너로 인하여 저주를 받고 너
> 는 종신토록 수고하여야 그 소산을 먹으리라. (창 3:17)

창세기 3장 17절은 선악과 취식 금지 명령을 불순종한 아담에게
책망이 주어지는 장면이다. 불순종의 결과로 주어진 처벌은 땅의 저
주와 고역(苦役)이다. 아담의 불순종으로 인해 땅이 저주를 받게 되
고 아담은 그 저주받은 땅에서 고된 경작을 해야 연명할 수 있게 되

었다. 그런데 에덴동산에서의 추방은 이 처벌에선 언급되지 않다가 하와에 대한 책망과 처벌이 끝난 뒤에 이뤄진다.

> 이 사람이 선악을 아는 일에 우리 중 하나같이 되었으니 그가 그 손을 들어 생명나무 실과도 따 먹고 영생할까 하노라 하시고 여호 와 하나님이 에덴동산에서 그 사람을 내어 보내어 그의 근본 된 토지를 갈게 하시니라. (창 3:22-23)

본문 3장 17절에 따르면, 여호와의 명령을 불순종한 결과로 주어진 처벌은 땅의 저주와 고역이다. 그런데 본문 22-23절이 말하는 에덴동 산 추방의 이유에 주목해보자. 본문에 따르면 신이 아담과 하와를 에 덴에서 추방하는 것은 선악과 취식으로 선악을 알게 된 상태에서 생 명나무 실과까지 먹어 영생하는 것을 방지하기 위해서다. 창세기 본 문의 서사에 따르면, 에덴동산에서의 추방은 불순종의 직접적 결과나 불순종에 대한 직접적 처벌이 아니다. 아담의 불순종에 대한 직접적 처벌은 땅의 저주와 그로 인한 고된 경작이다. 아담과 하와를 추방한 것은 불순종의 상태에서 생명나무 과일 취식으로 인한 영생, 즉 범죄 상태의 영속(永續)을 막기 위한 일종의 보호와 배려의 조치다. 추방 전에 여호와께서 손수 가죽옷을 만들어서 아담 하와에게 입히고, 추 방 후에는 생명나무로의 접근을 막기 위해 천사들을 생명나무로 이 어진 길목에 배치했다는 점이 이를 뒷받침한다(21, 24절).

여기까지의 분석에 따르면, 신의 말씀에 대한 불순종이 원죄의 본 질이고 그 원죄가 낙원을 잃어버린 직접적 원인이라는 전통적 견해 에는 수정이 필요해 보인다. 선악과 취식 또는 불순종이 아담 하와의 죄의 양상인 것은 맞다. 또 그 불순종이 에덴 추방의 원인인 것도 부 인할 수 없다. 선악과를 먹지 않았다면 이 모든 불상사(땅의 저주, 고된 노역, 출산의 고통, 에덴 추방)가 발생하지 않았을 것이니까. 하지만 아담 하와의 죄, 즉 원죄의 양상을 단순히 불순종으로만 규정하는 것이 과연 창세기 본문의 서사에 부합되는가? 말씀에 대한 불순종이 원죄의 본질이라면 아담 하와는 신의 사전 경고대로(창 2:17; 3:3) 바로 죽임을 당했어야 했다. 흥미로운 것은 선악과 취식의 결말에 있어서는 신이 틀렸고 뱀이 맞았다는 사실이다. 아담 하와는 취식 직후에 죽지 않았고 그 이후에도 죽기는커녕 신의 세심한 배려를 누리게 된다(창 3:21-24).[10] 신처럼 눈이 밝아져 선악을 알게 될 것이라는 뱀의 예언이 오히려 맞았다고 볼 수 있다(창 3:4-11).

> 뱀이 여자에게 이르되 너희가 결코 죽지 아니하리라 너희가 그것을 먹는 날에는 너희 눈이 밝아 하나님과 같이 되어 선악을 알 줄을 하나님이 아심이니라. (창 3:4-5)

> 이에 그들의 눈이 밝아 자기들의 몸이 벗은 줄을 알고 무화과나무 잎을 엮어 치마를 하였더라. (7절)

선악과 취식 전 뱀의 말과 취식 후 아담 하와에게 나타난 변화를 비교해보면 '눈이 밝아졌다'(이하 '개안'[開眼])[11]는 공통점이 있다. 그렇다면 '개안'의 증상인 5절의 '하나님과 같이 되어 선악을 앎'과 7절의 '몸이 벗은 줄을 앎'은 유사한 의미로 이해될 수 있다. 다시 말해서, 선악과 취식 후 아담 하와는 신의 영역인 선악 분별의 능력

---

10 기독교의 전통적 '아담-예수 그리스도 모형론'은 "정녕 죽으리라"는 신의 경고가 '아담 및 그 후손의 영적 죽음' 또는 '마지막 아담인 예수 그리스도의 죽음'(고전 15:45)을 의미한다고 본다. 필자는 이 모형론을 부인하지는 않지만 본서에서는 본문의 서사 구조에 초점을 두고 실낙원 사건을 분석하고자 한다.

11 창세기 3장 7절의 개역한글판 성서는 "그들의 눈이 밝아져"라고 번역됐지만 히브리어성경과 칠십인역은 '그들의 눈이 열려'라고 기록하고 있다.

을 갖게 되었고 그 결과 자신들의 나신(裸身)을 깨닫게 된 것이라고 정리할 수 있다. 취식 전 뱀의 말(창 3:4-5)과 취식 후의 변화(7절)를 선악과 관련 신의 경고(창 2:17)와 비교해보면 '개안'의 의미와 결과가 무엇인지 명확하게 드러난다.

> 선악을 알게 하는 나무의 실과는 먹지 말라 네가 먹는 날에는 정녕 죽으리라 하시니라. (창 2:17)

신이 경고한 선악과 취식의 결과는 '죽음'이다. 그런데 아담과 하와는 죽지 않았다. 오히려, 앞에서 살펴본 바와 같이, 신의 보호와 배려를 받는다. 이런 이유로 신의 경고는 아담 하와의 영적 죽음으로 해석된다. 선악과 취식의 결과를 신은 '영적 사망'으로, 뱀은 '개안'으로 정의한다. 여기에 선악과 취식 후 아담 하와의 변화에 대한 7절의 설명을 보태면 신이 선언한 아담 하와의 '영적 사망'과 뱀이 말한 '개안'은 동일 현상에 대한 다른 관점이라고 볼 수 있다. 다시 말해서, 선악과 취식의 결과가 인간의 관점에서는 '개안', 곧 '선악 분별력'이고 신처럼 되는 것이지만, 신의 관점에서 그것은 곧 영적 사망을 의미한다. 즉, 아담 하와의 '영적 사망'과 '선악 분별력'은, 동전의 양면과 같이, 동일 사건의 두 가지 양상인 것이다. 여호와께서 경고한 아담 하와의 영적 죽음은 인간이 '신처럼 되는 것', 즉 선과 악을 분별하는 능력과 권한을 갖게 되는 것을 의미한다.[12] 피조물이

---

12 '선악 분별력'이 인간에게 영적 죽음의 결과로 이어진다는 실낙원의 교훈은 마태복음의 '가라지 비유'(13:24-30)의 교훈과 맞닿아 있다. 천국을 상징하는 밭 주인은 종들의 악(가라지) 제거 시도를 반대하고 선악 공존을 주창한다. 종들의 선악 구별 능력을 신뢰할 수 없으며 악을 제거하려다 선에게까지 피해가 미칠 수 있다는 것이 반대 이유다. 비유에서 인간(종들=예수의 제자들)의 '선악 분별'은 신의 뜻과 배치된다. 알곡까지 뿌리째 제거되는 회복 불능의 결과를 초래할 위험이 있는 인간의 선악 분별력은 따라서 '사망의 힘'이며 이 '사망의 힘'을 소유하여 휘두르는 것은 곧 인간에게 영적 죽음을 유발한다고 할 수 있다. 사망을 초래하는 '선악 분별'의 참

창조주의 영역, 창조주의 권한을 일부 공유하는 것, 그것이 선악과 취식의 결과이며 동시에 취식 금지의 이유였다.

영적 사망이 곧 선악 분별력을 뜻한다는 것은 선악과 취식 직후, 그리고 아담과 하와에 대한 처벌 전에 전개된 상황에서 확인된다. 선악과를 먹은 후 여호와의 음성을 듣고 두려워 숨은 아담과 하와 부부를 여호와께서 불러내어 그들과 대화를 나누는 장면(창 3:9-13)은 흔히 에덴동산 사건 이해에 있어 큰 주목을 받지 못했다. 66권 신구약 성서 이해의 출발점인 창세기, 그중에서도 최초 인간의 범죄와 징벌, 그리고 구원과 회복에 관한 장대한 파노라마의 시원(始原)이 되는 창세기 2장과 3장에서 무려 5개 구절로 묘사된 장면이 존재감 없는 본문으로 간주되는 건 이해하기 어렵다. 이 장면은 신이 아담을 부르는 것으로 시작된다.

> 여호와 하나님이 아담을 부르시며 그에게 이르시되 네가 어디 있
> 느냐. (창 3:9)

이 본문에도 흥미로운 요소가 군데군데 숨겨져 있다. 아담 하와가 함께 잘못을 하고 함께 숨었는데 신은 아담을 부르신다. 하와가 먼저 선악과를 먹었고 남편이 먹도록 사주했으니 하와가 주범이고 아담은 공범이다. 순서를 따지자면 하와를 먼저 불러 문초를 하는 것이 맞다. 그런데도 신은 아담을 먼저 불렀다. 아담의 대답 역시 흥미롭다.

> 내가 동산에서 하나님의 소리를 듣고 내가 벗었으므로 두려워하여
> 숨었나이다. (10절)

담한 결말에 관하여는 본서 "제5장 두 번째 기도"를 보라.

아담이 말하는 숨은 이유는 벌거벗음이다. '신께서 벌주실 것 같아 숨었습니다'라는 변명을 기대한 독자가 있다면 그것은 독자들의 유년 시절 경험이 반영된 선입관일지 모른다. 부모님이 애지중지하는 도자기를 깨뜨리고는 혼날 것이 무서워 장롱 속에 숨었던 어린 시절의 기억이 있는 독자라면 아담의 대답이 의아스러울 것이다. 선악과를 먹은 아담 하와 부부가 두려워했던 것은 처벌이 아니라 그들의 벌거벗음 그 자체였다: "내가 벗었으므로 두려워하여." 앞에서 언급된 바와 같이 선악과 취식 직후 아담 하와에게 나타난 증상은 '개안'이었으며 개안의 결과 자신들의 나신(裸身)을 깨닫게 된다. 아담 하와는 선악과 취식 이전부터 벗은 몸이었지만 나뭇잎 덮개를 만들어 그들의 나신을 가린 것은 선악과 취식 직후다. 이 장면에서 우리는 아담 하와가 덮개로 나신을 가린 이유가 창피함보다는 두려움 때문이었음을 알 수 있다. 선악과를 먹기 전에는 몰랐던 창피함이(창 2:25) 먹고 나서 깨달아졌다는 것은 본문의 정황에 맞지 않는다. 아담과 하와에 대한 책망과 처벌을 내린 직후 하나님께서 그들을 위해 가죽옷을 만들어 입힌 것도 창피함을 가려준다는 의미보다는 그들의 두려움을 완화해주기 위한 조치다. 동생 아벨을 죽인 가인이 자신에 대한 처벌의 과중함과 피살 위협을 호소하자 가인에게 표를 주어서 살해 위협의 두려움을 해소시켜 준 장면(창 4:9-15)은 이러한 견해를 뒷받침한다.

정리해보자. 선악과 취식 후 아담 하와가 숨은 이유는 나신의 창피함 때문이 아니고 처벌 때문도 아니었다. 두려움 때문이었다. 그 두려움의 대상은 '벌거벗음'이다. 즉, 선악과 취식의 증상이 '개안'이고 그 개안의 결과 벌거벗음을 두려워하게 된 것이다. 이전부터 벌거벗었음에도 선악과 취식 후에야 벌거벗음이 두려워져 그것을 가리고 또 그 두려움 때문에 숨었다는 것은 벌거벗음을 악하다고 판단했다는 의미다.[13] 그리고 이것은 아담 하와가 선함과 악함을 분별하고 판단하는 신의 영역, 곧 양심을 경험하게 되었다는 의미이기도 하다.[14]

선악과 취식으로 선악 분별의 능력을 갖게 되었음을 뒷받침하는 또 다른 증거가 하나님과의 대화 장면에 나타난다. 아담의 답변을 들은 하나님이 아담에게 묻는다.

> 가라사대 누가 너의 벗었음을 네게 고하였느냐 내가 너더러 먹지 말라 명한 그 나무 실과를 네가 먹었느냐. (창 3:11)

매서운 책망이 내려질 것 같은 상황에서 하나님은 오히려 질문을 두 차례 던진다. 앞에는 벌거벗음을 알게 된 경위(A)에 관한 질문이고, 뒤에는 선악과 취식 사실 확인(B)을 위한 질문이다. 어린 시절 도자기 사건을 추억하는 독자들이라면 앞에서 아담의 이상한(?) 변명(10절)에 의아했을 것이고 이번에는 하나님의 태도에 또 한 번 의문을 가질 수밖에 없을 것이다. 잘못에 대한 엄한 꾸중이 예상되는 대목에서 질문이라니? 그리고 만일 이 질문들이 범죄자에 대한 취조의 성격이라면 질문 순서는 B 다음 A가 돼야 하지 않을까? 먼저 사실 확인을 한 후에 경위를 파악해야 하는 것이 순서일 것이다.

---

13 신구약 성서에서 신의 은총, 속죄, 하늘나라와 직결된 것으로 일관되게 묘사되는 '회개' 또는 '참회'가 '신 앞에 선 인간의 벌거벗음'을 의미한다고 볼 때 벌거벗음이 두려워 숨는 아담 하와 부부의 선악과 취식 후 증상은 '회개' 또는 '참회'와는 반대 상황이라고 할 수 있다.

14 프로이트의 정신분석학에 따르면 인간의 정신(또는 심리)은 이드(id, 본능 및 충동의 영역), 자아(ego, 이성 영역), 초자아(super-ego, 양심의 영역)로 구분되는데 이 중 초자아는 서로 상반된 이중적 기능, 즉 자신을 비판하는 기능과 자신을 보호하는 기능을 함께 수행한다(참조. 한국교육심리학회, 『교육심리학 용어사전』[서울: 학지사, 2000], 410). 이런 관점에서 볼 때, 선악과 취식 이후 아담 하와에게 나타난 행동, 즉 벌거벗음을 가리고 두려워 숨은 것은 초자아의 '자기보호 기능'(나신을 가리고 숨음)과 '자기비판 기능'(나신을 두려워함)이 같이 작동된 것으로 볼 수 있다.

그런데 하나님은 경위를 먼저 묻는다. 하나님의 관심이 범죄 사실보다 벌거벗음의 인식에 있음을 보여주는 대목이다. 뭔가 이상하다. 양측이 주고받는 대화가 상식과 관례를 벗어나 있으니 말이다. 하나님이 하지 말라는 걸 했으니 야단과 징벌을 두려워해야 할 텐데 정작 아담이 두려워한 것은 자신의 벌거벗음이었다. 그리고 불순종한 아담을 엄하게 꾸짖어야 할 상황에서 하나님은 질문을 던진다. 게다가 이 질문들은 이미 하나님이 답을 다 알고 있는 질문들이다. 하와에 대한 질문("네가 어찌하여 이렇게 하였느냐"[13절])도 굳이 답이 필요 없는, 답을 다 알고 있는 질문이다. 더욱 흥미로운 것은 아담과 하와에게는 질문이 주어진 반면, 뱀에게는 질문하지 않았다는 점이다(14절). 아담의 대답이 궁금하다.

> 아담이 가로되 하나님이 주셔서 나와 함께하게 하신 여자 그가 그
> 나무 실과를 내게 주므로 내가 먹었나이다. (12절)

아담이 숨은 이유가 하나님의 꾸중과 처벌을 두려워해서가 아니었다는 점이 그의 대답에서 더 명확해진다. 도자기 깨뜨린 자신을 꾸짖는 부모에게 '그렇게 귀한 도자기였다면 안전한 곳에 두셨어야죠. 아무 데나 두시니까 깨졌죠.'라고 말한다면 그 아이는 혼날 것이 두려워서 숨은 아이는 아닐 것이다. 아담이 꼭 이 아이와 같지 않은가? 12절에 나타난 아담의 태도를 보면 그가 정말 신을 두려워하는가라는 의구심이 든다. 선악과 취식을 아내의 탓으로 돌리고 있다. 그뿐 아니라 "하나님이 주셔서 나와 함께하게 하신 여자"라는 표현은 하와를 넘어 신까지 탓하는 뉘앙스다. 자신은 하와가 먹으라고 해서 먹었을 뿐이고 게다가 하와는 하나님께서 짝 지워 주셨으니 하

나님도 일정 부분 책임이 있다는 논리다. 참 뻔뻔하고 무책임한 변명이다. 아담이 신의 처벌을 두려워했다면 이렇게 말할 수는 없을 것이다. 아담의 허무맹랑한 '남 탓' 주장은 바로 선악과 취식의 결과, 곧 '개안'으로 인한 것이다.[15] 선악과 취식으로 나타난 선악 분별의 능력으로 교묘하게 자기를 변명하고 하와와 하나님에게 책임을 전가하는 아담의 터무니없는 대답을 들은 하나님께서 이번에는 하와에게 묻는다.

　　　네가 어찌하여 이렇게 하였느냐. (13절上)

하와가 주범이므로 아담보다 더 매서운 꾸중과 추궁이 예상되건만 의외로 하와에게 주어진 질문은 매우 간단하다. 남편이 자신을 주범으로 지목하고 발뺌하는 걸 들어서일까? 하와도 변명하기에 바쁘다. 뱀의 유혹에 넘어가 남편까지 범죄하게 한 주범이면서도 잘못을 인정하기는커녕 뱀을 탓한다. 하와의 답변을 들은 하나님께서는 뱀에게는 묻지 않고 곧바로 처벌을 내린다.

지금까지 하나님과 아담 하와 부부의 질의응답 장면을 통해 나타난 사실을 정리해 보자. 범죄한 아담 하와는 신의 처벌이 두려워 숨은 것이 아니라 선악과 취식으로 자신들의 나신을 보고 이를 두려워하여 숨었다. 신은 아담 하와 부부에게 처벌을 내리기 전에 질문을 먼저 던진다. 모든 정황을 다 아는 신께서 일부러 질문을 하는 장면이 의문이다. 이 의문을 해결하기 위해 다시 어린 시절 도자기 사건으로 돌아가 보자. 고가의 도자기가 깨진 것을 발견한 엄마는 아이

15　각주 14번에서 언급한 바와 같이, 신 앞에서 아담 하와의 '남 탓'은 선악과 취식 후 초자아의 자기보호 기능이 작용한 결과라고 할 수 있다.

를 부른다. 혼날 것이 두려워[16] 자기 방에서 숨죽이고 있던 아이는 떨리는 마음으로 방에서 나온다. 조심하라고 그토록 주의를 주었는데도 깨버렸으니 '이젠 끝이구나' 하며 눈을 질끈 감고 엄마 앞에 선다. 그런데 혼낼 줄 알았던 엄마가 갑자기 아이에게 묻는다. "○○야. 이 도자기, 네가 깼니?" 귀중한 도자기를 깨버린 아이를 야단치고 당장 벌을 주어야 하건만 엄마는 아이에게 사실 여부를 묻는다. 아이가 깼다는 것을 다 알고 있으면서도 즉시 벌하지 않고 물어보는 엄마의 마음은 어떤 마음일까?

그것은 용서의 마음이다. 모든 정황상 즉결 처분이 가능한데도 그렇게 하지 않고 사실 관계를 묻는 것은 아이를 용서하고픈 부모의 마음이다. 자녀가 잘못을 했을 때 즉결 심판하는 부모는 없다. 부모라면 벌하기 전에 먼저 묻는다. "네가 그랬니? 왜 그랬니?" 묻는 목적은 처벌이 아니라 용서에 있다. 자기 잘못을 인정하는 자녀를 용서하지 않을 부모는 없다. 제아무리 큰 잘못을 했더라도 부모 앞에서 정직하게 인정하면 너그러이 용서하는 것이 부모 마음이다. 엄마는 모든 사실을 알고 있다. 사실 관계를 몰라서 묻는 것이 아니다. 아이가 엄마 앞에서 잘못을 인정하기를 바라는 것이다. 엄마는 이미 용서할 준비를 끝내고 묻는 것이다.

아담과 하와에 대한 신의 질문도 같은 의미로 볼 수 있다. 아담이 숨은 곳을 아는 하나님이 '아담아, 어디 있느냐'고 물은 것, 모든 정황을 다 알고 있는 하나님이 사실 관계를 물은 것, 그것은 부모 마음이다. 이미 용서를 준비해놓고 아담의 정직한 고백을 원했던 것이

---

16 아이는 엄마의 처벌이 두려워 숨었고 아담 하와는 벌거벗음이 두려워 숨었다는 점에서 두 사건은 차이를 보이지만 이후 전개 과정이 유사하다.

다. 자신의 잘못을 인정하면 모든 것을 용서할 생각이었다. 그러나 아담은 잘못을 인정하기는커녕 도리어 아내를 탓하고 나아가 하나님까지 탓한다. 엄마가 용서를 준비했다는 사실을 모른 채 엄마를 탓하는 아이. 그 아이를 지켜보는 엄마의 심정은 얼마나 안타까울까? 신의 마음은 그런 마음이지 않았을까? 아담의 터무니없는 변명에 화가 나서 당장 두 부부에게 벌을 내릴 만도 하지만 어찌 된 일인지 신은 하와에게도 물었다. 하와의 대답이 궁금하다.

　　뱀이 나를 꾀므로 내가 먹었나이다. (13절下)

　아담과 하와의 대답에는 두 가지 공통점이 있다. 하나는 먹은 사실은 인정한다는 점이고, 또 하나는 남 탓을 한다는 점이다. 즉, 선악과 취식은 인정했지만 자신의 잘못은 인정하지 않았다. 사실 인정과 잘못 불인정. 부부라서 그런가? 사전에 입을 맞춘 것일까? 아무튼 부부는 일심동체였다. 하와의 '남 탓'을 확인한 하나님은 뱀에게는 질문 없이 즉결 처분을 내리고(14절) 이어서 부부에게도 벌을 내린다(16-17절).[17]

　앞에서 제기한 의문점으로 다시 돌아가자. 선악과 취식 후 즉결 처분을 할 수 있는 상황에서 굳이 아담 하와에게 다가가 질문을 하고 대답을 듣는 이 의문의 장면을 도자기를 깨뜨린 아이와 엄마의 대화 장면에 비춰 생각해보자. 부모는 자식이 큰 잘못을 했어도 용서하고 싶다. 그것이 부모 마음이고 부모의 뜻이다. 이런 부모의 뜻을 이해한다면 아이는 부모 앞에서 잘못을 인정하고 용서를 구했을

---

17 여성이며 아내인 하와에게 출산과 남편 사모함이 형벌이라고 할 수 있는지, 그리고 아담에게 땅 경작의 수고가 불순종에 대한 처벌로 볼 수 있는지에 관해서는 의문이 남는다.

것이다. 하나님은 부모의 마음으로 아담에게 다가갔다. 즉시 처벌하지 않고 아는 사실을 되묻는 의도를 아담이 깨닫고 모든 걸 시인하고 용서를 구하기를 기대하고 물은 것이다.[18] 하지만 아담은 취식 사실을 인정하면서도 잘못은 인정하지 않고 오히려 아내와 하나님을 탓했다. 만약 아담이 하나님의 마음을 헤아리고 뜻을 깨달아서 자기 잘못을 인정했다면 하나님이 벌을 내렸을까? 아니다. 그렇지 않다. 부모 마음을 가진 하나님께서는 모든 것을 용서했을 것이다. 처벌도 하지 않았을 것이고 따라서 에덴에서의 행복한 삶도 중단되지 않았을 것이다. 용서하고픈 하나님의 마음, 질문하는 하나님의 뜻을 깨달아 아담과 하와 둘 중 한 사람만이라도 남 탓하지 않고 내 탓입니다(내 잘못입니다)고 시인했다면 두 사람에 대한 처벌과 추방 조치는 내려지지 않았을 것이다.

요약하면, 범죄한 아담 하와 부부와 하나님의 대화 장면은 신의 뜻이 처벌보다 용서에 있다는 점, 그리고 아담과 하와 각자에 대한 질문은 참회와 용서의 기회를 주기 위한 것이라는 점을 보여준다. 에덴동산의 선악과 사건을 통해 나타난 신의 뜻은 '내 탓이오'인데 아담 하와가 '남 탓이오' 함으로써 용서의 기회(신은 용서할 기회, 아담 하와는 용서받을 기회)는 사라지고 실낙원의 비극은 막을 수 없었다. 선악과 취식은 곧 신에 대한 불순종이고 그 불순종이 원죄의 양상인 것은 맞다. 하지만 신과 아담 하와의 관계에 있어서는 그 불순종이 신의 처벌의 직접적 그리고 최종적 원인이라고 확정하기 어렵다는 점이 창세기 본문의 서사 분석을 통해 밝혀졌다. 만일 아담과

---

18 각주 14번과 15번에서 언급된 초자아의 이중적 기능 중 자기비판 기능이 곧 '내 탓' 논리에 해당한다. 따라서 아담 하와를 향한 신의 거듭되는 질문은 선악과 취식으로 깨어난 초자아의 자기비판 기능의 작동을 촉구한 행위로 볼 수 있다.

하와에게 '남 탓 변명'이 아닌 '내 탓 고백'이 있었다면 처벌이 내려 졌을까? 에덴에서 추방됐을까? 하나님은 참회와 고백의 기회도 주지 않고 즉결 처벌하는 무자비한 신인가? 한 번의 불순종이 처벌의 이 유라면 하나님은 옹졸한 신이 아닌가?

하지만 신구약 성서 어디에도 그런 하나님은 없다. 부모의 마음을 가진 하나님은, 용서의 마음으로 자녀의 정직한 고백을 기대하는 부 모처럼, 용서의 기회를 반드시 준다. 사울에게도 다윗에게도 사무엘과 나단 선지자를 통해 이 기회가 주어졌다. 범죄의 경중과 양상으로 보 면 사울보다 다윗에게 훨씬 엄한 처벌이 내려져야 하는데도 다윗의 왕위는 보존되고 다윗 왕가는 그 후로도 400여 년 이어진다. 반면, 목 숨을 걸고 전장에 나선 사울은 폐위되고 훗날 그의 아들들과 함께 비 참한 최후를 맞는다. 사울과 다윗의 엇갈린 운명은 그들에게 주어진 참회의 기회를 어떻게 받아들였는가에서 결정됐다. 두 사람 모두 범 죄 사실은 인정했다. 하지만 사울은 남 탓을 했고 다윗은 내 탓이라고 했다. 다윗의 '내 탓'은 자책이나 자기비하가 아니다. 책임을 지겠다 는 의미다. 동료나 부하, 다른 사람에게 책임을 전가시키지 않고 잘못 이 있으면 책임을 지겠다는 리더로서의 당당함이다. 사울은 책임을 지려 하지 않았고 부하들에게 책임을 돌렸지만 다윗은 자신의 비열함, 추악함을 인정했다. 변명하거나 남을 탓하지 않았다. 모든 책임을 스 스로 짊어졌다. 그것이 사울과 다윗의 다른 점이었다. 신 앞에서의 정 직함은 이렇게 두 사람의 상반된 운명을 결정짓는 기준이 됐다.

'내 탓':
대속 휴머니즘

        주기도문 세 번째 기도는 사람이 신의 뜻을 오해할 수 있음을 경계하면서 동시에 신의 뜻을 올바로 분별하고 순종하는 삶을 촉구한다. 신의 뜻을 오해한 결과가 무엇인지를 아담 하와의 실낙원 사건과 사울과 다윗의 이야기를 통해 확인할 수 있었다. 아담과 하와는 불순종한 자신들에게 친히 다가와서 전후사정을 묻는 신의 뜻을 이해하지 못했다. 부모의 마음도 모르고 변명만 늘어놓는 철부지 아이 같았다. 사울 왕도 마찬가지다. 혁혁한 전과를 세우고도 버림받은 것은 범죄 이후 남 탓과 자기변명으로 일관했기 때문이다.

  아담과 하와의 선악과 취식은 신에 대한 불순종이고 그 불순종이 원죄의 양상인 것은 맞다. 한 번의 불순종 때문에 아담 하와에게 처벌과 추방이 내려졌다는 전통적 해석은 그러나 하나님의 '아버지 되심'에 부합하지 않는다. 부모를 한 번 거역했다는 이유로 자녀를 벌주는 부모는 없기 때문이다. 부모는 자녀에게 기회를 준다. 사랑하는 자녀가 자신의 잘못을 부모 앞에서 인정하고 용서를 구하기를 기대하는 바로 그 마음으로 신은 아담 하와에게 다가갔다. 그리고 물었다. 아담에게, 그리고 하와에게. 하지만 돌아오는 대답은 남 탓이었다. 아담, 하와, 사울 이들은 잘못한 사실은 시인했으나 그에 대한 책임을 지려 하지 않았다. 도리어 책임을 전가했다. 아내에게, 신에게, 그리고 부하들에게. 선악과 취식으로 인해 갖게 된, 보이지 않던 것들이 보이고 모르던 것을 분별하고 판단하게 된 그 능력이 사실 인정 및 책임 전가라는 교묘한 논리를 강변하고 있는 것이다. 이는 선악과 취식의 결과이며 영적 사망의 실상이다.

'남 탓'은 이와 같이 원죄의 주요 양상이며 원죄와 함께 인간에게 전해지는 죄의 본성에 해당한다. 환경을 탓하고 배우자를 탓하고 부모를 탓하고 자식을 탓하는 '남 탓' 논리는 죄로 말미암은 사망의 논리로서 인간 사회를 분열과 싸움의 아수라장으로 만든다. 세상의 온갖 분쟁과 다툼은 '남 탓'에서 시작된다. 단란한 가정을 파괴하고 금실 좋은 부부를 갈라놓는 장본인이 '남 탓'이란 놈이다. 공고한 결속을 자랑했던 회사가 한순간에 무너지는 원인도 바로 이 녀석이다. 원죄의 후손들을 지긋지긋하게 따라다니며 파멸의 구렁텅이로 밀어넣는 원수가 바로 '남 탓'이며 이 '남 탓'이란 원수를 끝장낸 것이 십자가다. '남 탓'이라는 인류 파멸의 논리, 신의 뜻에 대항하여 구축된 사망의 논리는 그리스도의 십자가 앞에 무릎 꿇었다(고후 10:4-5).

예수 그리스도의 십자가는 인류의 죄에 대한 형벌을 대신 담당한 속죄 형틀이다. '대신' 담당한다? 이런 법이 어디 있나? 그렇다. 세상에는 이런 법이 없다. 죄를 지은 당사자가 죄의 처벌을 받아야 하는 것이 땅의 법이다. 내 잘못에 대한 책임을 내가 감당하는 것은 땅의 상식이다. 하지만 예수는 남의 죄에 대한 책임을 담당하고 십자가에 달렸다. 남의 잘못의 책임을 대신 감당한 십자가 대속은 땅에 없는 하늘의 법, '내 탓'의 클라이맥스이며 완성이다. 예수 그리스도의 대속은 아담의 후예들의 영혼에 남아 있는 '남 탓'이란 원죄의 흉터를 치료하는 강력한 생명의 연고제다. 십자가를 믿는다는 것은 영혼의 연고에 의해 원죄의 흉터가 치유됐다는 것이며, 따라서 종전의 '남 탓'의 삶에서 '내 탓'의 삶으로 전환됐다는 것을 의미한다. 예수를 믿고 따르는 것은 '남 탓'이라는 사망의 원리를 심판하고 '내 탓'이라는 생명의 원리를 온몸으로 구현한 그의 삶을 찬성하고 추구하는 것을 말한다.[19] 예수는 이 삶을 이렇게 묘사했다.

아무든지 나를 따라오려거든 자기를 부인하고 자기 십자가를 지고
나를 좇을 것이니라. (마 16:24)

남을 판단하고 탓하고 싶은 원죄의 본성을 따라가려는 나를 제어
하고 다스리는 '자기 부인'(self-denial)의 삶이 예수를 따르는 제자도
의 첫걸음이다. 인류의 죄에 대한 책임을 죽기까지 감당한 예수 그
리스도의 정신과 삶을 본받아 사는 것이 예수의 제자의 길이다.

예수 그리스도의 대속은 아담 하와의 불순종을 회복한 순종의 절
정이며(롬 5:19) 동시에 아담 하와의 불순종의 찌꺼기인 '남 탓'이라
는 사망의 문화를 생명의 문화로 치환하는 '내 탓'의 근원이다. '내
탓'은 십자가 대속의 은총으로 발현된 '신의 성품'(divine character)으
로서 원죄의 후손들의 영혼 속에 회복된 '대속 휴머니즘'(redemption
humanism)이다. 십자가 대속으로 말미암아 '남 탓'이라는 간교한 파
멸의 술수가 심판을 받고 '내 탓'이라는 대속 휴머니즘이 구현됐다.
대속 휴머니즘은 아담과 하와, 그리고 사울 왕으로 이어진 '남 탓'의
책임 전가 논리를 파쇄한다. '내 탓'은 갈라선 부부, 깨어진 가정, 흩
어진 공동체를 회복시키는 화합의 휴머니즘이다. 갈보리 언덕에 우
뚝 선 십자가는 '남 탓'으로 점철되었던 원죄의 역사를 끝내고 '내
탓'으로 건설되는 의의 새 역사를 이 땅에 시작했다.

주기도문 세 번째 기도는 창세기 실낙원의 비극을 회복하고 이 땅
에서의 신국(神國) 건설의 이상을 꿈꾸는 원대한 비전을 선포한다.

---

19 '남 탓'의 삶에서 '내 탓'의 삶으로의 전환을 회개 또는 회개의 결과라고 할 수 있다. 그렇다면
예수 공생애의 첫 일성 "회개하라 천국이 가까이 왔느니라"(마 4:17)는 '남 탓'이라는 사망의
원리를 종결짓고 '내 탓'이라는 생명의 원리를 선포하는 메시아 복음의 신호탄이다.

세상에 범람하는 '남 탓'의 세류(世流)에 휩쓸리지 않고 자아 성찰을 통해 신의 뜻을 정조준 하여 살아가는 대속 휴머니즘의 기도가 주기도문 세 번째 기도다.

제5반제와 제6반제의 신의(神意)

지금부터는 우리의 삶 속에서 정조준 해야 하는 신의 뜻을 산상설교 여섯 개 반제 가운데 제5, 제6반제를 통해서 찾아보자. 각각 '보복'(報服)과 '사랑'을 주제로 하는 제5반제와 제6반제 중 먼저 제5반제를 보자.

> 또 눈은 눈으로, 이는 이로 갚으라 하였다는 것을 너희가 들었으나. (마 5:38)

제5반제는 구약 율법의 규례를 언급하며 시작한다. 소위 '동해보복법'(同害報復法)으로 불리는 율법 조항(출 21:24; 레 24:20; 신 19:21)을 언급한 예수는 이 규정과 관련된 천부의 뜻을 상기시켜 준다. 본래 이 조항은 '당한 것만큼 갚아주라'는 의미보다는 '당한 것 이상 갚지 말라'는 보복의 한계에 관한 규정이다. 자신이 받은 피해나 손해보다 더 많은 것으로 되갚는 보복의 악순환은 인간 세상을 피로 물들였다. 이러한 파멸적 사회 현상을 제어하기 위한 규범이 바로 '동해보복법'인데 예수는 제5반제를 통해 이 규범에 대한 새로운 이해를 제시한다.[20] 이른바 '무저항 명령'[21]이다.

---

20 Gibbs, *Matthew 1:1-11:1*, 302.

³⁹나는 너희에게 이르노니 악한 자를 대적하지 말라 누구든지 네 오른편 뺨을 치거든 왼편도 돌려 대며 ⁴⁰또 너를 송사하여 속옷을 가지고자 하는 자에게 겉옷까지도 가지게 하며 ⁴¹또 누구든지 너로 억지로 오 리를 가게 하거든 그 사람과 십 리를 동행하고 ⁴²네게 구하는 자에게 주며 네게 꾸고자 하는 자에게 거절하지 말라. (마 5:39-42)

제5반제의 무저항 명령은 "악한 자를 대적하지 말라"²²는 명제를 제시한 뒤 그와 관련된 네 개의 사례를 열거한다. 이 가운데 네 번째 사례(42절)를 제외한 세 개의 사례들은 자신에 대한 부당한 대우(손등으로 뺨을 때리는 모욕적 행동,²³ 채권 회수를 위해 채무자를 고소하고 겉옷까지 요구하는 무자비한 행동, 강제 노역 징발 행동)에 대해 저항하지 말고 도리어 당당하게, '요구하는 것 이상'을 해주라(다른 뺨을 돌려 대라, 겉옷까지 주라, 강제 노역을 더 해주라)는 메시지를 던진다. 제5반제의 무저항 명령은 악(또는 악한 자)에 대한 단순한 '저항 포기'를 의미하지 않는다. 예수께서 권고한 '요구하는 것 이상'의 행동들은 다른 말로 '주체적 굴종' 또는 '비항거적 저항'이라고 할 수 있다.²⁴ 즉, 손등으로 뺨을 때리는 모욕적 행동과 똑같은 물리적, 신체적 보복을 할 것이 아니라 당당하게 왼편 뺨을 돌려 댐으로써 상대방을 도리어 당황하게 하고 혼란스

---

21 양용의, 『마태복음 어떻게 읽을 것인가』, 115.

22 "악한 자"로 번역된 그리스어 '토 포네로'는 남성명사(악한 사람)와 중성명사(악) 두 가지를 다 의미한다. 이에 관한 구체적인 설명과 용례에 관하여는 본서 "제9장 여섯 번째 기도"를 보라.

23 상대방이 내 오른쪽 뺨을 때렸다는 것은 상대가 왼손잡이가 아니라면 자신의 오른쪽 손등으로 가격했다는 말이 된다. 당시 유대 사회 관습에서 손등에 의한 가격은 손바닥 가격보다 더 큰 모욕적 행동으로서 유대 문헌의 기록에 따르면 손등 가격은 귀를 찢는 행위나 머리카락을 뽑는 행위, 또는 사람에게 침 뱉는 행위나 겉옷을 벗기는 행위, 공공장소에서 여자의 머리카락을 풀어헤치는 행위 등과 같은 정도의 모욕적 행위였다고 한다(Nolland, *The Gospel of Matthew*, 258 각주 235번).

24 놀란드는 이 행동들을 도덕적 항거라고 평가했다(Nolland, *The Gospel of Matthew*, 258 참조).

럽게 하는 것이 폭력의 고리를 끊어버리는 길이다. 겉옷까지 순순히 내어주고[25] 강제적, 불법적 징발에 두 배로 응해주는 것이, 상대방의 악하고 무리한 요구를 거절함으로써 다툼과 폭력을 유발하는 것보다 더 효과적인 저항일 수 있다는 함의를 갖는다.[26]

이어지는 제6반제는 제5반제의 비항거적 저항의 정신을 계승한다. 보복보다 공격적 굴종을 통한 신의 뜻 성취를 강조한 제5반제에 이어 제6반제는 원수 사랑이라는 혁명적 명령을 선포한다.[27]

> 또 네 이웃을 사랑하고 네 원수를 미워하라 하였다는 것을 너희가 들었으나 나는 너희에게 이르노니 너희 원수를 사랑하며 너희를 핍박하는 자를 위하여 기도하라. (마 5:43-44)

본문에서 "네 이웃을 사랑하라"는 레위기 19:18의 인용인 반면, "네 원수를 미워하라"는 구약성서에 나타나지 않는다. 후자는 아마도 원수를 이방인으로 이해하는 유대 문헌이나 원수를 외부인으로 해석하는 쿰란 공동체의 교훈이었을 것으로 추정된다.[28] 앞에서 말한 바와 같이 제6반제가 혁명적인 이유는 이웃 사랑이라는 율법 조항의 적용 범위를 인위적으로 축소 또는 제한하려는 당시 유대 종파들의 잘못된 해석에 대한 정면 도전이었기 때문이다. 특정 정황에 적용되는 구약 본문들(시 139:21-22; 137:7-9; 신 7:1-6; 23:3-6 등)을 근거로 '내가(또는 나를) 좋아하는 사람'을 이웃으로, '내가(또는 나

---

25 율법의 규례는 이웃의 겉옷을 전당 잡는 행위를 금한다(출 22:25-27; 신 24:12-13).

26 Nolland, *The Gospel of Matthew*, 260 참조.

27 해그너, 『WBC 성경주석: 마태복음 1-13』, 270.

28 Carson, *Matthew Chapter 1 Through 12*, 157; France, *The Gospel of Matthew*, 225; Nolland, *The Gospel of Matthew*, 264.

를) 싫어하는 사람'을 원수로 각각 정의하여 적용하는 윤리적 편협
성을 제6반제가 지적하고 있다. 예수는 제6반제의 '원수 사랑' 명령
을 통해 사랑의 대상인 '이웃'의 범위에 원수가 포함된다는 점을 천
명하고 이웃과 원수를 이분화해서 차별하는 유대 사회의 배타성을
질타한다. '원수 사랑' 명령에 이어지는 '원수 기도' 명령은 '원수
사랑'의 실제화 방안이다.29 인간으로서 도저히 받아들이기 어려운
'원수 사랑'의 실천 방법으로서의 '원수 기도'는 땅의 방법이나 땅의
능력으로 가능하지 않은 하늘의 방법이며 하늘로부터 온 능력이
다.30 원수를 위한 기도는 어떤 기도일까? 원수를 위해 할 수 있는,
아니 해야 하는 기도의 모범을 예수의 '가상칠언'(架上七言)에서 찾
아볼 수 있다.

> 이에 예수께서 가라사대 아버지여 저희를 사하여 주옵소서 자기의
> 하는 것을 알지 못함이니이다. (눅 23:34)

자신에게 침 뱉고 채찍질하고 십자가형을 집행하는 잔악한 원수들
을 위한 기도다. 그들에 대한 용서를 구할 뿐 아니라 그 용서의 당위
성까지 변호한다. 원수가 자신의 행동, 곧 죄 없는 자를 괴롭히고 모
함하는 행동이 악하고 불의하다는 것과 그 행동의 결과가 무엇인지
를 모르고 자행하는 것이기에 용서해달라는 예수의 청원은 원수를
불쌍히 여기는 마음에서 비롯된다. 남 탓 논리에 사로잡힌 원죄의
후예들로서는 도저히 불가능한, 하늘로부터의 기도다. 원수를 향한

---

29 Nolland, *The Gospel of Matthew*, 268; France, *The Gospel of Matthew*, 226.
30 양용의, 『마태복음 어떻게 읽을 것인가』, 111.

긍휼의 마음과 사랑이 이 기도를 가능하게 한다.

이와 같은 제6반제의 '원수 기도' 명령은 구약의 규례에 나타난 '원수 배려' 조항들을 계승하면서 동시에 이를 뛰어넘는다.

> 네가 만일 네 원수의 길 잃은 소나 나귀를 만나거든 반드시 그 사람에게로 돌릴지며 네가 만일 너를 미워하는 자의 나귀가 짐을 싣고 엎드러짐을 보거든 삼가 버려두지 말고 그를 도와 그 짐을 부릴지니라. (출 23:4-5)

> 네 원수가 넘어질 때에 즐거워하지 말며 그가 엎드러질 때에 마음에 기뻐하지 말라. (잠 24:17)

> 네 원수가 배고파하거든 식물을 먹이고 목말라하거든 물을 마시우라. (잠 25:21)

원수가 어려운 일을 당하면 기뻐하거나 모른 체하지 말고 도와주라는 율법의 정신이 예수의 '원수 사랑'과 '원수 기도'에서 보다 구체화되고 심화된다. 원수에 대한 내면으로부터의 사랑과 진정성 있는 기도의 영성이 나타나기 때문이다.

한편 내면의 '원수 사랑'과 그것의 징표인 '원수 기도'가 천부의 아들, 곧 '신자'(神子)로 인정받는 바로미터라는 예수의 선언은 '원수 사랑'과 '원수 기도'의 가치를 단적으로 보여준다.

> 이같이 한즉 하늘에 계신 너희 아버지의 아들이 되리니. (마 5:45上)

예수의 이 선언은 '원수 사랑'과 '원수 기도'가 천부의 아들로 인정받는 공로로서 가치가 있다는 말이 아니다. '원수 사랑'과 '원수 기도'는 그가 천부의 영적 유전인자를 물려받은 자, 곧 천부의 아들임을 알게 하는 증거로서의 가치를 지닌다는 말이다. 천부의 유전인자를 물려받은 이는 예수처럼 기도한다. 자신을 핍박하고 모함하는 이들에게 보복하지 않고 도리어 그들을 긍휼히 여긴다. 그들의 악행의 원인이 무엇이고 그 결과가 어떠한지를 알기 때문에 그들을 원망할 수 없고 미워할 수 없다. 불순종과 남 탓으로 점철된 실낙원의 비극이 그들의 영혼을 침탈했다는 것을 천부의 아들들은 통찰한다. 그것이 곧 실낙원 이후의 인간 세계를 바라보는 천부의 마음이기 때문이다. '원수 기도'는 원수에 대한 천부의 마음을 본받고 원수에 대한 천부의 뜻을 존중하는 그의 자녀들의 기도다. 천부를 닮은 이들, 천부의 마음과 뜻을 잘 헤아리고 존중하는 이들, 바로 그들이 신자(神子)들이며 신의 성품을 가진 '대속 휴머니스트'이다.

원수를 위해 기도하는 천부의 아들들은 피스메이커(peacemaker)다(마 5:9). 나를 핍박하는 자를 똑같이 보복하지 않고 도리어 그를 용서하고 그를 위해 기도한다는 것은 다툼과 분쟁을 지양하고 화평을 추구하는 삶을 산다는 것을 의미하기 때문이다. 이 삶은 땅에 속한, 즉 원죄의 혈통에 속한 이들의 모습이 아니다. 남에게 책임을 전가하고 상황과 환경을 탓하는 아담의 후손의 모습일 수 없다. '원수 사랑'과 '원수 기도'는 신의 영적 유전인자가 살아 꿈틀거리는 신자(神子)의 삶의 궤적이다. '원수 사랑'과 '원수 기도' 명령, 그리고 '천부의 아들 됨' 선언에 이어 예수는 이 세 명제의 이유를 제시한다.

> 이는(ὅτι) 하나님이 그 해를 악인과 선인에게 비취게 하시며 비를 의로운 자와 불의한 자에게 내리우심이니라. (마 5:45下)

45절 하반절 서두의 '호티'(ὅτι, 왜냐하면)는 '원수 사랑'과 '원수 기도'가 왜 '천부의 아들 됨'의 증거가 되는지를 설명한다. 천부께서는 인간 생존의 절대 요소인 햇빛과 비를 누구에게나 베푸신다. 그 사람이 악한 자인지 선한 자인지, 의로운 자인지 불의한 자인지 구분하지 않고 자연의 혜택을 허락한다. 예수는 이것이 천부의 온전하심이라고 통찰한다.

> 그러므로 하늘에 계신 너희 아버지의 온전하심과 같이 너희도 온전하라. (48절)

'천부의 온전하심'이라는 영적 DNA를 가진 자는 천부를 닮아서 사람을 자신의 호불호로 차별하지 않는다. 나를 좋아하는 사람만을 좋아하고 나와 가까운 사람에게만 인사하는 것은 물욕에 빠진 세리들이나 천부를 모르는 이방인들의 전형이지 신자(神子)의 모습일 수 없다.

> 너희가 너희를 사랑하는 자를 사랑하면 무슨 상이 있으리요 세리도 이같이 아니 하느냐 또 너희가 너희 형제에게만 문안하면 남보다 더 하는 것이 무엇이냐 이방인들도 이같이 아니 하느냐. (46-47절)

'원수 사랑'과 '원수 기도' 명령(44절), '천부의 아들 됨' 선언 및 선언의 근거(45절)를 설명한 예수는 이어서 '원수 사랑'과 '원수 기도' 명령의 실천 방안을 두 가지 사례를 통해 질문 형식으로 제시한다. 나를 사랑하는 사람만 사랑하고 나와 친분 있는 사람과만 인사하는 사람은 "남보다 더 하는 것"이 아니다. 나를 좋아해주는 사람을 선대하는 건 민족적 혐오의 대상인 세리들도 하는 행동이다.[31] 나와 친한 사람에게 인사하는 것은 이교도 사회에서도 얼마든지 행

해지는 예절이다. 이러한 행동과 예절은 아담 하와의 원죄 DNA를
가진 자들도 다 하는 것들이다.[32] 그러나 천부의 DNA를 가진 자들
은 이들과 다르다. 그들은 나를 좋아하지 않는 사람, 나와 친하지 않
은 사람에게 먼저 다가간다. 이것이 천부의 온전하심이다. 그들은
이 온전하심의 유전자를 갖고 있다.

이와 같이 천부의 아들들은 '남들', 곧 원죄의 유전자를 가진 자
들, 그래서 천부의 마음과 뜻을 헤아리지 못하는 자들보다 더 한다.
인간과 세상을 통찰하는 안목에 있어 천부의 아들들은 그 '남들'과
다르다. '남들'은 내가 좋아하고 나를 좋아하는 사람들만을 위해 기
도하는 반면, 신자(神子)들은 나를 괴롭히고 핍박하는 자를 위해서
도 기도한다. 원죄의 굴레에 갇힌 이들은 나를 괴롭히고 모함하는
악한 자를 참지 않는다. 그에게 받은 만큼, 때론 받은 것 이상으로
되갚아준다. 원수를 사랑하고 게다가 원수를 위해 진심 어린 축복을
한다는 것은 그들에겐 상상조차 할 수 없다.

남보다 더 하는 것이 무엇이냐. (47절)

천부의 아들들은 아담의 후손들과 다르다는, 그리고 달라야 한다
는 함의를 담은 반문이다. 원죄의 속박 속에서 불순종과 남 탓의 논
리로 내 편, 네 편으로 나뉘어 다툼과 분쟁을 일으키는 세상 사람과
는 다른 것이 천부의 아들들이라는 뜻이다. 구약성서가 말하는 '거

---

31 Nolland, *The Gospel of Matthew*, 269.
32 '원수 사랑'과 '원수 기도'의 실천 방안을 세리와 이방인의 예를 들어 설명한 것은 두 사례들
  이 제시하는 행동들('나를 사랑하는 자를 사랑하는 것'과 '형제에게만 인사하는 것')은 저급한
  도덕적 수준의 사람들도 행하는 본능적 행동이라는 점을 강조하기 위한 것이라고 볼 수 있다
  (France, *The Gospel of Matthew*, 227).

룩'은 히브리어 '카도쉬'(קָדוֹשׁ)로서 이 단어는 '구별됨'이란 의미를 가진다. 남보다 더 하는 것을 언급한 예수의 반문은 천부의 아들들은 세상과 구별된 자들이며 그 구별됨이 '원수 사랑'과 '원수 기도'임을 시사한다. 악인에게나 선인에게나 차별 없이 은택을 베푸는 천부의 온전하심은, 그의 아들들을 원죄의 후예들과 구별되게 하는 천상의 DNA다. 이 DNA를 가진 자는 천부를 닮아 있다. 그는 내 편과 네 편을 차별하지 않는다. 내 편이면 편의를 봐주고 내 편이 아니라고 불이익을 주지 않는다. 이것이 세상 사람과 구별되는 신자(神子)들의 '거룩함'이다.33

마태복음에서 원죄의 논리인 '남 탓'과 대속의 논리인 '내 탓'의 대비가 잘 나타난 것이 소위 '황금률'(Golden Rule)이다.34

> 그러므로 무엇이든지 남에게 대접을 받고자 하는 대로 너희도 남을 대접하라 이것이 율법이요 선지자니라 (마 7:12).

다른 사람으로부터 받기를 원하는 대접을 내가 먼저 그에게 하는 것이 모든 율법의 요체이며 선지자들의 메시지의 핵심 주제라는 것이 구약성서 전체에 대한 예수의 조망이다. 남이 나에게 선한 대우 또는 올바른 대우를 해주지 않는다고 같이 맞대응하는 것은 원죄에 의한 '남 탓' 논리다. 반면, 그를 탓하지 않고 그로부터 받고 싶은

---

33 마 5:47의 반문은 '거룩함'에 대한 메시아의 '새 정의'(new definition)로서 유대교 지도자들의 과시적 신앙과 이방 종교의 공로 지향적 신앙 체계를 옹호하는 종교 헤게모니를 향한 정면 부정이다. '거룩'은 군중 속에서도 강력하게 기도하는 종교적 열정이 아니며 한 자리에서 장시간 기도에 몰입하는 종교적 황홀경도 아니다. '남보다 더 하는 삶', 그것이 메시아가 다시 정의하는 진정한 '거룩'이다.

34 마 7:12이 '황금률'로 불린 것은 3세기 초 로마 황제 세베루스 알렉산더가 자신의 왕궁 안에 있는 황금벽에 이 성구를 새겨 넣었다는 전설에서 유래됐다고 한다.

대우를 내가 먼저 그에게 해주는 것이 율법과 선지자의 메시지에 나타난 천부의 뜻, 곧 '내 탓' 논리이다. 이 '내 탓', 곧 대속 휴머니즘이 절정을 이룬 곳이 십자가이며 '황금률'은 대속 휴머니즘의 표상이며 실천 표어다. 십자가 대속은 예수의 "남보다 더 하는 것"이다. 예수는 그만이 할 수 있는 대속의 과업을 이뤄냈다. 예수는 자기를 핍박하고 죽이는 원수를 사랑했고 그를 위해 기도했다. 그래서 십자가는 예수 그리스도의 '구별됨', 곧 '거룩함'의 클라이맥스다.

신의와 심판

지금까지 예수의 여섯 개 반제 중 네 개의 반제를 통해 우리는 인간이 거스르기 쉬운 신의 뜻을 확인했다. 사람들은 외형적, 신체적 살인과 간음만을 주목하지만 신은 내면의 미움과 원망, 음욕까지 주시한다. 내면을 중시하는 신의 의도가 네 개의 반제를 통해 선포된 것이다. 마음과 내면의 상태보다 외모와 외형적 조건으로 사람을 판단하는 인간의 어리석음이 신의 뜻을 왜곡하여 이를 거스를 수 있음이 명백해졌다.[35]

인간이 자기의 생각과 판단으로 신의 뜻을 거슬러 결국 심판에 처해진다는 주제는 소위 '달란트 비유'에서 발견된다. 본서 "제5장 두 번째 기도"에서 살펴본 바와 같이, 주인의 재산을 맡은 세 명의 종 가운데 한 달란트 받은 종은 자신에게 거액의 재산을 맡긴 주인의 의도를 제대로 파악하지 못했다. 아니 어쩌면 애초에 파악할 의지가

---

[35] 외모로 사람을 판단하지 말라는 교훈은 구약성서와 신약성서의 일관된 가르침이다(신 10:17; 롬 2:11; 갈 2:6; 엡 6:9; 골 3:25 참조).

없었다고 보는 것이 맞을 것이다. 다른 두 종들은 일찍이 주인의 성품과 의도를 파악하고서는 자신의 모든 것을 내던져 주인의 재산을 증식시킴으로써 주인의 신뢰에 부응했다. 반면, 한 달란트 종은 주인에 대한 자신의 인식(심지 않은 밭에서 거두고 모으려 하는 구두쇠 주인)에조차 충실하지 않았다.36 주인이 그런 사람인지 알았다면 자신에게 거액을 맡기는 주인의 의중을 잘 파악하여 행동해야만 했었다. 하지만 그는 주인의 뜻보다 자신의 생각과 판단대로 행동했다. 무모한 모험으로 재산을 잃는 것보다 안전한 원금 보전의 길을 택한 것이다. 주인의 책망에서 드러난 것처럼 종의 행동은 주인을 정확히 파악하지 않은, 그리고 파악할 생각이 없었던 그의 속셈을 보여준다. 자기의 생각대로 주인을 판단하여 행동함으로써 주인의 뜻을 헤아리는 데 게을리한 종은 주인의 재산을 분실하거나 횡령하지 않았음에도 끝내 심판을 받게 된다.

이와 같이 마태복음에서 천부의 뜻, 그리고 그 뜻에 대한 순종 여부는 종말적 심판의 근거가 된다. 천부의 뜻과 심판의 긴밀한 관계는 산상설교 결론부에서도 잘 나타난다. 소위 '팔복자(八福者) 선언'으로 시작되는 산상설교는 여섯 개 반제, 주기도문과 은밀한 의, 황금률 등의 주옥같은 가르침들에 이어 심판 관련 메시지로 끝난다. 7장 16절부터 전개되는 심판 메시지는 '이실지목 심판'이다.

> 그의 열매로 그들을 알지니. (마 7:16, 20)

'이실지목'(以實知木), 즉 열매로 나무를 안다는 심판의 원리가 두

---

36 주인은 자신에 대한 종의 인식을 듣고도 이를 부인하지 않았다(본서 "제5장 두 번째 기도" 참조).

차례 강조된다. 좋은 나무와 나쁜 나무는 그 나무의 열매를 통해 구분하듯이, 거짓 선지자와 참 선지자, 양과 이리는 그들의 열매를 보고 구분할 수 있다고 공포한 예수는 7장 21절 이하에서 그 열매가 무엇인지를 밝힌다.

> 나더러 주여 주여 하는 자마다 천국에 다 들어갈 것이 아니요 다만 하늘에 계신 내 아버지의 뜻대로 행하는 자라야 들어가리라. (21절)

심판의 기준이 되는 열매는 '하늘에 계신 아버지의 뜻 행함'(이하 '신의이행'[神意履行])이다. 예수는 자신에 대한 신앙 고백이 아닌 '신의이행'이 천국 입성의 조건이라고 말한다. 그리고 천국 입성을 보장하지 못하는 종교 행위를 세 가지 열거한다: 예수 이름으로 행하는 ① 말씀 사역, ② 축귀 사역, ③ 능력 사역이 그것이다(22절). 심판의 날에 예수는 자신을 주님으로 고백하면서 이와 같은 사역을 행하는 이들을 모른다고 할 것이며 그들은 '불법행위자'로 정죄될 것임을 분명히 한다. 전후문맥을 보면, 그들은 위 세 가지 사역 때문에 정죄된다는 것이 아니라 그 사역에도 불구하고, 그 고백에도 불구하고 정죄되고 천국 입성에 실패한다는 의미다.[37] 천국 입성을 판가름하는 기준은 어떤 고백도, 어떤 종교 행위도 아니다. 천부의 뜻을 행하는 삶이 그의 천국 입성을 결정짓는다.

마태복음 25장의 '최후 심판 이야기'는 천국 입성 여부의 결정적 기준인 천부의 뜻이 무엇인지, 그리고 그 뜻 행함이 어떤 양상으로

---

[37] '이실지목' 심판 원리는 나쁜 열매를 맺은 못된 나무들이 찍혀 불에 태워질 것임을 밝힌다(19절). 불에 태워지는 심판은 천국 입성의 대조적 개념이라고 할 수 있다.

전개되어 심판과 연결되는지를 보여준다. 심판 대상자들은 양과 염소로 분류된 후 판결을 받는다. 판결의 증인은 심판자 예수의 형제들, 곧 지극히 작은 자들이고 판결의 요점은 그 증인들에 대한 심판 대상자들의 행동이다. 즉, 예수의 형제들을 어떻게 대우했느냐에 따라 영생과 영벌이 결정된다. 양들로 분류된 이들은 지극히 작은 자들, 정확히 말하면 염소들로부터 외면당한 예수의 형제들을 도와주었다는 이유로 영생을 상속받는다. 여기서 간과돼서는 안 되는 대목이 염소들의 판결 장면이다. 심판자의 형제들을 도와주지 않아서 영벌에 처해진다는 판결에 대해 염소들은 이의를 제기한다.

> 주여 우리가 어느 때에 주의 주리신 것이나 목마르신 것이나 나그네 되신 것이나 벗으신 것이나 병드신 것이나 옥에 갇히신 것을 보고 공양치 아니하더이까. (마 25:44)

심판자인 예수를 직접 만나서 도와준 적이 없는 것은 양들이나 염소들이나 마찬가지다. 그런데도 염소들은 예수의 6가지 궁핍 상황을 일일이 언급하면서 자신들이 예수를 만났다면 당연히 도왔을 것이라고 강변한다. 심판자에 대한 반문의 뉘앙스가 거칠고 무례하다. 모든 민족이 심판자 앞에서 최후 판결을 받는 매우 엄중하고 두려운 상황임을 감안할 때 염소들의 태도는 이례적이다. 마치 '우리는 착한 일을 많이 했습니다. 우리가 도와준 사람들도 많습니다. 그런데 생전에 만나지도 못한 당신을 도와주지 않았다고 우리를 질책하시는 겁니까?'라고 항의하는 것 같다. 자신들도 나름대로 선행을 했다는 자부심에 근거한 항변으로 들린다.

하지만 심판의 증인들인 지극히 작은 자들은 타인의 도움이 없이는 스스로 문제를 해결할 수 없는 절박한 상황(굶주림, 목마름, 헐벗음, 거처 없음, 질병, 투옥됨)에 처해 있었다. 이런 점으로 볼 때 양들이 도와준 그들을 염소들은 도와주지 않았다는 것은 무엇을 의미할까? 그것은 염소들이 주장하는 그들의 선행이 순수하지 못했음을 반증한다. 그들은 자기의 입장에서 선행을 했다. 다시 말해서, 염소들은 자기 마음에 드는 사람에게는 선행을 베풀고 마음에 들지 않는 사람들, 예를 들어 자기가 싫어하는 사람, 또는 반대급부를 전혀 기대할 수 없는 사람들은 외면한 것으로 추정된다. 염소들은 지극히 작은 자들을 돕는 것이 자신에게 이득이 되지 않는다는 판단을 내리고는 어려움에 처해 있는 그들을 모른 체했던 것이다. 이러한 염소들의 삶은 남의 입장을 배려하지 않는 자기중심적, 이기적 삶이다. 그들은 선행조차도 자기중심적 판단에 따라 했다. 자기에게 이익이 될 것 같으면 가까이하고 그렇지 않으면 멀리하는 염소들의 처신은 원죄 DNA의 속성(俗性)이다. 반면, 양들은 염소들로부터 무시당하고 버림받을 만큼 가난하고 천하고 연약한 지극히 작은 자들을 남모르게 도왔다. 이것은 악인과 의인에게 동일한 은택을 베푸시는 하늘 아버지의 DNA다. 가진 자와 못 가진 자를 차별하지 않는 마음, 그러한 마음의 열매, 그것이 천부의 뜻대로 사는 삶의 결실이다. 이 결실들은 양들이 좋은 나무, 곧 천부에게 속한 신자(神子)임을 증명한다. 그들은 아담 하와의 원죄의 굴레를 깨뜨리고 이긴 예수의 승리에 동참하는 그의 제자들이다. 그들을 통해 천부의 뜻이 이 땅에 전파되고 세워져 간다. 아담 하와의 후손들이 천부의 뜻을 받아들이고 순종하는 역사가 펼쳐진다. 그 결과 가정과 사회, 인간 공동체 곳곳에 드리워져 있던 원죄의 암운이 걷히고 십자가 대속의 빛이 비취게 된다.

이와 같이 천부의 뜻은 인류의 영생과 영벌을 판가름하는 최후 심판의 기준으로 작용한다. 유대인이나 이방인이나 동일한 기준으로 심판받는다. 따라서 최후의 심판은 '행위 심판'이다. '행위 구원'이란 개념은 옳지 않다.[38] 행위에 따른 심판이므로 행위 심판이 맞다. 그 행위는 천부의 뜻을 행하는 행위다. 심판의 기준이 되는 천부의 뜻은 지극히 작은 자들처럼 약하고 소외된 이들을 소홀히 하지 않고 차별하지 않는 진정성의 삶이다. 염소들은 자기 이익에 부합될 때만 선행을 했다. 조건적 선행이다. 반면, 양들은 조건 없이 선행을 했다. 대가를 기대하지 않는 순수의 마음으로 약한 자, 소외된 이들을 도왔다. 양들은 불순종과 '남 탓'이라는 원죄의 굴레를 벗어나 '내 탓'이라는 '대속 휴머니즘'을 가진 이들이다. 그들은 지극히 작은 자들의 궁핍함을 보고 책임감을 느꼈다. 인류의 죄에 대한 책임을 대신 담당한 예수와 같이, 양들은 이웃의 아픔과 궁핍에 책임을 느끼는 '대속 휴머니스트'(redemption humanist)들이다.

주기도문의 세 번째 기도는 바로 이 대속 휴머니즘을 지향한다. 신의 뜻을 불순종한 실낙원의 불행을 끝내고 신의 뜻이 세워지는 복낙원(復樂園)의 세상을 펼쳐가는 원대한 비전이 꿈틀거리는 기도가 주기도문 세 번째 기도다.

---

38 '행위 구원'과 '행위 심판'은 구분된다. '행위 구원'은 예수와 무관한 인간의 선행이나 공력이 구원의 근거가 된다는 면에서 '자력(自力) 구원'이다. 반면, '행위 심판'에 있어서 심판의 기준이 되는 인간의 행위는 ① 심판자 예수에 대한 행위이며(마 25:35-40), ② 예수를 통해 계시된 천부의 뜻을 행하는 것이다(마 7:16-20). '행위 구원'에 있어 행위가 구원의 직접적 근거로 작용한다면, '행위 심판'에 있어 행위는 심판의 근거다. 전자의 경우 행위는 예수와 무관한 반면, 후자의 행위는 예수와 직접 관련이 있다. 전자의 행위는 구원을 얻으려는 의도적 선행으로 변질될 수 있지만, 후자에 있어 행위는 의도성이 배제된 순수한 선행이다.

인의에 의한 신의의 왜곡

주기도문 세 번째 기도는 인간의 뜻을 신의 뜻에 맞추는 기도다. 이 기도가 중요한 것은 인간의 뜻이 신의 뜻을 오해하고 왜곡할 수 있기 때문이다. 사람의 뜻이 신의 뜻을 어떻게 오해하고 왜곡할 수 있는가를 보여주는 사례를 마태복음의 본문 속에서 좀 더 살펴보자.

> 제구 시 즈음에 예수께서 크게 소리 질러 가라사대 엘리 엘리 라마 사박다니 이는 곧 나의 하나님, 나의 하나님, 어찌하여 나를 버리셨나이까? (마 27:46)

위 본문 중 "엘리 엘리 라마 사박다니"(이하 '엘리 엘리')는 소위 '가상칠언'(架上七言), 즉 4개 복음서가 보도하는 십자가상에서 예수의 일곱 개 말씀 중 마태복음에 기록된 유일한 말씀이며 유일한 구약 인용(시 22:1)이다. 이 '엘리 엘리' 외침의 의미는 명백하다. '버림받음'이다. 예수께서 십자가에 달린 상황은 신, 즉 천부로부터 버림받은 상황이다. 십자가에 달린 예수는 자신이 하늘 아버지로부터 버림받았음을 시편을 인용하여 공포했다. 그런데 어떤 이들은 '버림받음'이라는 '엘리 엘리' 외침의 의미에 대해 정직하기를 꺼린다. 당당해야 할 메시아의 죽음에 어울리지 않는다는 이유 때문이다. 예수가 버림받다니? 버림받은 것이라기보다는 대속 사역을 위한 장렬한 헌신인데 아무리 고통스럽다고 메시아께서 이렇게까지 나약한 모습을 보여서 되겠느냐는 논리다. 이런 이유로 사람들은 예수의 외침이 시편의 예언을 성취하기 위한 의도적 토설이라고 에둘러 해석하기도 한다. 과연 그럴까?

소위 '성공신학'(또는 번영신학)39은 예수의 '엘리 엘리' 외침을 '버림받음'이라는 패배의 관점보다는 '희생', '순종'이라는 성취의 관점으로 이해하려 함으로써 이 외침에 담긴 심원한 뜻에 천착하는 데 종종 실패한다.40 자신의 뜻보다 천부의 뜻을 선택한 겟세마네동산에서의 예수의 기도를 고려할 때 '엘리 엘리' 외침이 천부에 대한 신뢰 및 최후 승리에 대한 확신을 내포하고 있다는 것은 구약 인용문 시편 22편의 문맥을 통해서도 확인된다.41 시편 22편은 사람은 물론 신에게서마저 버림받은 시편 기자의 절망적 상황 묘사로 시작되지만 후반부로 가면서 신의 구원과 회복하심에 대한 신뢰로 마무리되고 있기 때문이다. 그런데 예수께서 인용한 구절은 시편 22편 가운데 오직 1절뿐으로서 이 구절은 '신으로부터의 철저한 버림받음'이란 메시지를 나타낸다. 이 구절에는 신의 구원에 대한 기대가 담겨 있다고 보기 어렵다.42 해그너는 시편 22편 후반부의 신뢰와 구원에 대한 기대로 인해 예수의 짤막하면서도 강렬한 외침이 전하려는 '버림받음'의 주제가 희석돼서는 안 된다고 강조한다.43 '엘리 엘리' 외침은 '버림받음'이라는 단 하나의 선명한 메시지를 전한다. 예수께서 시

---

39 '성공신학', '번영신학'은 예수의 십자가 수난을 신자의 삶의 양식으로서의 가치보다는 부활, 승천이라는 메시아 성공 사역을 이루기 위한 과정 정도로 이해함으로써 복음적 신앙의 가치를 물질적, 현세적 목적 달성으로 국한시켜 해석할 우려가 있다.

40 해그너, 『WBC 성경주석: 마태복음 14-28』, 1267. '엘리 엘리' 외침에 대한 두 관점과 관련된 논의에 관해서는 U. Luz, *Matthew 21-28: a commentary* (Minneapolis: Fortress Press, 2005)를 참조하라.

41 Keener, *The Gospel of Matthew*, 683; D. Senior, *The Gospel of Matthew* (Tenn.: Abingdon Press, 1997), 130.

42 France, *The Gospel of Matthew*, 1076.

43 해그너, 『WBC 성경주석: 마태복음 14-28』, 1267.

편 22편에서 1절 한 구절만을 인용한 의도가 여기에 있다.

예수의 시편 22편 1절 인용은 '엘리 엘리' 외침의 의미를 분명히 한다. 십자가에 달린 예수는 천부로부터 버림받았다. 십자가에 나타난 천부의 뜻은 '버림받음'이다. 신의 아들이라 할지라도 십자가를 짊어지면 버림받는다. 그것도 철저하게 버림받았다. 공생애 내내 예수를 따르고 열광했던 군중들은 십자가 앞에서 모두 사라졌다. 예수의 옷자락만이라도 만지기를 갈구했던 이들, 예수로부터 기적 같은 치유를 경험했던 사람들도 모두 예수를 떠났다. 목숨 걸고 스승을 지키겠다던 베드로도, 긴 시간 생사고락을 같이했던 제자들도 보이지 않는다. 십자가가 세워진 골고다 언덕은 사람에게 버림받고 신에게 버림받은 철저한 유기(遺棄)의 현장이다. 십자가에 달린 예수의 시편 인용은 단지 고통을 견디지 못한 나약한 아우성이 아니며 구약의 예언을 이루기 위한 고의적 퍼포먼스는 더더욱 아니다. 신과 인간으로부터의 철저한 버림받음, '엘리 엘리' 외침은 바로 그것을 선언한다.

'십자가에서의 예수의 버림받음', 이 주제는 인류에게 구원이 되고 대속의 은혜가 된다는 점에서 큰 거부감 없이 받아들여 질 수 있다. 문제는 이 주제와 개인의 삶의 연계에 있다.

> 이에 예수께서 제자들에게 이르시되 아무든지 나를 따라오려거든 자기를 부인하고 자기 십자가를 지고 나를 좇을 것이니라. (마 16:24)

인간의 죄의 형벌을 대신 담당했다는 의미에서 십자가에서의 예수의 버림받음 주제는 사람들에게 어렵지 않게 수용되어 왔지만 문제는 그 십자가가 개인의 몫으로 주어진다는 데 있다. "자기 십자가를 지고……", 예수의 십자가가 대속을 위한 버림받음을 의미한다면 "자기 십자가", 즉 예수를 따르고자 하는 개개인에게 주어진 십자가 역시 같은 의미 아니겠는가라는 도전은 '성공신학'에게 걸림돌이다. '대속을 위한 버림받음'이라는 십자가 은혜를 힘입어 개인이 구원받는다는 개념은 받아들이는 반면, 그 버림받음의 십자가를 개인이 짊어진다는 도전은 곧 개인의 버림받음을 의미하므로 사람들로부터 거부되기 일쑤다. 십자가 은혜를 입어 구원받은 이들이 십자가를 짊어지고 예수를 따른다는 것은 예수의 버림받음에의 동참을 의미한다. 따라서 구원 후의 성공과 형통한 삶을 지향하는 '성공신학' 관점에서는 '십자가의 버림받음' 주제가 껄끄러울 수밖에 없다. 십자가에 나타난 신의 뜻은 버림받음이 분명한데도 사람들은 그 뜻을 윤색하거나 각색하려 한다. 은혜와 구원이라는 십자가의 '혜택'만 주목하고 내게 지워진 십자가의 '부담'은 외면한다. 이렇게 '십자가의 버림받음' 주제는, 개인의 십자가 짊어짐이 구원과 무관하다는 자의적 신조의 틀 속에 막혀 어느덧 교회 신앙의 주변부로 치부된 형국이다. 은혜와 구원이라는 혜택에 주목하는 인간의 욕구에 의해 신의 뜻이 왜곡되고 만 것이다.

천국비유의 신의 vs. 인의

예수는 천부의 뜻이 인간의 욕구와 필요에 의해 왜곡될 위험성을 주기도문을 통해 경고한다. 마태복음은 인간의 뜻에 의한 천부의 뜻 왜곡의 양상을 보다 더 다양한 정황의 본문 속에서 진단한다. 본서 "제5장 두 번째 기도"에서 살펴본 바와 같이 마태복음의 천국비유에는 이 땅에 임하는 하늘나라의 원리들이 소개되고 있는데 그 중 몇몇 비유들은 천국의 주인 되신 천부의 뜻과 인간의 뜻이 어떤 양상으로 대비되고 충돌하는가를 보여준다.

일만 달란트 빚진 종 비유(마 18:23-35, 이하 '빚진 종 비유')와 선한 포도원 주인 비유(마 20:1-15)에는 자비 및 공의(公義)와 관련된 신의(神意)와 인의(人意)의 충돌이 묘사되어 있다. 일만 달란트를 탕감 받은 종은 탕감해준 임금의 뜻을 두 가지 측면에서 오해했다. 첫째, 종은 임금님의 빚 탕감의 목적을 오해했다. 임금님의 목적은 탕감 자체가 아니라 탕감 받은 종의 자비 베풂이었다. 종은 이것을 오해하고 동료에게 작은 자비조차 베풀지 않았던 것이다. 종의 무자비한 행태를 보고받은 임금님은 종을 불러 책망한 후 즉시 탕감을 철회한다. 임금이 백성에게 한 약속을 스스로 철회했다는 불명예와 오점에도 불구하고 탕감을 취소한다는 것은 빚 탕감 자체는 임금님의 목적이 아니었음을 시사한다.

둘째로, 종은 임금님의 자비를 오해했다. 일만 달란트라는 막대한 금액의 빚을 단번에 탕감해주시다니 이 얼마나 큰 횡재인가! 한 번의 통사정에 탕감이라니, 임금님은 놀라운 자비의 화신이 아닌가! 그렇다. 임금님은 자비의 화신이 틀림없다. 하지만 임금님은 자비의 화신만은 아니었다. 자비의 화신에게는 또 다른 얼굴이 있었다. 종은 바로 이 점을 오해했다. 임금님은 '공의(公義)의 화신'이기도 했다. 무자비를 자행한 종을 즉각 소환한 임금님은 한 차례 책망 후 곧바로 탕감 철회를 선포한다. 그뿐 아니라 종을 투옥하여 빚을 갚을 때까지 고문(拷問)을 가하도록 명령한다. 종이 빚 갚기는 영영 틀렸으니 사실상 종신형이 내려진 것이다. 일말의 정상 참작도 용납되지 않은 일사천리의 처벌이다. 그런데 이상하다. '왜 꼭 그리해야만 했을까'라는 의문이 남는다. 임금 자신의 명예와 신뢰에 심대한 타격을 받을 것이 뻔한데 꼭 탕감을 취소해야만 했느냐는 말이다. 동료의 빚을 탕감해주지 않으면 좌시하지 않을 것이라고 따끔하게 일러서 처리했다면 종은 당연히 동료의 빚을 탕감했을 것 아닌가? 그렇게 되면 임금은 약속을 철회하지 않아도 되고, 종은 투옥되지 않아서 좋고, 투옥된 종의 동료 역시 빚을 탕감 받을 수 있다. 이렇게 삼자가 모두 윈윈 할 수 있는 손쉽고 현명한 방법이 있음에도 임금님은 굳이 탕감을 철회한다. 그것은 임금님에게는 자신의 명예나 대국민 신뢰보다 더 중요한 가치가 있다는 것을 말해준다. 그 가치는 바로 공의다.

> 내가 너를 불쌍히 여김과 같이 너도 네 동관을 불쌍히 여김이 마땅치 아니하냐. (마 18:33)

임금님은 종의 행태에 분노했다(34절). 분노의 이유는 종의 '부작위'(不作爲)였다. 막대한 금액의 빚을 탕감 받은 자로서 자기가 탕감 받은 금액의 60만 분의 1밖에 안 되는 동료의 빚을 탕감해주지 않는 것은 마땅히 해야 할 것을 하지 않은 부작위에 해당된다는 것이 임금님의 판단이다. 임금님에게는 약속을 안 지킨 나쁜 왕이라는 불명예보다 우선되는 것이 공의의 실현이었다. 마땅히 할 것으로 기대된 자비 베풂을 실행하지 않은 자를 공의의 잣대로 처벌하는 것은 임금님에게 있어 최우선 가치였다. 종은 바로 이 점을 알지 못했다. 막대한 금액의 빚을 탕감해준 임금님의 막대한 자비만 보았지 그 자비의 이면에 임금님의 공의가 자리하고 있다는 것을 그는 알지 못했던 것이다. 임금님은 자비가 막대한 만큼 공의 또한 막대하다는 것, 그리고 돈의 빚 탕감이 곧 마음의 빚 생성을 의미한다는 것을 그는 미처 헤아리지 못했다. 자신이 받은 막대한 은혜의 빚을 마음에 새기고 남에게 은혜를 베풀며 사는 삶, 바로 그것이 빚 탕감에 담긴 임금님의 뜻이었음을 종은 간과했다. 막대한 자비에 도취된 어리석은 판단의 결과는 자비 철회 및 공의의 심판이었다.

> 내 생각은 너희 생각과 다르며…… 하늘이 땅보다 높음 같이……
> 내 생각은 너희 생각보다 높으니라. (사 55:8-9)

이사야 본문은 신의 생각과 인간의 생각이 얼마큼 다른가를 하늘과 땅에 비교해 설명한다. 하늘과 땅의 거리……, 절망적인 간극이다. 결코 좁혀질 수 없는 아득한 격차다. 신의(神意)와 인의(人意) 사이에 천지간의 격차가 존재한다는 이사야의 선언은 인간이 신의 생각을 알 수 있다는 섣부른 호기(豪氣)를 잠재워버린다. 일만 달란트 빚 탕감이라는 엄청난 혜택에 도취된 나머지 탕감의 참뜻을 저버린 종의 참담한 결말은 신의 뜻 앞에서 더욱 겸손해질 수밖에 없는 인간의 정직한 모습을 깨닫게 한다.

비유의 종과 같이, 사람들은 신이 주는 혜택에만 주목하고 그 혜택에 내재되어 있는 신의 뜻을 간과할 위험이 있다. 십자가의 은혜는 일만 달란트 탕감에 비유될 만큼의 어마어마한 은혜다. 그 은혜로 말미암은 복과 구원의 혜택은 세상 어느 것과도 견줄 수 없다. 하지만 신이 주는 선물에만 주목하고 신의(神意)에 주목하지 않는 사람에게 십자가 은혜는 아이러니하게도 그를 심판하는 근거로 작용한다. 나의 혜택, 나의 권리만 주장하고 그 혜택과 권리에 배태된 책임과 의무를 무시한 결과가 무엇인지를 '빚진 종 비유'가 잘 보여준다.

'빚진 종 비유'가 시혜자(施惠者)와 수혜자(受惠者) 간 일대일의 관계 속에서 자비와 공의의 함수 관계를 통해 나타난 신의와 인의의 충돌을 설명한다면, '선한 포도원 주인 비유'는 공동체 안에서 자비와 공의의 관계 설정을 통한 신의와 인의의 충돌을 묘사한다. 가장 먼저 고용돼서 가장 많은 시간을 일한 '오전 6시 품꾼들'은 가장 늦게 들어와서 가장 적은 시간을 일한 '오후 5시 품꾼들'에게 자신들과 동일한 일당을 지급하는 포도원 주인에게 항의한다. 그들의 항의에 대한 주인의 답변은 명쾌하다.

> 네가 나와 한 데나리온의 약속을 하지 아니하였느냐. (마 20:13)
>
> 나중 온 이 사람에게 너와 같이 주는 것이 내 뜻이니라. (14절)
>
> 내 것을 가지고 내 뜻대로 할 것이 아니냐. (15절)

'오전 6시 품꾼들'은 주인과 계약한 일당을 정확히 받았다. 그러니 불만이 없어야 한다. 그런데 불평을 늘어놓는다. 이유는 불공평하다는 것이다. 자기보다 적게 일한 자들에게 자기와 동일한 임금을 지급한 주인의 처사가 불공정하다는 주장이다. 일리가 있다. 12시간 일한 사람과 1시간 일한 사람의 일당이 같다면 누가 오랜 시간 일을 하겠는가? 그런데 주인은 그들의 항의를 일축한다. '당신은 약속한 일당을 받았고 저 사람들에게는 내 돈으로 내가 주는데, 이것이 내 뜻인데 왜 불공정하다는 것이냐'고 반문한다. 듣고 보니 주인의 주장도 틀린 것 같지 않다. 이후 품꾼들의 목소리는 더 이상 본문에 나타나지 않지만 아마도 '그래도 그렇지. 그렇게 하시면 안 되죠. 그러면 모두가 1시간만 일하려 할 테니 사회의 질서가 무너질 우려가 있죠!'라고 반박하고 싶었을지 모른다. 품꾼들의 주장도 맞는 것 같고 포도원 주인의 답변도 맞는 것 같다. 양측의 견해가 충돌한다.

과연 무엇이 문제인가? 일한 만큼 지급돼야 한다는 품꾼들의 주장과 내 뜻대로 지급한다는 주인의 주장이 서로 맞서고 있다. 품꾼들의 주장이 잘못됐나? 그렇다고 보기 어렵다. 일한 만큼 받는 것은 사회의 상식이며 성서의 가르침에도 부합된다(욜 3:7; 마 16:27; 롬 2:6; 고후 5:10; 벧전 1:17; 계 2:23; 20:12-13; 22:12). 창세기에서 제정된 '일하지 않으면 먹을 수 없다'(3:17-19)는 소위 '무노동 무임금'(no work, no pay) 원리는 품꾼들의 주장을 뒷받침한다.[44] 그러면 그들의 주장에는 전혀 문제가 없을까?

포도원 주인을 천국에 비유했다는 것은 그 캐릭터를 통해 천국의 주인 되신 천부의 뜻을 보여주려는 설정이다. 포도원 주인은 품꾼들의 항의 자체를 부인하지 않았다. 포도원 주인은 일한 만큼 받는다는 원칙을 부정한 것이 아니라 사회적 약자에게 선을 행한 것이다(마 20:15). 인력시장의 경쟁에서 도태된 노동자들, 생계 때문에 일자리가 필요해서 인력시장이 끝나는 시간까지 고용의 손길을 애타게 기다린 그들을 뒤늦게 고용해서 하루 생활비에 해당하는 일당

---

[44] 아담 하와의 범죄 이후 주어진 "너는 종신토록 수고하여야 그 소산을 먹으리라"(창 3:17)와 "네가 얼굴에 땀이 흘러야 식물을 먹고"(창 3:19)라는 '무노동 무임금' 원칙은 신약성서에서 "누구든지 일하기 싫어하거든 먹지도 말게 하라"(살후 3:10)에서 계승되고 있다. 노동 쟁의 시 파업으로 노동력을 제공하지 않은 근로자에게 임금을 지급하지 않는다는 근로기준법의 '무노동 무임금' 규정은 넓은 의미에서, 일하지 않으면 먹을 수 없다는 성서의 가르침과 맥을 같이한다.

을 지급한 것은 약자를 도와준 선행이지 사회의 상식과 원칙을 부정한 것이 아니라는 게 주인의 입장이다.45 만약 포도원 주인이 오후 5시 품꾼들에게 일을 시키지 않고 돈을 주었다면 그것이야말로 원칙과 질서를 파괴하는 행동일 것이다. 일하지 않고도 먹고 살 수 있다는 인식이 확산되어 사회구성원 모두의 근로 의욕이 사라지고 산업은 물론 사회의 근간 자체가 흔들리는 매우 위태로운 상황으로 치닫게 될 것이기 때문이다. 한 시간이라도 일하게 하고 일당을 지급한 포도원 주인의 행위는 그러므로 사회의 원칙을 훼손한 것이 아니라 사회적 약자에 대한 복지를 실천한 것으로 평가돼야 한다.

포도원 주인의 답변은 '오전 6시 품꾼들'의 주장에 문제가 있음을 암시하고 있다. 일한 만큼 받아야 한다는 무노동 무임금 원칙을 내세우는 그들의 주장 자체는 틀리지 않다. 하지만 약자를 배려하지 않는 원칙은 약자에게 상처가 될 수 있다는 점을 그들은 간과하고 있는 것이다. 경쟁에서 뒤처진 취약계층을 고려하지 않는 정의는, "예외 없는 규칙"(a rule without exceptions)처럼, 약자들에게는 고통의 원인이 될 수 있다는 것이 포도원 주인의 질타다.

　　내가 선하므로 네가 악하게 보느냐. (마 20:15)

위 본문의 본래 의미는 '내가 선하기 때문에 너의 눈이 악한 것이냐'46이다. 눈이 악하다는 것은 온몸이 어둡다는 의미다(마 6:23). 오전 6시 품꾼들은 자신들의 주장이 옳다고 생각하지만 그들의 논

---

45 하루 일당의 절반도 아니고 전부를 지급하게 된 사회경제적 배경에 관해서는 본서 "제5장 두 번째 기도"를 참조하라.

46 ὁ ὀφθαλμός σου πονηρός ἐστιν ὅτι ἐγὼ ἀγαθός εἰμι(마 20:15).

리는 자신들과의 경쟁에서 패한 사람들의 생계를 송두리째 위협하는 '악의 축'(axis of evil)으로 작용할 수 있다. 그들은 이 점을 간과하고 있다. 자비(慈悲) 없는 공의(公義)가 어떤 이에게는 고통일 수 있다. 약자를 위한 포도원 주인의 선행에 대해 항의하는 품꾼들의 사고 체계는 사회적 약자를 배려하지 않는 기득권으로서 또 다른 형태의 사회적 폭력이 될 수 있음을 비유는 갈파한다. 사회의 경쟁 구도 속에서 강자 중심의 질서는 때론 사회의 다른 구성원들을 억압하고 소외시킬 수 있다는 점을 비유가 상기시켜 준다. 포도원 주인은 원칙을 무너뜨린 것이 아니다. 원칙에 의해 가려 그늘진 곳에 빛을 비춤으로써 원칙이 보다 원칙다울 수 있게 했다. 그의 선행은 공의와 충돌하는 것이 아니라 공의에 자비를 더함으로써 진정한 공의를 구현한 것이다. 세상은 가진 자, 강한 자, 기득권자의 시각과 입장으로 치우치기 쉽다. 왕조나 정권의 역사가 승자 중심 사관(史觀)으로 기록되는 것도 같은 맥락이다. 하지만 신의 뜻은 원사이드(one-side)가 아니라 보스사이드(both-side)다. 신은 승자와 패자, 가진 자와 못 가진 자, 강한 자와 약한 자, 기득권자와 비기득권자 양측을 함께 고려한다. 세상은 공의를 추구하다 자비를 간과하거나 자비에 치중하다 공의를 훼손한다. 그러나 천국은 자비가 함께 하는 공의를 추구한다. 이것이 하늘과 땅의 '다름'이다.

지금까지 빚진 종 비유와 선한 포도원 주인 비유를 통해 신의(神意)와 인의(人意)의 충돌, 공의와 자비의 관계를 살펴보았다. 빚진 종 비유에서 인의는 자비에 몰두하고 공의를 망각하다 신의를 거슬러 자비마저 잃어버린다. 반면, 선한 포도원 주인 비유에서 인의는 공의에 집착하고 자비를 간과하다 신의와 충돌한다. 이처럼 사람의 생각과 뜻은 신의 그것을 너무 쉽게, 너무 자주 거스를 수 있다. 주기도문의 세 번째 기도가 필요한 이유가 여기에 있다. 인간의 어설픈 확신은 신의 뜻을 거역하는 중대한 범죄로 전락할 위험이 있다. 아담과 하와가 그랬고, 사울 왕이 그랬다. 예수께서 여섯 개 반제를 통해 깨우치려 했던 것도 바로 이것이다. 예수는 산상설교를 통해, 그리고 비유를 통해 인간의 죄악의 본성으로 인한 신의(神意) 왜곡의 실상을 적나라하게 드러냈다.

'가라지 비유'는 또 다른 측면에서 인의와 신의의 충돌을 묘사한다. 비유에서는 천국의 주인 되신 천부를 상징하는 밭 주인과 그의 종들과의 충돌이 그려지고 있다. 종들은 알곡 사이에 덧뿌려진 가라지들을 제거하려 하지만 주인은 이를 저지한다. 종들은 알곡 보호를 위해 당연히 주인이 허락하리라 믿었다. 하지만 주인은 종들을 가로막는다. 주인의 뜻과 종들의 뜻의 정면충돌이다. 가라지와의 동거가 알곡의 생장에 도움이 되지 않을 것이라는 농사의 상식으로 볼 때 주인의 저지는 납득이 가지 않는다. 주인의 뜻은 알곡과 가라지의 동거다. 알곡은 천국의 아들들이고 가라지는 악한 자의 아들들이므로(마 13:38) 주인 캐릭터를 통해 나타난 천부의 뜻은 '천국의 아들들과 악한 자의 아들들의 동거', 즉 '선악의 공존'이다. 선의 입장에서 그리 달갑지 않은 신의(神意)일 수 있다. 선악이 함께 있으면 선은 악에게 괴롭힘을 당하기 마련인데 왜 악을 제거하지 말라는 건지 수긍하기 쉽지 않다.[47] 그러나 그것이 천부의 뜻이다. 그 뜻이 이루어지기를 기도할 수 있는가라고 예수는 주기도문을 통해 묻는다. 그

---

[47] 선악의 공존에 관련된 신의(神意)에 관하여는 본서 "제5장 두 번째 기도"와 "제9장 여섯 번째 기도"를 보라.

리고 천부의 뜻이 종말적 심판과 연계되어 있다는 부연 설명(마 13:30, 40-42)은 악과의 공존이 선에게 결코 치명적이거나 선의 생존에 결정적 위협이 될 수 없다는 점을 암시한다.[48] 천부의 뜻에 따른 악과의 동거로 인해 선이 피해를 입게 되지 않을 것이라는 천부의 암묵적 약속이 비유에 드러나 있다.

'선악공존'이라는 신의와 관련된 심판 및 선의 궁극적 승리를 바울은 "악에게 지지 말고 선으로 악을 이기라"(롬 12:21, 이하 '이선극악'[以善克惡])는 통찰로 잘 묘사했다. 그렇다. 선으로부터 악을 떼어놓고 제거하는 것은 인간의 뜻일지 모르나 천부의 뜻은 그렇지 않다. 그것은 악을 이기는 길이 아니다. 바울은 악을 이기는 방법을 이렇게 설명한다.

> 너희가 친히 원수를 갚지 말고 진노하심에 맡기라. (롬 12:19)

악을 대적하거나 보복하지 않고 그 악에 대한 천부의 심판을 믿고 맡기는 것, 바로 그것이 산상설교와 바울서신이 전하는 선이 악을 이기는 길이다. 가라지 비유가 말하는 악에 대한 천부의 뜻은 '악 제거'가 아니라 '악과의 동거'다. 나를 힘들게 하고 핍박하는 가라지와의 동거는 가라지를 극복하는 길이며[49] 가라지를 향한 '풀무불 심

---

48 비유에서 가라지의 존재가 알곡에게 치명적이지 않다고 할 때 '치명적'은 알곡이 가라지로 인해 생장하지 못하고 말라 죽는다는 뜻인데, 이것은 천국의 아들들이 악한 자의 아들들 때문에 구원에서 탈락하여 악한 자들과 함께 풀무불에 던져진다는 의미로 볼 수 있다.

49 '알곡과 가라지의 동거', '선과 악의 공존'이라는 마태복음의 공동체적, 교회론적 주제는 인간의 내면 상태에 대한 바울의 관점과 맞닿아 있다. 선을 추구하는 자기 안에 악이 함께 있으며(롬 7:21), 내면에서의 선악의 공존이 악 극복 및 구원의 산파 기능을 담당한다는 바울의 인간론 주제(롬 7:22-8:11)는 가라지 비유를 비롯한 마태복음의 다른 본문들이 표방하는 공동체적, 교회론적 주제와 같은 맥락으로 볼 수 있다. 이와 관련된 자세한 내용은 본서 "제5장 두 번째 기도"를 참조하라.

판'(마 13:42)의 통로가 된다.

　가라지 제거를 저지한 주인의 또 다른 의도는 가라지 제거로 인한 알곡의 피해 방지다. '가라지를 뽑다가 알곡까지 뽑을 수 있다', 주인은 이 점을 우려했다(마 13:29). 가라지와의 공존이 알곡에 피해가 되는 것이 아니라 종들의 가라지 제거 작업이 알곡에게 위협이 될 수 있다는 것이 주인의 판단이다. 알곡에게 진짜 피해를 주는 존재는 가라지가 아니라 종들이었다. 이 장면에서 인의와 신의는 다시 한 번 명확하게 갈린다. 사람의 뜻은 가라지 제거, 곧 악의 즉각적 축출과 심판이지만 신의 뜻은 선과 악의 공존이다.

1 vs. 99

　　　　　지금까지 인간의 어리석음이 신의 뜻을 오해하고 왜곡한 결과가 무엇인가를 여러 본문을 통해 확인할 수 있었다. 마태복음이 경고하는, 간과하기 쉬운 천부의 뜻의 사례를 한 가지 더 보자. 소위 '잃은 양 이야기'(마 18:12-14)는 '1 vs. 99'란 수적 비교를 중심으로 한 신의(神意)와 인의(人意)의 충돌을 보여준다. 99마리의 양과 한 마리의 양. 둘 중 하나를 선택하라면 인의는 당연히 99마리를 선택한다. 그런데 이 당연해 보이는 인의의 선택을 향한 신의의 도전이 시작된다. '어떤 사람'(12절)으로 대변되는 신의는 한 마리를 선택한다. 참 무모한 선택이다. 99마리 양들을 산에 두고 한 마리 양을 찾아 나서는 '어떤 사람'의 선택은 세상 이치에 맞지 않는다. 99마리의 양들을 우리에 넣어두거나 지인에게 맡기는 등의 보호 조치를 취했다는 정황은 본문에 나타나지 않는다. '어떤 사람'은 오히려 한 마리 양을 찾기 위해 99마리를 '그냥' 산에 두고 갔다. 인의의 입장에서는 도저히 이해할 수 없는 행동이다. 99마리의 안전이 담보되지 않은 상태에서 한 마리를 찾아 나서다니……, 어리석다는 비난을 피하기 어려운 대목이다. 한 마리를 택하는 신의와 99마리를 택하는 인의의 정면충돌이다. 과연 이 이야기에 내재된 신의는 무엇일까?

먼저 본문의 의미 분석을 위해서는 평행본문인 누가복음 15:4-7과의 비교 작업이 필요하다.

누가복음 15:4-7	마태복음 18:12-14
⁴너희 중에 어느 사람이 양 일백 마리가 있는데 그중에 하나를 잃으면 아흔아홉 마리를 들에 두고 그 잃은 것을 찾도록 찾아다니지 아니하느냐 ⁵또 찾은즉 즐거워 어깨에 메고 ⁶집에 와서 그 벗과 이웃을 불러 모으고 말하되 나와 함께 즐기자 나의 잃은 양을 찾았노라 하리라 ⁷내가 너희에게 이르노니 이와 같이 죄인 하나가 회개하면 하늘에서 회개할 것이 없는 의인 아흔아홉을 인하여 기뻐하는 것보다 더하리라.	¹²너희 생각에는 어떠하뇨 만일 어떤 사람이 양 일백 마리가 있는데 그중에 하나가 길을 잃었으면 그 아흔아홉 마리를 산에 두고 가서 길 잃은 양을 찾지 않겠느냐 ¹³진실로 너희에게 이르노니 만일 찾으면 길을 잃지 아니한 아흔아홉 마리보다 이것을 더 기뻐하리라 ¹⁴이와 같이 이 소자 중에 하나라도 잃어지는 것은 하늘에 계신 너희 아버지의 뜻이 아니니라.

전후 문맥에 있어 두 본문은 서로 다르다. 누가의 본문이 예수와 죄인들과의 친밀한 관계에 대해 비난하는 종교 지도자들과의 대결 구도를 배경으로 하고 있다면(1-2절), 마태의 본문은 제자공동체 내의 갈등을 무대로 하고 있다(5-9절). 이야기의 결론부도 그 배경과 연계되어 본문의 내용 이해에 길잡이가 되어준다. 누가의 결론(7절)은 본문의 한 마리 양은 죄인들을, 99마리는 종교 지도자들을 각각 의미한다는 점을 보여준다. 이에 비해 마태의 결론(14절)에 따르면

한 마리 양은 제자공동체 내 소자를 의미하고 99마리 양은 그 소자를 실족시키는 기득권 세력을 나타낸다. 이러한 문맥의 차이를 고려해서 본문을 분석하면, 우선 누가의 이야기에서 '1 대 99' 구도는 회개하는 자와 하지 않는 자의 가치 비교에 사용된다. 죄인들을 가까이하는 예수를 힐난하는 종교 지도자들은 회개가 필요 없다고 자부하는 그룹이다. 반면, 예수가 가까이하는 죄인들은 회개의 필요성을 절감하고 회개를 실행하는 그룹이다. 예수는 양자의 가치를 '1 대 99'라는 일견 터무니없어 보이는 도식을 사용해 비교한다. 전자의 그룹이 99명의 다수라 할지라도 후자 그룹 1명의 가치만 못하다. 이유는 회개다. 천부의 관심은 회개에 있다. 회개를 모르는 경건한 유대교 지도자 99명보다 회개를 아는 죄인 한 사람에 더 가치를 둔다. 그것이 신의다.

한 마리의 양

규모와 숫자에 관심 있는 인의와 그 인의를 따르지 않는 신의의 구분은 본문의 용어들을 자세히 들여다보면 더욱 분명해진다. 누가복음에서 99마리는 '들'(ἔρημος)에 두어지지만 마태복음은 '산'(ὄρος)에 두어진다고 말한다. 목동이 없는 양들에게는 산이나 들이나 위험하기는 마찬가지이지만[50] 들짐승이나 도적들의 눈에 쉽게 띄어 피해를 입는다는 측면에서는 산보다는 들이 더 위험하다고 볼 수 있다. 또한 99마리를 산에 '둔다'(ἀφίημι)는 마태의 동사와 들에 '둔다'(καταλείπω)는 누가의 동사를 비교해보면 동사 '아피에미'(ἀφίημι)는 '놓아주다', '놔두다', '참아주다'를, 동사 '카타레이포'(καταλείπω)는 '(놔두고) 떠나다'를 각각 의미한다. 99마리 양들과 주인과의 분리 상태를 묘사함에 있어서 '아피에미'보다 '카타레이포' 동사가 더 단호한 의미를 갖는다.[51] 위 용어들의 차이점을 놓고 볼 때, 마태의 이야기보다 누가의 이야기에서 99에 대한 무관심이 더 강조되고 있다. 누가의 이야기에서 99마리 양들은 마태에서의 경우보다 더 홀대를 받는다. 누가의 본문에서 주인은 도적떼와 들짐승들이 우글거리는 들판에 99마리를 사실상 버려둔 채 한 마리를 찾아 나선 것이다. 회개 없는 다수의 유대교 지도자들보다 회개하는 한 영혼을 소중히 여기는 신의의 강력한 표출이다.

누가에 비해 상대적으로 99마리에 대한 무관심이 약화됐다고는 하지만 마태의 '1 대 99' 도식은 제자공동체 내 기득권층과 비기득권층의 갈등 구조 속에서 한 영혼에 대한 관심도를 마태의 용어들을 통해 부각시킨다. 우선 누가의 경우 능동형 동사 '아폴뤼미'(ἀπόλλυμι)가

---

50 Nolland, *The Gospel of Matthew*, 742는 99마리의 양들은 다른 목동에게 맡겨졌을 것이라고 주장한다. 하지만 마태복음과 누가복음 본문에는 이를 추정할 만한 정황이 나타나지 않는다.
51 Gundry, *Matthew*, 365.

세 차례 등장하여 '주인이 양을 잃어버렸다'는 상황이 설정되고 있다.[52] 그에 비해 마태에서는 수동형 동사 '플라나오'($\pi\lambda\alpha\nu\acute{\alpha}\omega$)가 세 차례(12-13절) 사용되어 '양이 (~에 의해) 잘못 인도되는 정황', 즉 예수를 믿는 한 영혼이 제자공동체 안에서 소외되었다는 전후 단락(마 18:6-7, 10, 14)이 강조되고 있다.[53] 소외된 제자를 소자(小子), 즉 '작은 자'라고 표현한 마태의 본문은 '1 대 99' 도식을 이용해 소외된 '작은 자'를 '1'에, 그 작은 자를 소외시킨 기득권층을 '99'에 대입한다. 본 도식이 예수를 믿는 제자공동체, 즉 교회에 적용되고 있다는 점에서 마태의 이야기는 누가의 것보다 오히려 충격적이다.[54] 예수의 반대 세력인 유대교 지도자들을 99마리 양들로 묘사한 누가의 이야기는 교회의 선교적 사명 고취 및 격려라는 신의를 표방한다. 이에 비해 마태의 본문은 예수를 믿는 제자공동체 내 기득권 세력을 99마리 양들에 대입시킴으로써 교회 내 약자를 홀대하는 강자 그룹에게 강력한 경고를 보낸다.[55] 14절의 결론부가 본문에 나타난 천부의 뜻을 다시 한 번 확인시켜 주고 있다.

마태의 '잃은 양 이야기'는 예수를 믿고 따르는 이들의 공동체 안

---

52 Nolland, *The Gospel of Matthew*, 742 각주 76번.

53 Nolland, *The Gospel of Matthew*, 742; 양용의, 『마태복음 어떻게 읽을 것인가』, 312-313. 14절의 또 다른 동사 '아폴뤼미'는 중간태로서 한글 성경에는 '잃어지다'로 번역되었는데 이 중간태 동사는 공동체에서 소외당한 소자의 상황이 소자 자신에게 고착화되어 가고 있음을 암시한다고 볼 수 있다.

54 어떤 학자들은 마태의 '플라나오' 동사가 배교를 의미한다고 말한다(해그너, 『WBC 성경주석: 마태복음 14-28』, 840-841; Gundry, *Matthew*, 365). 즉, 잃어진 한 마리 양은 교회를 떠나 믿음을 저버린 자를 지칭한다는 주장이다. 이러한 주장은 그러나 교회 공동체 안의 따돌림 및 그 따돌림의 주체들에 대한 경고라는 본문의 전후 문맥에 부합하지 않는다. 따돌림의 주체인 교회 기득권층을 상징하는 99마리의 양들을 산에 방치한 채 따돌림당한 소자를 찾아 나선다는 본문의 설정은 타의에 의해 교회 울타리 밖으로 내몰려진 소자들과 그들을 향한 천부의 관심과 애정을 강조하는 것이지 따돌림 때문에 소자가 믿음을 버렸다는 의미로 해석될 수 없다.

55 양용의, 『마태복음 어떻게 읽을 것인가』, 314.

에서 벌어지는 따돌림에 관련된 천부의 뜻을 명시한다. 앞 단락
(18:2-5)에서 '어린아이'(파이디온)에 적용된 '소자'라는 용어가 제자
공동체 안에서 소외당하는 이들을 지칭하는 데 사용됐고, 그 소자들
이 '1 대 99' 구도에서 잃어진(14절) 한 마리 양에 비유됐다는 것은
그 소자들에 대한 천부의 관심이 어떠한가를 잘 보여준다.

> 삼가 이 소자 중에 하나도 업신여기지 말라 너희에게 말하노니 저
> 희 천사들이 하늘에서 하늘에 계신 내 아버지의 얼굴을 항상 뵈옵
> 느니라. (마 18:10)

위 본문에서는 소자들의 천사들이 천부를 알현한다는 경고가 소
자들을 업신여기지 말라는 권계와 함께 주어진다. "저희 천사들"이
소자들만의 천사인지, 신의 백성들 모두에게 배정된 천사인지는 명
확하지 않지만[56] 소자들의 천사들이 천부를 항상 뵙는다는 표현은
소자들에 대한 천부의 관심도를 극대화한다. 따돌림 받는 이의 천사
가 하늘에 계신 아버지를 알현한다는데 감히 누가 그를 따돌릴 수
있겠는가? 교회 안에서 발생할지 모를 신자들 간의 따돌림을 원치
않는 천부의 뜻을 기억하고 이를 실행하라는 것이 주기도문 세 번째
기도의 메시지다.

---

[56] 양용의, 『마태복음 어떻게 읽을 것인가』, 313; France, *The Gospel of Matthew*, 686; 해그너,
『WBC 성경주석: 마태복음 14-28』, 839. 신의 백성들을 보호하는 '개인용 천사' 사상은 신구
약 성서 및 관련 문헌에 간혹 등장한다(창 48:16; 시 34:7; 91:11; 히 1:14; 토빗서 12:12-15).
그러나 개인용 천사가 신을 언제나 직접 알현한다는 사상은 다른 곳에서 찾아보기 어려운 마
태복음만의 독특한 표현이다(France, *The Gospel of Matthew*, 686). 이 때문에 어떤 학자들은
본문의 개인용 천사들은 죽은 소자들의 사후 존재라고 추정하기도 한다(Carson, *Matthew
Chapter 13 Through 28*, 401).

신의(神意)의 아이콘:
은밀 휴머니즘

　　　　　"아버지의 뜻이 이루어지소서", 이 기도는 천부를 믿는 이들의 삶의 양식을 제시한다. 신을 아버지로 고백하는 이들의 삶은 '내 뜻을 신의 뜻에 맞추는 것'이지 '내 뜻에 신의 뜻을 맞추는 것'이 아니다. 후자는 인위적 노력과 작위적 공로로 신을 움직이려는 이방 종교의 모습이다. 기도를 많이 하거나 예물이 좋으면 응답이 잘되고 그렇지 않으면 응답이 안 된다는 인식은 비성서적이다. 비성서적이라는 말은 성서에 나타난 신의 뜻과 다르다는 의미다. 성서의 신, 곧 예수의 천부께서는 은밀한 중에 계신다. 천부는 인간의 외모나 외형, 외적 조건이 아닌 인간의 은밀한 것, 곧 마음을 통찰한다. 따라서 돈과 물질, 정성과 공력 등의 외적 조건으로 신을 움직이려는 시도는 천부와 무관하다. 그것은 천부의 관심의 대상이 아니고 응답의 조건도 아니다. 그것은 하늘에 계신 분이 아버지이심을 알지 못하는 신앙 체계, 곧 미신(迷信)이다. 또 사람의 주목을 받고 사람의 관심을 끌어내려는 목적의 행위는 외식적 행위로서 이 역시 은밀한 중에 계신 천부의 뜻과 배치된다. 헐벗고 굶주리고 병든 이들을 아무 조건 없이 도와준 양들(마 25:40), 그리고 그들을 보고도 외면한 염소들(45절). 결과적으로 양들은 조건 없는 선행을 베풀었다. 염소들에게 무시당할 정도의 사람들을 도왔다는 것은 그들의 선행이 은밀한 선행이었음을 반증한다. 염소들은 반대급부를 기대할 수 없다고 판단하고 돕지 않았다. 선행에 있어서 양측은, 그들에게 내려진 영생과 영벌의 차이만큼이나 차이가 났다.

예수가 선포한 '은밀 휴머니즘'(secret humanism)은 땅에 임한 신의(神意)의 아이콘이다. 이 아이콘을 누르면 그리스도인이 처해 있는 각 상황별로 적용 가능한 천부의 뜻을 확인할 수 있다. 나를 미워하고 핍박하는 자가 나타났을 때 은밀 휴머니즘 아이콘을 누르면 내 억울함을 아시는 천부의 모습이 나타난다.

> 네 상황을 내가 다 알고 있다(마 6:8, 32; 10:29-31 참조).
>
> 그를 멀리하고 싶겠지만, 때론 그가 사라져 주기를 바랄 때도 있겠지만 그를 그냥 두거라(마 13:30 참조).
>
> 너는 그를 사랑하고 그를 위해 기도하라(마 5:44 참조).
>
> 그는 내가 심판하겠다(마 13:30 참조).

나의 선행과 내가 이룩한 성과를 사람들에게 인정받거나 칭찬받고 싶어질 때 은밀 휴머니즘 아이콘을 누르면 내 공로를 아시는 천부의 뜻이 보인다.

> 네 노력과 공로를 내가 다 알고 있다(마 6:4, 6, 18 참조).
>
> 너는 사람들의 인정과 칭찬을 얻고 싶겠지만 그것을 의지하지 말라. 기대하지 말라. 사람의 인정과 칭찬에 주목하면 천부의 주목을 받지 못한다(마 6:1 참조).

은밀성은 순수성과 맞닿아 있다. 남에게 보이려는 의도 유무에 따라 순수성이 가려진다(마 6:1). 구제를 회당이나 길거리에서 공개적으로 하는 것은 순수성을 상실한 행위다(2절). 천부의 은밀성과 배치된다(4절). 따라서 그 행위는 천부의 인정을 받지 못한다(1절). 회당이나 큰 길목에서 하는 기도(5절), 타인이 인식할 수 있는 표식을 내는 금식(16절)은 역시 천부의 은밀성에 위배되어 천부의 관심을 끌지 못한다. 물론 '골방기도'(6절)는 사람이 없는, 외부와 철저히 차단된 상태에서의 기도만을 의미하지 않는다. 회당이나 길거리 등 모든 공개된 장소에서의 기도가 은밀성에 배치된다는 말이 아니다. 핵심은 마음, 곧 의도에 있다. 사람에게 보이고 인정받으려는 의도가 있느냐 없느냐가 은밀 휴머니즘의 기준이다. 공중기도의 경우 천부의 존재를 의식하고 천부의 뜻에 따른 기도는 은밀한 중에 계신 천부의 주목을 받는다. 군중 속에서도 사람의 주목이나 인기, 자신의 이익에 연연하지 않고 오직 신의에 초점이 맞춰진 기도는 은밀한 기도다. 최후 심판의 양들은 사람의 인정이나 주목을 의식하지 않은 순수한 선행의 결과로 영생을, 염소들은 남의 인정과 주목을 받지 못하는 선행을 거부한 결과로 영벌을 각각 선고받았다. 순수와 비순수의 차이는 영생과 영벌의 차이이며 그것은 바로 은밀성 유무의 결과다.

주기도문은 천부의 은밀성이란 주제를 배경으로 설파됐다. 그러므로 하늘에서 성취된 천부의 뜻이 땅에서도 성취되기를 구하는 세 번째 기도는 하늘에 계신 이의 은밀성을 추구하며 살겠다는 은밀 휴머니즘의 표명이다. 인간의 노력과 공로로 신을 움직이고 신의 도움을 이끌어낼 수 있다고 믿는 이방 종교, 그리고 자신의 선행과 종교적 행위를 사람들에게 과시하는 가식적 신앙은 하늘에 계신 분이 아버지이심을 알지 못하는 미신적 종교(혹은 원시 종교)의 전형이다. 미신은 아담 하와의 원죄로 인한 실낙원 후예들의 자생적, 자구적(自救的) 종교 양상이다. 신의 자기 계시를 받지 못해서 신이 어떤 존재인지 알지 못하는 사람들은 신을 섬기고 예우하는 저마다의 방법들을 고안해냈다. 그들은 창조주의 은밀하심을 알지 못하기 때문에 신을 형상화하여 독점하려 한다(롬 2:23). 나와 내 가족, 그리고 내 혈족을 지켜주는 '나만의 신', '우리만의 신'을 만들어 숭배한다. 형상 제작을 금한 십계명의 취지가 여기에 있다. 은밀한 중에 지켜보는 천부의 초월적 인격을 모르는 사람들은 그들이 원하는 신의 형상을 만들어서 그 앞에 절하고 제물을 바치고는 소원을 아뢴다. 많은 예물과 정성이 신을 감복시켜 소원을 들어주리라 믿는 것이다.

이것은 신의 사유화다. 신을 독점 내지 사유화한 이들은 신의 대리자, 곧 '샤먼'으로 자처한다. 실낙원의 후예들은 신의 능력과 신 알현권(신을 만날 수 있는 특권)을 독점한 듯 행세하는 샤먼들에게 굴복한다. 신의 이름으로 내려지는 샤먼의 명령과 지시에 절대 복종한다. 그들의 말이 곧 신의 말이라고 믿기 때문이다. 신을 알지 못하는 몽매한 대중의 '신 갈망'과 신을 독점한 샤먼의 전횡은 이렇게 결합됐고 그 결합의 결과는 종교 헤게모니다. 신을 갈망하는 대중이나 그들의 갈망을 이용하는 샤먼이나 천부의 마음을 모르기는 마찬가지다. 인간의 필요를 다 알고 그 필요를 채워줄 준비가 되어 있는 아버지로서의 신을 모르기에 그들은 자신들의 필요를 열렬히 구한다. 그리고 필요를 채워줄 수 있다고 믿는 신의 대리자를 찾아간다. 거액의 복채는 필수다. 신의 대리자는 의뢰인의 필요를 채워줄 수 있을 것처럼 공허한 약속을 남발하고 그 증표(부적 등)를 건넨다.

이와 같은 미신, 샤머니즘 등의 원시 종교는 신을 인격으로 알지 못하고 인격의 신을 경험하지 못한다. 그들은 신의 마음과 뜻을 헤아리려 하기보다는 자기들의 노력으로 신을 움직여서 복을 끌어내려 한다. 그들은 순복의 대상으로서의 신보다는 강복의 주체로서의 신을 원한다. 경청의 대상으로서의 신보다는 인간의 섬김을 받고 군림하는 군주와 같은 신을 상정(想定)한다. 인간들의 '신 만들기'는 이렇게 이뤄진다. 인간의 정성과 예물을 받고 그에 대한 보상으로 복을 내리는 신은 그렇게 인조(人造) 된다. 실낙원의 후예들은 신의 형상을 만들어 그 앞에 빌고 절함으로써 안위를 얻고 미래에 대한 불안과 염려에서 벗어나려 한다. 결국 신으로부터의 자기 계시가 없는 원시 종교의 '신 만들기'는 신을 갈망하는 인간 군상들의 자구책인 것이다.

"알지 못하는 신"(The Unknown God, 행 17:23)을 위한 아테네 시민들의 종교적 열성은 이러한 '신 만들기'의 전형에 해당한다. 기원후 52년, 아테네 원시 종교의 심장부에서 바울의 강력한 메시지가 선포된다.

> 내가 두루 다니며 너희의 위하는 것들을 보다가 알지 못하는 신에게라고 새긴 단도 보았으니 그런즉 너희가 알지 못하고 위하는 그것을 내가 너희에게 알게 하리라 우주와 그 가운데 있는 만유를 지으신 신께서는 천지의 주재시니 손으로 지은 전에 계시지 아니하시고 또 무엇이 부족한 것처럼 사람의 손으로 섬김을 받으시는 것이 아니니 이는 만민에게 생명과 호흡과 만물을 친히 주시는 자이심이라. (행 17:23-25)

바울은 먼저, "알지 못하는 신"을 올바로 알아야 할 것을 지적한(23절) 다음 그들이 알지 못한 채 섬겨온 신이 어떤 존재인지 두 가지 선언을 통해 설명한다. 첫째, 바울은 아테네 시민들이 알지 못하고 섬긴 그 신이 하늘과 땅을 다스리는 천지의 주재이심을 선언한다(24절). 그분은 인간이 지은 건물에 '거주하지'(κατοικέω)[57] 않는다

---

[57] "그러나 지극히 높으신 이는 손으로 지은 곳에 계시지(=κατοικέω) 아니하시나니 선지자의 말한바"(행 7:48)와 "우주와 그 가운데 있는 만유를 지으신 신께서는 천지의 주재시니 손으로 지은 전에 계시지(=κατοικέω) 아니하시고"(행 17:24)의 동사 '카토이케오'(κατοικέω)는 단순히

(행 7:48; 17:24). 바울의 첫 번째 선언은 다신교인 고대 그리스 원시 종교의 폐단을 지적한 선언으로서 구약시대 솔로몬의 기도와 맞닿아 있다.

> 하나님이 참으로 땅에 거하시리이까 하늘과 하늘들의 하늘이라도 주를 용납지 못하겠거든 하물며 내가 건축한 이 전이오리이까. (왕상 8:27)

부왕의 유훈을 받들어 성전을 완공한 솔로몬은 감격스러운 낙성식에서 이렇게 기도했다. 성전보다 크신 이를 솔로몬은 알고 있었다. 그의 기도는 인간이 만든, 즉 '인공'(人工)이 가미된 제단은 하나님의 관심을 끌 수 없다는 시내산 계명(출 20:25)의 취지를 정확히 꿰뚫고 있다. 그에 비해 아테네가 자랑하는 수많은 신전들은 계시 없는 인공적 종교 체계를 상징한다. 실낙원의 후예들은 '신 갈증'을 해소하려는 대중들의 심리를 이용하여 신의 거처, 곧 '신전' 또는 '성전'을 만들어 이를 성역화하고 대중들을 모은다. 신의 거처를 장악한 신의 대리자들은 대중들에게 신의 이름으로 예물과 정성을 요구한다. 무지한 대중은 신의 대리자들이 시키는 대로 제물을 바친다. 급기야 육축의 제물은 물론이고 신의 이름으로 인간제물까지 바치는 비인간적, 반인륜적 종교 체계는 천지의 주재를 알지 못한 무지의 결과다.

둘째, 바울은 천지의 주재이신 그 신이 인간에게 생명과 공기와 만물을 '주는 자'(giver)임을 선언한다(행 17:25). 그분은 아테네의 인공신(人空神)들처럼 '받는 자'가 아니다. 만유의 주인이신 그는 자

'있다'는 뜻이 아니라 '거주하다'는 의미다(행 1:19; 2:14; 4:16; 7:4; 9:22 참조).

기의 것을 우리에게 주는 자다. 이 선언 역시 솔로몬의 부왕인 다윗의 고백 속에 이미 담겨 있다.

> 모든 것이 주께로 말미암았사오니 우리가 주의 손에서 받은 것으로 주께 드렸을 뿐이니이다 …… 우리가 주의 거룩한 이름을 위하여 전을 건축하려고 미리 저축한 이 모든 물건이 다 주의 손에서 왔사오니 다 주의 것이니이다. (대상 29:14-16)

다윗은 성전 건축에 필요한 헌물을 다 준비하고도 끝내 건축을 시작하지 못했다. 신의 허락을 받지 못했기 때문이다(대상 28:2-3). 위 본문은 부왕을 대신하여 건축의 대업을 맡은 솔로몬의 즉위식에서 다윗이 남긴 유언과도 같은 기도다. 기도에서 다윗은 성전이 여호와께서 주신 것으로 지어질 것이며 따라서 성전 건축에 있어 인간의 공로는 전무(全無)하다는 점을 강조한다. 만물이 여호와의 소유임을 고백한 노왕(老王)의 기도는 여호와께서 인간의 필요를 다 주시는 분임을 밝힌다. 만물의 주인이신 여호와는 그러므로 인간의 예물과 정성으로 섬겨지는 존재가 아니다(행 17:25). 그런 것으로 그분을 움직일 수 없다. 인위적 노력과 작위적 공로로 신이 섬겨진다는 믿음이 곧 미신이다. 그것은 여호와를 이방신들과 동류로 간주하는 우상 숭배의 죄와 다르지 않다(삼상 15:21-23 참조).

천부를 알지 못하는 이들은 자신의 공력을 쌓아 올려서 이를 자랑하고 이것으로 신을 섬기려 한다. 하지만 그것은 천부의 은밀하심을 모르는 미신 체계로서 신의(神意)에 위배된다. 천부의 은밀성을 아는 그의 자녀는 자신의 필요보다는 '신의(神意) 구현'을 추구한다. 자신의 필요는 천부께 맡기고 천부의 은밀성에 따라 살아간다. 자신의 의를 과시하지 않으며 자기의 재물과 정성으로 신의 응답을 끌어내려 하지 않는다. 천부의 자녀는 은밀한 중에 보시는 아버지를 알기 때문이다. 나의 모든 필요와 내가 처한 모든 상황을 이미 아시는 아버지를 믿기 때문이다. 그의 삶은 오직 천부의 통치와 천부의 뜻에 집중되어 있다. 주기도문 세 번째 기도는 '알지 못하는 신'을 섬기는 미신과 우상숭배의 땅에서 예수를 통해 계시된 천부의 뜻을 추구하는 은밀 휴머니즘의 삶을 촉구한다. 하늘에서 이루어진 천부의 뜻이 천부의 자녀들의 신의이행에 의해 이 땅에서도 이루어진다.

제7장

네 번째 기도

오늘 우리에게 일용할 양식을 주옵소서

τὸν ἄρτον ἡμῶν τὸν ἐπιούσιον
δὸς ἡμῖν σήμερον

물신숭배를 단호히 거부하고
천부의 통치에 순복하는 하늘 시민,
곧 '신의 휴머니스트'(divine humanist).
그에게 어제는 '지나간 오늘'이고
내일은 '다가오는 오늘'이다.

천국 은혜는 '돈 없이 구입하는 것'이다.
천국 은혜는 돈 없이 값없이 구입하는
것이기에 인간의 공로가 아니며
돈 없이 값없이 구입하는 것이기에 공짜가 아니다.

오늘날 우리에게 일용할 양식을 주옵시고. (마 6:11)

본 기도는 주기도문 후반부 'We-petitions'의 첫 번째 기도이며 전체 주기도문의 네 번째 기도에 해당한다. 전반부 'You-petitions'의 세 개 기도문에서 광대한 천부의 나라와 그 비전 선포에 숙연해진 독자들에게 네 번째 기도는 난데없는 먹거리 타령으로 들릴지 모르겠다. 하지만 앞의 'You-petitions'가 다소 추상적인 내용이라면 이 기도는 '양식'이라는 인생의 실제적 문제와 관련되어 있다는 점에서 흥미롭다. 종교적 이데아를 추구하는 이전의 다른 기도들에 왠지 어울릴 것 같지 않는 네 번째 기도를 어떻게 이해해야 할까?

어떤 이들은 본 기도가 '무엇을 먹을까(食), 무엇을 마실까(飮), 무엇을 입을까(衣) 하지 말라'(마 6:31)는 말씀과 충돌한다고 말한다. 그들의 말처럼, 식음의(食飮衣)를 구하는 이방인들을 본받지 말고 천부의 나라와 의를 추구하라는 예수의 권면은 먹거리를 구하는 네 번째 기도와 충돌하는 것으로 들릴 수 있다. 하지만 마태복음 6장 19절부터 전개되는 재물 관련 교훈들을 읽어보면 네 번째 기도에 담긴 예수의 의도를 어렵지 않게 발견할 수 있다. 이를 위해 먼저 19절 이하의 교훈들을 내용별로 구분해보자.

주기도문 직후에 주어진 재물 관련 교훈들은 (1) 재물 쌓기(19-24

절), (2) 공중의 새와 들의 백합화(25-30절), (3) 천부의 나라와 의
(31-34절)로 요약된다. 이 세 가지 소주제들을 살펴보면서 네 번째
기도의 의미를 찾아가 보자.

재물 쌓기

일용할 양식을 오늘 우리에게 달라는 네 번째
기도의 의미가 19절부터 24절까지의 단락에 나타나 있다. 19-21절
은 보물을 땅에 쌓는 것과 하늘에 쌓는 것을 대조한 후 땅에 쌓아
두지 말고 하늘에 쌓아 두라는 다소 이해하기 어려운 권면을 던진
다. 본문이 이해하기 어려운 이유는 보물을 땅이나 하늘에 쌓아 둔
다는 개념에 관한 뚜렷한 설명이 없이 단지 그 결과만이 열거되고
있기 때문이다.

> 너희를 위하여 보물을 땅에 쌓아 두지 말라 거기는 좀과 동록이
> 해하며 도적이 구멍을 뚫고 도적질하느니라 오직 너희를 위하여
> 보물을 하늘에 쌓아 두라 거기는 좀이나 동록이 해하지 못하며 도
> 적이 구멍을 뚫지도 못하고 도적질도 못하느니라. (마 6:19-20)

본문은 보물을 땅에 쌓아 둘 때와 하늘에 쌓아 둘 때 나타나는 결
과를 좀과 동록, 그리고 도적과 관련하여 설명한다. 땅에 쌓은 보물
은 좀과 동록이 훼손하고 도적이 훔쳐가지만 하늘에 쌓은 것은 이것
들로부터 안전하다는 것이다. 그렇다면 보물을 '땅에 쌓는다'와 '하
늘에 쌓는다'는 무슨 뜻이며 둘 사이에는 어떤 의미 대조가 암시되
어 있는 것일까? 이해의 실마리를 21절과 24절에서 찾을 수 있다.

(γάρ) 네 보물 있는 그 곳에 네 마음도 있느니라. (마 6:21)

접속사 '가르'(γάρ, for)로 시작하는 21절은 '왜냐하면 네 보물이 있는 그 곳에 네 마음도 있기 때문이다'로서 19-20절의 이유를 설명한다.[1] 21절은 사람의 마음이 보물에 가 있다는 하나의 원리를 선포한다.[2] 이 원리는 보물을 땅에 쌓지 말고 하늘에 쌓아야 하는 이유를 천명한다. 사람이 보물을 땅에 쌓지 말고 하늘에 쌓아야 하는 이유는 사람의 마음이 보물과 함께 하기 때문이다. 다시 말해서, 땅에 보물을 쌓을 때 좀과 동록, 도적의 피해가 발생하는 이유는 마음이 그 보물과 함께 땅에 가 있기 때문이다. 반대로, 보물을 하늘에 쌓으면 좀과 동록, 도적의 피해가 발생하지 않는데 이는 마음이 보물과 함께 하늘에 가 있기 때문이라는 것이 21절의 의미다. 19-21절을 종합하면, 보물에 대한 좀과 동록, 도적의 폐해는 마음과 관련되고 있다. 즉, 마음이 어디에 있느냐에 따라서 보물의 피해가 결정되는 것이다. 관건은 보물 자체라기보다는 사람의 마음이다. 이 교훈은 이어지는 '눈과 몸 이야기'(22-23절)에서 확인된다.

> 눈은 몸의 등불이니 그러므로 네 눈이 성하면 온몸이 밝을 것이요 눈이 나쁘면 온몸이 어두울 것이니 그러므로 네게 있는 빛이 어두우면 그 어두움이 얼마나 하겠느뇨. (22-23절)

눈의 좋고 나쁨에 따라 온몸의 밝음과 어둠이 결정된다고 말하는 위 본문에서 "눈"은 마음의 메타포(metaphor)이며 "온몸"은 보물의

---

1 Nolland, *The Gospel of Matthew*, 299.

2 이 원리는 그 자체로 중립적 가치를 지닌다. 즉, 보물이 있는 곳에 사람의 마음이 있다는 것은 하나의 객관적, 보편적 이치로서 그 자체를 선하다 또는 악하다고 평가할 수 없다.

메타포이다. 눈의 상태에 따라 몸의 상태가 결정되듯이 마음의 정위 (定位), 즉 마음을 어디에 두느냐에 따라서 보물의 파손 여부가 판가름 난다는 것을 본문의 은유적 표현들이 암시한다. 몸의 밝음 여부가 눈에 달려 있는 것처럼 보물의 명운이 그 보물 소유자의 마음에 달려 있다는 것이다. 19-21절의 '재물 쌓기'가 마음의 정위에 따라 땅에 쌓는 것이 될 수도 있고 하늘에 쌓는 것이 될 수도 있다는 22-23절의 은유적 설명은 24절의 '두 주인 이야기'에 이르러 하나의 중요한 대입을 보여준다.

> 한 사람이 두 주인을 섬기지 못할 것이니 혹 이를 미워하며 저를 사랑하거나 혹 이를 중히 여기며 저를 경히 여김이라 너희가 하나님과 재물을 겸하여 섬기지 못하느니라. (24절)

'두 가지 재물 쌓기'에 이어 예수는 '두 주인론'을 전개한다. 그한 주인은 하나님이고 다른 주인은 재물이다. 하나님에게 사용된 '주인'(κύριος, 퀴리오스)이란 용어가 재물에도 똑같이 적용되고 있다. 위 본문에서 19-20절의 '땅에 쌓기'는 '재물 섬김'에 대입되고 '하늘에 쌓기'는 '하나님 섬김'에 대입된다. 여기서 '땅에 쌓기'는 사람의 마음이 땅에 가 있는 상태로서 이는 곧 '재물 섬김'이며, '하늘에 쌓기'는 마음이 하늘에 가 있는 상태로서 곧 '하나님 섬김'이라고 할 수 있다. 놀란드(J. Nolland)의 지적대로, 24절의 재물 곧 '맘몬'은 중립적 성격을 가진다.[3] 맘몬 자체는 악하지도 선하지도 않다.

---

3 Nolland, *The Gospel of Matthew*, 304. 마태복음의 이러한 중립적 재물관은 복음서 곳곳에서 나타난다. 부자를 무조건 정죄하지 않고 부자에게 영생의 방법을 제시하고 있으며(19장의 "부자 청년 이야기" 참조) 그렇다고 가난 자체를 미화하거나 구원과 직결시키지 않는다(5:3). 그러면서도 재물의 선용을 장려하고(25:9) 재물의 선용이 구원 또는 천국과 무관하지 않다는 점을 보여준다(25장의 "달란트 비유"와 "최후 심판 이야기", 13장의 "감춰진 보화 비유"와 "진주 상인 비

24절은 맘몬의 소유 자체를 정죄하지 않는다. 본문은 재물 섬김과 하나님 섬김이 양립할 수 없는 반대 개념이라고 밝힘으로써 '재물 섬김'이 단순히 재물에 마음이 가 있다는 21절의 원리를 말하는 것이 아님을 시사한다.

프란스(France)가 잘 설명한 바와 같이, 재물에 관한 본문의 경계는 중립적 성격을 띤 재물이나 재물의 소유를 향한 것이라기보다는 재물에 대한 인간의 관심과 탐욕에 관한 것이다.[4] 재물 그 자체는 선도 아니고 악도 아니다. 관건은 마음이다. 인간의 마음이 재물을 탐하게 되면 재물은 하나님과 견줄 만한 권세를 부여받아 인간을 노예로 삼는다는 것이 본문의 경고이며 이것이 재물을 하나님에게 적용되는 용어인 '주인'으로 표현하면서까지 예수께서 강조하려 했던 점이다. 재물에 대한 인간의 탐심은 재물을 신의 지위로까지 올려놓는다.[5] 재물 섬김은 하나님 섬김을 거부하는 것이고 하나님 섬김은 재물 섬김을 포기하는 것과 같다. 그러므로 탐욕은 신 섬김을 거부하고 재물의 노예로 전락하는 불신앙이다. 탐욕은 재물을 땅에 쌓아 두는 것이어서 좀과 동록, 도적의 폐해를 초래한다. 지금까지 살펴본 19-24절의 메시지를 정리하면 다음과 같다:

재물 쌓기 (1) 땅에 쌓기=마음이 땅을 지향=재물 섬김
　　　　　(2) 하늘에 쌓기=마음이 하늘을 지향=하나님 섬김

유", 18장의 "빚진 종 비유" 참조).

4 France, *The Gospel of Matthew*, 263.

5 예수의 광야 시험 기사(마 4:1-11)의 세 번째 시험에서, 자신에게 경배하면 천하만국과 그 영광을 모두 주겠다는 마귀의 제안에 대한 예수의 응답("사단아 물러가라 …… 주 너의 하나님께 경배하고 다만 그를 섬기라 하였느니라"[10절])은 역설적으로 천하만국과 그 영광에 대한 마귀의 통치권(authority)을 부정하지 않은 것으로 해석될 수 있다(France, *The Gospel of Matthew*, 135 참조). 재물을 앞세워 예수를 시험하는 마귀의 권한을 볼 때 재물의 신적 지위를 인정하는 예수의 '두 주인론'은 재물 섬김의 위험성에 관한 준엄한 경고라고 할 수 있다.

재물에 가 있는 마음이 만약 땅을 지향한다면 그것은 재물에 종노 릇하는 것이고 반대로 하늘을 지향한다면 그것은 하나님께 종노릇 하는 것이 된다. 재물 섬김이냐, 하나님 섬김이냐를 결정하는 것은 재물 자체가 아니라 재물에 가 있는 인간의 마음이다. 마음의 지향 점이 어디냐에 따라서 땅에 쌓기냐 하늘에 쌓기냐가 결정되고, 좀과 동록과 도적의 폐해도 결국 마음에 달렸다. 재물에 인간의 마음이 가 있는 것은 보편적인 사실이지만 인간이 마음을 땅과 하늘 중 어 디에 두느냐에 의해 그가 재물을 섬기는가, 하나님을 섬기는가가 결 정되는 것이다. 선한 포도원 주인 비유에서 포도원 주인은 비록 재 물을 소유한 지주이지만 그가 재물을 땅에 쌓는다거나 재물을 섬기 는 자라고 보기 어렵다. 인력시장에서의 경쟁에 뒤처진 품꾼에게 하 루 치 일당을 지급함으로써 재물의 축적보다는 재물의 나눔을 지향 하는 그의 마음이 확인되고 있기 때문이다. 포도원 주인은 부자이지 만 그의 마음은 하늘을 지향하고 있었다.

마태복음 19장의 '부자 청년 이야기'는 재물을 땅에 쌓는 것이 무 엇인가를 이해하는 데에 있어 중요한 실마리를 제공한다. 청년은 영 생을 얻는 방법을 알고 싶어 예수를 찾아왔다. 그런데 "내가 무슨 선한 일을 하여야 영생을 얻으리이까"(마 19:16)라는 그의 질문은 이미 선행을 통한 영생 획득을 전제하고 있다. 즉, 청년은 착한 일을 함으로써 영생을 얻을 수 있다고 믿고 영생으로 직결되는 착한 일의 종류를 예수에게 묻는 것이다. 여섯 개의 계명을 다 지켰다는 청년 의 과장된 자부심이[6] 그의 재물에 근거하고 있음을 간파한 예수께서 재물 처분을 촉구하자 청년은 풀이 죽은 채 돌아갔다. 율법의 계명

---

6 청년의 자부심이 과장됐다는 점에 관하여는 본서 "제2장 하늘에 계신"을 보라.

을 지킴으로 하나님 섬김을 다했다는 자신감을 드러낸 그였지만 실상 그의 섬김은 재물 섬김이었다. 청년은 모든 것을 재물로 해결했다. 계명 준수도, 선행도 재물의 힘이었다. 청년은 재물로 못할 것이 없었다. 영생조차도 재물로 얻을 수 있다고 믿었던 그였기에 재물을 포기할 수 있겠냐는 예수의 돌직구에 멘붕(멘탈 붕괴) 상태가 된 것이다. 계명 준수를 자신했던 청년……, 겉으로는 보물을 하늘에 쌓는 것처럼 보였지만 실상은 재물을 의지하고 재물로 자기 공로를 쌓는 '재물 섬김이'였던 것이다.

재물 섬김의 결말이 어떠한가를 잘 보여주는 성서의 이야기를 더 알아보자. 여호수아서 7장의 기록을 보면, 가나안 정벌 첫 공략지인 여리고성 함락에 성공한 이스라엘은 기세등등하게 다음 공략지인 아이성을 공격하지만 보기 좋게 실패한다. 실패의 원인은 전리품 탈취 사건이었다. 여리고성에서 획득한 전리품 중 일부가 도난당한 것이다. 범인은 유다 지파의 아간이었다. 여호와께 드려진 물건을 훔친 아간의 탐욕은 여호와의 진노를 샀고 그와 그의 자손들까지 처형당하기에 이른다(수 7:24-26). 재물에 대한 탐욕이 하나님 섬김을 저해하는 반역죄를 범하게 한 것이다.

사도행전 5장에 등장하는 아나니아와 삽비라 부부의 사건도 아간의 사건과 맥락을 같이한다. 마가 다락방에서의 성령 강림을 계기로 예루살렘교회가 형성되고 표적과 기사를 통해 능력 있는 복음 전도 활동이 불같이 일어났다. 가진 자들이 유무상통 정신으로 자기 소유를 자발적으로 교회 앞에 내어놓으면 교회는 이를 각자의 필요에 맞게 분배했다(행 4:34-35). 이처럼 아름다운 사랑의 기부와 공정한 분배가 이뤄지던 어느 날, 교회의 평화를 깨뜨린 사건이 발생했다. 기부와 분배의 대열에 동참하던 아나니아와 삽비라 부부가 대열을 이탈한 것이다. 기부를 위해 처분한 재산의 일부를 고의적으로 누락시키고 나머지만 기부한 사실이 발각되어 이를 질책하는 사도 베드로 앞에서 부부가 차례로 숨졌다. 물신의 유혹을 떨쳐버리지 못하고 맘몬의 지배를 받은 결과가 얼마나 참담한가를 잘 보여주는 사건이다.

공중의 새, 들의 백합화

인간의 마음이 재물에 가 있다는 보편적, 중립적 재물관(마 6:21)은 마음이 무엇을 추구하느냐에 따라 재물이 선용될 수도(하늘에 쌓기), 또는 악용될 수도(땅에 쌓기) 있다는 실용적 재물관의 타당성을 설명하면서 동시에 그 실용적 재물관이 하나님 섬김과 재물 섬김이라는 이원론적 신앙관에 연계되어 있음을 확인해준다. 이와 같은 재물 쌓기 관련 교훈에 비추어볼 때, 오늘 하루 먹을 양식을 구하는 주기도문 네 번째 기도는 재물의 소유를 죄악시하거나 재물 자체를 정죄하는 기도라고 할 수 없다. 오히려 이 기도는, 오늘의 양식으로 하루 분량을 구함으로써 양식의 잉여로 인한 '땅에 쌓기'를 경계한다. 마태복음 6장 25-30절의 '공중의 새, 들의 백합화' 예화는 땅에 쌓기(재물의 악용)를 거부하고 하늘에 쌓기(재물의 선용)를 추구하는 이들을 향한 천부의 약속을 선포한다.

> 그러므로(διὰ τοῦτο) 내가 너희에게 이르노니 목숨을 위하여 무엇을 먹을까 무엇을 마실까 몸을 위하여 무엇을 입을까 염려하지 말라 목숨이 음식보다 중하지 아니하며 몸이 의복보다 중하지 아니하냐. (마 6:25)

위 본문의 "그러므로"($\delta\iota\alpha\ \tau o\hat{v}\tau o$)는 앞 단락인 '재물 쌓기' 주제를 바탕으로 새로운 내용이 25절부터 전개되고 있음을 시사한다.[7] 본 단락 25-30절은 '먹을 것, 마실 것, 입을 것'(이하 '식음의[食飮衣]')에 관한 염려를 경계한 후 공중의 새와 들의 백합화의 교훈을 들려준다. 앞에서 설명한 바와 같이, 네 번째 기도는 재물을 땅에 쌓으며 재물을 섬기는 비신앙적 삶의 양식을 거부한다. 이 기도는 식음의, 곧 땅의 것을 추구하는 삶을 경계하는 본 단락과 맥락을 같이하고 있으며, 이어지는 공중의 새와 들의 백합화 이야기는 네 번째 기도가 지향하는 삶의 양식, 곧 땅의 것을 추구하는 삶과 대조를 이루는 삶을 구체적으로 보여준다.

> 공중의 새를 보라 심지도 않고 거두지도 않고 창고에 모아들이지도 아니하되 너희 천부께서 기르시나니 …… 들의 백합화가 어떻게 자라는가 생각하여 보라 수고도 아니하고 길쌈도 아니하느니라. (26-28절)

공중의 새와 들의 백합화 메타포가 말하는 네 번째 기도의 삶은 어떤 삶일까? 공중의 새 메타포는 식음의 가운데 식음과, 들의 백합화 메타포는 의복과 각각 관련하여 주어지고 있다. 공중의 새와 들의 백합화 메타포를 통해 예수는 식음의에 대한 염려를 벗어나는 새로운 삶의 표본을 설명한다. 천부의 자녀들에게 새 삶의 표본으로 제시된 새는 공중의 새이고 백합화는 들(밭)의 백합화이다.[8] 이 두

---

7 해그너, 『WBC 성경주석: 마태복음 1-13』, 311-312; France, *The Gospel of Matthew*, 267.

8 본문의 "들"은 그리스어 '아그로스'($\dot{\alpha}\gamma\rho\acute{o}\varsigma$)인데 이 단어는 마태복음에서 '광야', '빈들'로 번역되는 '에레모스'($\check{\epsilon}\rho\eta\mu o\varsigma$)(3:1, 3; 4:1; 11:7; 14:13, 15; 23:38; 24:26)와 달리 경작용 땅, 즉 '밭'의 의미로 사용되고 있다(13:24, 27, 31, 36, 38, 44; 19:29; 22:5; 24:18, 40; 27:7, 8, 10). 이러한 '아그로스'의 의미와 용례로 볼 때, 본 단락 28-30절의 '들의 백합화'는 '밭의 백합화'로 번역되

개의 은유적 표현은 무엇을 의미할까? 흔히 사람들은 본문을, 25절부터 34절까지 6회 반복되는 염려하지 말라는 권고와 관련하여, '천부께서 새들을 먹여 기르신다'는 의미로 해석한다.[9] 물론 틀린 해석은 아니다. 그런데 만약 본문의 교훈이 이것뿐이라면 본문은 무노동을 장려하는 것으로 오해될 소지가 있다. 이러한 해석은 '무노동 무임금', 즉 일하지 않으면 먹을 수 없다는 성서의 가르침에 배치된다 (창 3:19; 살전 4:11; 살후 3:10). 심지도 않고 거두지도 않고 창고에 모아들이지도 않는 새들을 먹여주시는 천부께서 새들보다 더 사랑하시는 신자들을 먹여주실 것이니 구태여 애써서 일하고 노력할 필요가 없다는 부정적 낙관론 또는 운명론을 야기할 수 있다.[10]

여기서 우리는 새의 정황에 주목할 필요가 있다. 예수께서 언급한 새는 둥지 안의 새가 아니고 나뭇가지 위의 새도 아니라 공중의 새다. 즉, 예수는 하늘을 날아가는 새를 가리키며 제자들에게 바라보라고 하셨다. "공중의 새"라는 표현은 구약성서의 욥기를 연상하게 한다.

> 이제 모든 짐승에게 물어보라 그것들이 네게 가르치리라 공중의 새에게 물어보라 그것들이 또한 네게 고하리라 …… 이것들 중에 어느 것이 여호와의 손이 이를 행하신 줄을 알지 못하랴 생물들의 혼과 인생들의 영이 다 그의 손에 있느니라. (욥 12:7-10)

욥기의 본문에서 "공중의 새"는 만물을 관장하는 천부의 주권과

는 것이 맞다. 따라서 본문의 백합화를, 사람의 손이 안 닿는 거친 광야에서 시련과 역경을 이겨낸 강인한 의지의 표상으로 해석하는 것은 '아그로스'의 의미 및 본문의 전후 문맥에 부합하지 않는다. '밭의 백합화' 메타포의 초점은 백합화의 강인한 자생력에 있는 것이 아니라 밭에 심어진 백합화에게 주어진 자연의 혜택과 농부의 돌봄에 있다. 본서에서는 두 개 메타포 중 '공중의 새'에 관하여 언급한다.

9 해그너, 『WBC 성경주석: 마태복음 1-13』, 313.
10 양용의, 『마태복음 어떻게 읽을 것인가』, 128-129.

섭리에 순응하는 지혜의 상징으로 인용되고 있다. 욥기와 마태복음의 본문은 "공중의 새"라는 이미지를 통해 지혜의 메시지를 전한다. 공중의 새는 무노동의 삶을 상징하지 않는다. 하늘을 나는 새는 먹이를 구하는 새다. 둥지 안의 새나 나뭇가지 위의 새와 달리 공중의 새는 먹이를 얻기 위해 날고 있는 것이다. 새는 태생적으로 먹이를 심을 수도, 거둘 수도, 저장할 수도 없다. 먹고 살기 위해 새가 할 수 있는 것은 오직 비행뿐이다. 둥지 안의 새나 나뭇가지 위의 새가 아닌 공중의 새를 보라고 한 것은 식음의에 대해 염려하지 말라는 25절의 권면이 무노동 옹호가 아니라는 점을 보여준다.[11] 공중의 새는 일하는 새다. 한가로이 노는 새가 아니다. 그는 먹이를 찾아서 날고 있다. 날지 않으면 새끼들을 먹일 수 없으며 새끼들을 위한 둥지를 지을 수 없다. 추위를 피해 수만 리 하늘 길을 날지 않으면 종족을 보존할 수 없다. 새에게 있어 비행은 곧 생존을 위한 몸부림이다. 비바람이 불어도, 눈보라가 몰아쳐도 새는 살기 위해 날아야 한다. 뜨거운 사막의 열풍도, 깃털 밑 여린 살점을 에이는 혹한기 상층 기류도 그들의 날갯짓을 멈추지 못한다. 날아야 먹을 수 있고 날아야 살 수 있기 때문이다. 비행은 생존을 위해 새가 할 수 있는 전부다. 공중의 새와 같이 생명을 위해 할 수 있는 모든 것을 다하는 삶, 그것이 '공중의 새' 메타포가 암시하는 천국 삶의 방식이다.

공중의 새는 먹이가 있음을 알고 있다. 둥지 안이나 나뭇가지 위에 머물러 있는 새는 눈앞에 있는 먹이가 다 없어지면 이내 걱정하지만 공중의 새는 걱정하지 않는다. 온 땅에 먹이가 준비되어 있음

---

11 Carson, *Matthew Chapters 1 through 12*, 180; Gundry, *Matthew*, 116; France, *The Gospel of Matthew*, 268.

을 알기 때문이다. 다른 새들이 둥지나 나뭇가지에 앉아서 먹이를 염려하고 있을 때 공중의 새는 하늘을 향해 힘차게 날아올라 어딘가에 있을 먹이를 향한 믿음의 날갯짓을 멈추지 않는다. 공중의 새 메타포는 눈앞의 문제와 고난만 바라보고 주저앉아 염려하는 삶을 경계한다. 그러한 삶은 하늘 아버지를 믿는 자녀들의 삶이라고 할 수 없다. 구하기 전에 이미 우리의 필요를 아시는 천부를 믿는 자녀들이라면 둥지 안이나 나뭇가지 위 새처럼 눈앞의 결핍을 놓고 염려하거나 고민하지 않는다. 천부의 자녀들은 공중의 새와 같이 문제와 어려움을 넘어 하늘로 날아오른다. 사방에서 욱여쌈을 당해도 좌절하지 않는다. 믿음의 날갯짓으로 날아오르면 온 천지에 준비되어 있는 생명의 양식이 눈앞에 들어오기 때문이다.

은혜 휴머니즘

'공중의 새' 메타포는 은혜로 사는 삶이 무엇인지를 잘 보여준다. 어미 새는 먹이를 얻기 위해 짧게는 수십 킬로미터, 길게는 수백 킬로미터를 비행한다. 때로는 비바람을 뚫고, 때로는 눈보라를 헤치며 갖은 고생 끝에 얻은 먹이이지만 새는 그 먹이가 자신이 심은 것이 아니라는 것을 안다. 할 수 있는 모든 노력을 기울여 얻었지만 먹이는 자신이 파종한 것도 재배한 것도 아닌 주어진 것임을 새는 잘 알고 있다. 그러므로 공중의 새에게 먹이는 은혜다. 정확히 말하면, 먹이를 얻는 과정은 새의 공로이지만 먹이 자체는 은혜, 곧 선물이다. 공중의 새는 은혜로 주어진 먹이를 그의 날갯짓, 즉 그의 공로로 얻는다. 이것이 예수께서 제자들에게 주목하라고 한 천국 삶의 방식, 곧 '은혜의 삶'이다.

은혜의 삶이란 온 땅에 이미 주어진 먹이를 날갯짓이라는 수고를 통해 획득하는 삶이다. 먹이는 선물로 주어졌다. 하지만 그냥은 먹을 수 없다. 창공을 날아올라 눈앞에 보이는 먹이들을 물고 와야 한다. 새가 심거나 재배한 것이 아니라는 의미에서 먹이 그 자체는 선물이지만 날지 않으면 선물일지라도 얻을 수 없다. 선물은 그냥 얻는 것이라고 착각하면 안 된다. 새에게 먹이는 분명 선물로 주어졌지만 둥지에 머물러 있거나 나뭇가지에 앉아 있으면 먹이를 먹을 수 없다. 날아야 한다. 날갯짓이라는 수고가 있어야 비로소 선물을 얻을 수 있다. 이것이 '공중의 새' 메타포가 제시하는 은혜의 메커니즘(mechanism)이다. 사람들은 은혜를 오해한다.

> 심지도 않고 재배하지도 않고 모으지도 않는 새를 먹이시는 천부께서 새보다 더 사랑하는 자기 자녀들을 얼마나 더 잘 먹이시랴! 굳이 땀 흘려 수고하지 않아도, 열심히 일하지 않아도 내 필요를 잘 아시는 천부께서 다 알아서 채워주시리라!

사람들은 저마다 선물을 그냥 얻으려 한다. '공중의 새' 메타포는 은혜의 삶이 '감나무 밑에 누워 입 벌리기'가 아니라고 말한다. 공중의 새는 열심히 일하는 새다. 선물로 주어진 먹이가 있음을 믿고 그 먹이를 향해 날갯짓을 쉬지 않는 새다. 둥지나 나뭇가지에 하릴없이 앉아 있는 새는 먹이가 선물로 주어졌음을 알고도 움직이지 않는다. 이들이 무위도식의 새이고 공중의 새는 일하는 새다. 공중의 새는 주어진 선물을 향해 믿음으로 반응하는 새다. 새의 비행은 온 천지 어딘가에 먹이가 있음을 아는 믿음의 반응이다. 선물에 대한 믿음의 반응, 이것이 공중의 새를 통해 나타난 '은혜 휴머니즘'(grace humanism)이다.

'공중의 새' 메타포를 통해 예수는 은혜에 합당한 반응으로서 식음의를 염려하지 않는 은혜 휴머니즘의 삶을 강조한다. 먹이가 선물임을 아는 공중의 새는 먹이 때문에 염려하지 않듯이, 은혜를 믿는 '은혜 휴머니스트'(grace humanist)는 식음의를 염려하지 않는다. 주기도문의 네 번째 기도는 식음의 결핍을 염려하는 기도가 아니다. 식음의가 선물임을 인정하는 기도다. 공중의 새는 그날 먹을 하루 분량의 먹이만 가져온다. 잉여의 먹이를 쌓아두지 않는다. 그래서 새에게는 창고가 없다. 내일 또 날아오르면 어딘가에 먹이가 준비되어 있음을 믿기 때문이다. 이와 마찬가지로, 하늘 아버지를 믿는 자녀들은 식음의(또는 재물)를 축적하려 하지 않고 하루의 은혜로 만족한다. 온 세상에 준비된 은혜의 결실들을 알기 때문이다. 새의 날갯짓이 선물로 주어진 먹이에 대한 믿음의 비행이듯, 주기도문 네 번째 기도의 삶은 매일매일 주어지는 천부의 은혜에 대한 자녀들의 믿음의 반응이다. 천부의 자녀들에게 식음의(또는 재물)는 선물이기에 염려할 대상도 축적할 대상도 아니다. 식음의를 염려하고 추구하고 축적하는 것은 이방인, 즉 천부를 믿지 않는 이들의 삶의 패턴이다. 이방인들은 식음의(또는 재물)를 추구한다.

이는 다 이방인들이 구하는(ἐπιζητέω) 것이라. (마 6:32)

본서 "제1장 그러므로 너희는 이렇게 기도하라"에서 살펴본 바와 같이, 마태복음에서 동사 '에피제테오'(ἐπιζητέω)는 모두 수동형 상대 동사와만 결합되어 그 대상은 주체에게 주어지는 것임을 강조한다. 다시 말해서, 이방인들이 추구하는(ἐπιζητέω) 식음의는 본질적으로 신에 의해 주어지는 선물, 곧 은혜다. 은혜는 인간이 열심히 노력하고 추구해서 획득할 대상이 아니라 주어지는 것이다. 감춰진 보화비유에서 천국을 상징하는 보화는, 진주 상인 비유에서 상인이 진주를 의도적으로 찾아다닌 것과 달리, 밭에 이미 주어졌고 농부는 이보화를 우연히 발견한다(마 13:44-46). 그렇다. 천국은, 은혜는 이미주어졌다.

> 회개하라 (왜냐하면=γὰρ) 천국이 이미 '가까이 와 있기'(ἤγγικεν)
> 때문이다. (마 4:17)

예수의 공생애 시작을 알리는 위 본문은 회개 명령의 이유를 천국도래와 관련하여 설명한다. 완료형 동사 '엥기켄'(ἤγγικεν)[12]은 천국, 즉 하늘의 통치가 이미 시작됐음을 보여준다. 예수보다 세례 요한에 의해 먼저 선포됐던(마 3:2) 이 선언은 천국은 '이미 주어진 선물'이라는 점을 분명히 하고 있다. 대기(大氣)가 이미 주어진 선물이듯이, 자연만물의 혜택이 이미 주어진 선물이듯이 천국은 이미 주어진 선물이다. 선물이란 내 노력으로, 내 능력으로 얻어내는 것이 아니라 '주어지는 것'이다. 마태복음은 동사 '에피제테오'를 통해 식음의를 '주어지는 것', 곧 선물로 규정한다. 공중의 새가 열심히 날갯짓을 해서 먹이를 물고 왔어도 먹이 자체는 선물인 것처럼, 인간에게 식음의는 근본적으로 선물이다. 먹이가 선물인 줄 아는 새는 결코 먹이를 쌓아두지 않는 것처럼, 식음의가 선물임을 아는 은혜 휴머니스트는 하루 먹을 양식이면 충분하다고 여긴다. 그것이 선물, 곧 은혜

---

12 동사 '엥기조'(ἐγγίζω)의 완료형 동사.

를 알고 은혜를 받은 이에게 나타나는 은혜 휴머니즘이다.

이와 같이 선물로 주어지는 식음의를 염려하고 탐하여 땅에 쌓고자 하는 것은 재물을 섬기는 삶이며 이는 곧 은혜에 역행하는 삶이다. 식음의가 선물로 주어진다는 것을 아는 은혜 휴머니스트는 식음의가 아닌 천부의 통치와 의를 구한다.

> 너희는 먼저 그의 나라와 그의 의를 구하라(ζητέω). (마 6:33)

본서 "제1장 그러므로 너희는 이렇게 기도하라"에서 살펴본 바와 같이, 마태복음에서 동사 '제테오'(ζητέω)는 6회 용례 모두 동사 '휴리스코'(εὑρίσκω)의 능동형과만 결합하여 제테오의 대상은 주체에게 주어진다기보다는 주체가 능동적으로 구하는 것이라는 점을 시사한다. 다시 말해서, 마태복음이 말하는 천부의 통치와 의는 천부의 자녀들의 삶의 최우선 가치로서 그들이 지속적으로 추구할(제테오) 대상이다. 천부의 통치와 의는 제자들에게 주어지는 것이 아니라 제자들이 능동적으로 추구하여(제테오) 발견할 대상이다. 그러면 천부의 통치와 의를 추구한다(제테오)는 것은 무슨 의미일까? 천부의 통치를 '제테오'한다는 것은 신자 개개인이 자신의 삶 속에서 하늘 아버지의 다스림에 능동적으로 순종한다는 의미로서, 이는 예수께서 천국 입성의 필수 요건으로 제시한 '더 나은 의'(마 5:20)의 수직적 측면(마 6:1-18)에 해당한다. 이에 반해 천부의 의를 '제테오'한다는 것은 타인과의 관계 속에서 신이 옳다고 인정한 도리를 지켜 행한다는 의미로서 이는 '더 나은 의'의 수평적 측면(마 5:21-48)에 해당한다.

천부의 통치 '제테오'	천부의 의 '제테오'
'더 나은 의'의 수직적 측면(6:1-18) -은밀한 구제 -은밀한 기도 -은밀한 금식	'더 나은 의'의 수평적 측면(5:21-48) -마음속 살인 -마음속 간음 -이혼 -맹세 -보복 -원수 사랑
주기도문 전반부(You-petitions) -천부의 이름 -천부의 나라 -천부의 뜻	주기도문 후반부(We-petitions) -일용할 양식 -채무와 채무자 -시험과 악

마태복음 5장과 6장은 주기도문의 여섯 개 기도문과 관련해서 위와 같이 분류될 수 있다.[13] 전반부 세 개의 기도는 천부의 다스림을 갈망하는 기도로서 이 기도의 주인공은 자신의 삶에서 천부의 통치가 실현되기를 갈구하고 그 통치에 참여하는 자들(이하 '천부의 통치 제테오者')이다. 세상에 살고 있지만 세상에 종속되지 않고 하늘의 다스림을 받는 이들을 가리켜 예수는 서기관, 바리새인의 종교적 의보다 우월한 '더 나은 의'라고 평가했다(마 5:20). 마태복음 6장은 '더 나은 의'를 '은밀함'이란 관점에서 묘사한다. 천부의 통치를 갈망하고 그 통치에 순종하는 이들은 구제, 기도, 금식과 같은 행위를 은밀하게 한다. 구제, 기도, 금식은 1세기 당시 유대 사회의 대표적 경건 행위로서 개인의 경건 훈련과 실천에 관련된 행위들이다. 사람을 의식하여 자신의 경건함을 사람에게 인정받으려는 종교 지도자들과 달리 '천부의 통치 제테오者'는 천부를 의식하여 행한다. 사람에게 보이기 위한 과시적 경건 행위는 천부의 관심을 얻지 못한다(마 6:1).

---

13 주기도문은 '더 나은 의'의 수직적 측면을 취급한 문맥에 등장하지만 주기도문의 여섯 개 기도문 가운데 후반부(We-petitions)는 내용상 '더 나은 의'의 수평적 측면과 관련되고 있다.

행위의 순수성을 상실했기 때문이다. 행위의 순수성을 예수는 '은밀함'(secrecy)이라고 표현하고 그 은밀함이 행위의 진정성과 순수성의 척도임을 갈파한다. 선행의 은밀함은 오른손이 하는 일을 왼손이 모를 정도의 은밀함이다. 나를 전혀 알리지 않는 선행, 수혜자조차도 모르게 하는 그 은밀함이 선행의 순수성을 담보한다.

기도의 은밀함은 골방 기도에서 나타난다. 골방 기도는 반드시 장소적 골방만을 의미한다고 볼 수 없다.[14] 예수는 사람이 없는 한적한 장소에서 기도했지만(마 14:23) 제자들과 함께 있는 곳에서도 기도했다(마 11:25; 14:19; 26:39). 또 다수의 사람들이 모인 성전에서의 기도를 예수는 지지했다(마 21:10-13).

> 또 너희가 기도할 때에 외식하는 자와 같이 되지 말라 저희는 사람에게 보이려고 회당과 큰 거리 어귀에 서서 기도하기를 좋아하느니라. (마 6:5)

따라서 위 본문은 회당과 거리 어귀와 같은 공개된 장소에서의 모든 기도를 금지한 것이 아니다.[15] 사람에게 보이려는 의도의 과시적 선행과 과시적 기도 행위가 잘못된 것임을 지적하는 말씀이다. 선행과 기도의 은밀성은 곧 동기의 순수성을 의미한다.[16] 은밀하지 못한 선행에 대해 하늘의 상이 없듯이(마 6:2) 은밀하지 못한 기도에 대한 하늘의 보상도 기대할 수 없다(마 6:5-6). 사람을 의지하기보다는 천부를 전적으로 신뢰하는 선행과 기도만이 하늘의 보상을 받게 된다.

---

14 양용의, 『마태복음 어떻게 읽을 것인가』, 120.

15 France, *The Gospel of Matthew*, 239; Keener, *The Gospel of Matthew*, 211.

16 Nolland, *The Gospel of Matthew*, 279; France, *The Gospel of Matthew*, 239; Gibbs, *Matthew 1:1-11:1*, 319; Carson, *Matthew Chapters 1 through 12*, 165.

주기도문 네 번째 기도는 천부의 은혜를 신뢰하는 은혜 휴머니스트의 고백으로서 물신, 즉 맘몬의 지배를 받지 않겠다는 결연한 의지의 표현이다. 은혜 휴머니스트는 세상의 칭찬과 영광을 구하지 않는다. 재물의 유혹에 빠지지 않는다. 탐욕을 버리고 하루하루 은혜의 결실들로 만족하며 살아간다. 예수께서 공생애 사역을 앞두고 받은 광야 시험도 결국 재물, 곧 맘몬의 유혹으로 요약된다. 돌을 떡으로 만들라는 마귀의 첫 번째 시험은 40일 금식으로 굶주린 예수에게는 거부하기 힘든 시험이다. 돌들로도 아브라함의 자손이 되게 하는 하나님(마 3:9)의 아들이니 돌로 떡이 되게 해서 주린 배를 채우는 것쯤은 아무것도 아니지 않느냐는 마귀의 그럴듯한 유혹은 음식의 결핍, 즉 세상의 것의 결핍이 최고조에 이른 상태에서 바로 그 세상의 것을 미끼로 주어졌다.

또 세 번째 시험에서 자신에 대한 경배를 조건으로 마귀가 제시한 천하영광은 물신숭배를 한층 노골화하고 있다. 이처럼 예수가 받은 시험의 3분의 2는 맘몬 숭배와 직접적으로 관련됐다. 예수께서 제자들에게 가르쳐준 네 번째 기도는, 이어지는 다섯 번째 기도 "우리를 시험에 들게 하지 마옵시고 악에서 구하옵소서"와 연결되어, 맘몬의 유혹이 만연한 세상 속에서 물신숭배를 단호히 거부하고 천부의 통치에 순복하는 하늘 시민, 곧 '신의 휴머니스트'(divine humanist)로서 살아갈 것을 촉구한다.

오늘의 양식:
고난 중 은혜

주기도문 네 번째 기도는 고난 속에서 천부의 공의로운 통치와 의를 '제테오'하는 정황을 배경으로 한다.

> 너희 성도들아 여호와를 경외하라 저를 경외하는 자에게는 부족함
> 이 없도다. (시 34:9)
>
> 여호와께서 자기를 경외하는 자에게 양식을 주시며 그 언약을 영
> 원히 기억하시리로다. (시 111:5)

시편 34편과 111편은 다윗의 찬송시로서 고난 중 여호와 경외와 보상의 관계를 노래한다. 34편은 표제에서도 알 수 있듯이 사무엘상 21장 10-15절을 배경으로 한다. 사무엘 선지자로부터 비밀리에 왕으로 선택 받은 다윗은 블레셋과의 전투에서 골리앗을 죽이고 승리를 거둔다(삼상 17장). 그 후 천부장이 되어 백성들의 신임을 받던 다윗은 사울 왕의 딸 미갈과 결혼하지만 사울 왕은 사위가 된 다윗을 신임하지 못하고 급기야 그를 죽이려 한다(삼상 19장). 장인의 살해 위협을 피해 왕궁을 빠져나오면서 시작된 다윗의 도피 생활은 사울 왕이 블레셋과의 길보아 전투에서 죽기까지 약 10여 년간 계속된다. 시편 34편은 도피 생활 초기, 사울의 칼날로부터 안전할 것으로 기대하고 적국 블레셋의 왕궁에 몰래 잠입한 다윗이 블레셋 신하들 앞에서 자신의 정체가 탄로 날 위기에 처하자 신분을 숨기기 위해 미치광이처럼 행동했던 당시의 정황을 담고 있다. 이스라엘에서는 숨을 곳이 없어 다급하게 들어간 블레셋 땅이었지만 그곳도 자신

을 지켜줄 곳은 못 됐다.

미치광이 행색으로 겨우 블레셋을 빠져나와 도망가는 처량한 처지에서도 다윗은 여호와를 경외하는 자에게 구원과 복과 모든 좋은 것이 주어질 것임을 고백한다. '여호와를 경외하는 자에게 부족함이 없고'(시 34:9), '여호와를 찾는 자는 모든 좋은 것에 부족함이 없다'(시 34:10)는 다윗의 고백은 불의와 악으로부터 핍박받는 상황에서도 여호와의 도우심과 보호하심을 믿고 의지하겠다는 결의의 표명이다. 사방을 둘러싼 사울 왕의 군대가 자신의 목숨을 위협하는 절체절명의 순간에서도 여호와를 경외하는 자를 구원하시는 은혜를 온전히 신뢰한다는 고백이다. 고난 중 도우시는 은혜, 다윗은 바로 그 은혜를 찬양하고 있다.

한편 시편 111편은 고난 중 도우시는 여호와의 은혜를 "양식"으로 표현한다. 다윗의 이 표현은 출애굽 후 40년 광야 생활 중 이스라엘에 주어졌던 만나를 연상하게 한다. 먹을 것이 없는 광야에서 만나는 생명 그 자체였다. 이스라엘 광야 공동체에게 만나는, 없으면 죽을 수밖에 없는 바로 그것이었다. 인간의 도움이 끊어져버린 절망적 상황에서 오직 신의 도우심만 의지할 수밖에 없는 광야의 삶, 그 고된 삶의 여정에서 은혜는 '없으면 죽는' 양식 그 자체다. 다윗은 지나간 자신의 삶을 반추하며 인생의 위기 순간마다 주어진 만나와 같은 생명의 은총을 기억하여 이를 "양식"이라고 노래한 것이다. 원수들의 창과 살을 피해 광야와 사막의 동굴을 전전하던 다윗, 자신을 도와줄 자가 아무도 없는 절해고도(絶海孤島)의 처지에 처한 다윗에게 신의 도우심은 '양식', 바로 그것이었다. 은혜를 양식으로 고백한 다윗의 신앙은 그렇게 신명기 신학에 맞닿아 있었다. 광야 40년의 험난한 노정을 마치고 가나안 입성을 앞둔 이스라엘 백성들에게 행한 설교에서 모세는 광야의 양식인 '만나'의 의미를 이렇게 통찰한다.

> 네 하나님 여호와께서 이 사십 년 동안에 너로 광야의 길을 걷게 하신 것을 기억하라 이는 너를 낮추시며 너를 시험하사 네 마음이 어떠한지 그 명령을 지키는지 아니 지키는지 알려 하심이라 너를 낮추시며 너로 주리게 하시며 또 너도 알지 못하며 네 열조도 알지 못하던 만나를 네게 먹이신 것은 사람이 떡으로만 사는 것이 아니요 여호와의 입으로 나오는 모든 말씀으로 사는 줄을 너로 알게 하려 하심이니라. (신 8:2-3)

약속의 땅, 젖과 꿀이 흐르는 가나안 땅을 눈앞에 두고 한껏 부풀어 있는 백성들에게 모세는 광야 40년의 의미를 기억할 것을 촉구한다. 애굽 종살이의 구세대가 지나고 가나안 입성과 정착의 시대를 열어갈 신세대로의 세대교체를 앞둔 이스라엘 공동체에게 모세는 광야 여정의 목적을 상기시킨다. 신께서 가나안으로 가는 여정을 무려 40년이 되게 한 것은 '말씀 순종', 곧 겸손하게 말씀을 따르는 백성이 되게 하려는 의도임을 설명하면서 모세는 만나를 인용한다. 이 대목에서 만나를 언급한 것은 무슨 의미일까? 문맥을 따라가 보자.

> 만나를 네게 먹이신 것은 사람이 떡으로만 사는 것이 아니요 여호와의 입으로 나오는 모든 말씀으로 사는 줄을 너로 알게 하려 하심이니라. (신 8:3下)

모세에 따르면, 여호와께서 만나를 주신 목적은 사람이 떡으로만 사는 것이 아니라 여호와의 말씀으로 산다는 것을 깨닫게 하려는 것이다. 어떤 이들은 3절 하반절을 '떡은 육의 양식, 말씀은 영의 양식을 의미한다'는 이분법적 관점으로 해석한다. 이 해석을 따른다면, 모세가 육의 양식인 떡보다 영의 양식인 신의 말씀을 더 강조하려 했다는 말이 된다. 만약 그렇다면 이 문맥에서 만나의 등장은 어색하다. 광야의 이스라엘 백성들에게 만나는 분명히 육의 양식, 곧 떡이었기 때문이다. 위의 이분법적 논리를 따르면 본문은 이렇게 해석된다.

> 이스라엘 백성들아! 여호와께서 광야 40년 생활 중에, 너희 조상들도 들어보지 못한, 만나라는 육의 양식을 주신 이유는 너희가 가나안 땅에 들어간 후 육의 양식으로만 살아가려 하지 말고 여호와의 율법과 계명을 지키며 살아가야 함을 강조하기 위해 주신 것이다.

'광야에서 육의 양식을 주신 목적이 약속의 땅에 들어가서 육의 양식만 의지하지 말고 영의 양식인 신의 말씀을 더 의지하라는 뜻이다?' 이게 무슨 말인가? 떡을 준 진짜 목적은 사람이 떡으로만 사는 것이 아니라 말씀을 의지하며 살아야 함을 일깨워주려 했다니? 본문을 이렇게 이해한다면 본문에서 만나에 관한 언급은 적절하지 못하다. 아니 사족에 가깝다. 차라리 없는 것이 문장의 의미를 분명하게 한다. 그렇다면 왜 모세는 만나 사건을 인용해서 백성들에게 '말씀 순종'을 강조하려는 것일까?

모세의 의도를 알기 위해서는 광야 공동체인 이스라엘 백성의 특수한 상황을 먼저 이해해야 한다. 앞에서 말한 바와 같이, 먹을 것을 구할 수 없고 재배도 할 수 없는 광야 사막에 있는 이스라엘 백성들에게 만나는 단순한 음식 그 이상이었다. 만나가 없으면 굶을 수밖에 없기에 그들에게 만나는 생명이다. 40년 광야 여정에 지친 수백만 이스라엘 백성들에게 만나는 단 하루라도 없으면 죽을 수밖에 없는 생명 그 자체인 것이다. 그들의 광야 여정은 하루하루가 생사를 넘나드는 전쟁터다. 그들에게는 오늘이 중요하다. 오늘을 살 수 있느냐가 관건이다. 광야 공동체에게는 내일을 대비할 겨를이 없다. 바로 오늘, 지금 살아남을 수 있느냐 없느냐가 최우선 과제다. 따라서 매일 아침 눈을 뜬 그들의 기도는 자연히 오늘 먹을 양식에 맞춰진다. 오늘 어김없이 떠오르는 뜨거운 사막의 태양을 쳐다보는 그들의 바람은 오직 한 가지, 오늘의 양식이다. 그들에게 필요한 것은 오늘 먹을 양식이다. 이틀 분이 아니라 하루 치 양식이다. 이틀 치 만나를 수거하여 내일 먹을 것을 남겨두면 다음날 만나는 어김없이 상했다(출 16:19-20). 광야 공동체에게는 오직 하루 치, 오늘의 양식이 필요하고 또 오늘의 양식만 허락됐다.

이제 모세의 의도가 분명해졌다. 40년 광야 생활 중 백성들이 먹은 만나는 단순히 육의 양식이 아니다. 은혜의 상징이다. 모세는 은혜의 상징인 만나를 통해 말씀 순종의 절대적 중요성을 이렇게 말하고 있다.

> 먹을 것이 없던 사막 한가운데서 40년 동안 만나를 주신 여호와, 그분을 잊지 말거라. 가나안에 들어가면 그 땅의 풍요로움에 도취되지 말고 만나를 주신 은혜로우신 여호와를 기억하거라. 그리고 그분의 말씀에 순종하거라. 그것이 너희의 살길이다.

먹을 것이 풍부한 애굽에서 그들을 불러내어 먹을 것이 없는 광야를 지나게 한 것은 약속의 땅 가나안에 들어가게 하기 위해서다. 그런데 빠른 걸음으로 열흘이면 도달할 수 있는 거리를 40년 동안 광야를 돌고 돌아 들어가게 한 것은 풍요의 땅에 들어간 후에도 은혜를 잊지 말고 말씀을 순종하는 백성들로 살게 하려는 것이었다. 모세가 만나를 언급한 것은 첫째, 만나는 이스라엘을 보호하는 신의 약속의 표상으로서 기억되어야 할 것이고 둘째, 만나는 절망의 상황에서도 변함이 없는 신의 은혜의 표상으로서 그들의 DNA에 새겨져야 할 것임을 강조하려는 의도라고 볼 수 있다. 약속과 은혜의 표상인 만나를 상기시킴으로써 모세는 가나안 입성 후 재물의 풍요에 취해 가나안 입성이 약속의 성취임을 잊어버리지 말 것(신 8:11-14), 그리고 재물의 풍요가 인간의 능력으로 된 것이 아니라 은혜임을 기억해야 할 것(신 8:15-18)을 역설하고 있다. 비록 자신은 들어가지 못하지만 약속의 땅 가나안에서 여호와의 나라를 건설할 새 시대의 지도자 여호수아와 그의 백성들을 향한 노(老)지도자의 유언 같은 당부는 이렇게 신명기 신학의 정점에 자리해 있다.

주기도문 네 번째 기도는 시간을 거슬러 출애굽 당시 이스라엘 광야 공동체의 기도에 이렇게 맞닿아 있다.

오늘 우리에게 하루 치 양식을 주소서.

제자 공동체가 해야 할 기도는 광야 공동체의 기도다. 네 번째 기도를 통해 예수는 제자 공동체의 정체성을 '만나 공동체'로 규정한다. 광야에서 하루 치 만나는 신의 절대적 은혜를 상징한다. 광야와 같은 절망적 상황에서도 보호하고 도우시는 은혜, 네 번째 기도는 그 은혜를 전적으로 신뢰한다는 고백이며 가나안과 같은 풍부의 상황에 처할 때도 교만해지지 않고 신의 말씀에 순종하겠다는 선언이다. 하루 치 만나를 의지하는 공동체, 하루 치 만나에 만족할 줄 아는 공동체, 이것이 예수를 따르는 공동체의 삶의 방식, 즉 '은혜 휴머니즘'이다.

만나 공동체에게 오늘은 은혜, 곧 선물이다. 광야에서는 내 능력
으로, 내 공로로 살 수 없고 오직 은혜로 살아갈 수 있기에 만나 공
동체의 하루하루는 선물이다.

Today is gift.

온 세상에 심어진 은혜의 먹이들을 창공에서 바라보는 새처럼, 해
와 비와 토양의 혜택으로 고운 자태를 입은 들의 백합처럼, 은혜 휴
머니스트에게 어제는 '지나간 오늘'이고 내일은 '다가오는 오늘'이다.

Yesterday is the past today.
Tomorrow is the coming today.

만나 공동체에게 매일매일은 선물, 곧 은혜다. 새에게 오늘의 먹
이는 내 공로가 아니다. 들에 핀 백합에게 화사한 꽃잎은 자신의 작
품이 아니다. 모든 것이 자연의 은택이다. 그러므로 새에게는, 백합
에게는 자랑할 것도 없고 내일을 걱정할 이유도 없다(마 6:34). 은혜
로 살기 때문이다. 하루 치 양식, 하루 치 은혜, 그것이면 부족함이
없는 은혜 휴머니스트는 바로 시편 23편의 사람이다.

여호와는 나의 목자시니 내게 부족함이 없으리로다. (시 23:1)

불의의 교통사고와 그로 인한 전신 화상으로 꽃다운 20대 초반의
얼굴을 빼앗기고 감당하기 힘든 고통의 나날들을 지내온 이지선은

자서전 『지선아, 사랑해』에서 '삶은 선물'이라고 고백했다.[17] 사망의 골짜기와 같은 처절한 투병과 지옥 같은 재활 과정들을 모두 통과한 후 그는 비로소 은혜의 삶을 누리게 된다. 하루하루 주어지는 은혜의 만나를 맛보는 은혜 휴머니스트로 다시 태어난 것이다.

고 옥한흠 목사는 아버지의 소원대로 목사가 되겠다고 고백한 외아들에게 다음과 같이 권면했다.[18]

> 성호야, 목사에게 필요한 건 딱 하나다. 하나님으로부터 은혜를 받아야 하고, 그 은혜가 무엇인지 알아야 한다. 목사는 딱 두 종류가 있다. 은혜를 아는 목사와 은혜를 모르는 목사다. 은혜를 모르는 목사가 설교를 하면 그럴듯하기는 한데 결코 듣는 사람의 영혼을 때리는 울림이 없다. 성령의 감동이 없다.

소천 되기 10개월 전, 사랑하는 아들에게 유언처럼 남긴 옥 목사의 권면은 은혜의 삶과 비은혜의 삶을 구분할 것을 힘주어 말한다. 지금 내가 먹고 있는 것, 내가 누리고 있는 것, 그리고 내가 갖고 있는 것이 모두 내 공로가 아니라 은혜로 된 것임을 아는 사람, 그리고 그렇게 사는 사람, 바로 그 은혜의 사람이 되어야 한다는 부탁을 남기고 옥 목사는 아들 곁을 떠났다.

옥한흠 목사의 권면은 가나안 입성을 앞둔 이스라엘 백성들을 향한 모세의 권면과 맞닿아 있다. '은혜를 떠나지 말라, 은혜를 잊지 말라.' 거친 광야, 황량한 사막과 같은 인생살이, 그 험하고 고달픈 인생의 한가운데를 지날 때 너를 먹이시고 입히시고 인도하시는 은

---

17 이지선, 『지선아, 사랑해』(서울: 문학동네, 2010), 301.
18 옥성호, 『아버지, 옥한흠』(서울: 국제제자훈련원, 2011), 82.

혜, 만나와 같은 생명의 은혜를 결코 잊지 않는 은혜 휴머니스트로 살아갈 것을 네 번째 기도는 다짐한다.

은혜와 행위의 역학 관계

그렇다면 은혜와 삶(또는 행위)의 관계는 무엇인가? 은혜는 인간의 삶 또는 행위의 결과인가, 아니면 원인인가? 마태복음에 나타난 종말적 심판의 기준은 행위다. 종교적 고백이나 의식과 같은 행위가 아니라 신의이행(神意履行), 즉 천부의 뜻을 이행하는 그 행위가 최후 심판의 기준으로 작용한다. 그렇다면 심판 기준인 신의이행은 천국의 은혜와 어떤 관계인가? 은혜가 행위의 원인인 경우 행위자는 수동적으로 은혜를 기다리기 십상이다. 은혜가 주관할 것이니 사과나무에 달린 사과가 저절로 떨어지기를 기다리는 것처럼 행위자는 그저 은혜의 때를 기다리고 은혜가 이끌어가기만을 피동적으로 기다리려 할 것이다.

반대로 은혜가 행위의 결과라면 은혜는 인간의 공로에 대한 보상이 된다. 이 경우 은혜는 더 이상 은혜가 아니다. 십자가 대속이 은혜인 것은 인간의 공로 밖의 것, 즉 인간의 공로로 얻어지는 것이 아니기 때문이다. 인간이 노력해서 얻어지는 것이라면 그것은 은혜일 수 없다. 보상이며 대가일 뿐이다.[19] 손 안에 있는 탐스러운 사과 하나……, 달콤하면서 상큼한 그 맛은 인간의 공로인가, 자연의 혜택인가? 사과 종자는 인간의 생산물이 아니다. 사과 종자가 심기는 땅, 종자를 싹트

---

19 근로자가 받은 일당은 그의 입장에선 노동의 대가이며 고용주 입장에선 지불해야 하는 빛이다 (롬 4:4 참조).

고 자라게 하는 햇빛과 비 역시 인간의 공로물이 아니다. 이런 것들은 자연의 은택이다. 그러나 종자가 심길 땅을 일궈서 종자를 심고 나무와 가지, 열매 하나하나를 가꾸고 돌보는 일은 인간의 노력이다. 따라서 손 안의 사과 열매는 자연의 은택과 인간 공로의 합작품이다.

예수께서는 종말적 심판의 기준이 되는 신의이행과 천국 입성, 그리고 신의이행者의 관련성을 설명하면서 먼저 신의이행과 신의이행者의 관계를 열매와 나무로 묘사한다. 좋은 나무가 좋은 열매를 맺고 나쁜 나무가 나쁜 열매를 맺기에 열매를 보고 나무를 알 수 있다는 '이실지목(以實知木) 원리'(마 7:16-20)에 의하면, 열매는 나무의 당연한 귀결이다. 좋은 열매가 그 나무를 알게 하듯, 사람의 행위는 그 사람을 알게 하는 열매로서 그의 천국 입성 여부를 결정하는 기준이다(21절). 또한 사과 열매가 자연의 혜택과 인간 공로의 합작품이듯, 사람의 행위는 천국의 은혜와 인간 노력의 시너지다. 그런데 이 경우 은혜는 인간의 협력을 필요로 한다는 반론이 제기될 수 있다. 다시 말해서, 천국의 은혜가 뭔가 부족해서 인간의 협력이 필요하다면 은혜의 '은혜다움', 곧 '은혜의 주권성' 또는 '은혜의 완전성'을 부정하는 모양새가 될 수 있다.[20] 과연 그런가? 사과나무에서 사과 열매가 맺히는 데에 농부의 공로가 개입되면 종자, 밭, 해와 비 등 자연의 혜택의 가치가 축소되고 그 혜택의 중요성이 반감되는가? 농부의 수고와 땀 흘림이 없이도 맛있고 탐스러운 사과가 열릴 수 있는가? 마태복음 13장의 감춰진 보화 비유는 천국 은혜와 인간 행위의 관계성 이해에 매우 중요한 통찰을 제시한다.

---

20 소위 '신인협력설'(synergism)은 기독교 교리사에서 비주류 또는 비정통 사상으로 간주되었다. 어거스틴, 루터, 칼빈은 은혜의 주권적 본질과 기능을 부인한다는 이유로 '신인협력설'을 이단 사상으로 정죄했다.

보화를 발견한 소작농

천국은 마치 밭에 감추인 보화와 같으니 사람이 이를 발견한 후
숨겨 두고 기뻐하여 돌아가서 자기의 소유를 다 팔아 그 밭을 샀
느니라. (마 13:44)

본문에서 천국은 사람이 아닌 보화에 비유되고 그 보화는 밭에 감
춰져 있다.[21] 여기서 흥미로운 점은 보화는 발견 전이나 발견 후나

---

21 고대 역사가 요세푸스에 의하면, 기원후 70년 예루살렘 멸망 후 예루살렘 성 땅속에서 로마인
  들은 금, 은 등 상당한 양의 귀중품들을 발견했다고 한다(Flavius Josephus, *The Jewish War*,
  trans. G. A. Williamson [New York: Penguin, 1981], 7.5.2.). 이것은 수많은 전쟁을 겪은 팔레
  스타인 지역에서 전쟁의 위험을 피해 귀중품들을 땅속에 숨겨두는 것이 당시에는 일상적인 일
  이었음을 보여주는 기록이다(David Buttrick, *Speaking Parables* [Louisville: Westminster John
  Knox Press, 2000], 101).

밭에 감춰져 있다는 것이고, 보화 발견자가 스스로 전 재산을 처분해서 보화가 숨겨진 밭을 구입한다는 사실이다. 천국이 보화에 비유됐다는 것은 천국의 가치를 나타낸다. 그리고 보화가 숨겨져 있다는 것은 천국 가치의 배타성(exclusiveness), 즉 천국 가치의 대체 불가능을 함축한다. 보화의 가치가 얼마나 놀라운가는 발견자의 행동을 보면 알 수 있다. 소작농으로 추정되는 발견자는 밭에 묻혀 있는 보화를 우연히 발견한 후 집에 돌아가 재산을 모두 팔아 밭 주인으로부터 정식으로 밭을 구입한다. 주인 없는 물건이므로 그냥 가져갈 수 있었음에도[22] 기뻐하며 자발적으로 전 재산을 처분해서 보화가 감춰진 밭을 구매한다는 것은 전 재산 투자와 비교될 수 없는 보화의 배타적 가치를 보여주는 대목이다. 도저히 그냥 가져갈 수 없는 보화의 아우라라고 해야 할까? 발견자는 그것을 본 것이다. 범접하기 어려운 보화의 가치. 그 어떤 것으로도 얻을 수 없어서 내 모든 것을 내놓아도 아깝지 않고 도리어 감사할 뿐인 그것, 아마도 부모의 은

---

22 고대 유대 문헌인 미쉬나(Mishnah)에 의하면 남의 땅에서 발견된 물건 가운데 무질서한 상태의 것들 또는 특정한 식별 표시가 없는 것들 등 원소유자를 밝혀낼 수 없는 물건들은 발견자의 소유로 인정되었다(H. Danby, The Mishnah [Oxford: Oxford University Press, 1987], 348). 반면, 그 안에 어떤 특별한 것이 들어 있는 물건들, 즉 질그릇 조각이 들어 있는 무화과 케이크 또는 동전이 들어 있는 빵은 발견자의 소유로 인정되지 않았으며(m. B. Mes. 2:1) 흩어진 돈이 아닌 쌓아 올려진 돈의 경우도 발견자의 소유가 될 수 없었다(m. B. Mes. 2:2) (Danby, The Mishnah, 349 참조). 그러나 돌무더기 안에서 발견된 것, 오래된 벽 안이나 새로 지어진 벽의 바깥쪽에서 발견된 것들은 발견자의 소유로 인정되었다(m. B. Mes. 2:3)(Danby, The Mishnah, 349 참조). 또한 발견자가 토지의 공동 소유자로서 유대교 개종자이고 다른 공동 소유자가 이방인일 경우 발견자는 공동 소유자로부터 발견물을 구입할 수 있었다(C. W. Hedrick, "The Treasure Parable in Matthew and Thomas", FFF 2/2 [1986], 50). 한편 탈무드의 "들어 올림"의 원칙(the principle of lifting)에 따르면, 동산(movable property)에 관하여 탈무드는 남의 소유의 땅에서 일하던 사람이 그 땅에서 발견한 물건을 소유하기 위해서는 그 물건을 들어 올려야 한다고 규정한다(J. D. M. Derrett, "Law in the New Testament: The Treasure in the Field [Mt 13:44]", ZNW, 54 [1963], 35). 그리고 미쉬나(b. B. Mes. 118a)는 일일노동자가 고용주로부터 특정한 일을 지정받았을 경우 발견물은 그의 소유이고, 반대로 특정한 일을 지정받지 않고 단지 "나를 위해 일하라"는 지시만 받았다면 발견물은 고용주의 소유라고 진술한다(B. B. Scott, Hear then the Parable: A Commentary on the Parables of Jesus [Minneapolis: Fortress Press, 1990], 398; M. L. Bailey, "Kingdom in the Parables of Matthew 13" [Ph. D. diss., Dallas Theological Seminary, 1997], 83참조).

혜와 같다고 할까? 부모의 헌신과 희생을 아는 자식은 부모의 은혜를 그냥 가져가지 않는다. 내가 가진 그 어떤 것으로도 갚을 수 없는 은혜를 깨달은 자는 너무도 감사하고 또 미안해서 도저히 거저 받지 못한다. 다 내놓게 된다. 그 은혜의 깊이와 넓이와 높이를 본 사람은 은혜 앞에서 그렇게 무장 해제된다.

이것이 은혜의 배타성이다. 좋은 나무라면 좋은 열매를 맺듯이 은혜의 아우라를 만난 사람에게는 그 아우라에 압도된 결과가 나타난다. 그 무엇으로도 대체 불가능한 은혜를 깨달은 은혜 휴머니스트는 누가 시키지 않아도 스스로 다 내어놓는다. 부모의 은혜의 가치를 깨달은 자녀는 은혜를 받은 것이 너무 미안하고 죄송해서 부모에게 모든 것을 드리게 되듯 천국의 은혜의 가치를 깨달은 사람은 그 은혜를 차마 그냥 가져갈 수 없어 모두 내놓게 된다.

보화는 구입한 것인가?

그렇다면 비유에서 천국의 은혜에 비유되는 보화, 그리고 인간의 공로(또는 행위)에 해당하는 재산 처분, 이 양자의 관계는 무엇인가? 그리고 재산을 처분한 돈으로 밭을 구입한 발견자는 보화를 구입한 것인가? 재산 처분으로 보화를 소유했으니 발견자는 자신의 공로로 보화의 소유주가 된 것인가? 그렇다면 보화, 즉 천국은 인간의 공로로 얻을 수 있는 것이 되고, 이 경우 천국의 은혜는 더 이상 은혜가 아니다. 은혜의 배타성이란, 인간의 능력이나 수고, 재물 등 그 무엇으로도 은혜를 획득할 수 없다는 의미이기 때문이다. 비유에서 천국으로 비유되는 보화는 철저히 배타적이다. 즉, 보화는 처음부터 감춰졌고 발견 후에도 감춰져 있다.

내가 입을 열어 비유로 말하고 창세부터 감추인 것들을 드러내리
라. (마 13:35)

위 본문에서 "창세부터 감춰진 것들"은 곧 천국의 비밀을 지칭한
다. 천국의 비밀이 감춰졌다는 것은 천국은 인간의 노력이나 공로로
깨우칠 수도, 얻을 수도 없는 오직 은혜로만 주어진다는 것을 의미
한다. 비유에서 보화는 농부가 발견한 것이지 발명해낸 것이 아니다.
농부는 이미 밭에 있는 것을 발견했을 뿐이다. 농부가 의도적으로
보화를 찾아다닌 것이 아니라 일하다가 우연히 발견했다. 보화의 발
견에 있어서 인간의 어떠한 의도나 노력이 개입되지 않고 있음을 보
여주는 장면이다. 이와 같이 보화 발견까지는 발견자의 공로가 개입
되지 않았다. 하지만 보화 발견 후 보화를 소유하는 과정에서는 전
재산 처분이라는 발견자의 공로가 개입되고 있다. 보화, 곧 천국(은
혜) 소유를 위해 인간의 공로가 수반되어야만 한다는 의문이 제기될
수밖에 없는 대목이다. 그런데 여기서 주목해야 할 것이 있다. 비유
에서 재산 처분은 보화 발견자의 자발적 반응이지 보화 소유를 위한
조건이 아니라는 점이다. 즉, 발견자가 재산을 처분해서 밭을 구입
하는 행위는 보화를 발견하고 보화 가치에 압도된 결과로 나타난 반
응이지 보화를 소유하기 위한 조건 또는 공로로서의 행동이 아니다.
재산 처분 및 밭 구입은 보화 소유의 조건이 아니라 보화 발견의 결
과 또는 반응이다.

또 주목할 것은 재산 처분으로 밭의 값은 지불됐지만 보화의 값은
지불되지 않았다는 사실이다. 발견자가 주인에게서 돈을 주고 구입
한 것은 밭이다. 보화의 값은 지불되지 않은 채 밭의 값만 지불됐다.

보화의 값이 지불되지 않은 상태에서 보화를 소유하게 됐다는 것은 무엇을 의미할까? 그것은 은혜의 배타성, 즉 보화는 인간의 공로로 획득될 수 없다는 점이 다시 한 번 확인된 것이다. 보화는 발견하기까지 인간의 공로가 개입되지 않았고 발견 후 소유하는 과정에서도 인간의 공로는 개입되지 않았다. 재산을 처분하고 밭을 구입하는 과정은 발견자의 공로가 맞지만, 전술한 바와 같이, 그 공로는 보화 소유 조건으로서의 공로가 아니라 발견의 결과로서의 공로다. 보화의 값이 조금도 지불되지 않았다는 것은 발견자의 공로, 즉 재산 처분이 보화 발견 및 보화 소유의 조건으로 작용하지 않고 있음을 말해준다. 발견자의 재산 처분은 보화의 가치에 대한 반응이며 자발적 행동일 뿐이다.

이와 같이 감춰진 보화 비유는 천국의 은혜와 인간 행위의 절묘한 역학 관계를 잘 보여준다. 천국의 은혜는 철저히 배타적이어서 인간의 어떤 공로나 행위, 노력으로 창출되거나 획득될 수 없다. 그러나 그 은혜의 발견과 소유 과정에서 인간의 행위는 완전히 배제되지 않고 일정한 역할을 수행한다. 비유에 따르면, 인간의 행위는 천국 은혜의 배타성을 침해하지 않는 범위 내에서 기능을 한다. 그 행위는 은혜의 막대한 가치를 깨달은 결과로서의 자발적 행동이지 은혜 획득의 조건이 아니다. 좋은 열매는 좋은 나무의 결과물이지 좋은 나무가 되기 위한 조건이 아닌 것과 같은 이치다.

본서 "제6장 세 번째 기도"에서 살펴본 바와 같이, 마태복음이 보도하는 종말적 심판은 행위를 기준으로 한다. 그런데 심판의 기준이되는 행위는 종교적 고백이나 이적 행함이 아니라 '신의 뜻 행함', 즉 '신의이행'(神意履行)이다(마 7:21-23). 신의이행者는 혈육의 관계를 초월하는 예수의 보편적 가족공동체의 구성원이다(마 12:50). 심판 기준으로서 신의이행은 천국을 얻기 위한 의도적 행위도, 천국을 얻게 하는 조건도 아니다. 신의이행은 천국을 발견하고 은혜를 깨달은 결과다. 신의이행은 천국의 가치를 깨달은 사람에게 나타나는 반응으로서의 자발적 행위임이 감춰진 보화 비유를 통해 분명하게 드러났다. 따라서 천국과 관련하여 인간의 행위는 천국 획득의 공로나 조건으로서가 아니라 천국 발견 또는 은혜 깨달음의 당연한 귀결로서 천국 획득에 관여한다. 이는 보화 발견자의 재산 처분이 보화 발견 및 획득을 위한 공로나 조건이 아니고 보화 발견의 결과인 것과 같은 원리다.

은혜의 배타적 가치

지금까지 살펴본 은혜의 배타성과 행위의 역학관계를 통해 우리는 매우 중요한 결론을 얻을 수 있다. 마태복음이 전하는 천국 또는 천국의 은혜는 이미 주어진 것이다. "회개하라 (왜냐하면) 천국이 가까이 와 있기 때문이다"(마 4:17)라는 예수의 공생애 첫 일성에서 나타났듯이 천국은 이미 도래해 있다. 그러므로 천국 도래 후 천국에 관련된 인간의 행위들은 천국 도래에 대한 반응에 해당한다. 천국에 관한 직간접적 경험 또는 깨달음의 결과인 것이다. 신의이행 또는 보화 발견자의 재산 처분은 은혜 획득의 조건이 아니라 은혜 발견(깨달음)에 대한 반응이다. 강요되거나 꾸며낸 것이 아닌 자발적인 헌신이다. 천국의 배타성은 천국을 얻어내려는 인위적 노력이나 작위적 시도를 배제한다. 이방 종교는 오랜 시간의 기도와 정성이 신의 빠른 응답을 끌어낼 수 있다고 믿지만(마 6:7-8) 예수는 이를 단호히 거부한다. 변질된 유대 종교는 마음 없는 선행 기도 금식으로 사람의 주목은 물론 신의 상급까지 기대하지만 예수는 천부의 은밀성을 제시하며 그들의 오류를 통렬하게 지적한다(마 6:1-18). 예수께서 네 차례나 강조한 천부의 은밀성("은밀한 중에 보시는" 또는 "은밀한 중에 계시는")은 감춰진 보화 비유에서 보화, 곧 천국의 숨겨짐과 같은 맥락으로서 인위적, 작위적 행위로 접근할 수 없는 천부의 초월성, 배타성을 함의한다. 고의적 선행과 '공로적 기도'23 행위는 천부의 주목을 끌지 못한다(마 6:2-8). 사람에게 인정받기 위한 금식 행위는 천부의 관심 밖에 있다. 천부의 은밀하심, 천국의 배타성을 깨달은 결과 나타나는 신의이행이 심판의 때에 천부로부터 인정받는다(마 7:21).

이상한(?) 초청

인간의 공로가 천국 획득의 직접적인 조건으로 역할을 할 수는 없지만 천국에 대한 자발적 반응으로서 천국 획득에 관여한다는 은혜와 행위의 관계가 잘 표출된 구약성서의 본문은 이사야 55장이다.

> 너희 목마른 자들아 물로 나아오라 돈 없는 자도 오라 너희는 와서 사 먹되 돈 없이, 값없이 와서 포도주와 젖을 사라. (사 55:1)

이사야 55장 1-3절은 여호와의 징벌을 받아 바벨론 포로가 된 이

---

23 마태복음 6장 7절이 지적하는 이방인들의 기도관(祈禱觀), 즉 기도 시간과 정성을 다하면 신이 응답할 것이라는 기도관은 기복적 기도 또는 공로적 기도이다(본서 "제1장 그러므로 너희는 이렇게 기도하라" 참조).

스라엘 백성을 회복시킨다는 구원의 약속이 담긴 소위 '메시아의 초청'이다. 그런데 초청 문구가 좀 이상하다. 본문 1절은 구원을 갈망하는 자들을 "목마른 자들"로 묘사하고 그들을 위한 구원의 음료인 포도주와 젖이 준비되었다며 그들을 초청한다. 바로 이 부분이 이상하다. 본문을 잘 보면 "돈 없는 자"를 초청하면서 구원의 음료를 '사라'고 한다. 돈 없어도 오라고 초청하면서 포도주와 젖을 '구입하라'고 한다.24 돈이 없는 사람에게도 포도주와 젖이 무료로 제공된다는 초청의 성격상 '구입하라'는 말은 어울리지 않는다. 특히 본문이 은혜로 제공되는 메시아의 구원을 약속하고 있다는 점에서 볼 때 '구입하라'는 잘못된 표현이 아닌가? 이 본문은 '너희는 와서 마시되 돈 없이, 값없이 와서 포도주와 젖을 마시라'고 해야 하지 않을까? 그것이 메시아 구원의 성격에 맞는 초청이 아닐까?

독자들이 생각하기에는 어떤가? '돈 없이 구입하라'는 초청장은 이사야의 실수일까? 말이 잘못 나온 것일까? 하지만 이스라엘 민족뿐 아니라 모든 이방 민족을 위한 메시아 구원의 초청장이 실수로 잘못 작성된 것이라고 보기는 어렵다. 그렇다면 구원의 포도주와 젖을 구입하라는 말은 인간의 노력과 공로로 하나님의 구원을 얻으라는 말인가? '메시아 구원의 구입'이라는 이사야서 본문의 기이한(?) 주제는 앞에서 살펴본 감춰진 보화 비유에서 그 의미의 실체가 드러난다. 보화 발견자의 재산 처분 행위는 보화 획득의 직접적인 조건이나 공로로서가 아니라 보화 발견에 따른 반응으로서, 그리고 보화 가치에 대한 자발적 헌신으로서 구원의 과정에 작용한다는 것을 비

---

24 이사야 55장 1절의 히브리어성경과 칠십인역 본문에서 포도주와 젖을 '사다'는 각각 동사 '샤바르'(שָׁבַר)와 '아고라조'(ἀγοράζω)로서 이 동사들은 정확히 '구입하다'(buy)를 뜻한다.

유를 통해 확인할 수 있었다. 본문의 '메시아 구원의 구입'은 이와 같은 관점에서 이해해야 한다.

'포도주와 젖을 구입하라'는 메시아 초청장은 재산을 처분해서 가져오면, 또는 많은 기도와 헌물이라는 정성과 공로를 쌓으면 구원의 포도주와 젖을 주겠다는 의미가 아니다. 메시아의 구원 자체는 무료 (선물)이지만 그 구원의 가치를 깨달은 사람은 거저 받으려하지 않는다는 것이 '포도주와 젖을 구입하라'의 의미다. 보화 발견자가 보화의 가치에 압도되어 스스로 재산을 처분하듯 메시아 구원의 아우라를 목도한 사람은 스스로 악인의 길을 버리고 불의한 생각을 떠나서 하나님께 돌아가며 하나님의 목소리를 경청하게 된다(사 55:3, 6-7). 양식이 아닌 것, 배부름이 없는 것들을 더 이상 추구하지 않고(55:2) 공평과 의를 행한다(56:1). 이러한 일련의 행위들은 구원의 포도주와 젖의 값을 지불하고 그것을 마시게 하는 공로가 아니라 이미 구원의 맛을 경험한 결과로 나타나는 삶의 변화들이다. 하나님이 어떤 존재인지 아는 자, 그의 자비와 공의의 성품을 경험한 자, 하나님의 은혜와 구원의 가치를 아는 자는 그 구원의 초청에 빈손으로 가지 않는다. 아니, 빈손으로 가지 못한다는 표현이 더 적합하겠다. 감춰진 보화 비유에서 보화를 발견한 사람의 자발적 재산 처분은 이사야서의 메시아 구원 초대장에 적힌 바로 그 '구입하다'가 의미하는 바다. 보화의 가치를 깨달은 그는 도저히 보화를 그냥 가져갈 수 없었다. 자기의 모든 것을 다 내놓아도 아깝지 않은 그 이상의 가치를 봤기 때문이다. 메시아 구원 초대장을 받은 사람은 그 구원이 너무 감사하고 너무 귀해서 무료로 제공된 구원의 포도주와 젖을 자발적으로 구입한다.[25]

보화의 가치

그러면 보화 발견자가 본 보화의 가치는 도대체 어떤 것일까? 메시아 구원의 가치는 얼마나 귀한 것이기에 스스로 전 재산을 처분하는 것일까? 그 가치의 실체에 대한 중요한 통찰을 감춰진 보화 비유에 이어 기록된 '진주 상인 비유'에서 확인할 수 있다.

> 또 천국은 마치 좋은 진주를 구하는 장사와 같으니 극히 값진 진주 하나를 만나매 가서 자기의 소유를 다 팔아 그 진주를 샀느니라. (마 13:45-46)

감춰진 보화 비유와 함께 '쌍둥이 비유'(twin parables)로 알려진 진주 상인 비유는[26] 천국에 비유되는 감춰진 보화의 가치를 가늠하게 하는 역할을 한다. 우선 본 비유는 천국을 진주가 아닌 진주 상인에 비유한다.[27] 마태복음에서 천국을 보화에 비유한 경우는 천국의 가치를 나타내는 반면, 천국을 사람에 비유한 것은 천국의 주인인 천부의 의도나 성품을 지시한다.[28] 진주 상인이 좋은 진주를 구하러 다니다 값진 진주 한 개를 찾았는데 자기 전 재산을 처분해서 그 진

---

25 요한계시록의 '값없이 생명수를 준다(또는 받다)'라는 표현(21:6; 22:17)은 이사야서의 구원 초청에 응답하여 (구원의) 포도주와 젖을 구입한 이들(계시록의 표현으로는 '새 예루살렘' 또는 '어린양의 신부'[21:2, 9-10])을 위한 천상에서의 보상을 의미한다.

26 두 개의 비유는 그 주제와 내용 면에서 차이가 없다는 이유에서 흔히 쌍둥이 비유로 불린다. 그러나 두 비유의 언어적, 문학적 차이는 결코 간과될 수 없다. 두 비유의 차이점에 관한 구체적 연구에 대해서는 김형근, 「감추인 보화 비유와 진주 상인 비유 연구」를 보라.

27 기존의 주석과 학설들은 대부분 '진주 상인 비유'가 천국을 진주에 비유한다고 전제하고 두 비유를 같은 의미의 동일한 교훈의 비유로 간주한다.

28 마태복음의 천국 비유 가운데 가라지 비유(13:24-30), 일만 달란트 빚진 종 비유(18:23-35), 선한 포도원 주인 비유(20:1-16), 혼인 잔치 임금 비유(22:1-14), 달란트 비유(25:14-30) 등은 천국의 주인인 천부의 뜻과 성품에 관련된 주제를 갖고 있다. 다만 열 처녀 비유(25:1-13)의 경우 천국에 비유된 열 처녀가 천부의 의도나 성품을 나타낸다고 보기 어렵다. 열 명 중 다섯 처녀들은 혼인 잔치 참석에 실패했기 때문이다.

주를 샀다는 건 무슨 의미일까? 이해의 열쇠는 감춰진 보화 비유와
진주 상인 비유의 차이점을 파악하는 데 있다. 여기서는 비유의 동
사의 시제 및 '팔다'는 동사를 중심으로 두 비유의 차이점을 살펴본
후 감춰진 보화의 가치를 이해함에 있어 진주 상인 비유가 암시하는
힌트를 알아보자.

두 비유의 후반부에는 4개의 동사('[돌아가다', '가지다',29 '팔
다', '사다')가 있는데 감춰진 보화 비유의 동사의 시제가 모두 현재
형인 데 비해, 진주 상인 비유의 경우 각각 부정과거형, 미완료형, 완
료형, 부정과거형으로 동사의 시제가 서로 다르다. 여기서 주목할 것
은 '팔다'라는 의미의 동사다. 감춰진 보화 비유의 '팔다'는 동사 '폴
레오'(πωλέω)이고 진주 상인 비유의 '팔다'는 동사 '피프라스
코'(πιπράσκω)로서 두 동사의 의미와 용례에는 분명한 차이가 있다.
신약성서에서 '폴레오'가 '정상적 상거래 행위'를 나타내는 반면(마
10:29; 19:21; 21:12; 25:9; 막 11:15; 눅 12:6; 19:45; 요 2:14; 행
4:34, 37; 5:1; 고전 10:25; 계 13:17), '피프라스코'는 '일방적 양도
또는 처분, 희사'를 의미한다(마 18:25; 26:9; 막 14:5; 요 12:5; 행
2:45; 4:34;30 5:4; 롬 7:14).31

---

29 44절과 46절에서 "자기의 소유"라는 명사구는 본래 '자기가 가진'이라는 동사형 구문이다.

30 사도행전 4장 34절에는 능동형 '폴레오'와 수동형 '피프라스코'가 같이 등장하는데 여기서 '폴
   레오'는 예루살렘교회 교인들이 자기의 부동산(집과 토지)을 매매하는 정황을 묘사하고, '피프
   라스코'는 매매를 통해 '처분된 것', '드려진 것'을 의미하는 용례로 사용되고 있다. 이러한 두
   동사의 용례상 차이는 사도행전 5장 1절부터 4절에서도 발견된다.

31 8회 용례 중 1회(행 2:45)를 제외하고 7회 모두 수동형으로서 '처분된', '희사된'이란 의미를
   나타낸다.

전 재산으로 진주를 사는 상인

이 용례상의 구분에 따르면 진주 상인이 진주를 구입하기 위해 행한 재산 처분은 이윤을 목적으로 하는 정상적 상거래로 보기 어렵다. 1세기 당시 진주 상인(ἔμπορος)은 배를 이용한 원방 무역을 통해 보석, 금, 향료 등의 상품을 수입해서 대규모 창고에 보관하는 업을 하는 대(大)상인이었다.[32] 따라서 비유의 진주 상인은 상당한 재산을 소유한 부자임이 분명하다. 그런 그가 진주 하나를 얻기 위해 전 재산을 처분했다는 것은 당시 사회적 배경으로 볼 때 매우 이례적이다. 팔레스타인 지역은 물론 페르시아와 인도양에 이르기까지 원방 지역을 다니며 수많은 종류의 물건들을 거래하면서 다양한 물품들에 대한 지식과 식견을 가진 전문 무역상이 전 재산을 처분할 정도

---

32 예레미아스, 『예수시대의 예루살렘』, 140.

의 진주라면 그 값어치는 얼마나 될까? 과연 그만한 가치의 진주가 있기나 한 것일까?

진주의 가치

진주의 원소유주가 상인의 재산과 진주를 거래했다는 점에 주목할 필요가 있다. 진주의 원소유주 입장에서는 진주보다 상인의 전 재산이 더 값어치 있기 때문에 진주를 팔은 것이다. 그렇다면 그것은 진주의 객관적 가치가 상인의 전 재산의 가치를 초과하지 않는다는 증거다. 다시 말해서, 진주보다 상인의 전 재산이 더 값어치 있다는 논리가 성립된다. 따라서 상인이 진주보다 더 많은 가치를 지불하고 진주를 구입한 정황은 품꾼이 전 재산을 처분해서 밭을 구입한 것과 비슷하면서도 다르다. 두 경우 모두 전 재산이 보화나 진주보다 더 가치 있다는 점에선 일치한다. 하지만 감춰진 보화 비유의 경우 전 재산은 보화가 아닌 밭의 값으로 지불된 반면, 진주 상인 비유의 경우 전 재산은 진주의 값으로 지불됐다. 그러므로 전자에서 재산과 밭의 거래는 품꾼 자신과 밭 주인 모두에게 이익이므로 이 거래는 정상적 상거래에 해당된다. 그러나 후자에서 재산과 진주의 거래는 진주의 원소유주에게는 이익이지만 상인에게는 이익이라고 볼 수 없다. 전술한 바와 같이 객관적, 절대적 가치에서 상인의 전 재산이 진주를 능가하기 때문이다. 이런 이유로 인해 두 비유에서 재산 처분을 의미하는 동사로 보화의 경우는 일반적 상거래를 의미하는 '폴레오'가, 진주 상인의 경우는 양도와 희사를 함의하는 '피프라스코'가 사용된 것이다.

동사 '팔다'의 용례와 함께 두 비유의 의미와 주제상의 차이점을 보다 명확하게 밝혀주는 것이 동사의 시제다.33 앞에서 잠시 언급한 바와 같이, 감춰진 보화 비유 후반부 4개의 동사가 모두 현재형이라는 사실은 품꾼이 돌아가서 전 재산을 처분하여 밭을 구입하는 일련의 행동이 일회성이 아니라 지속적, 반복적 행위라는 점을 강조한다. 반면, 진주 상인 비유 후반부의 경우 상인의 재산 처분 행위는 완료형, 진주 구입 행위는 부정과거형이다. 감춰진 보화 비유의 경우와 달리 상인의 진주 구입 행위와 재산 처분 행위는 반복적이지 않다는 말이다. 진주 구입의 부정과거형 동사는 구입 행위의 일회성을, 재산 처분의 완료형 동사는 처분의 완료를 각각 강조한다. 이 시제 변화를 동사의 의미와 결합시켜 보면, 진주 상인의 재산 처분, 곧 양도 또는 희사는 단회로 완료됐다. 더 이상의 재산 처분이 필요하지 않다. 재산 처분으로 이뤄진 진주 구입도 단회로 끝났다. 두 행위 모두 반복되지 않는 일회적 행위다. 특히 상인의 양도 또는 희사 행위의 완료형 동사는 그 행위가 완전하게 성취되어 그 성취의 결과가 현재 유효하다는 점을 강조하고 있다.

그렇다면 마태복음에서 진주 상인의 양도 내지 희사는 천국 또는 천부와 관련해서 무엇을 나타내는가? 천부의 뜻에 따라 사람들을 위해 자기 목숨을 내어주는 예수의 대속 사역(1:21; 26:26-28), 또는 그렇게 아들을 대속 제물로 내어주는 천부의 자기희생(26:39-42)을 상징한다고 비유를 이해하는 것은 마태복음의 신학적 관점에 부합한다. 인류의 죄 대속을 위한 천부의 아들의 희생은 진주 하나를 얻

---

33 그리스어 동사의 시제별 의미 차이에 관하여는 S. E. Porter, *Idioms of the Greek New Testament*, 2nd ed. (Sheffield: Sheffield Academic Press, 1994), 53; F. Blass, A. Debrunner and R. W. Funk, *A Greek Grammar of the New Testament and Other Early Christian Literature* (Chicago: University of Chicago Press, 1961), 172, 175를 참조하라.

기 위해 자기 전 재산을 처분하는 상인의 희사 행위로 비유되었다. 이미 소유하고 있는 99마리를 산에 놔둔 채 길 잃은 한 마리 양을 찾아 나서는 양 주인의 비효율적 행위는 진주 상인의 몰(沒)이윤적 재산 처분 행위와 맥락을 같이한다. 자신에게 전혀 이익이 되지 않는 행위를 하는 것은 천국에 관련되어 있다. 양 주인의 비효율적 행위는 천부의 뜻과 맞닿아 있다. 길 잃은 한 마리 양, 즉 작은 자가 '잃어지는'34 것은 천부의 뜻이 아니다(마 18:14). 그를 얻기 위해 천부께서는 자신의 모든 것을 내어놓는다. 십자가에 달린 예수의 마지막 외침 "엘리 엘리 라마 사박다니"(마 27:46)는 잃은 양을 위해 아들까지 버리신 천부의 전 재산 처분의 몰(沒)이윤성을 공포한다. 이것이 천국의 값어치이며 품꾼이 발견한 보화의 가치다. 구원을 위해 천부의 모든 것을 내어놓으신 은혜의 가치는 그래서 배타적이다. 사람은 따라 할 수 없다. 사람의 그 어떤 노력과 수고로도 인류를 위한 신의 아들의 대속을 대체하거나 흉내 낼 수 없다. 그래서 십자가 구원은 은혜다. 해와 비와 공기는 너무 귀하기에 무료로 제공되듯 십자가 대속의 은혜는 인간의 공로로 얻을 수 없기 때문에 은혜로 주어진다.

돈 없이 구입하는 은혜

밭에서 보화를 발견한 품꾼이 보화를 즉석에서 가져가지 않고(또는 '못하고') 자발적으로 전 재산을 처분해서 밭을 구입한 이유가 바

---

34 마태복음 18장 12-13절에 3회 등장하는 '잃다' 동사는 그리스어 '플라나오'($\pi\lambda\alpha\nu\acute{\alpha}\omega$=lead astray)의 수동형으로서 양 한 마리의 길 잃음이 타의에 의해 초래된 상황임을 나타낸다. 14절의 '잃다' 동사는 '아폴뤼미'($\dot{\alpha}\pi\acute{o}\lambda\lambda\nu\mu\iota$=be lost)의 중간형으로서 이 역시 길 잃음의 수동적 상황을 암시한다. 두 동사의 용례와 의미에 관하여는 본서 "제6장 세 번째 기도"를 보라.

로 여기에 있다. 그는 보화의 막대한 가치, 즉 천국 은혜의 가치를 깨달았다. 천부의 아들이 우리의 죄를 대속한 은혜가 너무도 막대하여 도저히 그냥 가져갈 수 없었다. 그래서 보화가 감춰진 밭을 아예 사버렸다. 겉으로는 보화를 구입한 모양새지만 실제로 보화의 값은 지불되지 않았으니 결과적으로 보화는 공짜로 구입한 것이다. 품꾼은 그렇게 보화를 값없이 구입했다.

값없이 포도주와 젖을 사라. (사 55:1下)

보화 발견자의 보화 획득은 값을 치르지 않은 구입이다. 이것이 천국 은혜를 소유하는 '옳은'(義로운) 과정이다. 일반적으로 은혜라고 하면 '공짜, 무료'라고 이해한 나머지 보화 발견자가 보화를 현장에서 곧바로 가져가는 것쯤으로 생각한다. 하지만 보화 발견자는 보화를 그냥 가져가지 않았다. 공짜라고 공짜로 가져가는 것은 은혜의 가치를 깨달은 사람의 행동일 수 없다. 공짜이지만 은혜가 너무 귀하다는 것을 깨닫고는 스스로 은혜의 가치에 걸맞은 행동을 한다. 십자가 은혜의 실체가 인간을 구원하는 천부의 전 재산 처분이라는 것을 깨달은 자는 그 은혜의 실체에 반응한다. 천부의 전 재산 처분의 은혜를 받은 자는 그 은혜의 열매를 맺게 된다. 좋은 나무는 좋은 열매를 맺듯 전 재산 처분의 은혜를 발견한 사람의 전 재산 처분과 밭 구입은 은혜의 당연한 열매다.

인간의 노력이나 공로로 결코 얻을 수 없는 은혜는 그 은혜의 가치에 압도된 결과와 반응으로 행해진 자발적 헌신으로 구입된다. 이것을 '값없이 사는 구원'(the salvation which is to be bought without price)이라고 한다. 천국 은혜는 '돈 없이 구입하는 것'이다. 천국 은혜는 돈 없이 값없이 구입하는 것이기에 인간의 공로가 아니며 돈 없이 값없이 구입하는 것이기에 공짜가 아니다. 천국 은혜를 '돈으로 값으로' 구입하려는 것도 문제이지만 돈 없이 값없이 '얻으려는 것'도 문제다. 전자를 공로 구원 또는 행위 구원, 후자를 '싸구려 구원' 또는 '싸구려 은혜'라고 한다. 독일의 신학자 본회퍼는 십자가의 은혜는 '값비싼 은혜'이며 따라서 제자도 실천이 없는 그리스도인은 '싸구려 은혜'를 받은 자라고 말했다. 예수 그리스도의 값비싼 은혜는 제자도를 면제해주는 것이 아니라 도리어 그리스도인들을 제자도로 이끌며 바로 이 제자도를 실행하는 사람이 비싼 값을 지불한 사람, 곧 칭의된 자라고 본회퍼는 갈파했다.[35] 감춰진 보화 비유에서 보화 발견자의 재산 처분은 곧 제자도 실행을 의미한다. 발견자의 재산 처분이 보화의 값에 대한 지불이 아니라 보화의 가치에 대한 자발적 반응인 것처럼 제자도 실행은 십자가 은혜를 얻게 하는 공로가 아니라 은혜를 깨달은 자의 자발적 헌신이다. 공로가 아닌 '자발적' 헌신이므로 행위 구원이 아니며 '싸구려 구원'은 더더욱 아니다.

은혜 사모곡(思母曲)

지금까지 천국 은혜의 실체와 그 가치를 살펴보았다. 주기도문 네 번째 기도가 구하는 "일용할 양식"은 대체 불가한 천국의 배타적 은혜를 의미한다. 애굽을 탈출한 광야의 이스라엘

---

35 박봉랑, 『그리스도교의 비종교화』(서울: 대한기독교서회, 1998), 394-395.

공동체에게 하늘의 만나는 바로 그 배타적 은혜다. 있으면 좋고 없어도 큰 불편이 없는 그런 것이 아니다. 없으면 곧 죽음이다. 광야 이스라엘 공동체의 목숨을 유지할 수 있었던 것은 '오늘의 만나'였다. 주기도문은 지금 그것을 구하고 있다. 네 번째 기도는 땅의 모든 소망이 끊어진 상황에 있는 제자공동체의 기도다. 누구도 의지할 수 없고 무엇도 도움이 되지 않는 절체절명의 상황, 한 줄기 빛마저 보이지 않는 암흑천지의 현실에 처한 주기도문 공동체에게 네 번째 기도는, 광야 공동체의 만나와 같은, 배타적 은혜에 대한 요청이다. 천부의 이름을 망령되게 악용하고 오용하는 자들을 심판하고 그 이름을 존중하는 자들을 구원하는 천국의 은혜를 갈망한다. 불의한 세상에 천부의 통치가 도래하고 천부의 뜻이 실행되는 그 날이 속히 오기를 네 번째 기도는 간구한다.

천부의 이름이 존귀함을 받고 천부의 나라가 이 땅에 임하며 천부의 존귀한 뜻이 성취되어지기를 갈망하는 천부의 자녀들의 네 번째 기도는 단순한 먹거리 요구가 아니다. 그들이 갈망하는 바를 이룰 수 있는 유일한 원동력인 천부의 은혜에 대한 사모곡이다. 다른 모든 것이 있어도 그것이 없으면 안 되는 그것, 다른 모든 것이 없어도 그것만 있으면 되는 그것, 바로 그것이 네 번째 기도가 구하는 "일용할 양식"이다. 그 양식은 땅의 소산이 아니다. 땅에서 나는 것이 아니라 오직 하늘로부터 주어진다. 그래서 우리는 그것을 천국 은혜라 부른다. 천국 은혜는 '돈 없이 값없이 구입하는' 것이다. 천국 은혜, 즉 일용할 양식을 구한다는 것은, 보화 발견자가 스스로 기쁨으로 전 재산을 처분하여 보화의 가치에 반응하는 것처럼, 자신이 경험한 은혜의 가치에 반응하는 은혜 휴머니스트로서 '오늘'을 살겠다는 결단의 표명이다.

마태복음에서 종말적 심판의 기준이 되는 '신의이행'은 구원을 얻게 하는 공로가 아니며 구원을 얻기 위한 조건도 아니다. '신의이행'은 구원을 깨달은 자의 당연한 반응이며 구원을 얻은 결과로서의 당위적 행위다. 이처럼 은혜를 얻게 하는 공로가 아니라 은혜를 받은 결과인 '신의이행'은 최후 심판의 기준이 된다.

주기도문 네 번째 기도는 맘몬에 무릎 꿇지 않고 '오늘'의 은혜에 만족한다는, 고난 중에도 도우시는 은혜를 '오늘' 의지한다는, '오늘' 경험한 은혜에 합당한 삶을 살겠다는 오늘의 '은혜 사모곡'(思母曲)이다.

제8장

다섯 번째 기도

우리가 우리에게 죄지은 자를 사하여 준 것 같이
우리의 죄를 사하여 주소서

ἄφες ἡμῖν τὰ ὀφειλήματα ἡμῶν
ὡς καὶ ἡμεῖς ἀφήκαμεν τοῖς ὀφειλέταις ἡμῶν

죄의 취급은 신의 영역이지 인간의 영역이 아니다.
죄를 사하는 것은 오직 신의 권한이다.
천부께서 사하는 것은 죄요,
인간이 용서할 것은 인간이라는 것이 마태의 신학이다.
죄는 미워하되 죄인은 미워하지 않고 용서하는 대속 휴머니스트,
그는 신의 공의와 자비의 DNA가 체화된 신자(神子)다.

우리가 우리에게 죄지은 자를 사하여 준 것 같이 우리의 죄를 사
하여 주소서. (마 6:12)

주기도문 다섯 번째 기도문은 여섯 개 기도문 가운데 논란이 많은
기도문 중 하나다. 쟁점이 되는 부분들을 영어 문장으로 살펴보자.

① Forgive us our debts, ② as we forgive our debtors. (KJV)

첫 번째 쟁점은 주절(①)이 종속절(②)의 조건에 영향을 받는다는
점이고, 종속절(②)에는 주절(①)에 있는 직접목적어인 '채무'(debts)
가 없고 간접목적어 '채무자 '(debtors)만 등장한다는 것이 두 번째
쟁점이다. 먼저 첫 번째 쟁점부터 짚어보자.

'do ut des'(쌍무계약) 기도

앞에서 언급한 바와 같이, 위 문장을 보면 우리
의 채무 탕감(①)은 우리가 우리의 채무자를 용서하는 것(②)에 따라
결정된다.[1] 다시 말해서, 다섯 번째 기도는 천부께서 우리의 채무를

---

1 종속절(②)의 동사 forgive(ἀφίημι)가 현재형이냐 완료형이냐에 관해서는 사본학적 논란이 아직

탕감해주는 것은 우리가 우리의 채무자를 용서해주는 것에 달려 있다는 논리로서 ②가 ①의 조건이 되고 있다. 천부의 죄 사함[2] 은혜가 인간의 타인 용서에 의해 좌우된다? 인간의 행위가 신의 은총의 조건이 된다? 김세윤은 다섯 번째 기도문의 이러한 문제점을 지적하고 해결책을 제시한다.[3] 그는, 요아킴 예레미아스(Joachim Jeremias)의 견해를 인용하여, 종속절을 주절의 서약문으로 보고 "하나님, 우리의 죄를 용서해주소서. 그와 동시에 우리도 우리에게 '빚진 자들'(죄들)을 용서하겠나이다"라고 이해한다.[4] 즉, ②는 ①의 조건이 아니라 ①의 죄 사함 은혜를 이미 받은 자가 드리는 서원, 곧 약속이라는 설명이다. 그러면서 김세윤은, 한편으로는 이웃에 대한 죄 용서 없이[5] 천부의 죄 사함 받음이 불가능하다고 말하면서, 다른 한편으로는 인간의 죄 용서 공로가 천부의 죄 사함의 조건 또는 반대급부가 되는 것이 아니라고 말함으로써[6] 주절과 종속절의 상호 관계 설정에 있어 논리적 충돌을 피하지 못한다. 천부의 죄 사함 은혜(①)가 인간의 용서 행위(②)에 근거하는 것이 아니라는 신학적 전제를 보

끝나지 않았다. 전자나 후자 모두 다양하고 권위 있는 사본들의 지지를 받고 있기 때문이다 (Metzger, *A Textual Commentary on the Greek New Testament*, 13 참조). 그러나 이러한 종속절 동사의 형태 문제는 종속절이 주절의 조건이 된다는 본서의 논지에 영향을 미치지 않으므로 이에 관한 구체적인 언급은 생략하기로 한다.

2 일반적으로 '용서'라는 단어에는 '죄에 대한 심판'의 개념이 포함되지 않는다. 따라서 흔히 사용하는 '죄 용서'라는 말은 비성서적 용어이며 신구약 성서는 '죄인 용서'와 '죄 심판'을 가르친다. 이에 따라 본서에서는 하나님과 관련된 경우 '죄 용서' 대신 죄에 대한 심판을 명시하는 '죄 사함', '속죄', '대속'이란 용어를 사용할 것이다. 이에 관한 자세한 논의는 본 장의 "죄 심판과 죄인 용서"를 참조하라.

3 김세윤, 『주기도문 강해』, 169.

4 종속절 ②에는 직접 목적어인 채무(죄들)가 나타나지 않는데도 김세윤은 ②의 채무자(빚진 자)를 채무(죄들)로 이해하고 논지를 전개한다(김세윤, 『주기도문 강해』, 169-170).

5 각주 4번에서 지적한 바와 같이 김세윤은 종속절 ②를 '채무자 용서'가 아닌 '채무 용서'로 이해한다(김세윤, 『주기도문 강해』, 171-172 참조).

6 김세윤, 『주기도문 강해』, 171-172.

호하기 위한 김세윤의 시도는, 그러나 그가 말한 바와 같이 다섯 번째 기도의 설명이라고 할 수 있는,[7] 마태복음 6장 14-15절에 의해 좌절되고 만다.

> [14]너희가 사람의 과실을 용서하면 너희 천부께서도 너희 과실을 용서하시려니와 [15]너희가 사람의 과실을 용서하지 아니하면 너희 아버지께서도 너희 과실을 용서하지 아니하시리라. (마 6:14-15)[8]

인간의 용서가 천부의 죄 사함의 조건임을 명시하는 위 본문은 다섯 번째 기도에서 종속절(인간의 용서)이 주절(천부의 죄 사함)의 조건이라는 해석 외에 다른 해석을 허용하지 않는다.[9] 학자들도 대체로 이에 동의한다. 건드리(R. H. Gundry)는 종속절의 인간의 용서 행위를 신의 죄 사함을 끌어내는 공로라기보다는 신의 죄 사함의 본보기(example)로 평가한다.[10] 바자나(G. B. Bazzana)는 인간의 용서를 신의 죄 사함의 본보기로 이해하고 다섯 번째 기도에서 신의 죄 사함과 인간의 용서의 관계를 'do ut des', 즉 쌍무(雙務) 계약으로 설명한다.[11] 라틴어 'do ut des'(I give that you may give=나는 당신이

---

7 김세윤, 『주기도문 강해』, 171.

8 개역한글판 성서와 달리 그리스어 성서 원문에는 14절의 주절에 직접목적어 "과실"이 없고 간접목적어 "너희"만 있어서 '너희가 사람에게 그들의 과실을 용서하면 너희 천부께서도 너희에게(너희의 과실을) 용서하시려니와'가 된다. 반면, 15절의 경우 종속절에 간접목적어만 있고 주절에는 둘 다 있어서 '너희가 사람에게(그들의 과실을) 용서하지 아니하면 너희 아버지께서도 너희에게 너희의 과실을 용서하지 아니하시리라'가 된다. 본문에서 "과실"로 번역된 '파랍토마'(παράπτωμα)는 도덕적, 법률적 잘못을 의미하는 단어로서 다섯 번째 기도에서 인간의 '상황 의무' 및 '상황 불능'을 강조하는 '오페일레마'(ὀφείλημα)와 용례상 구별된다(각주 16번 참조).

9 Nolland, *The Gospel of Matthew*, 291. 해그너는 다섯 번째 기도에서 주절의 용서 청원을 천부의 미래적, 종말적 용서 청원으로 보면서도 그 미래적 용서는 현재의 용서와 분리될 수 없다고 설명함으로써 인간의 용서가 천부의 용서의 전제 조건이라는 점을 분명히 한다(해그너, 『WBC 성경주석: 마태복음 1-13』, 293-294).

10 Gundry, *Matthew*, 108.

'줄 것이기에'[주었기에] 준다)는 고대 로마인들의 종교 원리로서 그들은 신을 인간과 상부상조하는 존재라고 믿었다. 그들이 신을 섬기는 이유는 신으로부터 받기 위해서다.

인류학자 타일러(E. B. Tylor)가 인류 종교의 기원으로 제시한 고대인들의 정령숭배(animism) 역시 '신이 되돌려 줄 것을 믿으며 바친다'는 로마인의 'do ut des' 종교관과 맞닿아 있다. 바자나는 이와 같은 고대인들의 신관이 주기도문 다섯 번째 기도에 등장하여 인간의 용서 행위가 천부의 죄 사함의 조건이 되고 있다고 주장한다.[12] 호프만(M. G. V. Hoffman)은 다섯 번째 기도에서 인간의 용서는 천부의 죄 사함의 선행적 조건인데 그 인간의 용서는 타인을 용서하는 행위로서의 조건이 아니라 용서하는 사람이 됨이라는 조건을 의미한다는 다소 모호한 논리를 펼친다.[13] 이 외에도 많은 주석가와 학자들은 다섯 번째 기도와 14-15절의 교훈이 천부의 죄 사함에 선행하는 인간의 용서라는 점에 대체로 의견을 같이한다.[14]

지금까지 살펴본 바에 따르면 주기도문 다섯 번째 기도는 인간의 용서를 천부의 죄 사함의 조건으로 규정한다고 볼 수 있다. 그렇다면 데이비스/앨리슨(W. D. Davies/D. C. Allison)이 우려한 것처럼 본문은 신의 은총을 선행하는 인간의 공로를 강조하는 것인가?[15]

---

11 G. B. Bazzana, "Basileia and Debt Relief: The Forgiveness of Debts in the Lord's Prayer in the light of Documentary Papyri", *CBQ* 73 (2011), 524. 프란스도 다섯 번째 기도가 상호 호혜적 용서를 말한다고 주장한다(France, *The Gospel of Matthew*, 249-250).

12 Bazzana, "Basileia and Debt Relief", 523. 신구약 중간기 문헌인 시락서 28장 2절은 타인의 잘못을 용서할 때 비로소 내 죄를 용서받게 될 것이라고 진술한다.

13 M. G. V. Hoffman, "Learning to 'Pray This Way': Teaching the Lord's Prayer", *Word & World* 22 (Winter 2002), 75.

14 W. D. Davies and Dale C. Allison, Jr., *A Critical and Exegetical Commentary on the Gospel according to Saint Matthew* (3 vols.; ICC; Edinburgh: Clark, 1988-97) 1:612; Hoffman, "Learning to 'Pray This Way'", 75 각주 7번.

15 Davies and Allison, Jr., *A Critical and Exegetical*, 612.

아니면 적어도 신의 속죄 은총에 인간의 협력이 요구된다는 소위 '신인협력설'(synergism)을 암시하는 것인가? 속죄 은총에 있어서 신의 주권은 이렇게 흔들리고야 만다는 뜻인가? 의문 해결을 위해 다시 처음의 쟁점으로 돌아가 보자.

① Forgive us our debts, ② as we forgive our debtors. (KJV)

위 본문의 구조만을 놓고 보면 신의 속죄 은총은 인간의 타인 용서 행위에 따라 결정되고 있다. 그런데 본문을 정확히 이해하기 위해서는 선결돼야 할 부분들이 있다. 우선 본문에서 종속절(②)이 주절(①)의 조건이 되려면 양측을 직접 대입할 수 있어야 하는데 전술한 바와 같이, 종속절에는 주절에 있는 직접목적어, 즉 '채무'가 없다. 다시 말해서, 1번의 주절에 2번의 종속절을 곧바로 대입해서 전체 문장의 의미를 도출하려면 2번의 종속절은 'as we forgive our debtors *their debts*'가 되어야 한다. 그래야만 2번은 완벽하게 1번에 대입되어 인간의 용서가 신의 은총의 조건이라는 의미 성립이 가능하다. 따라서 직접목적어 'their debts'가 없는 종속절을 주절과 직접 대입해서 본문을 해석하는 건 섣부른 획일화다. 그렇다면 주절에 있는 '채무'가 종속절에는 왜 없는 것일까? 단순한 생략일까?16

---

16 각주 8번에서 언급된 바와 같이 마 6장 14-15절의 종속절에는 직접목적어가 있기도 하고(14절) 또 없기도 하다(15절). 반복어의 생략으로 볼 수 있는 대목이다. 그러나 이 본문이 다섯 번째 기도의 해설에 해당하고 또 기도문과 유사한 구조와 의미를 갖고 있다는 이유를 근거로 다섯 번째 기도 종속절의 직접목적어 부재를 반복어 생략으로 간주하는 것은 다음과 같은 두 본문의 차이점을 고려하지 않은 획일화다. 우선 두 본문에서 동사 '아피에미'(ἀφίημι)의 대상이 다르다. 다섯 번째 기도에서 '아피에미'의 대상은 '오페이레마'(ὀφείλημα)이고 6장 14-15절에서는 '파랍토마'(παράπτωμα)가 그 대상이다. 복음서에서 이곳에만 등장하는 '오페이레마'는 마태복음에서 종교적, 신적 죄를 뜻하는 '하마르티아'(ἁμαρτία, 마 1:21; 3:6; 9:2-6; 12:31; 26:28)나 법률적, 도덕적 범죄를 의미하는 '파랍토마'와 달리 '빚'의 개념을 갖는다. 마태가 주기도문 다섯 번째 기도에서 대신적(對神的) 영역과 관련이 있는 주절과 대인적(對人的) 영역과 관련이 있는 종속절에 각각 '하마르티아'와 '파랍토마'를 적용하지 않았다는 점, 그 대신 '상환 의무'를

'their debts', 왜 없을까?

　　　　　　　다섯 번째 기도와 깊은 관련이 있는 또 다른 본
문인 일만 달란트 빚진 종 비유(마 18:23-35, 이하 '빚진 종 비유')에
서 의문 해소를 위한 실마리를 찾아보자. 비유의 스토리는 다음과
같이 3단계로 요약될 수 있다.

　　1단계(23-27절): 종의 빚 탕감
　　2단계(28-30절): 동관의 투옥
　　3단계(31-35절): 종의 빚 탕감 철회

일만 달란트라는 막대한 금액의 빚을 왕으로부터 탕감 받은 종이
(1단계) 그보다 60만 분의 일에 불과한 오백 데나리온의 빚을 갚지
않는다는 이유로 자기의 동료를 감옥에 가뒀다는(2단계) 사실을 전
해들은 왕이 빚 탕감을 철회하고 종을 투옥시켰다(3단계). 비교적
단순한 내용의 이 비유는 주기도문 다섯 번째 기도의 종속절에 '채
무'가 언급되지 않은 사실을 이해하는 데 중요한 단서를 제공한다.
본문의 내용을 다섯 번째 기도와 대입해보면 인간이 인간을 용서한
다는 기도의 종속절은 비유의 2단계와 연결된다. 물론 비유 2단계에
선 종이 자기의 동료를 용서하지 않지만 인간 사이의 용서를 주제로
한다는 면에서 두 본문은 병행 관계에 있다. 그렇다면 다섯 번째 기
도의 주절(천부의 죄 사함)은 비유의 어느 단계에 대입될 수 있을까?

함의하는 '오페이레마'를 여기서만 사용하고 있다는 점, 그리고 이 '오페이레마'가 대인적 영역
을 나타내는 종속절에는 나타나지 않는다는 점 등은 '오페이레마' 용례에 마태의 특별한 의도
가 내포돼 있음을 시사한다. 즉, 인간은 신에게 상환해야 할 빚이 있으며 그 빚 상환은 인간의
능력을 벗어난 신의 영역이라는 점을 강조하기 위해 주절에 '오페이레마'를 사용하고 종속절에
서는 이를 생략했다고 볼 수 있다.

종의 빚 탕감(1단계)일까? 아니면 빚 탕감 철회(3단계)일까? 이 문제는 잠시 뒤 알아보고 종속절과 비유 2단계로 먼저 살펴보자. 다섯 번째 기도의 종속절에서는 인간이 인간을 용서하는데 비유 2단계에선 용서하지 않는다. 그런데 종이 동료의 빚을 탕감하지 않고 동료를 투옥시킨 정황을 왕은 이렇게 묘사한다.

> 32이에 주인이 저를 불러다가 말하되 악한 종아 네가 빌기에 내가 네 빚을 전부 탕감하여 주었거늘 33내가 너를 불쌍히 여김과 같이 너도 네 동관을 불쌍히 여김이 마땅치 아니하냐 하고. (마 18:32-33)

왕이 빚 탕감 은혜를 회상하는 장면(32절)과 종을 책망하는 장면(33절)을 주의 깊게 보면 '채무'에 관한 언급은 왕과 종의 사이에서는 나타나는데 종과 동료 관계에선 나타나지 않고 있다. 종이 왕에게 불려가서 책망을 받는 이유는 동료의 빚을 탕감해주지 않았기 때문이다. 그렇다면 32절에서 왕은 다음과 같이 책망했어야 했다.

> 악한 종아 네가 사정을 하기에 내가 너의 빚을 모두 탕감해주었다.
> (그러니 너도 네 동료의 빚을 탕감해주었어야지).

괄호 안의 지적은 왕이 종을 소환하여 그의 악행을 책망하고 빚 탕감을 취소하는 이유이며 근거가 된다. 자기가 탕감 받은 빚의 60만 분의 일에 불과한 동료의 빚을 탕감하지 않았기 때문에 왕이 종을 소환하여 탕감을 철회하고 투옥시킨 것이다. 따라서 동료의 빚을 탕감해주지 않았다는 괄호 안의 질책은 빚 탕감 철회라는 왕의 특단의 조치의 정당성 옹호 차원에서도 꼭 필요한 멘트다. 그런데도 왕의 책망에서 이 말은 등장하지 않는다. 게다가 이어지는 33절은 빚 탕감에서 긍휼로 화제가 전환되어 탕감 철회와 투옥의 이유를 '긍휼을 베풀지 않음'이라는 다소 모호한 표현으로 설명한다. 왕과 종 사이에 등장하는 '채무'에 관한 언급이 종과 동료의 관계에서도 나타나야 마땅한데도 나타나지 않는 비유의 정황은 '채무'가 언급되지 않는 다섯 번째 기도의 종속절과 묘하게도 일치한다. 단순한 생략 또는 우연이라고 하기엔 두 본문이 너무도 엉뚱한 부분에서 일치하고 있다. 고의적 생략 내지는 신학적 의도를 유추해보지 않을 수 없는 대목이다. 왜 두 본문은 인간과 인간 사이의 용서에서 '채무'를 언급하지 않는 것일까? 이와 같은 상황은 다섯 번째 기도에서 인간의 용서와 천부의 죄 사함의 관계 설정에 어떤 영향을 미치는 것일까?

의문을 풀기 위해 다섯 번째 기도의 주절과 본 비유와의 관계로 다시 돌아가자. 주절에서의 천부의 죄 사함 탄원은 비유에서 1단계(빚 탕감)와 3단계(탕감 철회) 중 어디에 해당될까? 즉, 다섯 번째 기도의 주절 forgive us our debts는 강제적 채무 상환 명령을 거두어달라는 종의 청원("내게 참으소서 다 갚으리이다", 26절 참조)과 관련이 있을까, 아니면 비유의 종과 달리 나는 동료의 빚을 탕감해주었으니 내 빚 탕감을 철회하지 말아달라는 청원과 관련되어 있을까?[17] 만일 주절의 청원이 비유의 1단계 빚 탕감 청원과 관련된다면 다섯 번째 기도는 'do ut des' 종교관과 연결된다. 즉, 인간의 타인 용서 행위는 자신에 대한 천부의 죄 사함의 전제 조건이며 천부의 죄 사함은 타인에 대한 자신의 용서의 대가가 된다. 그런데 다섯 번째 기

---

17 물론 이 두 청원은 비유에는 직접적으로 나타나지 않지만 비유의 스토리에서 충분히 설정될 수 있는 청원들이다.

도를 'do ut des' 종교관에 연계해서 이해하려면, 앞에서 살펴본 바와 같이, 종속절에서 직접목적어인 '채무'가 언급되어야 한다. 즉, 종속절이 'as we forgive our debtors *their debts*'가 되어 문장 구조상 주절과 나란히 대입될 수 있어야만 종속절의 '인간의 타인 용서'는 주절의 '천부의 죄 사함'의 조건이라고 말할 수 있는데 종속절에는 '채무'가 없다. 따라서 다섯 번째 기도 주절의 청원을 비유의 빚 탕감 청원과 관련시켜 해석하기에는 무리가 있다. 비유에서 왕의 빚 탕감 선언은 종의 어떠한 행위나 공로에 근거하지 않은 일방적, 무조건적 은총이다. 주절의 '채무'가 종속절에 등장하지 않는 다섯 번째 기도, 왕의 무조건적 탕감을 명시하는 빚진 자 비유. 이 두 개의 본문이 묘사하는 천부의 죄 사함은 인간의 용서를 조건으로 또는 인간의 용서의 대가로 주어진다고 볼 수 없다.

다섯 번째 기도에서 타인에 대한 인간의 용서를 인간에 대한 천부의 죄 사함의 조건 또는 공로로 보기 어려운 이유는 또 있다. 그것은 명령형 동사 forgive의 시상이다. 주절과 종속절은 동사의 시상에서도 서로 다르다. 종속절 forgive의 시상이 현재형 또는 완료형인 데 비해[18] 주절 forgive의 시상은 부정과거형이다. 그리스어 동사의 경우 현재형과 완료형은 각각 동작의 반복성과 지속성을, 부정과거형은 동작의 즉각성 또는 일회성을 나타낸다.[19] 주절의 부정과거형 동사 forgive는 주절에서 요청되는 천부의 죄 사함은 반복되는 것이 아니라 단회적인 것으로서 한 번의 사함으로 그 효과가 유효하다는 것을 시사한다. 반면에 종속절의 현재형 또는 완료형 동사 forgive는

---

18 각주 1번 참조.

19 Porter, *Idioms of the Greek New Testament*, 53; Blass, Debrunner and Funk, *A Greek Grammar of the New Testament and Other Early Christian Literature*, 172, 175.

인간의 용서 행위 또는 용서의 효력이 현재 반복적으로 이뤄지거나 지속적으로 유지되고 있음을 의미한다. 그렇다면 일회적 성격의 죄 사함을 인간의 반복적, 지속적 타인 용서의 대가로 청원한다는 것은 논리상 맞지 않는다. 반복되지 않는 천부의 죄 사함이 반복 또는 지속되는 인간의 용서를 조건으로 주어진다는 논리는 성립되기 어렵다.

지금까지의 분석 결과를 놓고 볼 때 다섯 번째 기도의 천부의 죄 사함을 '빚진 자 비유'의 1단계, 즉 '왕의 빚 탕감'에 대입하는 것은 논리상의 문제가 있음을 알 수 있다. 그런데 두 본문, 다섯 번째 기도와 빚진 종 비유의 관계를 이렇게만 결론짓기에는 아직 이르다. 신의 속죄 은총이 조건적일 수 있다는 여지를 두 본문이 남겨두고 있기 때문이다. 다섯 번째 기도의 설명에 해당하는 14-15절은 가정법(ἐάν)과 미래형 동사(ἀφήσει)를 사용함으로써 천부의 죄 사함이 미래적 사건이며 인간의 용서는 천부의 죄 사함의 조건이라는 점을 분명히 하고 있다. 또 빚진 종 비유에서 왕의 빚 탕감이 종의 무자비한 행동 때문에 철회됐다는 것은 빚 탕감 은총이 지속되기 위해서는 일정 조건이 필요하다는 점을 함의한다. 다시 말해서, 조건 없이 종에게 주어진 빚 탕감이 종의 행위에 따라 철회될 수 있다는 것은 이미 주어진 신의 무조건적 속죄 은총 안에 '일정한 조건'이 내재되어 있음을 시사하는 대목이다.

위 결론을 다섯 번째 기도에 대입해보자. 기도의 주절이 요청하는 천부의 죄 사함은 비유의 1단계인 왕의 무조건적 빚 탕감에 대입된다. 이 경우 종속절의 인간의 용서는 비유의 2단계에 대입되는데 그러면 비유의 3단계, 즉 탕감 철회는 주절과 다시 만나게 된다. 비유의 1단계와 연결되어 천부의 죄 사함의 무조건적, 단회적 영속성을 나타내는 주절은 비유의 3단계와 다시 연결되어 인간의 타인 용서 행위에 따라 천부의 죄 사함의 지속 여부가 결정된다는 점을 밝히고 있다.[20] 만약 주절의 동사가 현재형이라면, 즉 천부의 죄 사함이 반복되는 것으로 묘사됐다면 종속절의 인간의 용서는 천부의 죄 사함의 명백한 조건이 될 수 있다. 하지만 주절의 천부의 죄 사함은, 비유에 나타난 바와 같이, 신의 자비심을 근거로 주어지는 일방적, 단회적 은총의 성격을 내포하기 때문에 주절의 동사로 현재형이 아닌 부정과거형이 사용된 것이다. 그리고 종속절에 '채무'가 언급되지 않음으로써 천부의 죄 사함은 채무 곧 인간의 죄 대속을, 그리고 인간의 용서는 죄의 대속이 아니라 인간이 인간을 용서하는 것을 각각 의미한다는 논리가 성립한다.[21]

이 논리는, 전술한 바와 같이, 비유에서 종의 무자비한 행위에 대한 왕의 책망(마 18:32-33)에서 '너는 왜 네 동료의 빚을 탕감해 주지 않았으냐'라는 결정적 질책이 등장하지 않는 정황과 일치한다. 두 본문에서 채무, 즉 죄는 신과 인간 사이의 관계에서만 등장하고 인간과 인간 사이에서는 언급되지 않고 있다. 이는 마태복음이 일관되게 강조하는 신학적 메시지다. 죄의 취급은 신의 영역이지 인간의 영역이 아니라는 것이다. 인간은 타인의 죄를 취급할 권한이 없다. 인간은 인간의 죄를 사할 권한이 없다. 죄를 사하는 것은 오직 신의 권한이다. 두 본문에서 인간과 인간의 관계에서 '채무' 언급이 생략

---

20 마 6:14-15의 주절도 비유의 3단계와 직결된다.

21 그러므로 주기도문 다섯 번째 기도의 종속절을 인간이 타인의 빚 또는 죄를 탕감 또는 용서한다는 의미로 해석하는 것은(예를 들어, V. Westhelle, "On Displacing Words: The Lord's Prayer and the New Definition of Justice", *Word and World* 22 [2002], 33) 주기도문의 문맥 및 마태복음의 신학에 부합하지 않는다.

된 이유가 바로 이것이다.[22] 채무는 인간이 신에게 진 것이지 인간끼리 진 것이 아니다. 따라서 채무 탕감 요청은 신에게 향한 것이어야지 인간에게 탕감을 요청할 수 없다. 결론적으로, 천부께서 사하는 것은 죄요 인간이 용서할 것은 인간이라는 것이 마태의 신학이다.

위 결론을 보다 잘 이해하기 위해서는 용서하다(forgive)는 뜻으로 번역된 그리스어 '아피에미'(ἀφίημι)의 의미를 살펴보는 게 도움이 된다. 동사 '아피에미'는 '놓아주다'(send away), '떠나다'(leave), '참아주다'(tolerate), '면제하다'(remit)는 다양한 의미를 갖는데[23] 4개의 의미 가운데 뒤의 두 개는 직접목적어와 간접목적어가 구분되는 문장 구조를 형성한다. 다섯 번째 기도의 경우 전술한 바와 같이 주절(①)에서는 직접목적어(debts)와 간접목적어(us)가 함께 등장하는 반면, 종속절(②)에서는 직접목적어가 없고 간접목적어(our debtors)만 등장한다.[24]

① Forgive us our debts, ② as we forgive our debtors. (KJV)

직접목적어와 간접목적어가 함께 나타나는 주절의 경우 '우리(간접목적어)로부터 우리의 빚(직접목적어)을 면제해주소서' 또는 '우리에게 우리의 빚을 참아주소서'로, 간접목적어만 있고 직접목적어

---

22 구약의 제사 규례를 예를 들면, 인간이 타인의 죄를 용서할 권한이 있다는 것은 마치 속죄 제사나 속죄 예물을 예루살렘성전과 제단이 아닌 개인 소유의 성전과 제단을 만들어서, 용서를 구하는 사람이 용서해줄 사람에게 제사나 제물을 바치는 것과 같다고 볼 수 있다. 침대에 누인 중풍 병자를 향해 예수께서 죄 사함을 선언하자 이를 들은 서기관들이 죄 사함은 신의 고유 권한이라고 이의를 제기했을 때 예수는 이에 대해 직접적인 반박을 하지 않았다(마 9:2-5; 막 2:5-9).

23 W. A. Bauer, *Greek-English Lexicon of the New Testament and Other Early Christian Literature*, translated and adapted by W. F. Arndt and F. W. Gingrich, 3rd ed., revised and augmented by F. W. Gingrich and F. W. Danker (Chicago: University of Chicago Press, 2000), 156-157.

24 각주 16번 참조.

가 없는 종속절은 '우리가 우리의 채무자를 놓아준 것 같이'로 각각 번역하는 것이 문장의 구조와 동사의 의미가 잘 반영된 번역이다. 두 절의 번역을 결합하면 다섯 번째 기도는 '우리가 우리의 채무자를 놓아주었으니 우리에게서 우리의 빚을 면제해주소서'가 된다. 이 번역은 빚진 종 비유와도 정확히 일치한다. 종은 이미 막대한 빚 탕감 은혜를 받았다. 그런데 자기에게 빚진 동료를 투옥시킨 행동으로 탕감이 철회되고 기약 없는 형벌[25]에 처해진다. 만약 종이 동료에게 빚 상환을 추궁하지 않고 동료를 놓아주었다면 그 종은 다섯 번째 기도의 주인공이 된다. 즉, 동료를 놓아준 종의 행위는 왕으로부터 받은 막대한 빚 탕감 은총에 상응하는 행위로서 그의 빚 탕감 효력을 지속시키는 조건을 충족시켰으므로 다섯 번째 기도는 그의 기도가 되는 것이다. 비유에서 '동료를 놓아줌'은 빚 탕감 은총의 당연한 결과이며 동시에 빚 탕감 은총 지속의 조건이 되고 있다.

필자가 운영하는 어린이집과 같은 노유자(老幼者)시설은 '지방세특례법'의 적용을 받아 해당 시설의 토지와 건물에 대한 각종 세금(취등록세, 재산세)을 일정 기간 면제받는다. 법 규정에 따른 면제이기에 한 번 면제가 결정되면 그 효력은 일정 기간 지속된다.[26] 하지만 면제 혜택을 받는 기간 중에 해당 시설의 토지나 건물의 용도가 바뀌는 경우 면제가 취소될 뿐 아니라 경우에 따라서는 면제받은 세금이 추징될 수 있다. '지방세특례법'이 규정하는 세금 면제는 한 번의 면제 결정으로 효과가 지속되지만 일정 조건이 충족되지 않으면

---

25 34절은 왕이 종을 투옥시키면서 빚을 모두 갚을 때까지 고문을 받게 했다고 기술한다. 종이 일만 달란트라는 막대한 빚을 갚는 것은 사실상 불가능하므로 결과적으로 그에게 내려진 형벌은 기한이 없는 형벌이다(Nolland, *The Gospel of Matthew*, 1019).

26 해당 면세 혜택은 무기한적 혜택이 아니고 지방정부의 재정 상태 및 자립도에 따라 매년 혜택의 지속 여부가 결정된다.

취소된다는 측면에서 '조건부 혜택'인 것이다. 이와 유사하게 빚진 종 비유에서 왕의 탕감 은총에 걸맞은 행동 유무에 따라 탕감이 철회될 수 있다는 측면에서 왕의 빚 탕감은 '조건부 은총'이다. 여기서 주의해야 할 것은 '은총에 걸맞은 행동'은 탕감 유지의 조건이지 탕감의 조건이 아니라는 점이다. 이는, 세금을 면제받은 노유자시설의 토지와 건물을 용도에 맞게 사용하는 것이 세금 면제의 조건이 아니라 면제 유지의 조건인 것과 같은 이치다. 애초에 빚 탕감은 조건 없이 주어졌지만 비유의 종이 탕감 유지의 조건을 충족시키지 못했으므로 탕감이 철회된 것이다.

속죄 은총의 본질

'조건 없이 주어진 조건부 은총', 이 용어의 논리적 합리성을 평가하기 전에 우리는 먼저 빚진 종 비유와 다섯 번째 기도가 공통적으로 전해주는 속죄 은총의 본질에 주목하지 않을 수 없다.

타인 용서의 원인이며 결과

두 본문에서 신의 속죄 은총은 타인 용서라는 속죄 은총에 걸맞은 행동의 직접적 원인이면서 동시에 그 행동의 결과에 해당한다.[27] 타인을 일흔 번의 일곱 번이라도 용서할 수 있게 하는 원동력인 속죄 은총은 타인 용서로 그 효력이 유지된다. 하지만 속죄 은총을 받은 자에게서 은총의 열매가 보이지 않는 경우 은총 철회로 이어질 수

---

27 Gibbs, *Matthew 1:1-11:1*, 336-337.

있다. 사실 비유의 독자들은 동료를 투옥시킨 종에 대한 왕의 형벌에 대해 한편으론 공감하면서도 한편으론 의문을 가질 수 있다. 왕이 탕감을 꼭 철회했어야만 했는가 하는 점이다. 빚 탕감은 왕의 약속이다. 종의 행동이 아무리 비정했다 할지라도 왕이 자기의 약속을 스스로 깨버리면서까지 종을 처벌해야만 했는가, 다른 방법은 없었겠는가가 의문의 핵심이다. 종을 엄히 문책하고 동료의 빚을 탕감하도록 명령을 내렸다면 어땠을까? 종은 왕의 명령을 따를 수밖에 없었을 것이다. 그렇게 되면 동료는 감옥과 채무로부터 자유로워지고 종은 형벌을 받지 않아도 된다. 더 중요한 것은 왕은 자기의 약속을 파기하지 않아도 되니 누이 좋고 매부 좋은 방법이 아니겠는가?

이처럼 매우 합리적이고 간단한 처리 방법이 있는데도 왕은 선택하지 않았다. 왕은 단호했다. 자신의 약속을 스스로 파기하여 종을 투옥함과 동시에 기한 없는 고문에 처한다. 비유에서 우리가 만나는 왕은 다분히 이중적이다. 일만 달란트라는 막대한 금액의 빚을 단 두 차례의 하소연에 탕감해주고 만다. 상상을 초월하는 긍휼이다. 빚이 막대한 만큼 그 빚을 탕감해주는 왕의 자비하심이 막대하다. 그런데 이번엔 종의 단 한 차례의 잘못을 묵과하지 않는다. 이전의 자비는 온데간데없이 사라지고 종을 즉각 소환하여 친히 국문한다. 삼자 모두에게 유익이 되는 합리적 방법이 있음에도 왕은 가차 없이 종을 처벌한다. 역시 상상하기 힘든 왕의 공의(公義)다. 이러한 왕의 이중적 모습 속에서 우리는 한 가지 중요한 결론에 이른다. 왕은 막대한 빚을 아무 조건 없이 탕감해줄 만큼 자비심이 크지만 공의도 그만큼 크다는 점이다. 자기가 한 약속을 파기하는 것은 자신의 권위와 명예에 큰 데미지를 자초하는 조치임에도 왕은 한 치의 망설임도 없이 탕감을 취소하고 종을 투옥한다.

비유의 왕은 천국의 주인 되신 천부를 상징한다고 볼 때28 빚진 종 비유가 말하는 천부는 막대한 자비의 신이면서 동시에 막대한 공의의 신이다. 왕이 자비할 뿐 아니라 공의로운 분이라는 것을 종이 알았다면 동료를 투옥하지 않았을 것이다. 종은 왕을 오해했기에 왕의 자비하심에 걸맞은 긍휼을 베풀지 않았다. 그 결과 왕의 자비는 철회되고 가혹한 형벌이 종에게 내려졌다. 왕의 자비는 이렇게 타인에 대한 자비 베풂의 원인이면서 동시에 자비를 베풀지 않는 자에 대한 처벌의 근거가 되고 있다. 왕의 자비는 조건 없는 긍휼을 베풀지만 왕의 공의는 그 긍휼을 받은 자에게 긍휼에 걸맞은 행위를 조건으로 그를 심판한다. 이것이 다섯 번째 기도와 빚진 종 비유를 통해 밝혀진 속죄 은총의 본질이다.

죄 심판과 죄인 용서

천부의 속죄 은총은 천부의 두 가지 속성, 즉 자비와 공의의 시너지 결과다. 인간의 죄를 사하는 천부의 은혜는 그분의 두 가지 대비적 속성인 자비와 공의의 융합의 결정체다. 일반적으로 '성서의 구원 또는 속죄'라고 하면 사람들은 신의 사랑 또는 자비를 떠올린다.

> 그 크신 하나님의 사랑 말로 다 형용 못하네 …… 죄 범한 영혼 구하려 그 아들 보내사 화목제로 삼으시고 죄 용서하셨네.

예수 그리스도를 통한 속죄는, 찬송가 가사처럼 신의 막대한 사랑

---

28 빚진 종 비유는 "천국은~와 같다"는 서두를 가진 천국비유로서 천국을 '정산하는 임금'에 비유한다. 따라서 비유에서 왕은 천부를, 왕과 종의 관계는 천부와 인간의 관계를 각각 상징한다.

과 자비의 결과물이다. 너무도 당연한 명제다. 그런데 당연해 보이는 이 찬송가 가사에 함정이 있다. 신의 사랑과 자비만 부각되어 신의 공의가 소외될 수 있다는 점이 그것이다. 종에게 자비를 베푸는 천부께서는 동시에 공의의 신이다. 자비의 천부가 따로 있고 공의의 천부가 따로 있는 것이 아니다. 하늘에 계신 아버지는 한 분이다. 그의 자비와 공의는 구분되지만 분리되지 않는다.

그런데 사람들은 속죄, 구원, 은혜를 말할 때 천부의 자비와 사랑만 주목한 나머지 그의 공의를 간과하는 경우가 있다. 빚진 종 비유의 종이 바로 그런 사람이다. 그는 왕의 자비만 생각하고 왕의 공의를 깜빡했다. 결과는 참담했다. 다섯 번째 기도는 바로 이 점을 함의한다. "as we forgive our debtors"는 천부의 자비에 근거한 속죄 은총을 받은 우리는 그 은총에 걸맞게 타인을 용서한다는 내용이고, "forgive us our debts"는 타인 용서의 결과 속죄 은총의 효력이 지속되기를 바라는 청원인 것이다. 예수 그리스도를 통한 속죄 은총은 천부의 자비로 인해 조건 없이 주어지지만 천부의 공의는 조건 없는 은총에 걸맞은 삶이 없는 이들을 심판한다는 것이 두 본문에 나타난 속죄 은총의 본질이다.

다섯 번째 기도가 말하는 속죄 은총은 "forgive us our debts", 즉 인간으로부터 인간의 빚을 면제해주는 것이다. 다섯 번째 기도와 빚진 종 비유에서 '빚'은 죄(또는 죄의 대가)를 의미한다. 그러면 속죄 은총은 '신이 인간으로부터 인간의 죄(또는 죄의 대가)를 면제해주는 것'을 말한다. 빚은 빚을 안 받겠다는 채권자의 선언 또는 약속으로 종결될 수 있다. 하지만 죄의 경우는 다르다. 공의로우신 천부께서는 죄를 없는 것으로 할 수 없다. 판사가 법정에서 피고인의 죄를 확인하고도 그에게 무죄를 선언한다면 판사 스스로 법 정의를 부정하는 것이다. 이처럼 죄를 보고도 벌하지 않고 묵과하는 것은 공의의 천부로서는 있을 수 없는 일이다. 죄를 심판해야 하는 것이 천부의 공의다. 죄를 반드시 심판하는 공의의 천부께서는 동시에 죄인을 긍휼히 여기시는 자비의 아버지시다. 여기에 그의 고민이 있다. 죄는 심판해야 하고 죄인은 살리고픈 천부의 딜레마. 이것이 자비와 공의의 시녀지라는 '속죄 메커니즘'을 탄생시켰다. 죄인과 죄를 구분하여 신의 공의로 죄를 심판하고 신의 자비로 죄인을 살리는 것, 이것이 성서의 속죄 원리다. 신의 속죄 은총은 죄를 심판하고 죄인을 구원(용서)한다. 따라서 '죄를 용서하다'는 말은 틀렸다. '죄를 속하다'가 맞다. '용서하다'는 말에는 죄에 대한 심판이 포함되지 않기 때문이다. 반면에 죄를 '속(贖)하다' 또는 '사(赦)하다'는 표현은 죄에 대한 형벌을 함의한다. 특히 '속하다'의 "속"(贖)은 제물 바침을 나타내는 한자어로서 죄인이 자신의 죄에 대한 형벌을 희생 제물이 대신 받게 함으로써 자신은 죄의 형벌을 면제받는다는 의미다.

이와 같은 속죄 원리는 구약의 속죄 제사 전통에도 나타나 있다. 레위기 16장에는 이스라엘 민족의 대속죄일(大贖罪日) 규례가 언급되어 있다. 대속죄일은 1년 중 단 한 차례 대제사장이 지성소에 들어갈 수 있는 날로서 제사장들과 모든 이스라엘 백성들의 죄를 위한 속죄제를 바치는 절기다. 제사 의식 가운데 특징적인 것은 속죄를 위한 제물로 염소 두 마리가 준비된다는 점이다. 한 마리는 여호와를 위한 제물이고 다른 한 마리는 아사셀을 위한 제물이다(레 16:8). 대제사장은 여호와를 위한 염소를 속죄 제물로 바친 후 아사셀을 위한 염소는 산 채로 광야로 보낸다. 이때 대제사장이 아사셀 염소의 머리에 안수하고 백성들의 모든 불의와 죄를 고백하면 염소는 그 불의와 죄를 짊어지고 광야로 보내져 죽게 됨으로써 백성들의 죄를 위한 속죄, 곧 '대속'(代贖)이 이뤄진다(20-22절).

아사셀 염소

대속죄일에 두 마리 염소를 바치는 의식은 속죄 은총의 원리를 보여준다. 여호와를 위한 염소는 죄를 향한 여호와의 진노를 받고 죽음으로써 죄의 심판이 완결됐음을 상징하고, 심판이 내려진 백성들의 죄를 아사셀을 위한 염소가 짊어지고 광야로 가버림으로써 백성들은 자신들과 죄와의 분리를 확인하게 된다. 요약하면, 인간의 죄에 대한 심판을 제물이 대신 받고, 심판받은 죄를 인간과 영원히 분리시킴으로써 죄에 대한 공의의 심판과 죄인에 대한 자비의 용서가 함께 성취된 것이 레위기에 나타난 속죄 원리다.

죄와 죄인을 분리하여 죄를 심판하고 죄인을 구원하는 구약성서의 속죄 원리는 예수 그리스도의 십자가 대속으로 이어진다. 히브리서의 통찰을 만나보자.

> 이는 죄를 위한 짐승의 피는 대제사장이 가지고 성소에 들어가고 그 육체는 영문 밖에서 불사름이니라 그러므로 예수도 자기 피로써 백성을 거룩케 하려고 성문 밖에서 고난을 받으셨느니라. (히 13:11-12)

구약의 속죄 제물은 예수 그리스도의 십자가 죽음의 예표임을 히브리서는 증언한다. 여호와께 드려진 속죄 제물의 피가 성소 안에서 뿌려지고 사체는 진영 밖에서 불태워진 것처럼(레 16:27), 십자가에서 흘린 예수의 피는 구약의 장막보다 더 위대하고 완전한 장막인 그의 육체 안에서(히 9:11-12) 인간의 죄에 대한 속죄의 피로 드려지고 그의 육체는 예루살렘성 밖에서 처참하게 죽임 당했다. 죄를 향한 천부의 심판이 예수의 온몸에 쏟아 부어졌다. 인간이 받아야 할 죄의 형벌을 예수께서 대신 받음으로써 죄의 빚은 청산되었고 인간은 죄의 심판에서 해방되었다.

죄를 심판하고 죄인을 구원하는 속죄 메커니즘을 제대로 이해하기 위해서는 다음의 의문에 답할 수 있어야 한다.

> 죄를 지었으면 당사자가 벌을 받아야지 다른 사람이 대신 벌 받는
> 건 상식을 벗어난 일 아닌가?

신구약 성서가 규정하는 속죄의 본질은 '대속'이다. 즉, 내 죄의 형벌을 누군가 대신 받는 것이 성서의 속죄 원리다. 그런데 내 죄의 책임을 다른 사람이 나 대신 짊어진다는 것은 법치주의 정신에 어긋날 뿐만 아니라 인류의 보편적 정서와도 맞지 않는다. 대속 사상이 만연되면 자기 잘못을 책임지려 하지 않는 무질서와 무법의 세상이 될 것이라는 비판이 제기될 수 있다. 일리가 있다. 죄악을 예방하고 저지하는 인간의 도덕심이 사라지고 인류 사회는 엄청난 혼란을 겪게 될 것이라는 주장들이다. 맞는 말이다. 나의 잘못이나 죄를 다른 사람이 책임진다면 인간은 양심이라는 최후의 장치마저 상실한 짐승 같은 존재로 전락하게 될지 모른다. 그렇다면 성서의 대속 사상은 반도덕적, 반사회적 종교 이데올로기로 전락하고 마는 것인가?

의문 해결을 위해 빚진 종 비유로 돌아가 보자. 비유가 담고 있는 몇 가지 상황들은 다분히 상식을 벗어난 것들이다. 우선 빚의 규모가 비상식적이다. 일만 달란트라는 천문학적 금액을 개인이 빚진다는 것은 거의 불가능한 일이다.[29] 빚을 진 당사자가 종이라는 점을 감안하면 더더욱 그렇다. 게다가 그와 같은 천문학적 금액의 빚을 단 두 차

---

29 1달란트는 6천 데나리온이고 1데나리온은 당시 노동자의 일당이므로 현재 화폐가치로 노동자의 일당을 5만 원으로 볼 때 일만 달란트는 약 3조 원에 해당한다.

례의 통사정으로 탕감해주는 왕의 결정도 비상식적이기는 마찬가지다. 그런데 이 두 가지 비상식을 뛰어넘는 초(超)비상식이 바로 탕감 철회라는 것은 앞에서 언급했다. 왕과 종, 그리고 종의 동료 모두가 만족할 수 있는 합리적 방법이 있음에도 왕은 자기의 권위와 명예에 심대한 손상을 각오하면서까지 탕감 약속을 철회하고 만다. 이처럼 빚진 종 비유는 비상식적 정황의 연속이다.

그런데 이와 같이 상식을 넘어서는 비유가 아이러니하게도 속죄 문제와 직결되어 있다는 점에 주목할 필요가 있다. 죄를 지은 자가 그 죄의 책임을 지는 것이 보편적 상식이고 사회 정의이며 법 정신이다. 누구도 여기에 이견을 달 사람은 없다. 그렇다. 그럴 사람은 없다. 왜냐하면 사람은 자신의 최후 운명을 모르기 때문이다. 사람은 죄의 결과가 얼마나 참혹한지 모르기에 그 상식을 주장하는지 모르겠다. 하지만 사람이 아닌 신이라면, 인간의 최후를 알고 있는 신이라면, 그리고 그 신이 자비와 사랑의 근원이라면 죄로 인한 인간의 멸망을 손 놓고 보고만 있는 것이 과연 신의 상식일까?

빚진 종 비유는 천국비유다. 비유는 천국을 탕감의 장본인인 왕에 비유함으로써 인간의 죄 문제에 관한 신의 의도를 담아내고 있다. 그 신의 의도를 찾아가 보기 위해 비유의 비상식 문제부터 살펴보자.

(1) 첫째 비상식-천문학적 금액의 빚: 비유의 일만 달란트 빚은 개인이 갚을 수 있는 금액이 아니다. 개인이 이 정도의 금액을 빚진다는 설정 자체가 비현실적이다. 남의 집 종살이하는 사람에게 누가 이런 거액을 빌려주겠는가? 이렇게 누구라도 알 만한 상식을 비유는 뒤엎어버린다. 이러한 비유의 비상식은 인간이 모르는 죄의 결말을

보여준다. 일만 달란트라는 막대한 빚의 액수는 죄의 무게를 상징한다. 죄는 신을 향한 빚이다. 빚이란 갚아야 하는 것이다. 따라서 빚에 비유된 인간의 죄는 신에게 갚아야 하는 것임을 비유가 나타낸다. 그런데 그 죄의 무게가 자그마치 일만 달란트. 이는 인간이 처리할 수 있는 영역을 넘어 있다. 일만 달란트라는 비상식적 금액 설정은 죄의 빚은 인간이 감당할 수 없다는 점을 강조한다.

예수에게 찾아온 부자 청년이 영생을 얻게 하는 '선한 일'이 무엇인지 묻는다(마 19:16-26). 그의 질문에는 인간의 선행이 영생을 얻게 한다는 전제가 깔려 있다.[30] 여섯 개 계명을 다 지켰다는 청년의 탁월한 자신감에 맞닥뜨린 예수께서 준비한 히든카드("네 재물을 다 팔아 가난한 자들에게 주고 나를 따르라[21절]")를 꺼내자 청년의 태도는 돌변한다. 고개를 떨군 채 근심 어린 표정으로 돌아가는 청년의 뒷모습을 바라보며 예수께서 제자들에게 하신 "사람으로는 할 수 없으되 하나님으로서는 다 할 수 있다"는 말씀(26절)은 빚진 종 비유의 비상식적 빚 설정과 정확히 맞닿아 있다. 재물 처분 촉구(21절), '낙바부천'(23절)[31] 등의 과장된 표현은 자기 능력으로 무엇이든 할 수 있고 영생조차 거머쥘 수 있다는 청년의 공허한 자신감을 무너뜨리기 위한 '신적 수사'(divine rhetoric)다. 재물에 근거한 윤리적, 율법적 완벽남인 청년의 왜곡된 전제가 무너지지 않고는, 자신의 능력과 노력으로 영생까지 가능하다는 자기 확신이 부서지지 않고는 영생에 이를 수 없기에 예수는 청년의 아킬레스건인 재물 포기

---

30 선행과 같은 인간의 공로로 영생을 얻는다는 주장에 배태되어 있는 논리적 모순에 관하여는 본서 "제2장 하늘들에 계신"을 보라.

31 '낙바부천'은 '낙타가 바늘귀에 들어가는 것이 부자가 천국에 들어가는 것보다 쉽다'의 줄임말이다. 자세한 논의는 본서 "제2장 하늘들에 계신"을 참조하라.

를 요구한다(21절). 재물을 포기하면 영생을 얻는다는 의미가 아니다. 재물을 포기할 수 없는 공허한 '자기 의'(自己義)를 포기하라는 뜻이다. 이 한마디 요구 앞에서 마침내 청년은 고개를 숙인다. 철옹성 같은 '자기 의'의 바벨탑에 균열이 생기더니 이내 무너지기 시작한다. 십계명 중 대인적 계명 다섯 개는 물론, 이웃을 내 몸처럼 사랑하라는 초고난이도(?) 계명까지 섭렵했다는 그의 자신감은 결국 재물에 근거했다는 사실이 드러나고 말았다. 청년은 이제 자신의 진짜 모습을 보게 됐다. 자신의 선행으로는, 자신의 윤리적, 율법적 공로로는 영생에 근접조차 할 수 없다는 인간의 한계를 비로소 만나게 된 것이다.

빚진 종 비유에서의 천문학적 빚은 인간이 어찌할 수 없는 죄의 무게를 상징한다. 인간의 그 어떤 선행이나 종교적 고행 또는 인격의 수양으로 죄의 빚을 갚을 수 없다. 그것이 죄 앞에 선 인간의 실체이며 일만 달란트 빚이라는 비상식적 설정이 보내는 메시지다. 재물 포기 요청 앞의 부자 청년, 천문학적 빚 변제 요구 앞의 종. 이들은 자신의 한계를 만났다. 그리고 절망했다. 청년은 재물을 포기할 수 없었다. 정확히 말하면 재물 포기는 청년에게 불가능하다. 그래서 그는 고개를 떨군다. 절망이다. 종은 일만 달란트 빚을 갚을 수 없다. 빚 변제는 도저히 그에게 불가능하다. 그래서 참아달라고 통사정했다. 역시 절망이다. 불가능한 요구 앞에서 이들은 낭떠러지 같은 절망에 맞닥뜨렸다. 그런데 그 절망이 실상은 구원의 출발점이다. 고개를 숙이고 힘없이 돌아가는 청년을 향해 드디어 진짜 영생 솔루션이 선포된다. 빚 독촉을 연기해달라며 애걸복걸 매달리는 종에게 비로소 탕감이 선포된다. 사람으로 할 수 없다는 땅의 절망은 신으로는 할 수 있다는 하늘의 소망으로 연결된다. 예수는 부자 청년을, 그리고 빚진 종을 바로 그 절망의 자리에 세웠다. 구원의 소망을 보게 하기 위해서.

(2) 둘째 비상식-천문학적 빚의 탕감: 막대한 빚을 탕감하는 것은 상식적으로 이해하기 어렵다. 매섭게 호통치며 빚 상환을 독촉하던 왕이 종의 사정을 듣고 곧바로 탕감을 선언한다는 것은 처음부터 그럴 작정이었음을 짐작하게 한다. 왕은 종과 정산하려고 그를 불렀다. 정말 빚을 받아낼 요량이었을까? 종이 갚을 수 있다고 생각했던 것일까? 종에게 자기 몸과 처자식, 그리고 모든 재산을 처분해서 빚을 갚으라는 왕의 호통은 그렇게 하면 빚을 갚을 수 있다는 뜻이 아니다. 오히려, 모든 것을 다 처분해도 결코 갚을 수 없다는 암시가 호통에 담겨 있다. 종에게 빚 상환 능력이 없다는 것을 왕은 애초부터 알고 있었다. 종을 소환한 것은 그에게 갚을 능력이 없음을 확인시킨 후 탕감해주려는 의도였다. 종이 애원했다고 탕감해준 것이 아니라는 말이다. 탕감의 이유는 빚을 상환할 수 없는 종의 한계에 있다. 왕은 종의 상환 불능을 강조한 후 탕감해준 것이다. 내 죄의 형벌을 내가 받는 것은 세상의 상식이다. 하지만 그것은 신 앞에 선 인간의 죄의 무게를 모르는, 그리고 그 죄의 무게를 감당할 수 없는 인간의 무능력을 알지 못하는 한가로운 상식일 뿐이다. 결국 인간과 달리 이 사실들을 모두 알고 있으며 죄 심판과 죄인 구원을 동시에 성취해야 하는 신의 입장에서는 '대속'이 유일한 방법이다. 죄 없는 신의 아들이 인간 대신 죄의 형벌을 받고 죽는 것이 죄를 벌하고 죄인을 구하는 신의 비상식적 상식이다.

(3) 셋째 비상식-천문학적 빚 탕감의 철회: 막대한 빚과 그 빚의 탕감, 이 두 개의 비상식적 정황만으로는 대속의 원리를 충분히 설명하기 어렵다. 죄를 심판하고 죄인을 구하기 위해 대속이 유일한 대칙(大則)이라는 논리는 이해되지만 무질서, 불법 조장의 문제는 여전히 남기 때문이다. 이것에 해답을 주는 것이 셋째 비상식, '탕감 철회'다. 사실 빚진 종 비유에서 가장 이해하기 힘든 비상식이 바로 탕감 철회다. 막대한 자비를 베푼 왕이 아닌가? 종의 행동이 잘못된 것은 맞지만 탕감을 철회하고 그것도 부족해 종을 투옥시켜 빚을 상환할 때까지 고문하는 건 납득하기 어렵다. 그런데 여기서 흥미로운 것은 왕의 비상식적 빚 탕감 철회가 비상식적 빚 탕감의 정당성을 뒷받침한다는 점이다. 함부로 빚을 탕감해주면 나라의 기강이 세워지겠냐는 비판이 제기될 수 있지만 왕은 종의 단 한 번의 무자비한 행위도 용납하지 않고 가혹한 형벌에 처했다. 비상식적 탕감 철회가 비상식적 빚 탕감의 근거가 되고 있는 것이다. 은혜를 받은 사람에게서 은혜에 반하는 행위가 나타날 경우 그 은혜가 즉각 취소될 수 있다는 점은 비상식적 시혜(施惠)의 타당성을 지지한다. 빚 탕감은 자비심의 발로이고 탕감 철회는 공의의 실현이다. 빚진 종 비유가 보여주는 왕의 탕감 철회 및 처벌은 십자가 대속의 은총이 비상식적이며 윤리적 해이를 조장한다는 오해를 불식시킨다. 죄를 심판하고 죄인을 용서하는 대속의 은혜는 신의 가혹한(?) 사후관리 프로그램이 철저히 가동됨으로써 그 정당성이 담보되고 있는 것이다.

죄로 인한 인간의 멸망을 알고 있는 신의 입장에서는 자신들의 멸망을 모르는 인간의 상식에 묶여 있을 수 없다. 천문학적 규모의 빚 탕감으로 인해 국가 재정이 바닥날 수 있다는 신하들의 상식적인 우려보다 천문학적 빚으로 인해 망해가는 종과 그의 가족들을 살려주고픈 왕의 비상식적 자비가 더 상식적이다. 왕 체면에 자기가 한 약속을 자기가 깨버린다는 게 말이 되는가라는 정적(政敵)들의 상식적인 비난보다도, 그리고 모두가 윈윈 할 수 있는 합리적 방안을 제시하는 신하들의 상식적 진언(進言)보다도, 막대한 은총을 받고도 작은 은혜를 베풀 줄 모르는 그 비정함, 그 잔혹함을 벌하는 임금의 비상식적 공의가 더 상식적이다. 이것이 십자가 대속으로 죄를 심판하고 죄인을 구원하는 천국의 비상식적 상식이다.

지금까지 살펴본 비유의 비상식은 죄를 미워하고 죄인을 사랑하는 신의 이중적 성품, 즉 자비와 공의의 시너지 결과다. 신의 자비는 죄인을 구하고 싶은데 신의 공의는 죄를 반드시 처벌해야만 한다. 자비를 내세우면 공의가 훼손되고 공의를 내세우면 자비가 위축될 수 있다. 그렇다면 자비와 공의는 함께할 수 없다는 말인가? 자비가 득세할 때 공의는 숨죽이고 있어야 하는가? 반대로 공의가 세도를 부리면 자비는 은둔해야 하는 것인가? '대속'은 자비와 공의 사이의 이러한 아이러니를 해결한 신의 한 수다. 그리스도의 대속은 구약의 대속죄일 제사를 성취했다. 제물로 선택된 두 마리 염소 중 '여호와를 위한 염소'는 죄를 향한 여호와의 진노를 받고 죽음으로써 심판의 공의가 확립됐고, '아사셀을 위한 염소'는 살아 있는 상태에서 이스라엘 백성들의 모든 죄의 고백을 떠안고 광야로 보내져 사라짐으로써 백성들에게 용서의 자비가 나타난 것이다. 죄 없는 신의 아들이 인간을 대신하여 죄의 심판을 받음으로 신의 공의가 확립되고 죄인에게 구원의 길이 주어졌으니 바야흐로 신의 공의와 자비의 시대가 활짝 열렸다. 그리스도의 대속으로 신의 자비와 공의의 시너지가 비로소 성취됐다.

예수 그리스도의 대속으로 자비와 공의는 하나가 되었다. 그리스
도의 대속 안에서 자비는 공의와 함께 함으로써 공의로운 자비가 됐
고 공의는 자비와 함께 함으로써 자비로운 공의가 됐다. 죄를 향한
공의와 죄인을 향한 자비가 합치된 대속의 은혜를 경험한 대속 휴머
니즘은 그러므로 죄에 대한 심판이 얼마나 가혹하고 무서운지를 안
다. 그 심판은 신의 아들에게도 예외일 수 없기 때문이다. 겟세마네
동산에서의 피땀 섞인 기도(눅 22:42-44)와 십자가 위에서의 절규
(마 27:46)는 죄에 대한 신의 진노가 얼마나 철저한가를 보여준다.
죄의 대가는 사망이다(롬 6:23). 신의 아들일지라도 인간의 죄를 짊
어지면 죽는다. 이렇게 아들을 희생시킬 만큼 죄를 향한 신의 분노
가 철저하고 확고함을 체득한 대속 휴머니즘은 죄의 모양, 죄의 흔
적조차 가까이하지 않는다(시 1:1). 죄에 대한 신의 심판을 잘 알기
때문이다.

또한 대속 휴머니즘은 죄인을 향한 신의 무한한 자비, 아들을 대
속 제물로 내어준 신의 사랑을 알기에 자신의 허물과 약함을 숨기지
않는다.[32] 정직하게 내어놓고 겸손히 신의 은총을 의지한다. 받은 은
총을 알기에 타인에 대해 관대해지고 용서를 베풀게 된다. 원수가
저지른 죄는 미워하고 경계하지만 원수는 용서하는 휴머니즘, 이것
이 바로 대속의 원리인 자비와 공의 시너지가 구현된 대속 휴머니즘
이다. 죄는 미워하되 죄인은 미워하지 않고 용서하는 대속 휴머니스
트, 그는 신의 공의와 자비의 DNA가 체화된 신자(神子)다.[33]

---

32 창세기 3장에서 아담 하와 부부가 선악과 취식 후 들려온 하나님의 음성을 듣고 숨었다는 것
 은 신의 자비와 사랑을 깨닫지 못한 결과라고 할 수 있다.
33 '죄 심판 및 죄인 용서'라는 성서의 대속 사상과 관련된 중국 고전의 기록에 관하여는 본서 제
 4장의 "창조주에 합당한 예우"를 보라.

인간은 '빚진 자'

　　　　　　신이 놓아준 것은 죗값, 곧 죄의 형벌이며 인간
이 놓아줄 것은 인간이다. 빚진 종 비유에서 왕으로부터 빚을 탕감
받은 종처럼 인간은 모두 대속의 은총을 받았다. 그래서 바울은 자
신의 정체성을 "빚진 자"(롬 1:14)라고 고백했다. 그런데 바울만 빚
진 자인가? 아니다. 대속의 은총을 경험한 이들은 모두 빚진 자다.
정확히 말하면, 대속의 은총은 인간의 인지(認知)나 동의와 상관없
이 일방적으로 주어진 보편적 은총이므로 결국 인간은 모두가 빚을
지게 됐다. 무슨 빚일까? 비유의 종은 비록 돈의 빚은 탕감 받았지만
탕감과 함께 다른 빚이 지워졌다. 그 다른 빚은 곧 '마음의 빚'이다.
탕감의 은혜를 받았으니 남에게도 은혜를 베풀어야 하는 빚이 마음
의 빚이다. 돈의 빚 탕감은 곧 마음의 빚을 부과한다. 십자가 대속으
로 죄의 빚을 탕감 받은 이들에게는 남을 용서해야 하는 마음의 빚
이 부과됐다. 그 마음의 빚은 무한 반복이다. 일흔 번의 일곱 번까지
도 반복되는 빚이다(마 18:22). 그래서 역설적이게도 죄의 채무를 벗
어버린 자는 진짜 채무자가 된다. 인간은 비유의 종처럼 모두 채무
자다. 그것도 영원한 채무자다. 사람과 사람 사이에는 채권자가 없
다. 채권자는 천부 한 분뿐이고 인간은 모두가 채무자다. 일만 달란
트 빚을 탕감 받은 종은 그것의 60만 분의 일에 불과한 채무의 채권
자로 행세할 수 없고 또 행세해선 안 된다. 십자가 대속으로 막대한
죄의 벌을 면제받은 인간은 자기 채무자(자기에게 잘못한 사람 또는
원수)에게 더 이상 채권자 행세를 할 수 없다. 나도, 그도 신 앞에서
는 모두 채무자이기 때문이다. 다섯 번째 기도와 빚진 종 비유에서

인간과 인간 사이의 용서를 언급할 때 '채무' 언급이 없는 이유가 바로 여기에 있다. 나도 탕감 받고 원수도 탕감 받았으니 내게는 원수의 죄를 탕감할 권리도, 탕감하지 않을 권리도 없다. 죄 탕감은 천부의 영역이고 천부께서 이미 하셨으니 내게는 원수를 용서할 빚(또는 책임)만 남아 있는 것이다.

 '일흔 번의 일곱 번'이란 표현은 용서의 횟수가 아닌 용서의 당위성을 강조한다. 나는 이미 속죄 은총 받은 빚진 자이므로 몇 번이든 용서해야 한다. 원수도 나와 같이 속죄 은총의 대상, 곧 천부께서 이미 용서한 자이므로 나는 그를 미워하고 심판할 자격이 없다. 인간은 모두 채무자이기 때문이다. '빚을 탕감 받았는데 무슨 채무자란 말인가?' 이것이 종의 착각이었다. 왕으로부터 무려 3조 원의 빚을 탕감 받은 종은 이제 정말 빚진 자가 됐다. 마음의 빚이다. 돈의 빚을 탕감 받은 그 순간부터 그는 평생 마음의 빚을 지게 된 것이다. 그런데 3조 원의 돈을 탕감 받고도, 그렇게 엄청난 은혜를 받고도 동료에게 빚 독촉을 한다는 것은 마음의 빚이 없다는 뜻이다. 막대한 은혜, 내 능력으로 전혀 불가능한 은혜를 받고도 남에게 작은 호의마저34 베풀지 않는다는 것은 은혜에 대한 배신이다. 원수를, 타인을 용서하지 않는 것은 내가 채권자 되겠다는 말이다. 빚을 받아내거나 탕감하는 것은 채권자의 권한이다. 천부께서도 인간에 대해 채권자이기를 포기했는데 채무자인 인간이 인간에게 채권자 노릇을 한다는 것은 신의(神意)를 저버리고 신의 권한을 침범하는 행위다. 예수 그리스도의 대속의 은총은 신의 공의를 담고 있다. 아들에게도 죄의 형벌을 주저하지 않는 신의 공의가 대속의 은총을 배신하고 신

---

34 일만 달란트의 60만 분의 1에 불과한 백 데나리온을 탕감해주는 것은 언필칭 작은 호의다.

의 권한까지 침탈하려는 자를 놔두겠는가?

빚진 자 휴머니즘: 삶의 대칙

빚진 종 비유는 빚진 자 정신, 즉 '빚진 자 휴머니즘'(debtor humanism)이 삶의 대원리이며 동시에 심판의 기준임을 밝힌다. 빚 탕감 받은 종이 채무자라는 자신의 정체성을 망각하고 동료에게 채권자 행세를 한 결과 회복할 수 없는 형벌에 처해진다는 비유의 메시지는[35] 빚진 자 휴머니즘이 곧 심판의 기준이 된다는 최후 심판의 원리를 보여준다.

빚진 자 휴머니즘은 신약성서를 관통하는 윤리적 대칙(大則)이다. 마태복음에서 종말적 심판과 관련된 윤리적 교훈들은 대부분 빚진 자 휴머니즘과 깊은 연관이 있다. 대표적인 교훈들을 몇 가지 살펴보자. 먼저 산상설교에서 예수는 윤리적 행위와 종말적 심판을 직결시키고 있다.

> 나는 너희에게 이르노니 형제에게 노하는 자마다 심판을 받게 되고 형제를 대하여 라가라 하는 자는 공회에 잡히게 되고 미련한 놈이라 하는 자는 지옥 불에 들어가게 되리라. (마 5:22)

> 아름다운 열매를 맺지 아니하는 나무마다 찍혀 불에 던지우느니라 …… 나더러 주여 주여 하는 자마다 천국에 다 들어갈 것이 아니요 다만 하늘에 계신 내 아버지의 뜻대로 행하는 자라야 들어가리라. (마 7:19-21)

---

35 종에 대한 형벌의 종말적 성격에 관하여는 각주 25번 참조.

위 구절들은 행위와 종말적 심판의 직접적 관련성을 잘 보여준다. 마태복음 5장 22절 이하의 문맥을 보면 신을 향한 제사나 예배 행위보다 우선되어야 할 것이 타인과의 화해 또는 화평이라고 말한다. 특히 22절은 타인에 대한 모욕과 비인격적 욕설을 마음속 살인 또는 인격적 살인으로 간주하여 이런 행동을 지옥 형벌과 직결시키고 있다. 7장 19-21절에서 예수는 나무가 잘려 불살라지는 원인이 열매에 있으며 좋은 열매의 유무가 종말적 구원의 기준임을 명시한 후 '천부의 뜻 행함'(이하 '신의이행'[神意履行])이 바로 그 '좋은 열매', 곧 천국과 지옥을 결정짓는 기준이 된다는 점을 분명히 한다. 예수를 향한 열렬한 믿음의 고백이 천국 입성을 보장하지 못한다. 오직 천부의 뜻을 이행하는 삶이 있어야 한다.

위 두 본문에는 행위를 심판 기준으로 규정한다는 것 외에 중요한 공통점이 하나 더 있다. 5장 22절 이하는 제사나 예배보다 이웃과의 관계에 우선순위를 두거나(23-24절) 중요성을 부여한다(25-26절). 7장 19-23절은 천국 입성 조건에 있어 종교적 고백(21절)이나 종교적 능력(22절)보다 '신의이행'이라는 윤리적 행위에 방점을 찍는다. 예수의 산상설교는 종교적 행위와 실제적 삶을 대비하여 종말적 구원과 심판에 있어서 후자가 결정적 요인으로 작용한다는 점을 일관되게 강조하고 있다. 신에 대한 예배 이전에 타인과의 화평을 먼저 추구하는 사람은 타인에 대한 '빚진 자'의 마음을 가진 사람이다. 신을 향한 종교적 열심보다 신의 뜻을 삶의 목적으로 추구하는 사람은 신으로부터의 갚을 수 없는 은혜를 아는 사람이다.

너희는 가서 내가 긍휼을 원하고 제사를 원치 아니하노라 하신 뜻
이 무엇인지 배우라 내가 의인을 부르러 온 것이 아니요 죄인을
부르러 왔노라 하시니라. (마 9:13)

예수는 호세아 6:6, "나는 인애를 원하고 제사를 원치 아니하며"
를 인용하여 이스라엘 사회의 종교 헤게모니를 질타한다. 이스라엘
민족을 택하여 은혜를 베푸시고 그들을 돌보신 신의 의도를 저버리
고 혈통적, 종교적 특권 의식에 사로잡힌 기득권층을 향한 매서운
질책이 쏟아진다. 신의 은혜를 받은 이들이 자기의 특권을 이용하여
약자를 괴롭히고 불의한 이득을 취한다는 것은 은혜 받은 자의 정체
성, 곧 빚진 자 정신을 망각했다는 증거다. 예수는 사회적, 종교적
소외 계층을 가까이하는 자신의 사역을 비난하는 종교 기득권층(바
리새인들, 마 9:11)을 향해 호세아서를 인용하여 그들이 은혜에 합
당한 삶, 즉 빚진 자의 삶을 떠났다는 사실을 통렬하게 지적한다. 예
수는 그들을 '낡은 옷' 또는 '낡은 부대'에 비유했다(마 9:16-17). 은
혜를 받았지만 그 은혜에 걸맞은 삶을 살아내지 못하는 종교 체계를
예수는 이렇게 단죄했다. '낡은 옷'에 새 천을 붙일 수 없고 '낡은
부대'에 새 포도주를 부을 수 없다는 말은 무슨 의미인가? 낡은 옷,
낡은 부대는 없어져야 한다, 그리고 다시 새것을 만들어야 한다는
말이다. 빚 탕감 은총을 망각하고 채권자 행세를 한 종에게 갱생의
기회를 부여하지 않은 것처럼, 자신이 빚진 자임을 잊어버리고 특권
층으로 군림하며 사리사욕을 탐하는 종교 체계는 폐기되어야 한다
는 신의 엄중한 의지다.

광야발 개혁의 신호탄

은혜에 합당한 삶을 망각한 1세기 유대교 헤게
모니를 향한 예수의 질타는 마태복음 전체에 걸쳐 매우 구체적으로
나타나고 있다.

> 또 너희에게 이르노니 동서로부터 많은 사람이 이르러 아브라함과
> 이삭과 야곱과 함께 천국에 앉으려니와 나라의 본 자손들은 바깥
> 어두운 데 쫓겨나 거기서 울며 이를 갊이 있으리라. (마 8:11-12)

중풍 걸린 하인을 고쳐달라는 백부장의 믿음에 감탄한 예수는 당
시로서는 가히 혁명적인 발언을 한다. 종말적 구원의 현장에 선민
이스라엘은 참여하지 못하고 이방인들이 동참하게 될 것이라는 선
언이 그것이다. 은혜 받은 민족으로서의 빚진 자 휴머니즘을 잃어버
린 그들은 더 이상 아브라함의 자손일 수 없고 새로운 '빚진 자' 그
룹이 나타나 천국에 참여하게 될 것이라는 예수의 선언은 이스라엘
민족이 2,000년 동안 자부해온 선민의식을 단번에 혁파한다.

세례자 요한은 신국(神國)의 새로운 장을 열어가는 광야의 세례
현장에 모습을 드러낸 바리새인들과 사두개인들의 종교 헤게모니를
이렇게 질타한다.

> 속으로 아브라함이 우리 조상이라고 생각지 말라 내가 너희에게
> 이르노니 하나님이 능히 이 돌들로도 아브라함의 자손이 되게 하
> 시리라 이미 도끼가 나무뿌리에 놓였으니 좋은 열매를 맺지 아니
> 하는 나무마다 찍어 불에 던지우리라. (마 3:9-10)

새로운 신국(神國) 시대에 종교적, 혈통적 특권은 무의미하다. 은

혜에 합당한 삶의 결실이 없는 나무들은 폐기될 뿐이다. 길거리의 돌들, 즉 가장 무가치해 보이는 존재들로도 아브라함의 자손들을 만들어낸다는 요한의 선포는 선택받은 민족으로서 2,000년을 이어온 유대 종교의 근간을 부정하는 혁명 그 자체다. 각종 특권과 이권으로 변질된 야훼 종교의 헤게모니를 송두리째 뒤엎는 광야발(廣野發) 개혁의 신호탄이 쏘아진 것이다. 종교 헤게모니에게는 신의 말씀조차 그들 이익의 수단이었다.

> 너희는 어찌하여 너희 유전으로 하나님의 계명을 범하느뇨 ……
> 너희 유전으로 하나님의 말씀을 폐하는도다. (마 15:3-6)

바리새파 유대교의 유전(전통적 교리와 관습)과 신의 말씀의 대립이 묘사된 장면이다. 여기서 제기된 유전은 정결 규례와 고르반 관습이다. 유대교 헤게모니의 본산이라고 할 수 있는 예루살렘 바리새파[36]와 서기관들이 그들의 오랜 규례인 '식사 전 세수(洗手)' 관습을 예수의 제자들이 지키지 않는 것을 문제 삼았다. 본래 '식사 전 세수'는 율법의 규정이 아니다. 제사장들이 성전 직무 수행 전에 손을 씻는 정결례(출 30:17-21; 신 21:6)를 바리새인들이 확대 해석하여 일반인들에게 적용시켜 온 일종의 생활 예절에 해당한다. 한마디로 말해서, 이렇게 하면 신이 더 좋아할 것이라는 과잉 충성이라고나 할까? 또는 이렇게 하지 않으면 신을 노엽게 할 것이라는 과잉 규제라고 할까? 율법이 아닌 인간이 만든 교리와 전통을 마치 신의 뜻인 것처럼 내세워 인간들의 종교적 열심을 볼모로 자신들의 헤게모니

---

36 예루살렘 바리새파는 갈릴리를 비롯한 타 지역 바리새파들보다 더욱 엄격한 규례를 적용했던 것으로 보인다(France, *The Gospel of Matthew*, 578; 양용의, 『예수와 안식일 그리고 주일』[서울: 이레서원, 2000], 309-310).

를 구축해가는 종교 특권층의 도전을 받은 예수는 고르반 전통의 폐단을 거론한다. '고르반'은 '여호와께 드림'이란 뜻으로서 성전에 바칠 예물을 구별하는 관습이다. 고르반 관습은 그러나 부모 봉양에 사용될 물건을 고르반으로 규정해서 신에 대한 의무를 잘 이행하면 부모 봉양은 소홀해져도 문제가 되지 않는다는 왜곡된 종교 행태를 양산하고 부모 공경을 규정한 십계명을 무위로 만든다는 것이 예수의 지적이다. 인간이 만든 교리와 관습을 악용하여 이익을 챙기고 나아가 신의 말씀을 무효화하는 종교 헤게모니를 예수는 통렬하게 질타한다.

> 이 백성이 입술로는 나를 존경하되 마음은 내게서 멀도다 사람의 계명으로 교훈을 삼아 가르치니 나를 헛되이 경배하는도다. (마 15:8-9)

마음이 없는 존경, 인위적 교리 남용 및 말씀 불순종을 예수는 이사야서(29:13)를 인용하여 '헛된 경배'라고 결론 내린다. 빚진 자 휴머니즘은 실종되고 의식과 전통만 남은 유대교의 외식(外飾)적 행태를 예수는 누룩으로 묘사하고 이를 경계할 것을 당부한다(마 16:6, 11-12). 은혜 받은 민족이라는 빚진 자 정신을 잃어버린 유대교 지도자들에 대한 예수의 질타는 23장에서 절정에 이른다.

> 누구든지 자기를 높이는 자는 낮아지고 누구든지 자기를 낮추는 자는 높아지리라. (마 23:12)

예수는 유대교 지도자들을 "자기를 높이는 자"로 규정한다. 바리새인, 서기관들로 대표되는 유대교 지도자들은 자신들의 종교적 행위를 사람들에게 과시한다(5절). 만찬이나 회당에서의 모임에서 높은 자리를 선호하고 사람들로부터 랍비, 아비, 지도자로 호칭되기를 원한다(6-10절). 이들의 모습은 철저히 채권자의 행색이다. 빚진 자로서의 삶은 이들에게서 찾아보기 어렵다. 동료에게 채권자 행세한 종의 빚 탕감을 철회한 왕의 진노는 이들에게도 여지없이 쏟아진다. 마태복음 23장에 있는 7차례의 화(woe) 선언이 그것이다. 7차례 중 6차례의 화 선언에서 종교 지도자들을 위선자(hypocrite)로 규정한 예수는 그들이 종말적 구원에서 배제될 것이라고 단언한다(13, 15, 33절). 선민 중의 선민이며 야훼 종교의 리더인 서기관과 바리새인들을 향한 예수의 화 선언은 야훼 신앙의 참 정신을 잃어버리고 화석화된 종교 헤게모니에 대한 야훼의 진노를 분출하고 있다.

천국비유의 빚진 자 휴머니즘

마태복음의 여러 비유는 빚진 자 휴머니즘과 관련된 경책을 담고 있다. 선한 포도원 주인 비유(20:1-16)는 인력시장의 경쟁에서 '앞서가는 노동자들'이 경쟁에서 뒤처진 이들을 위한 포도원 주인의 호의를 힐난하는 비정함을 고발한다. 자신을 고용하고 약속한 일당을 지급한 주인에게 고마움을 표하기보다는 약자를 배려하는 주인의 선의를 강자 중심의 경쟁 논리를 내세워 비난하는 '앞서가는 노동자들'은 '빚진 자'의 정체성을 상실한 이들이다. 악한 포도원 농부 비유(21:33-43)에서 예수는 포도원 임대 시 약정한 임대료 납부를 거절하는 악한 농부들을 대제사장들과 바리새인들로 비유한다. 악한 농부들이 포도원 주인의 아들까지 죽이고 훗날 포도원 주인이 와서 그 농부들을 진멸한다는 내용이다. 비유의 청중이자 등장인물인 대제사장들과 바리새인들을 향한 선언("내가 너희에게 이르노니 하나님의 나라를 너희는 빼앗기고 그 나라의 열매 맺는 백성이 받으리라"[43절])은 신의 택하심의 은총을 망각하고 '빚진 자' 삶의 열매를 맺지 못하는 이스라엘의 종말적 운명을 명확하게 그려낸다.

달란트 비유(25:14-30)는 주인으로부터 거액의 재산을 위탁받은[37] 세 종들의 행동과 그들의 엇갈린 운명을 묘사한다. 다섯 달란트와 두 달란트를 받은 종들은 그들이 받은 재산만큼의 이익을 주인에게 돌려주었지만 한 달란트 받은 종은 달란트를 땅에 보관한 뒤 주인에게 그대로 돌려주었다. 본 비유는 받은 은혜만큼의 반대급부를 요구하는 주인의 악랄한 경제관이 곧 천국의 경제관이라는 점을 강조하는 것일까? 악한 포도원 농부 비유에서는 계약을 이행하지 않은 소작농들이 형벌을 받는 것은 당연하다. 그에 비해 달란트 비유에서 종들은 주인과 계약을 맺지 않았으며 주인의 어떤 부탁이나 언질도 없었는데 단지 주인에게 이익을 주지 않았다는 이유로 종을 형벌하는 것은 독재자의 전횡이 아닐까? 한 달란트 받은 종이 무엇을 잘못했기에 그에게 처벌이 내려져야 하는가? 주인의 재산을 손상시키지 않고 잘 보관했다가 원금을 고스란히 반납했는데 왜 처벌을 받아야 하는가?

궁금증 해소를 위해 비유를 처음부터 살펴보자. 주인이 종들에게 자기 재산을 맡겼다. 그것도 한 달란트 이상씩을. 한 달란트는 노동자의 약 16년 4개월 치 급여에 해당하는 거금이다. 이러한 거금을

---

37 혹자들은 한 달란트 받은 종이 다른 종들에 비해 적은 재산을 받았다는 것 때문에 나태해졌다고 주장하기도 한다. 하지만 노동자의 16년 4개월 치 일당에 해당하는 한 달란트는 결코 적은 액수가 아니다.

종들에게 그들의 능력에 맞춰 맡긴 것이다(15절). 재산을 맡긴다는 것은 무슨 의미인가? 신뢰한다는 말이다. 종들에게 거액의 재산을 맡겼다는 것은 그 종들을 특별히 믿는다는 뜻이다. 믿지 못하면 거액의 재산을 맡길 수 없다. 그렇다면 한 달란트 받은 종이 주인의 재산에 손해를 입히지 않은 것만으로도 주인의 신뢰에 보답했다고 보아야 하지 않을까?

비유의 정황을 다시 보자. 달란트를 분배할 때 주인은 종들에게 어떤 언질도 주지 않았다. 악한 포도원 농부 비유에서는 주인과 농부 사이에 임대차 계약이 맺어져 농부들이 주인에게 약정된 분량의 농산물을 납부해야 하는 상황이었던 데 비해 본 비유에서는 그와 같은 계약이나 약속이 맺어졌다는 정황이 나타나지 않는다. 그렇다면 한 달란트 받은 종은 더더욱 억울할 수 있다. 섣불리 돈을 활용하다가 손해를 보는 것보다 땅에 묻어서 원금이라도 보존하는 것이 차라리 현명한 방법일 수 있기 때문이다.[38]

그런데 여기 자칫 간과하기 쉬운 대목이 있다. 다른 두 종, 즉 다섯 달란트와 두 달란트 받은 종들의 행동이다. 그들 역시 주인과 계약을 맺었다거나 주인으로부터 이익을 창출하라는 언질을 받지 않았다. 그런데도 그들은 스스로 열심히 일을 해서 이익을 남겼다. 이들의 정황과 한 달란트 받은 종의 변명(마 25:24-25), 그리고 주인의 책망(마 25:26-27)과 징벌(마 25:28-30)을 관련지어 분석해보자. 두 종의 자발적 열심과 한 달란트 종의 변명에서 우리는 주인에 관한 중요한 정보를 얻을 수 있다. 한 달란트 종의 변명을 보면, 주인은 깐깐하고 엄격한 사람으로서 심지 않았는데 거두려 하고 투자하지

---

38 France, *The Gospel of Matthew*, 955.

않았는데 수익을 얻으려 할 정도다. 아이러니하게도 한 달란트 종의 변명은 그의 문제점이 무엇인지를 간접적으로 말해주고 있다. 어떤 주석가는 이 종이 주인을 잘못 파악했다고 주장하지만39 종의 변명에 대한 주인의 답변(마 25:26-27)을 보면 그렇게 단정하기 어렵다. 주인은 자신에 대한 종의 평가에 이의를 제기하지 않았기 때문이다. 오히려 주인은 종의 논리를 인용하여 한 달란트를 대부업자들에게 맡겨 이자라도 얻도록 했어야 했다는 질책을 하는 것으로 볼 때 종은 주인을 잘 파악하고 있었다는 추론이 가능하다.40

다른 두 종의 행동은 이러한 추론을 뒷받침한다. 앞에서 언급한 바와 같이, 두 종은 주인과 어떤 계약도 하지 않았다. 주인의 재산을 증식해야 한다는 부탁이나 압력도 받지 않았다. 초점은 여기에 있다. 재산 증식에 관한 어떤 부담감을 받지 않았음에도 열심히 일해서 받은 만큼 남겼다는 것은 무엇을 시사하는가? 잠시 뒤에 이 질문으로 다시 돌아오기로 하고 한 달란트 종에게로 가보자. 일반적으로 남의 재산을 위탁받았을 때, 그것도 종의 입장이라면 어떤 의미에서는 한 달란트 종이 현명했다고도 할 수 있다. 더군다나 주인의 성향을 감안한다면 섣부른 재산 증식 시도로 손해를 입는 것보다 원금이라도 잘 보관하는 것이 올바른 판단이라고 할 수 있다. 그런데 이러한 판단에 제동을 거는 두 개의 정황들이 있다. 하나는 두 종에 대한 주인의 칭찬(마 25:21-23)이고, 다른 하나는 칭찬과 책망 후 주인의 행동과 말(마 25:28-29)이다. 다섯 달란트 종과 두 달란트 종에 대한 주

---

39 양용의, 『마태복음 어떻게 읽을 것인가』, 424.

40 해그너, 『WBC 성경주석: 마태복음 14-28』, 1126 참조. 놀란드는 주인에 대한 종의 판단은 옳았고 종이 처벌 받은 것은 자신의 판단대로 행동하지 않았기 때문이라고 설명한다(Nolland, *The Gospel of Matthew*, 1018).

인의 칭찬을 보자.

착하고 충성된 종아 네가 작은 일에 충성하였으매. (마 25:21, 23)

두 종에게 똑같이 주어진 칭찬 중에 "네가 작은 일에 충성하였으매"에 주목해보자. "작은 일", 두 종이 한 행동이 작은 일인가? 두 종에게 주어진 시간이 얼마인지 모르지만(마 25:19) 두 종들은 최선을 다하여 받은 만큼의 이익을 주인에게 돌려주었다. 그것도 각각 다섯 달란트(노동자의 약 82년 분 일당), 두 달란트(노동자의 약 33년 분 일당)라는 거액의 이익을 남겼다. 한 달란트 종과 비교하면 그들의 활약상은 실로 대단한 것임에 틀림없다. 그렇다면 그러한 종들의 노력과 열심을 "작은 일"이라고 말한 것은 지나친 과소평가인가, 아니면 깐깐한 주인의 인색함인가?

이상한 칭찬과 이상한 포상

종들에 대한 칭찬과 책망을 끝낸 주인은 한 달란트 종의 한 달란트를 빼앗아 열 달란트를 가진 종에게 주고(마 25:28) 이렇게 말했다.

무릇 있는 자는 받아 풍족하게 되고 없는 자는 그 있는 것까지 빼앗기리라. (마 25:29)

여기서 또 다른 의문점이 있다. 주인은 다섯 달란트 남긴 종에게 했던 칭찬과 똑같은 칭찬을 두 달란트 남긴 종에게도 하면서 "내가 많은 것으로 네게 맡기리니"라고 약속했다(마 25:23). 그런데도 두 달란트 종에게는 더 주지 않고 다섯 달란트 종에게만 주었다. 수거한 한 달란트를 충성된 두 종 모두에게 나눠주던가 아니면 두 달란트 종에게도 별도의 달란트를 주는 것이 공평한 포상일 것이다. 주인의 '이상한 칭찬'과 '이상한 포상', 어떻게 해석해야 할까? 주인의 포상 원리(마 25:28-29)는 표면적으로 보면 자본주의의 빈익빈 부익부 논리와 유사해 보인다. 가진 자는 더 가지게 되고 없는 자는 더 없게 되는 현대 자본주의의 폐단이 여기서 유래된 것일까?

앞에서 잠시 언급했지만 달란트 비유는 마태복음 21장의 악한 포도원 농부 비유와 비교해서 이해할 필요가 있다. 두 비유는 내용 전개상 유사점이 많은 반면에 중요한 차이점도 있다. 이 차이점을 비교하며 달란트 비유 이해의 실마리를 찾아보자. 악한 포도원 농부 비유가 주인과 농부 사이의 정식 임대 계약 체결을 배경으로 하는 반면, 달란트 비유는 주인과 그의 종 사이의 계약이나 약정이 아니라 일종의 무언의 신뢰 관계를 전제한다. 전자의 경우 계약 불이행의 농부들을 진멸하고 다른 이들에게 포도원을 다시 임대한다는 내용인데, 후자의 경우 주인의 마음을 헤아린 종은 상을 받고 헤아리지 못한 종은 징벌을 받는다. 악한 포도원 농부 비유의 진멸당하는 악한 농부들은 변질된 이스라엘 종교 지도자들을 상징한다. 종교 헤게모니를 구축해온 그들은 신국(神國)을 빼앗기고, 대신에 누구든지 그 나라의 열매 맺는 이들에게 그 나라가 주어진다.41 악한 포도원 농부 비유에서 종교 특권층과 비(非)특권층의 대결 구도가 묘사되는 반면, 달란트 비유에서는 충성된 자와 그렇지 못한 자의 대비가 그

---

41 본 비유는 종교 지도자들과 예수의 치열한 논쟁과 대립이라는 정황을 배경으로 하고 있다. 따라서 "그 나라의 열매 맺는 백성"은 일차적으로 유대교 내 비(非)특권층을 지칭하는 것으로 볼 수 있다. 하지만 신국(神國)의 문호 개방과 이방인들의 참여를 공식화하는 마태복음의 전체 맥락 속에서 판단할 때 "열매 맺는 백성"에서 이방인이 배제된다고 볼 수 없다.

려진다. 전자가 종교적, 사회적 관계, 즉 공적 관계에서의 약속 불이행에 대한 것인 데 비해, 후자는 그 앞의 단락들(충성된 종 비유[24:45-51], 열 처녀 비유[25:1-13])과 함께 주인과 종이라는 사적 관계에서의 충성에 관한 이야기다.

지금까지 살펴본 달란트 비유와 악한 포도원 농부 비유 간의 차이점에서 우리는 앞에서 언급된 달란트 비유의 몇 가지 의문점들을 이해하는 데 도움이 되는 단서들을 얻을 수 있다. 달란트 비유에서 주인과 세 명의 종들은 정식 계약이나 약정을 맺지 않은, 정확히 말하면 맺을 필요가 없는 오랜 신뢰를 바탕으로 한 관계다. 한 달란트 종의 말대로 그들은 주인을 잘 알고 있다. 어떤 조건이나 언질도 없이 거액의 재산을 종들에게 위탁했다는 점, 그것도 종들의 능력에 맞춰 분배했다는 점, 그리고 주인에 대한 한 달란트 종의 부정적 평가에 주인이 이의를 제기하지 않는다는 점, 주인의 성향을 간파하고 있는 한 달란트 종이 주인의 재산을 땅에 묻어 보관하는 기지(?)를 발산하는 사이에 다소 무모해 보이지만 다른 두 종은 자발적으로 노력하고 수완을 발휘해서 재산을 증식했다는 점 등은 주인이 종들을 신뢰했고 종들이 주인을 잘 알고 있었다는 결론에 이르게 한다.

그렇다면 앞에서 제기한 이상한 칭찬과 이상한 포상은 무엇일까? 주인과 종들의 사적 신뢰 관계를 바탕으로 추리해보자. 두 종의 열심과 충성을 주인은 "작은 일"이라고 말했다. 재산을 맡긴 깐깐한 주인의 무언의 신뢰에 충성으로 보답한 그들의 수고는 결코 작은 것이 아니다. 그런데도 주인은 두 차례나 그렇게 칭찬(?)했다. 그렇다. '그 주인'과 '그 종들'의 관계에서 그것은 "작은 일"이다. 그 증거가 한 달란트 종이다. 그는 주인의 성향을 잘 알고 있었기에 다른 종들이 무리한 모험을 감행하는 것을 보면서 그들을 비웃었다. '주인이 어떤 사람인데 저토록 무모한 충성을 보이려는가?' 그의 생각엔 쓸데없는 과잉 충성일 뿐이다. '괜한 짓을 하고 있네. 저러다 재산을 날리면 어쩌려고?' 다른 두 종을 비웃으면서 그는 안전한 길을 택한다. 주인을 위한다기보다 자신의 안위를 먼저 생각한 선택이다. 그렇다. 주인을 잘 아는 한 달란트 종이 보기에 두 종은 괜한 일을 했다. 편한 길을 놔두고 힘든 쪽을 택했다. 안전한 길을 버리고 모험을 감행했다.[42] 남들이 회피하는 길, 사람들에게 인기 없는 길을 택했기에 그들은 "작은 일"에 충성한 것이다. "작은 일"은 무익한 일이 아니다. 무익하게 보이는 일이다.

달란트 비유 뒤에 등장하는 최후 심판 기사(마 25:31-46)를 보면, 양과 염소를 구분하는 심판에서 결정적 역할을 하는 심판의 증인이 바로 "작은 자들"이다. 염소들은 먹을 것, 마실 것, 입을 것이 없는 그들을 돕지 않고 외면했다. 그것이 영벌을 선고받은 이유다. 반대로 양들은 염소들로부터 외면당할 만큼 힘없고 보잘것없는 그들을 도와주었다. 그것이 영생을 허락받은 이유다. "작은 자들"을 도왔는가, 외면했는가가 모든 민족이 직면하게 될 최후 심판의 기준이다. "작은 자들"을 외면하지 않고 도와준 양들은 '작은 일'에 충성한 자들이다. 심판주는 그 "작은 자들"을 자신과 동일시했다. 우리는 이 장면에서 분명히 알게 된다. 인류의 심판주는 '작은 것', '작은 자'를

---

42 양용의, 『마태복음 어떻게 읽을 것인가』, 425. 프란스는 마태복음이 말하는 제자도의 요체는 위험(risk)이라고 갈파한다(마 10:39; 16:25-26 참조; France, *The Gospel of Matthew*, 956). 그리스도를 위해 목숨도 아끼지 않는 자(마 10:39), 보화를 위해 자발적으로 전 재산을 처분하는 자(마 13:44), 예수를 따르기 위해 자기를 부인하고 자기의 십자가를 짊어지고 예수와 동행하는(ἀκολουθέω) 자(마 16:24), 그리스도의 이름을 위해 형제, 자매, 부모, 자식, 부동산을 포기한 자(마 19:29)가 예수의 제자다(양용의, 『마태복음 어떻게 읽을 것인가』, 424).

소중히 여긴다는 사실이다. 얼마나 소중히 여기면 그들을 자신과 일체화(identification)할까? 작은 자들을 돕는 것이 곧 자신을 돕는 것이고 작은 자들을 돕지 않는 것이 자신을 돕지 않는 것이라고 심판주는 선언했다.

마태복음에서 "작은 일", "작은 자"는 '생명'(7:14), '천국 보상'(5:19), '충성'(25:21, 23), '영생'(25:46)과 직결된다.[43] 결국 달란트 비유에서 두 종에 대한 주인의 '이상한 칭찬'은 이상한 칭찬이 아니었다. 올바른 칭찬이었다. 최고의 찬사였다. 그들은 자신들에게 거금을 맡기는 주인의 마음을 알았다.[44] 그리고 자신들을 향한 주인의 깊은 신뢰에 감동했다. 그래서 죽을힘을 다해 일했다. 남들이 무모하다고 비아냥거렸지만 개의치 않았다. 철저한 준비 과정을 거쳐 주인의 신뢰에 부응하려고 최선을 다했다. 그들은, 정식 계약을 하고도 배신하는 농부들과 달랐다. 계약하지 않았음에도 할 수 있는 모든 노력을 기울였다. 쉬운 길, 안전한 길을 버리고 힘든 길을 택했다. 그 결과 안전을 추구한 종은 처벌받았지만 위험을 감수하면서 주인의 이익을 위해 모든 것을 내어던진 종들은 칭찬을 받았다.

또한 두 종에 대한 주인의 '이상한 포상'은 빈익빈 부익부라는 왜곡된 자본주의 논리가 아니다. '작은 일'에 충성을 다하는 종들의 노력에 박차를 가하려는 의도다. 주인의 뜻을 헤아려서 그 뜻을 완수하는 종들의 수고가 더욱 진전되기를 바라는 포상으로 볼 수 있다. 두 달란트를 남긴 종도 더 분발하여 '작은 일'에 있어 다섯 달란트

---

43 건드리는 마태의 수사(修辭)에서 '작다', '적다'라는 용어는 제자들의 의무의 중요성을 역설적으로 강조하는 표현이라고 말한다(Gundry, *Matthew*, 506). 본서 "제5장 두 번째 기도"의 각주 74번 참조.

44 보물이 있는 곳에 마음이 있다는 예수의 통찰(6:21)은 삶의 보편적 원리다.

포상을 받은 종을 추월하도록 도전하고자 했던 것이다.

'빚진 자' 삶: 구원과 심판의 기준

주인의 마음, 주인의 호불호를 파악해서 주인에게 신실함을 다하는 종, 계약이나 약정을 하지 않아도 주인에게 도움이 되고 싶은 종. 은혜에 걸맞은 삶을 사는 은혜 휴머니스트로서 두 종은 주인의 은혜와 신뢰에 부응하려는 일념으로 행동하는 빚진 자 휴머니스트이다. 빚진 자 휴머니즘은 마태복음을 관통하는 윤리적 대칙으로서 종말적 구원과 직결되고 있다. 은혜를 받은 사람에게는 은혜의 결과인 '빚진 자' 삶이 나타난다. 이 삶은 '은혜의 당위적 열매'다. 좋은 나무에는 좋은 열매가 맺히고 나쁜 나무에는 나쁜 열매가 맺히는 것이 당연한 것처럼 은혜를 받은 자에게 당연히 나타나는 열매가 바로 '빚진 자' 삶이다. 이 삶은 곧 신의이행이며 천국 입성의 조건이다 (마 7:17-21). 이 교훈이 담긴 비유가 '빚진 종 비유'이고 그 삶을 사는 사람의 기도가 주기도문 다섯 번째 기도다. 은혜를 받고도 은혜에 걸맞은 삶이 없는 종에게 은혜는 철회되고 그는 영원한 형벌에 처해졌다. 다섯 번째 기도는 내가 원수를 용서했으니 그 공로를 보고 은혜를 베풀어 달라, 은혜를 철회하지 말아달라는 부탁이 아니라 은혜의 열매인 '빚진 자' 삶이 나타나기에 은혜는 유효하다는 고백이다. 원수까지도 용서하는 삶은 '빚진 자' 삶이다. 그 삶을 사는 사람은 빚 탕감 은혜, 곧 대속의 은혜를 누리는 사람이며 그는 주기도문 다섯 번째 기도를 살아내는 빚진 자 휴머니스트이다.

제9장

여섯 번째 기도
우리를 시험에 들지 않게 하시고
다만 악에서 구하소서

μὴ εἰσενέγκῃς ἡμᾶς εἰς πειρασμόν
ἀλλὰ ῥῦσαι ἡμᾶς ἀπὸ τοῦ πονηροῦ

무슨 일이 있었기에 예수는 친히 칭찬금메달을 목에 걸어준
베드로에게 사탄이 들어갔다고 선언하고
그에게 축사(逐邪)한 것일까?
천국 열쇠를 수여받은 최고의 제자가
어떤 이유로 '사탄 빙의자'가 된 것일까?

예수를 문밖으로 내몰고, 문을 두드리며
애타게 부르는 그를 문밖에 세워두고서도
이 사실을 알지 못한 채 재물과 권력의 단맛에 빠져버린
라오디게아 교회의 영적 참상은 현대 교회에 주기도문의
여섯 번째 기도가 왜 필요한가를 똑똑히 보여준다.

우리를 시험에 들지 않게 하옵시고 다만 악에서 구하옵소서. (마 6:13)

주기도문의 마지막 기도문이다. 후반부 "다만 악에서 구하옵소서"를 일곱 번째 기도로 보는 이들이 있지만[1] 대부분의 학자들은 두 기도문을 한 개의 청원으로 이해한다.[2] 본서에서는 두 기도문이 서로 긴밀하게 연결되어 있다는 관점에서 후자의 입장을 지지하면서 여섯 번째 기도문을 전반부와 후반부로 나누어 알아보고자 한다.

전반부: "우리를 시험에 들지 않게 하소서"
(μὴ εἰσενέγκῃς ἡμᾶς εἰς πειρασμόν)

주기도문 여섯 번째 기도의 논쟁점은 크게 두 가지로 요약된다. 하나는 전반부의 "시험"(πειρασμός)과 후반부의 "악"(πονηρός)의 의미에 관한 것이고, 다른 하나는 전반부의 그리스어 원문이 '우리가 시험에 들지 않게 하옵시고'(Lead us not into temptation)와 '우리를 시험에 들게 하지 마옵시고'(Do not lead us into

---

1 해그너, 『WBC 성경주석: 마태복음 1-13』, 295. 마 6:13을 두 개의 기도로 보는 견해는 어거스틴(Augustine) 이후 유행했으나 4세기 동방교회가 단일 기도로 해석한 이후 현대 학계에서는 하나의 기도문으로 해석하는 경향이 우세하다(Gibbs, *Matthew 1:1-11:1*, 339 각주 78번 참조).

2 Gibbs, *Matthew 1:1-11:1*, 339; Nolland, *The Gospel of Matthew*, 291; France, *The Gospel of Matthew*, 251; Carson, *Matthew chapters 1 through 12*, 173.

temptation) 중 어느 것에 더 가까운지, 그리고 두 번역의 차이점은 무엇인지에 관한 쟁점이 그것이다. 첫 번째 쟁점부터 살펴보자.

그리스어 '포네로스'(πονηρός)는 남성 명사로서 마태복음에서 '악한 자' 곧 마귀 또는 악한 사람을 의미하기도 하고(5:39, 45; 7:11; 12:35; 13:19, 38, 49; 22:10) 때로는 중성 명사로서 '악'을 지칭하기도 한다(5:37; 12:35). 이와 같은 용례를 고려할 때 여섯 번째 기도 후반부의 '포네로스'는 '악' 또는 '악한 자' 모두를 의미한다고 볼 수 있다. '포네로스'에 관해서는 후반부 기도문에서 다시 언급하기로 하고 먼저 전반부의 "시험"(πειρασμός)에 대해서 살펴보자.

그리스어 '페이라스모스'(πειρασμός)는 히브리어 '나싸'(נָסָה)의 번역으로서 '시험' 또는 '유혹'의 의미로 사용된다. 구약성서는 하나님이 그의 백성들을 시험한다고 말한다(창 22:1; 출 15:25; 16:4; 20:20; 신 8:2, 16; 13:3). 반면에 야고보서 1장 13절은 하나님은 친히 아무도 시험하지 않는다고 단언한다. 전자의 '시험'은 믿음을 확인하고 단련하기 위한 신의 test를, 후자(야고보서)의 '시험'은 죄를 범하게 하기 위한 '유혹'(temptation)을 각각 의미한다.3 따라서 여섯 번째 기도는 후자와 관련되어 마귀의 유혹에 빠지지 않도록 도움을 요청하는 것으로 보아야 할 것이다.4

이와 같이 성서는 신의 시험과 마귀의 유혹을 모두 인정하고 있다. 여기서 의문점 하나! 마귀의 유혹에 빠지지 않도록 도와달라는 주기도문의 청원에서 신의 시험은 마귀의 유혹과 어떤 관련이 있을

---

3 김세윤, 『주기도문 강해』, 178; Gibbs, *Matthew 1:1-11:1*, 337; Carson, *Matthew chapters 1 through 12*, 173; 해그너, 『WBC 성경주석: 마태복음 1-13』, 295.

4 D. E. Garland, "The Lord's Prayer in the Gospel of Matthew", *Review and Expositor* 89 (1992), 225.

까? 여섯 번째 기도는 마귀의 유혹이 실제적 현상으로서 그리스도인의 삶에 위협이 될 수 있음을 보여준다. 그렇다면 신의 시험은 마귀의 유혹과 어떻게 구별되며 양자는 어떤 관련이 있을까? 이에 관한 실마리를 '예수의 광야 시험'(마 4:1-11) 기사에서 찾을 수 있다.[5]

> 그때에 예수께서 성령에게 이끌리어 마귀에게 시험을 받으러 광야
> 로 가사. (마 4:1)

예수의 광야 시험 기사는 마귀의 유혹의 양상이 어떠한가를 보여준다. 먼저 주목할 것은 시험 사건을 소개하는 4장 1절이다. "그때에"(τότε)는 바로 앞에 기록된 예수의 수세(受洗, 세례 받음) 장면(마 3:13-17)을 가리킨다. 요단강에서 세례 받을 때 성령이 비둘기 형체로 예수에게 임하고 하늘로부터 천부의 음성이 들린 때를 말한다. 따라서 1절의 "그때에"는 예수의 광야 시험이 예수의 수세 직후 일어났다는 시간적 연관성을 나타낸다. 그런데 이러한 시간적 연관성보다 중요한 것이 두 사건(예수의 수세와 광야 시험)의 신학적 관련성이다. 요단강에서 세례 받을 때 "이는 내 사랑하는 아들이요 내 기뻐하는 자라"(3:17)는 하늘의 음성과 함께 예수에게 임한 성령, 예수는 바로 그 성령에 의해 광야로 인도됐다는 사실이 "그때에"를 통해 강조되고 있다.[6] 다시 말해서, 신의 의(義)를 이루기 위한 세례를 받을 때 예수에게 임하신 성령께서 예수를 광야의 시험장으로 이끌었고, 따라서 예수의 광야 시험은 신의 의 성취와 깊은 관련이 있음을 1절의 "그때에"가 함의한다.

---

5 France, *The Gospel of Matthew*, 251-252 참조.

6 양용의, 『마태복음 어떻게 읽을 것인가』, 74; 해그너, 『WBC 성경주석: 마태복음 1-13』, 175.

여기서 흥미로운 것은 다음 대목이다: "마귀에게 시험을 받으러 광야로 가사." 신이 사랑하는 아들, 신이 기뻐하는 아들에게 성령이 임한후 그가 인도받은 장소는 광야다. 광야로 간 목적은 시험이다. 놀라운것은 광야 시험관이 마귀라는 사실이다. 하나님의 아들이 하나님의 영에 의해 마귀에게 인도되어 마귀로부터 시험을 받는 장면은 이스라엘 출애굽 공동체의 광야 40년을 연상시킨다.7 애굽에서의 종살이로신음하던 이스라엘 백성을 불러내신 하나님은 그들을 40년간 광야에서 훈련시킨다. 광야 훈련의 목적을 성서는 '시험'이라고 명시한다.

> 네 하나님 여호와께서 이 사십 년 동안에 너로 광야의 길을 걷게 하신 것을 기억하라 이는 너를 낮추시며 너를 시험하사 네 마음이 어떠한지 그 명령을 지키는지 아니 지키는지 알려하심이라. (신 8:2)

> 네 열조도 알지 못하던 만나를 광야에서 네게 먹이셨나니 이는 다너를 낮추시며 너를 시험하사 마침내 네게 복을 주려 하심이었느니라. (신 8:16)

택하신 백성을 하나님이 시험한다는 신명기의 증언은 사랑하는아들을 광야로 몰아내어(막 1:12) 시험을 받게 하는 복음서의 기록과 맥락을 같이한다.8 그런데 이스라엘의 시험과 예수의 시험은 누가 시험을 주관하느냐에 있어 차이를 보인다. 신명기의 기록을 보면,광야 이스라엘 백성들의 시험관은 하나님이다. 백성들을 광야로 인도한 이도 하나님이고 광야에서의 여러 시험의 주관자도 하나님이다. 반면에 예수의 광야 시험의 시험관은 마귀라고 명시됐다. 마태

---

7 Gibbs, *Matthew 1:1-11:1*, 187, 193; Nolland, *The Gospel of Matthew*, 162; Carson, *Matthew chapters 1 through 12*, 111-112.
8 해그너, 『WBC 성경주석: 마태복음 1-13』, 175.

복음 4장 1절의 기록을 보면, 광야시험장으로의 인도는 하나님이 하고 시험은 마귀가 주도한다. 즉, 하나님께서 예수를 시험관인 마귀에게 인계하는 장면으로 광야 시험이 시작된다. 이 장면은 하나님과 마귀를 적대 관계로 보는 전통적 기독교 입장에 혼란을 야기할 수 있다. 예수의 시험에서 양자가 긴밀하게 협력하기 때문이다. 카슨(Carson)에 따르면, 하나님의 인도에 의해 마귀의 시험을 받는 이 장면은 구약성서에서 크게 낯설지 않다.[9] 대표적인 예가 욥(Job)이다. 욥기 1장과 2장을 보면, 욥에게 가해진 온갖 고난들은 하나님의 용인 아래 사탄의 주도로 두 차례에 걸쳐 이뤄졌다.

> 여호와께서 사단에게 이르시되 내가 그의 소유물을 다 네 손에 붙이노라 오직 그의 몸에는 네 손을 대지 말지니라. (욥 1:12)

> 여호와께서 사단에게 이르시되 내가 그를 네 손에 붙이노라 오직 그의 생명은 해하지 말지니라. (욥 2:6)

욥의 신실함에 대한 하나님의 신뢰에 사탄이 이의를 제기하자 하나님은 욥의 신앙을 증명할 목적으로 사탄에게 욥의 소유에 한정하여 피해를 가하는 제한적 시험을 허락한다. 예수의 광야 시험은 물리적 위해나 재산 피해가 아니라는 점에서 욥의 시험과는 다른 측면이 있는 것이 사실이다. 하지만 하나님의 사람들의 신앙을 확인하기 위한 목적의 시험이 하나님과 마귀의 협업 체제 아래 이뤄진다는 점에서 예수의 광야 시험은 욥의 시험과 닮아 있다. 유사한 예를 더 보자.

> 그 이튿날 하나님의 부리신 악신이 사울에게 힘 있게 내리매 그가 집 가운데서 야료하는고로. (삼상 18:10)

---

9 Carson, *Matthew chapters 1 through 12*, 112.

사울이 손에 단창을 가지고 그 집에 앉았을 때에 여호와의 부리신 악신이 사울에게 접하였으므로. (삼상 19:9)

내가 보니 여호와께서 그 보좌에 앉으셨고 하늘의 만군이 그 좌우편에 모시고 서 있는데 여호와께서 말씀하시기를 누가 아합을 꾀어 저로 길르앗 라못에 올라가서 죽게 할꼬 하시니 …… 한 영이 나아와 여호와 앞에 서서 말하되 내가 저를 꾀이겠나이다 …… 내가 나가서 거짓말하는 영이 되어 그 모든 선지자의 입에 있겠나이다 여호와께서 가라사대 너는 꾀이겠고 또 이루리라. (왕상 22:19-22)

사무엘상의 위 본문에 따르면, 하나님의 악한 영이 사울 왕에게 내린 이후 사울 왕이 다윗을 죽이려 했다. 사울 왕의 정신이 갑자기 혼미해져 다윗을 향해 창을 던진 것은 하나님으로부터 악한 영이 내렸기 때문이라고 본문이 증언한다. 열왕기상의 기록은 하나님과 악한 영의 관련성을 좀 더 구체적으로 묘사한다. 북왕국 이스라엘의 왕 아합이 거짓 선지자들의 말을 의지하고 여호와의 말씀을 외면하자 선지자 미가야가 자신의 환상 경험을 아합에게 들려준다. 이른바 천상 회의 장면인데 이는 욥기 1장에 묘사된 것과 매우 유사하다. 보좌에 앉으신 여호와께서 천군들에게 아합 왕을 유혹하여 죽게 할 지원자를 요청하자 그중 한 영이 자원한다. 자신이 거짓말하는 영이 되어 선지자들이 거짓 예언을 하도록 미혹하겠다고 하자 하나님이 이를 허락한다. 악한 영의 활동을 하나님이 요청하고 또 허용한 것이다.

지금까지 살펴본 구약성서의 기록들은 사람들을 시험하는 신의 주권적 섭리를 보여준다.[10] 욥의 충성도를 확인하기 위한 시험을 하나님이 결정하고 시험관으로 마귀가 임명된다. 예수의 광야 시험은

---

10 France, *The Gospel of Matthew*, 251. 참새가 땅에 떨어져 죽거나 팔리는 것조차 하나님 아버지의 뜻과 무관할 수 없다(마 10:29)는 마태복음의 천부주권론(天父主權論)은 하나님의 용인 아래 시련이 가해진 욥의 경우와 맥을 같이한다.

<광야에서 시험 받는 예수> 성 마가 대성당/베니스

구약의 기록들과 유사한 양상을 보인다. 요단강에서 세례 받은 예수를 시험하기 위해 성령께서 그를 광야로 이끌어 마귀의 유혹을 받게 한다. 성령의 인도와 마귀의 유혹, 성령과 마귀의 협력이 광야 시험의 배경이다.[11] 유혹은 마귀의 몫이지 하나님의 역할이 아니다. 하나님이 시험을 결정하면 시험 방법으로서의 고난과 유혹은 시험관인 마귀의 담당이다. 예수의 광야 시험은 욥의 경우처럼 물리적 위해나 고난이 아니고 또 사울 왕이나 아합 왕의 경우처럼 영적 존재에 사로잡힘도 아니다. 예수에 대한 마귀의 시험은 세 가지의 유혹으로 구성된다: (1) 돌을 떡으로 만들기, (2) 성전 꼭대기에서 뛰어내리기, (3) 마귀에게 경배하기. 이 유혹들이 의미하는 것은 무엇이고 이를 예수가 어떻게 대응하는지, 그리고 예수의 광야 시험이 주는 교훈이 무엇인지 알아보자.

---

11 France, *The Gospel of Matthew*, 129; Nolland, *The Gospel of Matthew*, 162.

첫 번째 시험

광야에서의 첫 번째 시험은 예수의 굶주림을 틈 탄 유혹이다. 광야에서 40일 금식 중인 예수에게 시험관 마귀가 접근해 와서 말한다.

> 네가 만일 하나님의 아들이어든 명하여 이 돌들이 떡덩이가 되게 하라. (마 4:3)

40일 굶은 예수에게 돌을 떡이 되게 하라는 말은 참 잔인한 유혹이면서 또한 솔깃한 말이다. 40일을 금식했으니 이젠 먹어도 된다는 뜻이다. 신의 아들에게 돌로 떡 되게 하는 능력쯤은 식은 죽 먹기 아니겠냐는 논리 또한 그럴싸하다. 이처럼 일견 타당해 보이는 이유를 대고 접근하는 마귀의 첫 번째 제안은 대단히 매력적이다. 육체적 결핍이 가장 클 때, 그리고 결핍에 대한 욕구가 최고조에 이르렀을 때 마귀의 유혹이 다가온다. 마귀의 제안은 예수의 결핍 및 욕구와 직결되었고 게다가 합리적이기까지 하니 거부하기가 쉽지 않아 보인다. 그리스도인에 대한 마귀의 유혹도 이와 유사하지 않을까? 가장 약해졌을 때, 결핍이 절정에 달했을 때 그 약함과 결핍을 채울 수 있는 너무도 괜찮은 유혹들이 당신에게 접근해 올 수 있다.

어떤 이들은 마귀의 첫 번째 시험이 예수의 능력, 그러니까 신의 아들로서의 초능력을 확인하기 위한 것이라고 주장한다.[12] 과연 그럴까? 신의 아들로서의 능력을 시험하기 위한 것이라면 이것은 유혹

---

12 해그너, 『WBC 성경주석: 마태복음 1-13』, 175; Carson, *Matthew chapters 1 through 12*, 112; France, *The Gospel of Matthew*, 163.

이라기보다 대입검정고시와 같은 자격 검정 시험이라고 해야 할 것이다. 하지만 위에서도 언급한 바와 같이 광야에서의 마귀의 세 가지 시험은 본질적으로 '유혹'이다. 공생애 시작 전의 예수를 범죄하게 하여 메시아로서의 그의 사역을 방해하려는 목적으로 마귀가 쳐놓은 세 개의 덫이다. 메시아 및 신자(神子)로서의 자격을 검정하는 것과는 다르다. 메시아로서, 신자로서 예수의 자격 검정은 광야 시험 이전에 이미 끝났다. 광야 시험 전 천사의 탄생 고지(마 1:21, 23),13 세례자 요한의 증언(마 3:3, 11-12, 14),14 그리고 수세 시 하늘의 징표(성령 임함과 하늘의 음성, 마 3:16-17)들은 신자 및 메시아로서의 예수의 자격을 확인해주고 있다. 결국 광야 시험 기사를 도입하는 4장 1절의 "그때"(τότε)는 광야 시험 이전에 신의 아들로서, 메시아로서 예수의 정체성이 확증된 후 마귀의 유혹이 전개됐음을 시사한다.

마귀의 수사(修辭)

40일을 굶은 예수에게 주어진 마귀의 첫 마디, '돌로 떡을 만들라'는 제안은 만들어서 먹으라는 의미가 분명한데도 정작 마귀는 '먹으라'는 말을 하지 않는다. 그냥 '만들라'고만 했다. 이 장면에서 독자들은 마귀의 간교한 수사(修辭)를 알아챘는가? 그의 수법이 얼마나 교묘

---

13 "아들을 낳으리니 이름을 예수라 하라 이는 그가 자기 백성을 저희 죄에서 구원할 자이심이라 하니라"(마 1:21), "보라 처녀가 잉태하여 아들을 낳을 것이요 그 이름은 임마누엘이라 하리라 하셨으니 이를 번역한즉 하나님이 우리와 함께 계시다 함이라"(마 1:23).

14 "광야에 외치는 자의 소리가 있어 가로되 너희는 주의 길을 예비하라 그의 첩경을 평탄케 하라"(마 3:3), "내 뒤에 오시는 이는 …… 성령과 불로 너희에게 세례를 주실 것이요 손에 키를 들고 자기의 타작마당을 정하게 하사 알곡은 모아 곳간에 들이고 쭉정이는 꺼지지 않는 불에 태우시리라"(마 3:11-12), "내가 당신에게 세례를 받아야 할 터인데 당신이 내게로 오시나이까"(마 3:14).

한지 짐작할 수 있는가? 천부의 뜻을 위해 40일 동안 금식한 예수에게 돌로 떡을 만들어서 '먹으라'는 말까지 했다면 이것은 천부의 뜻에 대한 불순종을 노골적으로 종용하는 셈이 된다. 시험이 아직 끝나지 않았기 때문이다. 예수의 즉각적이고 단호한 거부가 예상되는 '먹으라'는 말을 하지 않은 이유가 여기에 있다.

이렇게 상대의 저항을 무디게 만드는 마귀의 교활한 수사는 일찍이 에덴동산에서 위력을 발휘했었다. 창세기 3장에 등장하는 뱀의 수사가 바로 그것이다. 하와에게 접근하는 그의 말을 들어보라.

> 하나님이 참으로 너희더러 동산 모든 나무의 실과를 먹지 말라 하시더냐. (창 3:1)

하와에게 던진 뱀의 첫마디는 아담이 일 나간 사이 혼자 집을 지키고 있던 그녀의 철통 경계를 해제해버리고 만다. 뱀이 하나님의 말씀을 왜곡했기 때문이다. 하나님은 '동산에 있는 모든 실과를 다 먹어도 좋지만 선악과 열매만은 먹지 말라'고 했는데(창 2:16-17) 다 먹지 말라고 하더냐고 엉뚱한 말을 하니 하와로서는 뱀의 말에 반박하지 않을 수 없었다. 상대하지 않았어야 했지만 하나님을 호도하는 뱀의 궤변을 묵과할 수 없었던 것이다. 뱀의 교활한 수사에 하와의 빗장은 마침내 열리고 말았고 에덴의 비극은 그렇게 시작됐다.

에덴동산에서 써먹었던 마귀의 간교한 화법은 예수에 대한 그의 첫 번째 유혹에서도 그대로 나타났다. 그런데 이번에는 마귀가 잘못 짚었다. 상대가 다르다. 아담과 하와에게 통했던 수법이 과연 예수에게도 통할까?

예수께서 대답하여 가라사대 기록되었으되 사람이 떡으로만 살 것이 아니요 하나님의 입으로 나오는 모든 말씀으로 살 것이라 하였느니라. (마 4:4)

하와에게 한 것처럼, 이번에도 마귀는 하나님의 뜻에 따라 금식 중인 예수에게 40일 금식했으면 됐으니 이제 금식을 끝내고 신의 아들로서의 면모를 보이라는 제안으로 다가온다. '먹으라'는 직설적 표현을 안 썼으니 예수의 반감(反感)은 줄어들 것이다. 신의 아들로서의 예수의 능력을 인정하는 참 그럴듯한 제안이다. 만약 예수께서 '하나님의 인도하심으로 그분의 뜻을 따라 금식 중인 나보고 돌로 떡을 만들어 먹으란 말이야?'라고 반박한다면 마귀의 교묘한 수사에 걸려든 하와의 전철을 밟게 될지도 모른다. 하지만 예수는 마귀의 수사에 현혹되지 않았다. 하와와 달리 예수는 자신의 의견으로 마귀의 주장을 반박하지 않고 '기록된 말씀'(the written words)을 내세운다.

첫 번째 유혹의 목적은 단순히 떡을 먹게 해서 금식을 방해하는 것이 아니었다. 광야, 금식, 시험이라는 하나님의 뜻에 대해 반기를 들게 하는 것이 마귀의 진짜 목적이다. 하나님의 뜻과 예수의 뜻의 대립, 그것이 마귀의 노림수였다.

하나님의 뜻 vs. 예수의 뜻

먹으라는 말을 하지 않았으니 마귀는 금식을 방해한 것이 아니다. 하나님의 뜻을 어겼다고 보기 어렵다. 그냥 돌로 떡을 만들어보라는 말이다. 하나님의 뜻대로 광야에서 40일 금식 했으니까 이젠 하나님의 아들로서 그런 능력쯤 선보이는 것도 좋지 않겠냐는 뜻이다. 마귀의 논리는 교묘하다. 그의 제안은 합리적이기까지 하다. 하지만 지금은 시험을 받을 때이지 하나님 아들의 능력을 과시할 때가 아니다. 먹으라고 하지 않았으니 하나님의 뜻을 거역하는 것이 아니지만 40일을 굶주린 예수에게 돌로 떡을 만들라는 제안은 먹으라는 말이나 다름없다. 결국 돌로 떡을 만들라는 마귀의 제안은 광야, 금식, 시험이라는 하나님의 뜻에 대한 반역일 뿐이다.[15] 그럴싸한 수사로 신의 뜻을 대적하도록 교묘하게 유도하는 마귀의 수법은 이후에도 또 나타난다.

베드로: 예수의 스칸달론

베드로는 예수의 열두 제자 중 부침을 거듭한 인물로 유명하다. 목숨 바쳐 스승을 지키겠다는 호기(豪氣)를 보였다가도(요 18:10)[16] 얼마 안 있어 제자의 신분을 숨기기까지 한다(요 18:17). 모두가 스승을 버릴지라도 자신만은 결코 그렇지 않을 것이며 스승과 함께 죽을 각오까지 돼 있다는 그의 호언장담(마 26:33, 35)[17]은 잠시 뒤 대제사장 집 한 어린 여종 앞에서 나약한 겁쟁이의 부인(否認)과 저주로 바뀐다(마 26:69-75). 이토록 신앙의 굴곡이 심한 베드로가 제대로 한 방먹은 사건이 있으니 이른바 '사탄 빙의 사건'이다. 가이사랴 빌립보에서 멋들어진 신앙 고백으로 스승으로부터 최고의 칭찬을 받은 베드

---

15 해그너, 『WBC 성경주석: 마태복음 1-13』, 177.

16 겟세마네 동산에서 예수를 체포하려는 무리들을 가로막고 칼을 뽑아 든 제자의 정체에 관해 공관복음서는 침묵한다(막 14:47; 눅 22:50). 하지만 복음서 전반에 나타난 베드로의 기백과 그의 돌발적 성격을 감안할 때 이 제자를 베드로라고 명시한 요한복음의 기록은 신뢰할 만하다.

17 마 26:33의 "다 주를 버릴지라도(=σκανδαλίζω) 나는 언제든지 버리지(=σκανδαλίζω) 않겠나이다"에서 두 차례 모두 수동형으로 사용된 동사 '스칸달리조'(σκανδαλίζω)는 '넘어지게 하다', '죄짓게 하다'는 뜻으로 본문은 제자들(또는 베드로)이 '예수 때문에 실족되거나 죄짓게 되지'(예수를 부인하는 죄를 범하게 되지) 않는다는 의미로 해석될 수 있다.

로(마 16:16-19). 그런데 이후에 무슨 일이 있었기에 예수는 친히 칭찬 금메달을 목에 걸어준 베드로에게 사탄이 들어갔다고 선언하고 그에게 축사(逐邪)한 것일까(마 16:23)? 천국 열쇠를 수여받은 최고의 제자가 어떤 이유로 '사탄 빙의자'가 된 것일까? 의문의 실마리는 베드로의 이해할 수 없는 행동에서 찾을 수 있다.

베드로의 가이사랴 빌립보 신앙 고백 이후 예수는 제자들에게 자신의 죽음을 예고한다. 예루살렘에 가서 종교 지도자들에게 붙잡혀 처형당할 것과 죽은 뒤 삼 일째 되는 날 다시 살아날 것까지 구체적으로 말한다(마 16:21). 이 말을 들은 베드로의 행동과 그에 대한 예수의 반응을 주의 깊게 보자.

> 베드로가 예수를 붙들고(προσλαμβάνω) 간하여(ἐπιτιμάω) 가로되 주여 그리 마옵소서 이 일이 결코 주에게 미치지 아니하리이다 예수께서 돌이키시며 베드로에게 이르시되 사단아 내 뒤로 물러가라. (마 16:22-23上)

언뜻 봐서 베드로의 말은 문제될 게 없다. 스승으로부터 최고의 칭찬과 인정을 받은 애제자로서 스승의 죽음을 반대하고 저지하는 것은 당연하다고 할 수 있다. 그런데 스승의 반응이 이상하다. 베드로를 사단이라 칭하고 책망하는 게 아닌가? 베드로에게 복을 내리고 천국 열쇠를 부여하더니 이젠 그에게 '사탄 빙의'(devil-possessed)를 선고한다. 예수께서 좀 지나친 게 아닌가? 이런 의문을 갖는 독자들은 본문의 그리스어 동사에 주목해주기 바란다. "붙들고"로 번역된 '프로스람바노'(προσλαμβάνω)는 예수를 제지하는 베드로의 행동을 묘사한 단어로서 'take aside', 즉 '옆으로 제치다'는 뜻이다. 죽으면 안 된다며 스승을 거칠게 붙잡고 옆으로 밀며 제지하는 정황을 추정할 수 있다. 또 "간하여"로 번역된 '에피티마오'(ἐπιτιμάω)는 베드로의 심리 상태를 짐작하게 한다. '꾸짖다'는 뜻의 '에피티마오'는 예수께서 바람과 바다를 꾸짖을 때(마 8:26) 귀신을 꾸짖어 축귀할 때(마 17:18) 사용된다.

'프로스람바노'와 '에피티마오', 두 개의 동사는 죽음을 예고한 예수를 제지할 때 제자 베드로의 행태가 어떠했는가를 잘 보여주고 있다. 예수를 붙잡고 옆으로 거칠게 밀면서 마치 어른이 아이를 꾸짖듯 강하게 질책하는 베드로의 모습이 떠올려진다. 두 개의 동사가 묘사하는 베드로의 말과 행동은 무엇을 의미할까? 그 무례함의 극치는 차치하고라도 과연 베드로의 모습이 예수를 향한 진정한 사랑의 표현이라고 할 수 있을까? 그의 말과 행동에서 스승을 향한 제자의 신실함과 존경심이 느껴지는가? 베드로에 대한 사탄 빙의 선고 후 예수의 말씀을 보자.

> 너는 나를 넘어지게 하는 자로다 (왜냐하면) 네가 사람의 일을 생
> 각하기 때문이다. (23절下, 私譯)

최고의 찬사가 최악의 질책으로 바뀐 결정적 이유를 본문이 보여준다. 베드로를 향한 '사탄 빙의' 선고와 함께 물러가라고 호통친 이유는 베드로가 예수의 걸림돌(스칸달론)이기 때문이고, 베드로가 예수의 걸림돌인 이유는 그가 신의 일이 아닌 사람의 일을 생각하기 때문이다. 요약하면 '사탄 빙의' 선언의 이유는 베드로의 말과 행동이 신의 뜻을 저버리고 사람의 뜻을 추구했다는 것이다. 신의 뜻은

예수의 죽음이었다. 따라서 이를 무례한 말과 행동으로 제지한 베드로는 신의 뜻을 거역한 것이 된다. 예수는 자신의 죽음만 아니라 다시 살아날 것도 말했다. 그런데도 베드로가 죽지 말라고 강력하게 예수를 저지했다는 것은 다시 살아난다는 스승의 말이 들리지 않았고 믿으려 하지도 않았음을 시사한다. 이렇게까지 행동한 베드로의 내면엔 무엇이 있었을까? 이어지는 '변화산 사건'(마 17:1-8)에서 베드로의 속셈을 엿볼 수 있다.

'사탄 빙의 선언'이 있은 지 6일 후 예수의 인도로 산에 올라간 베드로와 야고보, 요한은 그곳에서 놀라운 경험을 한다. 예수의 얼굴이 해처럼 빛나고 그의 옷이 눈부신 광채를 발하는 장면이 펼쳐지더니 잠시 후 모세와 엘리야가 나타나 예수와 대화하는 것이 아닌가? 환상적으로 변화된 예수의 형체, 모세 및 엘리야라는 신앙의 거장들과 어깨를 나란히 하는 예수의 지위를 확인한 베드로는 즉석 제안을 낸다. 산 위에 초막 세 개를 세워 예수와 모세, 엘리야에게 한 채씩 분양할 테니 이곳에서 같이 살자는 말이다. 눈앞에 펼쳐진 황홀경에 도취된 베드로는 6일 전 사건을 까맣게 잊어버린 듯 감춰둔 그의 욕망을 또다시 드러내고야 만다("주여 우리가 여기 있는 것이 좋사오니", 4절). 제자의 길을 망각한 채 자기의 뜻을 주장하는 베드로에게 다시금 신의 뜻이 들려온다.

> 말할 때에 홀연히 빛난 구름이 저희를 덮으며 구름 속에서 소리가 나서 가로되 이는 내 사랑하는 아들이요 내 기뻐하는 자니 너희는 저의 말을 들으라 하는지라. (마 17:5)

신의(神意)와 인의(人意)의 충돌이다. 인간의 뜻이 신의 뜻을 거스르는 순간 신의 권능이 나타나 인의를 제압한다: "너희는 저의 말을 들으라." 내면의 욕망이 꿈틀거릴 때 어떻게 해야 할까? 마태복음 17장 5절은 들어야 한다고 말한다. 욕망의 아우성으로부터 귀를 막아버리고 하늘의 소리에 귀 기울일 것을 본문은 강조한다. 사람의 일을 도모하지 말라는 호된 질책을 받고 제자도에 관한 최고의 강의를 들었지만 얼마 지나지 않아 다시 욕망에 사로잡히는 것이 인간이다. 참된 제자도의 삶을 사는 것보다 예수를 통해 얻어지는 유익에 더 관심을 두는 베드로의 욕망, 그 추한 내면의 욕망이 신의 뜻에 대한 저항으로 표출되었다. '사탄 빙의 사건'과 '변화산 사건'은, 겉으로는 예수를 위한다는 명분을 내세우지만 결과적으로는 신의 뜻을 저버리는 인간의 사탄적 내면이 드러난 사건이다. 스승의 죽음을 반대하는 제자의 당연한 도리는 오히려 스승의 앞길을 가로막는 장애물이 될 수 있고, 스승과 한 울타리 안에서 살고픈 제자의 소박한 바람은 도리어 스승의 뜻에 대한 거역이 될 수 있다. 그것이 개인의 욕망에서 비롯된 것이라면 말이다. 위 본문은 바로 이 점을 경계한다. 사람의 생각에는 이것이 신의 뜻이고 신이 기뻐하는 것이라고 확신해도 그것이 인간의 탐욕에서 출발한 것이라면 신에 대한 반역이 될 수 있다.

> 내 생각은 너희 생각과 다르며 내 길은 너희 길과 달라서 하늘이 땅보다 높음 같이 내 길은 너희 길보다 높으며 내 생각은 너희 생각보다 높으니라. (사 55:8-9)

내 생각이 곧 신의 생각이고 내 원함이 곧 신의 원함이라는 단정은 '내'가 신의 경지에 이르렀을 때 가능하다. 예수를 수행하는 제자로서 예수와 함께 생활하고 동고동락했다 해도 예수를 통해 역사하는 신의 계획과 뜻을 거역하는 사탄의 노리개로 전락할 수 있다는 것을 베드로의 사례를 통해 확인할 수 있다.

예수의 방어 전략

베드로를 유혹한 사탄의 계략은 예수의 광야 시험 첫 번째 유혹에서 이미 나타났다. 제자들보다 앞서 예수에게 선제공격을 가한 것이다. 교묘한 논리로 신의 뜻을 거스르는 제안을 내놓은 마귀의 유혹에 대한 예수의 대응을 살펴보자.

> 사람이 떡으로만 살 것이 아니요 하나님의 입으로 나오는 모든 말씀으로 살 것이라. (마 4:4)

하나님의 뜻대로 금식하고 훈련도 받았으니 이젠 자신의 소욕을 따라 행동해도 괜찮다는 마귀의 그럴싸한 제안에 대하여 예수는 신명기 8장 3절을 인용하여 반박한다. 무슨 의도로 이 구절을 인용한 것일까? 어떤 이들은 예수의 신명기 인용을 돌로 떡을 만들라는 마귀의 제안과 관련하여 해석하려 한다. 돌로 떡을 만들어 먹고자 하는 육체의 욕구를 부인하고 하나님의 뜻대로 살 것을 결단하는 인용이라는 것이다.[18] 하지만 본문 "떡으로만(ἐπ᾽ ἄρτῳ μόνῳ)"의 그리스어 모노(μόνῳ, only)는 신명기 구절이 떡이 필요 없음을 의미하는 것이 아니라는 점을 시사한다. 즉, 육체를 위한 떡도 필요하지만 하나님의 말씀이 떡에 우선한다는 점을 본문이 강조한다. '떡과 말씀 중

---

18 양용의, 『마태복음 어떻게 읽을 것인가』, 75; 해그너, 『WBC 성경주석: 마태복음 1-13』, 177.

택일'이 아니라 '떡보다 말씀이 우선'이라는 뜻이다. 예수의 신명기 인용은 육체의 양식을 정죄하고 영의 양식만을 추구하라는 이분법적 논리가 아니다. 신명기 인용구의 본래 문맥을 보면 인용의 취지가 보다 명확하게 드러난다.

예수께서 인용한 신명기 본문은 가나안 입성을 앞둔 이스라엘 백성들에게 여호와의 율법과 계명을 상기시키는 모세의 설교 중 한 대목이다.

> [1]내가 오늘날 명하는 모든 명령을 너희는 지켜 행하라 그리하면 너희가 살고 번성하고 여호와께서 너희의 열조에게 맹세하신 땅에 들어가서 그것을 얻으리라 [2]네 하나님 여호와께서 이 사십 년 동안에 너로 광야의 길을 걷게 하신 것을 기억하라 이는 너를 낮추시며 너를 시험하사 네 마음이 어떠한지 그 명령을 지키는지 아니 지키는지 알려 하심이라 [3]너를 낮추시며 너로 주리게 하시며 또 너도 알지 못하며 네 열조도 알지 못하던 만나를 네게 먹이신 것은 사람이 떡으로만 사는 것이 아니요 여호와의 입에서 나오는 모든 말씀으로 사는 줄을 너로 알게 하려 하심이니라. (신 8:1-3)

신명기 8장에서 모세는 율법과 계명을 지킬 것(1절), 40년 광야 여정의 의미를 기억할 것(2절)을 권면한 후 3절에서는 광야 여정 가운데 특히 만나에 주목한다. 8장은 물론이고 신명기 전반에 걸친 모세의 설교 요지는 율법과 계명 준수다. 광야 생활을 끝내고 가나안 땅에 들어간 이후에도 여호와의 말씀을 잊지 말고 지킬 것을 당부하는 신명기의 문맥, 특히 8장에서 모세가 백성들의 이목을 만나에 집중시키는 이유는 무엇일까? 1절 전반부에서는 '말씀 준수'라는 대전제가 명령법으로 주어지고, 후반부에서는 '말씀 준수'의 결과(약속의 땅을 얻게 되리라)가 직설법 형태로 선포된다. 2절 전반부에서는 40

년 광야 험로에 담긴 하나님의 의도를 기억하라는 명령이 주어진 뒤, 후반부에서는 그 의도가 이스라엘 백성들을 겸손하게 하여 하나님의 말씀을 준수하는지 여부를 알아보기 위한 것이라고 말한다. 다시 말해서, 광야 여정에 나타난 하나님의 의도는 가나안 입성 전에 이스라엘 백성들을 시험하는 것이었음을 2절이 명시한다. '말씀 준수'라는 대전제에 이스라엘 백성이 합격인지 불합격인지를 테스트하는 것에 광야 생활의 목적이 있었음을 밝히는 2절에 이어서 3절은 만나에 주목한다. 광야 40년 생활 중에 겪었던 많은 기적과 은혜 가운데서 모세가 유독 만나를 언급하는 것은 '사람은 떡만으로는 살지 못하고 하나님의 말씀으로 산다'는 교훈을 백성들에게 깨우쳐주기 위해서라는 것이다.

먹을 것이 없는 광야에서 40년을 살아온 이스라엘 백성들에게 만나는 생명 그 자체다. 만나가 없었으면 생명을 지탱할 수 없었던 백성들에게 모세는 만나를 '떡'으로 일반화시킨다. 그리고 만나보다 하나님의 말씀이 우선되어야 한다고 강조한다. 광야 여정에서 만나에 부여됐던 절대적 가치가 약속의 땅 가나안에서는 하나님의 말씀으로 옮겨져야 할 것을 촉구하고 있는 것이다. 광야 공동체에게 만나는 생존을 위한 필수 가치였다. 그러나 약속의 땅 가나안에 들어가서 그곳의 풍요를 차지하고 그곳에 정착하게 될(신 8:7-10) 이스라엘 공동체에게 생존을 위한 필수 가치는 더 이상 만나(또는 만나로 상징되는 가나안 땅의 풍요)가 아니라 '말씀 준수'다. 모세는 염려했다. 광야의 궁핍한 생활에서 가나안의 풍성한 환경으로 바뀔 때 이스라엘 백성들이 여호와 하나님을 잊어버리지 않을까 노심초사하는 모세의 권고가 신명기 8장 전체에 이어진다(11-20절). 소유물의 풍성함에 도취되어 하나님을 잊어버리고 율법과 계명을 순종하지 않을 경우 이스라엘은, 그들에게 멸절당한 가나안 원주민들처럼, 참혹하게 패망할 것이라는 경고(19-20절)에서 노 지도자의 우려는 절정에 이른다.

신명기 말씀은 삶의 획기적 변화에 따른 가치 전환의 필요성과 당위성을 역설한다. 광야에서 가나안으로, 황무지에서 풍요의 땅으로, 유랑에서 정착으로 삶의 패턴이 바뀜에 따라 이스라엘이 추구해야 할 가치관 역시 바뀌어야 한다. 젖과 꿀이 흐르는 땅에 살면서도 여전히 떡 본위(本位)의 광야적(廣野的) 생활을 탈피하지 못하면 그들은 하나님을 잊어버리고 교만해져 가나안의 모든 소유물이 자신들의 능력으로 얻은 것이라는 착각에 빠질 수 있다(신 8:11-19). 물질적 풍요 속 '떡 본위' 삶을 모세는 이렇게 정의한다: "이는 너희가 너희 하나님 여호와의 소리를 청종치 아니함이니라"(20절). 먹을 것이 없는 광야에서 만나가 절대적 은혜요 생명의 절대적 가치였다면, 먹을 것이 넘치는 가나안에서 생명의 절대적 가치는 더 이상 떡이 아니라 하나님의 소리, 곧 말씀이다. 약속의 땅에 들어갈 수 없는 모세는 기회와 위기가 공존하는 가나안 입성을 앞둔 이스라엘 백성들에게, 마치 철부지 자식을 객지로 떠나보내는 아비의 심정으로 토설한다: '하나님의 말씀을 순종하라. 그것이 최고의 가치다.' 신명기 8장 3절은 노(老)지도자의 애절하지만 힘 있는 목소리를 담고 있다.

이와 같은 신명기 8장의 문맥을 감안할 때 광야 시험에서 예수의 신명기 인용은 단지 '떡보다 말씀'이라는 이분법적 신앙 논리라고 할 수 없다.[19] 초점은 '떡보다 말씀이 중요하다'에 있는 것이 아니라

---

19 '떡보다 말씀'이라는 신앙 논리는 떡을 육의 양식, 말씀을 영의 양식으로 이해하여 전자를 육적인 것, 후자를 영적인 것으로 구분하고 전자를 후자에 비해 열등한 개념으로 간주할 우려가 있다. 그

'하나님의 말씀에 대한 전적 의존'이라는 신앙적 가치에 있다. 금식도 했고 능력도 있으니 이젠 돌로 떡을 만들어도 되지 않겠느냐는 마귀의 논리를 따르지 않고 여전히 하나님의 뜻, 그의 말씀에만 귀기울이겠다는 결연한 의지의 표출이다. 배고픈 예수에게는 떡이 필요하다. 맞는 말이다. 하나님의 뜻에 따라 금식까지 했으니 떡을 만들어도 문제될 게 없다. 타당성 있는 논리 아닌가? 그러나 예수는 자신의 필요에 따라 움직이지 않았다. 오직 하나님의 뜻을 따를 뿐이다. 광야 공동체에게 만나가 은혜와 약속의 표상이듯, 하나님의 백성들에게는 주어진 말씀이 그들이 믿고 따를 대상이다. 하지만 안타깝게도 이스라엘은 가나안 정착 후 물질의 풍요에 도취되어 '말씀순종'이라는 삶의 최우선 가치를 버렸고 그 결과 모세의 예언대로 참담한 파국을 맞이하고 말았다. 예수의 신명기 인용은, 멀리는 출애굽 광야 공동체를, 가깝게는 이스라엘 패망의 역사를 떠올리면서 그 자신이 과거 이스라엘의 비참한 실패의 역사를 재연하지 않겠다는 각오를 천명하는 동시에 제자 공동체에게 이렇게 권고한다: '너희 조상들이 광야에서 은혜로 산 것을 잊지 말고 궁핍하게 될 때 은혜를 믿고 인내하라. 또한 너희 조상들이 가나안의 풍요에 취해 은혜를 망각하고 말씀을 버려 멸망당한 사실을 잊지 말고 풍부할 때 교만하지 말고 겸손히 하나님의 음성을 들으라.' 간교한 마귀의 첫 번째 유혹을 예수는 이렇게 말씀을 의지하여 물리쳤다.

결과 설교, 예배 봉사, 성경 공부 등을 영적 사역으로 규정하고 이를 차량 안내, 식당 봉사, 청소 등의 활동보다 우선시하거나 우월하게 여기는 이분법적 경향이 교회 안에 만연될 수 있다.

두 번째 시험

첫 번째 시험을 통과한 예수에게 주어진 두 번째 시험은 성서 구절이 인용된 유혹이다. 첫 번째 유혹에서 하나님의 뜻과 예수의 뜻의 대결 촉발에 실패한 마귀는 전열을 가다듬고 두 번째 시험을 출제한다. 예수를 예루살렘성전 꼭대기에 올려 세운 마귀는 예수가 하나님의 아들이라는 점을 다시 언급하면서 새로운 제안을 한다.

> 네가 만일 하나님의 아들이어든 뛰어내리라 기록하였으되 저가 너를 위하여 그 사자들을 명하시리니 저희가 손으로 너를 받들어 발이 돌에 부딪히지 않게 하리로다 하였느니라. (마 4:6)

놀란드(Nolland)는 첫 번째 시험과 두 번째 시험을 "'네가 만일 하나님의 아들이어든' 유혹(이하 '네가 만일' 유혹)"이라고 불렀다.[20] 두 차례 '네가 만일' 유혹은 예수의 신적 권위를 인정하는 것처럼 가장하면서 예수의 환심을 끌기 위한 덫이다. 첫 번째 유혹에서 예수의 신적 권위를 언급하여 돌로 떡을 만드는 능력을 발휘하게 함으로써 하나님의 뜻에 대한 반역을 조장하려다 실패한 마귀의 두 번째 전략은 '예수 따라 하기'다. 첫 번째 시험에서 예수의 '말씀 인용' 전략에 패퇴한 마귀가 이번엔 예수의 전략을 모방한다. 소위 "기록되었으되(it is written)" 전술이다. 예루살렘성전 꼭대기에서 아래로 뛰어내리라는 제안과 함께 마귀는 시편 말씀을 인용한다.

---

20 Nolland, *The Gospel of Matthew*, 165.

저가 너를 위하여 그 사자들을 명하사 네 모든 길에 너를 지키게
하심이라 저희가 그 손으로 너를 붙들어 발이 돌에 부딪히지 않게
하리로다. (시 91:11-12)

마귀는 역시 탁월한 전략가다. 이번엔 예수로 하여금 자신의 제안
에 따르지 않을 수 없게 하려고 현 상황에 맞는(?) 성서 구절을 용케
도 찾아낸다. 그가 인용한 말씀은 여호와께서 천사를 동원해 지켜주
시고 발이 돌에 부딪히지 않게 보호해주신다는 시편 기자의 고백이
다. 마귀의 논리는 분명하다: '시편 기자가 이 정도의 믿음을 고백했
다면 하나님의 아들인 너는 마땅히 보호를 받을 것이니 뛰어내려도
되지 않느냐'라는 고도의 심리전을 펼치고 있다. 첫 번째 유혹에 비
해 논리력과 설득력이 한층 보완됐다. '하나님의 약속이 분명히 주
어졌으니 하나님의 아들인 너는 당연히 그 약속을 믿겠지? 그러니
설마 못 뛰어내리는 건 아니겠지?'라는 심리적 압박을 가하고 있다.
이제 예수에게 진짜 위기가 온 것인가? 그의 답변을 들어보자.

예수께서 이르시되 또 기록되었으되 주 너의 하나님을 시험치 말
라 하였느니라 하신대. (마 4:7)

이번에도 예수는 성서를 인용한다. 마귀의 시편 인용에 대응하는
예수의 인용문은 다시 신명기다.

너희가 맛사에서 시험한 것 같이 너희의 하나님 여호와를 시험하
지 말고. (신 6:16)

광야에서의 세 가지 시험에서 예수가 마귀의 유혹을 물리칠 때 인

용한 말씀은 모두 신명기다. 앞에서 살펴본 바와 같이 첫 번째 시험 에서 인용한 신명기 8장 3절이 광야 40년 생활 중 경험한 만나의 은 총을 추억하는 반면, 두 번째 시험의 인용문인 신명기 6장 16절은 쓰라린 아픔의 사건을 상기시킨다. 가나안 땅에서 굳건한 신정국가 를 건설하기 위해 이스라엘 백성들이 반드시 기억하고 지켜야 할 여 호와의 율법과 규례를 다시 들려주는 신명기 6장에서 모세는 광야 생활 초창기에 벌어졌던 한 사건에 주목한다. 소위 '맛사의 시험 사 건'이 그것이다.

맛사의 시험: 징벌의 계기

출애굽기 17장에 기록된 이 사건은 이스라엘 백성들이 40년 광야 생활 중에 신의 은혜를 망각하고 불평을 일삼았던 9차례의 불평 사 건[21] 중 네 번째 사건이다. '맛사'(מַסָּה, Massah)는 '시험'이란 의미의 지명으로서 본래의 명칭은 '르비딤'(또는 '므리바')이다. 애굽을 탈 출한 지 한 달여 지나 르비딤에 도착했으나 식수를 구하지 못한 백 성들은 모세를 향해 원망과 불평을 늘어놓는다. 애굽에서의 놀라운 이적들을 목도한 후 여호와 하나님을 경외하고 모세를 신뢰하기로 한 그들이 아닌가(출 14:31)? 얼마 전까지 하나님의 살아계심과 초 자연적 은혜를 세 차례(홍해 도하[출 14:10-12], 마라의 쓴물 사건 [출 15:22-25], 만나와 메추라기[출 16:2-21]) 경험한 그들이지만 또 다시 불평하기 시작했다. 그런데 하나님은 이번에도 백성들의 불평

---

21 광야 생활 중 9차에 걸친 집단적 불평 사건은 다음과 같다: 1차 불평(출 14:10-12), 2차 불평 (출 15:22-26), 3차 불평(출 16:1-12), 4차 불평(출 17:1-7), 5차 불평(민 11:1-3), 6차 불평(민 14:1-12), 7차 불평(민 16:41-50), 8차 불평(민 20:1-9), 9차 불평(민 21:4-9).

을 해결해주신다. 모세의 지팡이로 반석을 내려쳐 물이 나게 한 것이다. 이 장면을 신명기는 이렇게 묘사한다.

모세가 이스라엘 장로들의 목전에서 그대로 행하니라. (출 17:6下)

과거에도 하나님의 이적과 기사를 눈으로 확인한 그들이지만 불평과 원망은 이번에도 계속됐고, 그럼에도 불구하고 은총은 변함없이 주어진다. 그들이 보는 앞에서 반석이 갈라지고 그 속에서 물이 솟아났다.

지팡이로 반석을 치는 모세

그런데 이 사건에 대한 성서의 총평이 주목할 만하다.

그가 그곳 이름을 맛사라 또는 므리바라 불렀으니. (7절 上)

모세는 평원이란 의미의 지명 '르비딤'을, 시험을 뜻하는 '맛사', 또는 '다툼'을 뜻하는 '므리바'로 개칭하는데 성서는 그 이유를 이렇게 설명한다.

> 이는 이스라엘 자손이 다투었음이요 또는 그들이 여호와를 시험하여 이르기를 여호와께서 우리 중에 계신가 아닌가 하였음이더라. (7절 下)

흥미로운 점은 이스라엘의 불평에 대한 신의 징벌이 이 사건 이후부터 시작됐다는 사실이다.[22] 즉, '맛사의 시험 사건'은 이스라엘에 징벌이 내려지는 계기가 됐다. 그전까지 백성들의 수차례 불평에도 줄곧 인내하신 하나님은 본 사건에서의 이스라엘의 불평과 원망을 '하나님 시험'으로 규정하고 이에 대해 단호한 징벌을 내리게 된다. 마귀의 두 번째 유혹에 맞서 예수께서 인용한 신명기 말씀은 하나님의 인내심이 한계에 도달해 징벌로 전환된 바로 이 '맛사의 시험' 사건이다. 무엇을 함의하는 것일까?

왜곡된 성서 인용: 하나님에 대한 시험

우선 마귀의 두 번째 제안이 왜 하나님을 시험하는 것인지 알아보자. 마귀가 인용한 시편 91편으로 가보자.

---

[22] 이스라엘 백성들의 불평에 대한 하나님의 징벌은 다음과 같다: 5차 불평/불 징벌(민 11:1-2), 6차 불평/가나안 입성 자격 박탈(민 14:22-23, 29, 35), 7차 불평/염병 징벌(민 17:45-50), 8차 불평/가나안 입성 자격 박탈 확인(민 20:12), 9차 불평/불뱀 징벌(민 21:6-9).

저가 너를 새 사냥꾼의 올무에서와 극한 염병에서 건지실 것임이
로다 저가 너를 그 깃으로 덮으시리니 네가 그 날개 아래 피하리
로다 …… 너는 밤에 놀램과 낮에 흐르는 살과 흑암 중에 행하는
염병과 백주에 황폐케 하는 파멸을 두려워 아니하리로다 천인이
네 곁에서, 만인이 네 우편에서 엎드러지나 이 재앙이 네게 가까이
못 하리로다 오직 너는 목도하리니 악인의 보응이 네게 보이리로
다 …… 화가 네게 미치지 못하며 재앙이 네 장막에 가까이 오지
못하리니. (시 91:3-10)

시편 91편은 징벌의 상황을 배경으로 한다. 하나님을 의지하고 신
뢰하는 자는 악인이 받는 징벌로부터 구원받을 것이며 테러와 염병,
그리고 파멸로부터 보호받을 것이다. 악인들을 추풍낙엽처럼 쓰러뜨
리는 무서운 재앙도 그에게 미치지 못할 것이다. 예수께서 인용한
12절은 이와 같이 악인을 향한 재앙과 징벌로부터 의인을 보호하는
피난처 되신 하나님을 고백하고 찬양하는 정황 속에 놓여 있다. 그
런데 마귀는 이런 배경의 구절을 전혀 다른 상황에서 인용한다. 예
수는 지금 성령의 인도에 따라 광야 학교에 입학하여 시험을 받는
상황에 있다. 악인에 대한 징벌과 심판 및 의인을 위한 보호를 주제
로 하는 시편 91편과는 정황과 배경이 전혀 다르다. 시험 중에 있는
예수를 고의로 성전 꼭대기에 올려놓은 후 정황상 맞지 않는 시편
말씀을 제시하며 하나님이 보호하실 것이므로 뛰어내리라고 종용하
는 것은 시편 본문 본래의 정황을 무시한 아전인수 격 인용이다.[23]
첫 번째 시험에서 예수를 유혹하는 데 실패한 마귀는 이번엔 예수
의 정황과 전혀 맞지도 않는 시편 말씀을 내세워 예수를 유혹한다.
하나님의 아들이라면 시편의 약속이 네게도 이뤄질 것이니 무엇이

---

23 Carson, *Matthew chapters 1 through 12*, 113; France, *The Gospel of Matthew*, 133; Gibbs, *Matthew 1:1-11:1*, 195; Keener, *The Gospel of Matthew*, 143.

두렵겠냐는 논리다. 만일 뛰어내리지 못한다면 하나님의 아들로 인정할 수 없다는 엄포도 담겨 있다. 이에 맞서 예수는 이스라엘 백성의 불평이 하나님을 향한 시험과 불신앙의 도전으로 간주되는 계기가 된 '맛사의 시험 사건'을 인용함으로써 마귀의 아전인수식 말씀 인용의 허구성을 지적하고 동시에 그와 같은 인용은 하나님을 시험하는 도전이라는 점을 밝힌다. 마귀의 시편 인용은 하나님 주관의 적법한 시험을 치르는 과정에 있는 예수에게, 악인에 대한 징벌과 심판으로부터 의인을 보호한다는 말씀을 적용하여 뛰어내리라고 종용한다. 말씀의 정황과 맥락을 무시한 인용이다. 하나님은 그런 뜻으로 하신 말씀이 아닌데 그런 뜻이라고 왜곡하여 인용하는 것이다. 91편의 약속은 악인들이 하나님의 징벌을 받고 추풍낙엽처럼 고꾸라지는 심판의 때에 의인을 위한 약속이지, 정당한 시험을 통해 연단을 받고 있는 예수의 상황에 주어진 약속이 아니다. 따라서 하나님의 약속이 주어지지 않은 정황에서 마치 주어진 것처럼 믿고 뛰어내린다면 그것은 곧 하나님을 시험하는 행위다.

마태복음 14:28-29를 보면, 베드로가 예수께 물 위로 걸어올 것을 자신에게 명령해달라고 청하여 예수께서 명령하자 베드로가 물 위로 걷게 된다. 이 장면을 읽고 감명 받은 어떤 신자가 호숫가로 배를 타고 나가 베드로에게 내린 명령을 자신에게도 내려달라고 간곡히 기도한 후 믿음으로 물 위에 발을 내딛었다고 한다. 결과는 어떻게 됐을까? 익사 직전에 주변 사람들에 의해 가까스로 구조됐다고 한다. 그에게는 무엇이 문제였을까? 베드로와 같은 확고한 믿음으로 물 위에 발을 내딛었는데 왜 그는 물 위를 걷지 못하고 빠졌을까?

그는 베드로를 걷게 한 예수의 능력을 믿은 게 아니라 예수를 시

험한 것이다. 베드로가 물 위를 걸은 사건의 정황과 배경이 그에게
는 생략됐다. 베드로의 사건은 오병이어의 기적에 도취된 제자들[24]
로 하여금 풍랑의 위험에서의 극적인 구원을 경험하게 함으로써 제
자들의 믿음이 잘못된 것을 지향하지 않도록 하려는 의도를 배경으
로 하고 있다. 물 위로 걷게 해달라는 베드로의 요청을 허락한 것은
이러한 의도를 이루기 위한 일종의 과정이었다. 위 신자의 사례에서
는 그러나 이러한 베드로 사건의 배경과 정황이 배제됐다. 베드로의
물 위를 걷는 체험은 오병이어 기적 사건 처리와 관련된 예수의 의
도를 이루기 위한 과정으로 용인된 것이라면 이 신자에게는 이적 자
체가 목적이었다. 따라서 이 신자의 행동은 믿음의 행동이 아니다.
어떤 구체적 상황에서 신의 구체적 약속이 주어지지 않은 작위적 퍼
포먼스일 뿐이다. 자신의 상황과 전혀 다른 상황에서 주어진 신의
약속이 자신에게도 이뤄지는지를 확인하려는, 광야 시험장 마귀의
두 번째 유혹과 같은, 하나님 테스트다.

왜곡된 인용 사례

광야 시험장의 두 번째 시험 장면은 잘못된 성서 인용이 얼마든
지 있을 수 있으며 인간은 그러한 유혹에 빠질 수 있음을 경고한다.
지금부터는 성서 본문의 문맥과 배경을 무시한 해석과 인용의 구체
적 사례를 몇 가지 살펴보고 이러한 해석과 인용의 폐해에 대해 알
아보자.

---

24 오병이어 기적의 현장에서 제자들을 강제로 격리시킨 것은 기적에 도취된 군중들로 인해 발생
할지 모르는 메시아 추대 소동(요 6:15)에 휘말리지 않게 하기 위한 사전 조치로 해석된다
(Carson, *Matthew Chapter 13 Through 28*, 343; Nolland, *The Gospel of Matthew*, 598;
France, *The Gospel of Matthew*, 568; 해그너, 『WBC 성경주석: 마태복음 14-28』, 692).

수년 전 필자는 모 기독교 TV방송에서 국내 유명 신학대학 교수의 마가복음 강의를 시청할 기회가 있었다.[25] 귀신을 내어 쫓는 능력(막 9:14-29)을 설명하는 대목에서 그는 고린도전서 4장 20절("하나님의 나라는 말에 있지 아니하고 오직 능력에 있음이라")을 인용하여 악을 제압하는 하늘나라의 능력을 강조했다. 그 교수는 고린도전서 본문이 말하는 "능력"을 마가복음이 보도하는 귀신 쫓는 능력과 같은 유형의 것으로 이해한 것 같다. 그 후 이번엔 다른 기독교 TV방송에서 유사한 사례를 목격했다. 국내 유명 대형교회 장로로서 치유사역자로 활동하는 어느 교수[26]는 자신의 간증 프로에 출연해서 고린도전서 4장 20절을 인용하면서 자신의 축귀 사역, 치유 사역이 하늘나라의 도래 및 그 능력의 발현과 관련된 것이라고 말했다. 그 역시 고린도전서 본문의 "능력"을 복음서가 말하는 초자연적 이적으로 해석한 것이다. 한 사람은 신학대학 교수이자 유명 저술가이고 또 한 사람은 대학교수이자 대형교회 소속 유명 치유사역자다. 그렇다면 고린도전서 4장 20절에 대한 이들의 해석은 한국 교회의 일반적 해석이라고 봐도 틀리지 않을 것이다. 과연 이들의 본문 이해는 올바른 것인가?

고린도전서의 저작 배경과 본문의 문맥, 특히 "하나님의 능력"(고전 1:18, 24; 2:5)이 언급되고 있는 단락의 전후 문맥을 볼 때 4장 19-20절의 "능력"은 세상의 지혜, 세상의 강한 것, 세상의 있는 것과 반대되는 하나님의 능력, 하나님의 지혜, 하나님의 약한 것을 상징하는 "십자가의 도"(고전 1:18), '예수가 십자가에 못 박힘'(고전

---

25 다행히도(?) 그는 성서학 전공이 아니었다.
26 역시 다행히도(?) 그 교수는 신학이 아닌 일반 학문 전공자다.

1:22; 2:2)과 관련되고 있다. 세상의 미련한 것들을 택하여 지혜 있는 자들을 부끄럽게 하고 세상의 약한 것들을 택하여 강한 것들을 부끄럽게 하며 세상의 천한 것들과 멸시받는 것들과 없는 것들을 택하여 있는 것들을 폐하는 십자가의 도를 본문은 하나님의 능력이라고 말하고 있는 것이다(고전 1:24-31 참조). 따라서 앞에서 열거한 고린도전서 본문의 "능력"은 복음서가 말하는 하늘나라 도래(到來)의 표식으로서의 축귀, 병 고침을 의미한다고 볼 수 없다. '하나님의 능력'이라고 하면 으레 이적과 기사(奇事)를 연상하는 해석자의 선입견이 본문을 문맥과 관련 없는 엉뚱한 의미로 이해하게 했다.

능력에 관한 이야기 하나 더 해보자. 복음서에 나타난 하늘나라의 도래와 관련된 초자연적 능력을 설명할 때마다 고린도전서 4장 20절과 함께 단골로 인용되는 본문이 빌립보서 4장 13절이다: "내게 능력 주시는 자 안에서 내가 모든 것을 할 수 있느니라." 이 본문은 그리스도의 능력으로 모든 것을 할 수 있다는 사도 바울의 선언이다. 그런데 본문에서 바울이 말하는 "능력", '모든 것을 할 수 있다'는 과연 초자연적 치유와 기적을 의미하는 것일까? 본문의 앞(11-12절)에서 바울은 가난할 때나 부유할 때나 모욕을 당할 때나 풍요로울 때나 어떤 상황에 있든지 자족하는 방법을 터득했다고 고백한다. 본문(13절)은 이 고백의 요약이며 결론에 해당한다. 이러한 전후 문맥을 고려할 때 본문의 "모든 것을 할 수 있다"는 가난과 부유, 비천과 풍요로움이라는 상반된 상황에 능히 대처할 수 있다는 신앙적 결단이지 축귀, 병 고침 같은 초자연적 능력 행함을 가리킨다고 볼 수 없다. 따라서 이 경우 역시 빌립보서 본문의 정황과 배경을 무시한 잘못된 인용이다.

이번에는 매우 친숙한 구절을 하나 소개하겠다: "한 영혼이 천하보다 귀하다." 독자들은 이 구절이 성서 어디에 있는지 찾을 수 있겠는가? 교회 다니는 사람이라면 누구나 한 번쯤은 들어보았을 이 구절은 공교롭게도 신구약 성서 어디에도 등장하지 않는다. 영혼 구원의 시급함과 중요성을 강조하는 이 구절은 마태복음 16장 26절("사람이 만일 온 천하를 얻고도 제 목숨을 잃으면 무엇이 유익하리요 사람이 무엇을 주고 제 목숨을 바꾸겠느냐"//막 8:36; 눅 9:25)에서 파생된 것으로 보인다.[27] 그러면 마태복음 16장 26절은 본 구절의 의미를 담고 있을까?

결론부터 말하면, 본문 26절은 영혼 구원을 독려하는 내용으로 볼 수 없다. 본문의 전후 문맥을 보면, 24절에서 제자도("아무든지 나를 따라오려거든 자기를 부인하고 자기 십자가를 지고 나를 좇을 것이니라")가 선언된 후 25-26절에서는 제자도에 관한 보충 설명이 이어진다. 25절("누구든지 제 목숨을 구원코자 하면 잃을 것이요 누구든지 나를 위하여 제 목숨을 잃으면 찾으리라")은 제자도를 실천해야 하는 이유를, 26절은 자기 목숨의 가치가 천하보다 귀하다는 점을 설명한다. 즉, 25-26절은 자기를 부인하고 자기 십자가를 지고 예수를 따르는 제자도는 곧 예수를 위해 목숨 잃는 것을 의미하며 이러한 제자도를 실천하는 사람은 나중에는 천하보다 귀한 자신의 목숨을 얻게 될 것임을 천명한다. 이와 같이 제자도 실천을 배경으로 하는 마태복음 16장 26절은 믿지 않는 자의 영혼 구원을 강조하는

---

27 어떤 이들은 마태복음 10장 31절("두려워하지 말라 너희는 많은 참새보다 귀하니라")을 근거 구절로 인용한다. 하지만 이 본문은 일반 사람이 아닌 예수의 제자들을, 만물이 아닌 참새와 비교하여 더 소중하다고 진술하고 있다. 따라서 이 본문을 한 사람 한 사람을 천하 만물과 비교하는 "한 영혼이 천하보다 귀하다"의 근거 본문으로 보기 어렵다.

"한 영혼이 천하보다 귀하다"의 배경이나 근거가 될 수 없다. 기독교의 제자도를 영혼 구원의 측면에서 이해한 사람들이 24절의 제자도를 영혼 구원의 개념으로 잘못 해석하여 본문을 근거로 "한 영혼이 천하보다 귀하다"라는 구호(?)를 유추해낸 것으로 보인다.

위 사례 외에도 잘못된 성서 해석과 인용은 그 사례를 다 헤아리지 못할 정도로 교회 안에 만연되어 있다. 칼빈은 말했다. 성서가 말하는 데까지 말하고 침묵하는 데서 침묵하고, 성서가 가는 데까지 가고 멈추는 데서 멈추라고. 그러나 사람들은 성서가 침묵하는 것을 말하려 하고 성서가 멈추는 데에서 더 가려 한다. 이것은 예수를 향한 마귀의 두 번째 유혹과 정확히 맞닿아 있다. 아전인수 격 성서 해석과 인용은 예수를 넘어뜨리려는 광야 시험관 마귀의 수법이다. 하나님의 뜻을 거역하고 내 뜻을 관철시킴으로써 하나님을 대적하고 메시아의 사역을 방해하려는 마귀의 교묘한 전술이다. 그런데 안타깝게도 이러한 마귀의 전술이 교회 안에서 먹히고 있다. 사람들은 성서를 자기 식대로 인용하고 해석하여 다른 사람의 해석이 자신의 해석과 다르면 이를 비판하고 정죄하기를 일삼는다. 이러한 폐단은 이미 종교개혁 당시부터 시작됐다.

성만찬에 관한 성서의 기록(마 26:26)에 대한 해석의 차이를 놓고 벌어진 종교개혁자 루터와 쯔빙글리 간의 논쟁과 대립은 급기야 상대방을 우상숭배자 또는 비그리스도인으로 낙인찍는 극단의 상황으로 치닫고 말았다.[28] 중세 로마 가톨릭의 비성서적 교조주의와 교권주의에 항거하여 성서적 신앙 및 교회 회복의 사명을 함께 짊어져야 할 동지들이 서로를 향해 비난과 정죄의 활시위를 당기게 된 이유는

---

28 루터와 쯔빙글리의 성만찬 논쟁에 관한 자세한 논의는 본서 "제5장 두 번째 기도"를 보라.

무엇일까? 같은 하나님, 같은 예수 그리스도를 믿고 예배하는 교회와 그리스도인들이 성서 해석의 차이로 서로 등을 돌릴 뿐 아니라 상대의 등에 저주의 화살을 퍼붓게 된 이유는 무엇일까? 분열의 당사자들은 언제나 자신들의 해석이 옳다고 주장한다. 상대방의 해석은 성서를 모독하고 진리를 훼손하는 사탄의 궤계라고 그들은 확신한다. 그리고 이 같은 확신은 형제를 향한 저주의 화살을 사탄의 견고한 진을 쳐부수는 성시(聖矢)라고 믿게 했다. 성서에 대한, 정확히 말하면 자기들의 성서 해석에 대한 과도한 확신으로 인해 오늘날에도 그리스도의 교회 안에서는 무수한 비난과 정죄의 화살들이 시위를 벗어나 형제를 향해 쏟아지고 있다. 이와 같이 잘못된 성서 해석과 인용은 교회 갈등 및 분열의 역사와 궤를 같이한다.

종교개혁 이후 교회는 마귀의 두 번째 유혹에서 벗어나지 못하고 있다. 지난 오백 년 동안 교회 안에는 잘못된 성서 해석과 인용으로 인해 무수한 정죄와 비난들이 난무했다. 내 해석과 다른 해석을 존중하지 않고 도리어 배척하며, 성서 본문의 배경과 문맥을 무시한 인용을 남발하여 진리를 짓밟아버렸다. 이런 현상은 교회가 마귀의 유혹에 빠져 마귀가 했던 수법을 답습하는 참담한 현실을 보여준다. 주기도문 여섯 번째 기도는 예수를 시험했던 마귀의 유혹이 그리스도인과 교회에도 다가올 수 있다는 점을 경고하면서 동시에 그 유혹에 빠져 악을 행하는 일이 없기를 다짐한다.

지금까지의 분석 결과에 따르면 주기도문 여섯 번째 기도의 전반부는, 천부께서 예수를 광야로 내보내어 시험을 거치게 한 것처럼 신자를 시험으로 인도하지 말아달라는 소극적 청원이 아니다. 오히려 이 기도는, 예수께서 광야 시험을 통과한 후 메시아로서의 공생애가 시작된 것처럼, 예수를 따르는 그리스도인들에게도 그와 유사한 시험이 다가온다는 점을 역설적으로 강조하고 있다. 시험이 올 때, 그 시험이 간교한 유혹이라면 그 유혹을 잘 분별하여 이에 빠지지 않기를 기도하라는 것이다. 예수께서 마귀의 유혹을 '기록된 말씀'으로 물리쳤듯이, 그리스도인들을 향한 마귀의 유혹을 신의 말씀으로 극복하는 적극적 자세를 여섯 번째 기도의 전반부는 촉구한다.

세 번째 시험

천부의 아들임을 부추겨 천부의 뜻을 대적하게 하려 했던 두 차례의 '네가 만일' 유혹은 모두 실패로 돌아갔다. 성서 구절을 인용한 "기록되었으되"(it is written) 전술도 먹히지 않자 이번에는 느닷없이 뇌물 공세다.

> 마귀가 또 그를 데리고 지극히 높은 산으로 가서 천하만국과 그 영광을 보여 가로되 만일 내게 엎드려 경배하면 이 모든 것을 네게 주리라. (마 4:8-9)

지극히 높은 산에 예수를 올려놓고 천하만국과 그것의 영광을 보여준 후 마귀는 자기에게 절하면 그것들을 다 주겠다고 예수에게 제안한다. 그런데 이번 제안은 앞의 두 제안들에 비해 왠지 허술해 보인다. 마귀 자신에게 경배하라니……, 이건 너무 노골적이지 않은가? 이전 두 차례 유혹들이 그럴듯한 논리와 거부하기 어려운 합리성을 띤 반면, 세 번째 유혹은 누구라도 거부할 것이 뻔하다. 한마디로 너무 쉬운 문제가 출제된 것이다. 예수의 대답을 보자.

이에 예수께서 말씀하시되 사단아 물러가라 기록되었으되 주 너의
하나님께 경배하고 다만 그를 섬기라 하였느니라. (10절)

아주 당연한 반박이다. 십계명에 충실한 답변이기도 하다. 정상적
인 신앙인이라면 누구라도 이런 반박으로 마귀의 유혹을 물리쳤을
것이다. 그런데 여기서 한 가지 음미할 대목이 있다. 인용된 말씀으
로 마귀의 유혹을 물리쳤던 이전과 달리, 이번에는 "사단아 물러가
라"는 예수 자신의 반론이 추가된다.[29] 그런데 이 반론에 정작 중요
한 내용이 빠졌다. 너무 뻔해 보이는 마귀의 세 번째 제안에 대한 예
수의 반론을 유심히 살펴보면, 천하만국과 그 영광에 대한 마귀의
권리 주장을 반박하는 내용이 없다.[30] 천하만국과 그것의 영광을 다
주겠다는 마귀의 유혹에 대해 '어찌하여 천하만국과 그 영광이 네
것이라고 말하느냐? 천하만국과 그 영광은 하나님 아버지의 것이니
라'고 반박해야 하지 않았을까? 그런데 예수의 대답은 오로지 마귀
에 대한 경배 거부 및 천부에 대한 경배 옹호에 관한 것뿐이며 천하
만국과 그 영광에 대한 마귀의 권한에 관한 언급은 아예 없다. 무슨
뜻인가? 상대방의 엉뚱한 주장을 반박하지 않는 것은 곧 동의 내지
는 시인을 의미하는 것 아닌가?

천하만국에 대한 마귀의 권리 주장에 대해 당연히 있어야 할 예수
의 반박이 없다는 사실은 시사하는 바가 크다. 이에 관련해서 놀란

---

29 "사단아 물러가라"는 구약성서 인용이 아니라 예수 자신의 말이다. 그 뒷부분은 신명기 6:13
("네 하나님 여호와를 경외하며 섬기며 그 이름으로 맹세할 것이니라")의 인용으로 보인다. 예
수가 광야 시험 중 처음 사용한 "사단"(satan)이란 명칭은 '대적자'란 의미로서 마귀의 다른 명
칭이다.

30 천하만국과 그것의 영광을 주겠다는 마귀의 제안은 그것들에 대한 소유권 내지는 소유권에 버
금가는 관리권이 마귀에게 있음을 강력하게 시사한다(France, *The Gospel of Matthew*, 135 참
조). 누가복음에 기록된 마귀의 보다 노골적인 소유권 주장("이것은 내게 넘겨준 것이므로 나
의 원하는 자에게 주노라"[4:6])에 대해서도 예수의 반박은 나타나지 않는다.

드는 세상 나라에 대한 마귀의 권한과 하늘나라에 대한 천부의 권한을 본문이 구분하고 있다고 말한다. 세상 나라는 마귀로부터 주어지는 마귀의 선물이고 하늘나라는 천부로부터 주어지는 천부의 선물이라는 점을 암시함으로써 본문은 세상 권세에 대한 마귀의 권한을 인정하고 있음을 밝혔다고 그는 설명했다.[31] 세상 나라와 하늘나라를 날카롭게 구분하여 양자에 대한 소유권을 분리하는 이분법적 논리를 담고 있다는 측면에서 놀란드의 견해는 전적으로 동의하기 어렵다. 세상 나라와 세상 영광에 대한 마귀의 권한은 우주 만물을 다스리시는 천부의 주권의 범위를 벗어날 수 없기 때문이다.

그럼에도 불구하고 우리는 본문에서 세상 나라에 대한 마귀의 권한 주장이 반박되지 않고 있다는 점에 주목해야 한다. 앞에서 살펴보았듯이, 예수의 광야 시험은 천부의 주권적 예비하심 가운데 성령과 마귀의 협력으로 이뤄지고 있다. 성령께서 예수를 광야 시험장으로 인도하여 시험관인 마귀에게 인계했다. 수험생 예수를 인계받은 마귀는 준비한 세 차례의 시험 문제를 통해 예수를 유혹에 빠지게 하려 한다. 예수의 광야 시험 자체에 이미 마귀의 합법적 권한이 보장되고 있다. 신의 아들을 직접 시험할 수 있는 마귀의 권한은 실로 놀라운 권한이 아닌가? 마귀의 천하만국 권한 주장에 대한 예수의 침묵은 세상에 대한 마귀의 일정한 권한이 신의 주권 아래 허용되고 있음을 시사하는 대목이다.

마태복음 6장 24절은 하나님과 재물(맘몬)을 "두 주인"이라고 지칭한다. 인간은 두 주인, 곧 하나님과 재물 중 한쪽을 섬긴다는 본문의 진술은 재물은, 하나님과 같이, 사람의 섬김을 받는 존재임을 시

---

31 Nolland, *The Gospel of Matthew*, 167-168.

사한다. 인간을 종으로 삼는 재물의 신적 권세의 배후에는 마귀가
있다. 마귀는 재물에 대한 인간의 탐심을 이용하여 인간을 장악한다.
마귀는 하나님의 아들에게조차 세상의 부귀영화를 제시하며 자신에
게 경배할 것을 요구했다. 예수에게 주인 노릇하겠다는 뜻이다. 그
런데 예수는 마귀의 경배 요구를 거절하면서도 세상 권력과 영광에
대한 마귀의 권한은 부정하지 않았다. 그리고는 마귀를 사단이라 부
르고 그를 물리친다. 이 장면은 마귀가 세상 권력과 영광을 미끼로
인간들에게 복종을 요구하는 권한이 있음을 인정하는 것이며 동시
에 그와 같은 마귀의 행태는 곧 하나님을 대적하는 것임을 밝힌다.

두 본문, 곧 마귀의 세 번째 유혹과 '두 주인 이야기'는 그리스도
인들에게 선명한 교훈을 보낸다. 마귀는 세상의 부귀영화와 재물을
이용하여 그리스도인에게 접근할 것이다. 그리고는 인간의 탐심을
자극하여 그리스도인을 자기의 종 삼으려 할 것이다. 예수까지도 종
삼으려 한 마귀다. 굶주려 우는 사자와 같이 당장이라도 삼킬 먹이
를 찾아다니는 존재가 바로 마귀다(벧전 5:8). 세상 권력과 재물을
앞세워 사람들의 마음을 장악하고 자신의 노예로 삼아 하나님을 대
적하게 하는 마귀의 사단적(satanic) 술수에 속지 말 것을 두 본문이
경고한다.[32] 천하만국과 그 영광을 제시하며 예수에게 다가온 마귀
의 유혹은 그리스도인에게는 강력한 위협이 아닐 수 없다. 하나님의
아들마저 실족시키려 한 마귀에게 인간을 미혹하는 것쯤이야 얼마
나 쉽겠는가?

그래서 그럴까? '구유에 누인 메시아를 믿는 교회가 부를 축적하

---

[32] 재물로 인해 마귀의 종이 되어 하나님을 대적한 결말의 참담함에 관해서는 "제6장 세 번째 기
도"를 보라.

고 있다'는 어느 학자의 일침은 아프다. 현대 교회는 마귀의 세 번째 유혹에 잘 대처하고 있을까? 그리스도인들은 세상의 물질적 가치관에 함몰되어 있지 않은가? 교회당의 크기와 교인의 숫자를 과시하고 자랑하는 경향, 대형교회 또는 소위 '스타 목사' 교회의 교인이라는 허세를 부리며 작은 교회, 무명 목사를 경시하는 경향 등등, 만일 이러한 경향들이 교회 안에 실재한다면 교회는 마귀의 세 번째 유혹에서 자유롭다 할 수 없을 것이다.

유혹에 걸린 라오디게아 교회

요한계시록 3장에 등장하는 라오디게아 교회는 부족한 것이 없는 교회로서 자신들의 부와 풍요에 대한 자부심이 대단했다.

나는 부자라 부요하여 부족한 것이 없다. (계 3:17上)

그들은 자신들의 부유를 세 차례('부자', '부요하다', '부족한 게 없다') 강조했다. 하지만 라오디게아 교회에 대한 예수 그리스도의 평가는 그와 달랐다.

네 곤고한 것과 가련한 것과 가난한 것과 눈먼 것과 벌거벗은 것을 알지 못하도다. (17절下)

예수는 라오디게아 교회에 대해 5중 진단을 내린다. 그들은 '곤고하고', '가련하고', '가난하며', '눈이 멀었고', 또 '벌거벗었다.' 라오디게아 교회의 3중 자화자찬을 무색하게 하는 예수의 5중 진단은 교회의 실상을 여실히 폭로한다. 한마디로 라오디게아 교회는 참담

하기 이를 데 없는 상태다. 성한 곳이 없다. 총체적 난국이다. 그런데 정작 문제는 다른 데 있었다. 라오디게아 교회의 진짜 문제는 교회의 참담한 실상 그 자체라기보다는 자신들의 참담한 상황을 그들이 모르고 있다는 점이다. 병에 걸린 것보다 걸린 사실을 모르는 것이 더 큰 문제가 될 수 있고, 운동 경기에서의 패배보다 패배의 원인을 간과하는 것이 더 심각한 상황을 초래할 수 있다. 자신이 곤고하고 가련하고 가난하다는 것을 모르고 있을 뿐 아니라 앞을 못 보고 벌거벗었음에도 이를 인식하지 못하는 것, 이것이 라오디게아 교회의 진짜 문제다. 자신들의 비참한 상태를 알지 못한 채 헛된 자부심에 도취된 라오디게아 교회는 예수의 목소리를 알아듣지 못하고 그를 문밖에 세워두고 있다(계 3:20). 무엇이 라오디게아 교회를 이 지경으로 만들었을까? 무엇이 이 교회를 보지도 못하고 듣지도 못하고 자신의 불쌍한 처지를 인식조차 못하는 불구 신앙으로 전락하게 한 것일까?

라오디게아 교회를 향한 책망에서 그 단서를 찾을 수 있다. 라오디게아 교회는 뜨겁지도 차갑지도 않은 신앙으로 인해 책망을 받았다. 그런데도 교회는 자신들의 부요함에 도취된 채 공허한 자부심만 남발하고 있다. 그들이 자랑하는 부요함은 무엇일까? 예수의 눈에는 가련하고 비참한 처지에 놓여 있는 그들이건만 도대체 그들은 무엇이 부요하고 부족함이 없다는 것일까?

주전 250년경 고대 시리아 셀류쿠스(Seleucus) 왕조의 안티오쿠스 2세(Antiochus II)에 의해 건설된 라오디게아 도시는 소아시아 브루기아(Phrygia) 지역의 실질적 수도로서(행 16:6; 18:23) 아시아에서 에게 해를 거쳐 로마로 이어지는 교역로가 관통하는 상업과 무역의 중심도시였다. 대표적 교역 물품으로는 직물과 의료품, 황금이 있으며 교역의 중심지인 만큼 은행을 비롯한 다양한 금융업이 발달했다. 리쿠스강 유역의 지진대에 위치한 이유로 지진 피해가 잦았던 라오디게아는 기원후 60년 발생한 대지진으로 교회를 비롯한 도시의 건물들이 거의 전파(全破)되는 위기를 맞았지만 로마 정부의 원조 없이 자력으로 도시를 재건할 정도의 부유한 도시였다고 전해진다.

그런데 부자 도시 라오디게아에게도 부족한 것이 있었으니 바로 물이었다. 라오디게아 시민들은 8km가량 떨어진 히에라볼리 온천 지역에서 긴 수로(水路)를 통해 생활용수를 공급받았고 식수는 주로 16km 거리의 골로새 지역에서 운송해 왔다. 하지만 히에라볼리의 뜨거운 온천수는 운반 도중 미지근하게 되어 다시 데우지 않으면 목욕물로 사용할 수 없었고, 골로새 지역의 차가운 샘물 역시 긴 운송 시간 탓에 미지근한 상태로 도착했다. 뜨거운 온천수도, 시원한 샘물도 라오디게아에 도착하면 모두 미지근해졌고 결국 라오디게아 도시의 미지근한 물은 여름에 마시기에도, 겨울에 목욕하기에도 적합하지 않았다.

부유한 경제력을 자랑했지만 시원한 식수나 뜨거운 용수가 아닌 미지근한 물만 이용해야 했던 라오디게아 도시의 상황은 라오디게아 교회의 영적 상태로 이어졌다. 커다란 교회당과 풍부한 재력을 가진 라오디게아 교회는 식수와 목욕물로 부적합한 물처럼 서서히 미지근해졌고 결국 예수 그리스도의 교회로 부적합했기에 토해버릴 대상이 되고 말았다(계 3:16). 소유와 재물을 과신한 라오디게아 교회는 영적 소경이 되어 나신(裸身)으로 활개 치고 있었다. 그들은 자신들의 벌거벗음을 보지도 못하고 깨닫지도 못하는 영적 교만에 빠져 있었던 것이다.

라오디게아 교회는 소위 '가진 자 교회', '기득권 교회'다. 2,000년 교회사를 돌이켜보면, 교회가 정착과 안정, 성장의 길로 들어서면서 순수하고 뜨거운 신앙 열정은 점차 식어갔다. 십자가 복음을 위해 목숨까지 내놓았던 신앙의 순수성은 교회 안에 권력과 부가 쌓이면서 차츰 변질되기 시작한다. 기원후 313년 콘스탄티누스 황제의 기독교 공인, 392년 테오도시우스 황제의 기독교 국교화 선언 이후 세속 권력과 결탁한 교회는 정치와 종교를 거머쥔 거대한 헤게모니 왕국으로 전락해 갔다. 박해가 사라진 후 로마 황제가 마련해준 안전지대에서 교회가 세속 권력의 보호를 받게 되면서 예수는 교회 밖으로 내몰리고 만다. 문밖으로 쫓겨난 예수는 교회의 문을 두드리지만 이미 귀가 멀어버린 교회에게는 들리지 않는다(계 3:20). 세속의 부와 권력에 도취된 교회는 더 이상 예수의 음성을 듣지 못한다. 마귀가 미끼로 던진 부와 권력을 영위하고 있다는 것은 곧 마귀에게 경배했음을, 즉 마귀의 종이 되었음을 의미하기 때문이다.

자신들이 예수를 교회 밖으로 내몰았다는 사실을 모른 채 부와 권력의 철옹성에서 자족의 미소를 짓고 있는 라오디게아 교회의 모습은 종교개혁 500주년, 선교 130여 년의 역사를 자랑하는 개신교와 한국 교회에 커다란 시사점을 던져준다. 세계 개신교와 한국 교회는 '가진 자 교회'로서 자신들의 규모와 세력에 도취되어 있지는 않는가? '기득권 교회'가 되어버린 개신교와 한국 교회에, 중세 가톨릭교회의 비성서적 교권주의에 대한 저항을 모토로 한 프로테스탄트 정신이 남아 있는가?

돈과 힘의 우월함에 안주해 있는 라오디게아 교회는 마귀의 유혹의 덫에 걸려들었다. 라오디게아 교회의 주인은 더 이상 하나님이 아니었다. 마귀의 노예가 된 라오디게아 교회에게 예수의 음성은 들리지 않는다. 재물을 앞세워 접근한 마귀는 교회의 눈과 귀를 막아버렸고 교회는 더 이상 예수를 보지 못하고 그의 목소리를 듣지 못하게 되었다. 그럼에도 교회는 여전히 부와 권력의 풍요 속에 건재(?)하다. 부자 교인들이 바친 헌금과 헌물로 교세는 날로 확장되어 갔지만 라오디게아 교회는 그들이 싫어하던 수로의 미지근한 물처럼 쓸모없는 존재로 전락하고 말았다. 예수를 문밖으로 내몰고, 문을 두드리며 애타게 부르는 그를 문밖에 세워두고서도 이 사실을 알지 못한 채 재물과 권력의 단맛에 빠져버린 라오디게아 교회의 영적 참상은 현대 교회에 주기도문의 여섯 번째 기도가 왜 필요한가를 똑똑히 보여준다.

세상 부귀영화와 재물에 대한 권한뿐 아니라 하나님의 아들조차 유혹할 수 있는 권한까지 부여받은 마귀에게 그리스도인과 교회는 '밥'이 아니겠는가? 하나님은 건강한 신자 육성을 위한 시험(test)을 관장하고, 마귀는 하나님이 임명한 공식 시험관으로서 신자들을 유혹(tempt)한다. 이와 같은 결론은 두 번째 논쟁점, 즉 여섯 번째 기도의 전반부(μὴ εἰσενέγκῃς ἡμᾶς εἰς πειρασμόν)가 '우리를 시험에 들지 않게 하옵시고'(Lead us not into 페이라스모스, 이하 '1번')인지, 아니면 '우리를 시험에 들게 하지 마옵시고'(Do not lead us into 페이라스모스, 이하 '2번')인지를 판단하는 문제와 관련되고 있다.

지금까지 살펴본 바에 따르면, 하나님은 사람을 시험(test)하지만 유혹(tempt)하지는 않는다. 유혹은 공식 권한을 부여받은 마귀의 역할이다. 따라서 여섯 번째 기도의 전반부를 2번으로 번역한다면 이

기도는 마귀의 유혹(temptation)은 물론 하나님의 시험(test)까지도 거부한다는 의미가 된다. 그 어떤 시험도 받지 않게 해달라는 청원이 되는 것이다. 그렇다면 이것은 신자의 훈육을 위한 하나님의 정당한 시험 자체를 거부하는 기도가 된다. 다시 말해서, '우리가 시험에 들게 하지 마옵시고'는 그리스도인이 일체의 시험을 겪지 않도록 모든 시험을 막아달라는 요청이다. 이 경우 하나님은 그리스도인의 시험을 면제하는 분이 된다.

반면에 1번('우리를 시험에 들지 않게 하옵시고')의 경우 여기서 "시험"(페이라스모스)은 '시험'(test)이 아니라 '유혹'(temptation)으로서, 하나님이 관장하는 시험은 거치지만 시험관 마귀의 유혹에는 걸려들지 않을 것을 결단하고 또 걸려들지 않도록 도움을 요청하는 것이다. 이 경우 하나님은 시험을 주관하면서 동시에 그리스도인이 그 시험을 통과하도록, 즉 마귀의 유혹에 빠지지 않도록 도우신다. 하나님이 주관하는 시험(test)은 그의 자녀들에 대한 하나님의 뜻이므로 기꺼이 받아들이지만 시험관인 마귀의 유혹에는 빠지지 않겠다는 것이 여섯 번째 기도 전반부의 의미인 것이다. 2번의 경우 하나님은 시험과 무관하고 나아가 모든 시험을 막아주는 분이어야 한다. 신자에 대한 시험은 하나님의 뜻이 아니며 하나님과 반대가 된다. 하지만 1번에 있어서 하나님은, 예수의 광야 시험 때와 같이 그리고 욥의 경우와 같이, 시험의 총 디렉터가 되면서 동시에 수험생들이 마귀의 유혹에 걸려들지 않도록 돕는 분이다. 여섯 번째 기도의 후반부가 악(또는 악한 자)으로부터의 구원을 청원하는 내용임을 감안할 때 1번의 번역이 타당하다는 점이 더욱 명확해진다.

후반부: "우리를 악에서 구하소서"

(ἀλλὰ ῥῦσαι ἡμᾶς ἀπὸ τοῦ πονηροῦ)

앞에서 살펴본 바와 같이, 마태복음에서 '포네로스'(πονηρός)는 '악' 또는 '악한 자'를 의미한다. 여섯 번째 기도에서 '페이라스모스'와 '포네로스'가 나란히 언급됨으로써 양자의 관련성을 암시한다. 예수의 광야 시험과 욥의 시험 등에서 나타난 것처럼, 하나님은 신앙 단련을 목적으로 하는 시험(test) 프로젝트를 총괄 지휘한다. 특히 광야 시험 프로젝트에서 마귀는 시험관으로서 수험생에게 문제를 출제한다. 프로젝트의 전반적 성격은 시험이지만 마귀의 출제를 유혹으로 보는 이유는 첫째, 그것이 하나님의 뜻을 거역하게 하려는 목적이기 때문이고 둘째로, 그것이 하나님의 뜻과 잘 구별되지 않기 때문이다. 하나님의 뜻과 매우 유사한 마귀의 제안을 받아들이는 순간 하나님의 뜻을 거역하는 결과로 이어진다.

악 제거? 악 차단?

주기도문 여섯 번째 기도는 전반부에서 마귀의 유혹에 대한 세심한 경계를 다짐한 후 후반부에서 '악(또는 악한 자, 이하 두 용어를 병용하겠음)으로부터의 구원'을 요청한다. 악으로부터의 구원……, 무슨 뜻인가? 악 또는 악한 자를 제거 또는 심판해달라는 말인가? 아니면 그들의 도전과 위협을 차단해달라는 말인가? 마태복음에 등장하는 악 또는 악한 자의 용례 분석을 통해 여섯 번째 기도 후반부의 의미에 좀 더 접근해보자.

마태복음 5장의 여섯 개 반제 중 네 번째와 다섯 번째 반제에 '포네로스'가 등장한다.

> 오직 너희 말은 옳다 옳다, 아니라 아니라 하라 이에서 지나는 것
> 은 악(포네로스)으로 좇아 나느니라. (마 5:37)
>
> 또 눈은 눈으로, 이는 이로 갚으라 하였다는 것을 너희가 들었으나
> 나는 너희에게 이르노니 '악한 자'(포네로스)를 대적지 말라 누구
> 든지 네 오른편 뺨을 치거든 왼편도 돌려 대며. (38-39절)

위 두 구절에서 '포네로스'는 '악' 또는 '악한 자' 모두를 의미할
수 있지만 37절에서는 '악'이라는 중성 명사로, 39절에서는 '악한
자'라는 남성 명사로 번역하는 것이 문맥에 맞다. 37절의 '악'은 맹
세를 남용하는 사람의 내면에 있는 악을 가리키고, 39절의 '악한 자'
는 자신을 괴롭히는 외부의 사람을 지칭한다. 만일 여섯 번째 기도
후반부가 악 또는 악한 자의 제거나 심판 또는 차단을 청원하는 것
이라면 이 청원은 위 두 개 본문과 맞지 않는다. 37절은 인간 내면
에 있는 '악의 존재'[33]를 인정하고(참조, 마 12:35) 맹세 남용이라
는 잘못된 습성 내지는 행동이 그 악에서 비롯된 것임을 경계하고
있기 때문이다. 또 39절은 자신을 괴롭히는 악한 자에 대한 저주나
보복을 요청하는 것이 아니라 도리어 그의 괴롭힘을 받아들이라고
말한다. 악한 자가 내 오른편 뺨을 때리면 같이 때릴 것이 아니라
왼편 뺨을 돌려대고, 악한 자가 나를 고소하여 속옷을 요구하면 그
것을 빼앗기지 않기 위한 법정 투쟁을 진행할 것이 아니라 순순히
속옷은 물론 겉옷까지 주라고 권면한다(39-40절). 본문 어디에서도

---

[33] 중성 명사로서의 '포네로스'는 성서에 등장하는 귀신, 미혹의 영, 마귀, 사탄 등과 같은 인격적
존재를 지칭한다기보다는 인간의 악한 죄성을 의미하는 것으로 보아야 할 것이다.

악 또는 악한 자에 대한 징벌을 요청하거나 그 위협과 도전의 원천 차단을 간청하는 내용은 찾아볼 수 없다.

주기도문 여섯 번째 기도의 후반부를 '포네로스의 제거(또는 심판, 차단) 청원'으로 해석하기 어려운 이유는 마태복음서의 다른 본문들에서 더 찾아볼 수 있다. '가라지 비유'(13:24-31) 및 그 해설(13:36-43)을 보면, 밭에 좋은 씨를 파종한 주인은 자신의 원수가 덧뿌린 가라지가 왕성하게 생장하고 있는데도 가라지를 제거하겠다는 종들을 제지한다(29절). 그리고는 종들이 가라지를 뽑다가 알곡까지 '함께'(ἅμα=together, at the same time) '뽑을'(ἐκριζόω=uproot) 것이 염려된다고 경고한다.34 그뿐 아니라 추수 때까지 알곡과 가라지가 함께 생장해야 할 것을 강조한다(30절). 비유의 해설은 원수를 악한 자(마귀)로, 가라지를 악한 자의 아들들로 각각 설명한다(38-39절). 그렇다면 가라지 비유에서 악한 자 및 그의 아들들은 제거 대상이 아니다. 오히려 가라지, 곧 악한 자의 아들들은 심판 때까지 알곡, 곧 천국의 아들들과 '함께 자라나는'35 존재들이다. 만약 여섯 번째 기도 후반부 청원이 악의 제거를 의미한다면 비유에서 이 청원은 가라지 제거를 저지하는 주인의 뜻과 충돌한다.36 이것은 비유의 주제가 아니며 비

---

34 29절의 부사 '하마'(ἅμα)는 가라지를 뽑을 때 알곡도 같이 '뽑을' 가능성을, 동사 '엑크리조'(ἐκριζόω)는 가라지와 함께 알곡을 '뿌리째' 뽑을 위험성을 각각 시사한다. 가라지를 뽑는 동작을 동사 '쉴레고'(συλλέγω=collect, pick)로 표현한 것(마 13:28, 29)과 비교할 때 알곡과 관련된 동사 '엑크리조'의 용례는 '알곡의 뿌리째 뽑힘'을 강조하고 있다.

35 마 13:30의 '함께 자라다'는 그리스어 동사 '쉬나워싸노'(συναυξάνω)의 수동형으로서 '함께 생장되어지다'라는 의미다. 이러한 수동형 동사의 용례는 알곡과 가라지의 동반 생장이 외부적 작용의 영향을 받고 있음을 암시한다.

36 "우리를 악으로부터 구하소서"를 교회를 위협하는 사이비, 이단의 제거 또는 그들의 발흥 차단으로 보는 해석은 종들의 가라지 제거 제의를 거절하는 주인의 행동과 충돌한다. 이 해석을 따를 경우 주인은 알곡을 보호할 의무를 저버린 직무 유기자가 된다. 그리고 비유에서 밭 주인이 천국의 주인인 하나님을 상징한다고 볼 때 이는 곧 하나님이 이단, 사이비의 발흥을 방치함으로써 교회 보호의 책무를 다하지 않았다는 이상한 결론에 이르게 된다.

유를 말씀한 예수의 의도도 아니다. 가라지 비유의 밭 주인 캐릭터를 통해 나타난 천국의 주인이신 하나님의 뜻은 가라지와 알곡이 함께 자라는 것이지 가라지 제거가 아니기 때문이다.

가라지 비유는 알곡과 가라지의 공존을 명시한다. 알곡과 가라지가 같이 있으면 알곡이 피해를 입을 것이 예상되는데도 비유는 가라지 제거를 반대하고 더 나아가 양자의 공존을 고수한다. 여기서 알곡을 선으로, 가라지를 악으로 본다면 비유에 나타난 하나님의 뜻은 '선악의 공존'이다. 악의 존재로 선이 고통받게 될 것이 뻔한데도 하나님은 악을 제거하려는 시도를 반대하고 양자의 공존을 지시한다. 그래서일까? 시편 119편에 등장하는 핍박받는 의인들의 탄식에는 원수를 제거해달라는 탄원은 보이지 않는다.

시편 기자의 파토스

66권 신구약 성서의 1,189개 장 가운데 가장 많은 176개 절로 구성된 시편 119편은 그 방대한 분량뿐 아니라 176개 절이 '의인의 핍박과 여호와의 법'이라는 하나의 주제로 관통되고 있다는 점에서 주목된다. 시편 기자는 누구보다 여호와의 법을 사랑하는 사람이다. 176개 모든 구절에서 그는 여호와의 법을 1차례 이상 언급한다. 그리고 176개 모든 구절에서 그는 여호와의 법을 지키고 순종하고 사랑한다는 고백과 결단을 반복해서 표현한다.

내가 주의 율례를 지키오리니. (8절)
내가 주의 증거를 지켰사오니. (22절)
여호와여 주의 율례의 도를 내게 가르치소서 내가 끝까지 지키리

이다. (33절)

내가 주의 법도를 사모하였사오니. (40절)

내가 주의 율법을 항상 영영히 끝없이 지키리이다. (44절)

나의 사랑하는바 주의 계명을 스스로 즐거워하며. (47절)

주의 입의 법이 내게는 천천 금은보다 승하니이다. (72절)

주의 법이 나의 즐거움이 되지 아니하였더면. (92절)

내가 주의 법을 어찌 그리 사랑하는지요. (97절)

주의 말씀의 맛이 내게 어찌 그리 단지요 내 입에 꿀보다 더하니이다. (103절)

내가 주의 계명을 금 곧 정금보다 더 사랑하나이다. (127절)

주의 의로운 규례를 인하여 내가 하루 일곱 번씩 주를 찬양하나이다. (164절)

그런데 이토록 여호와의 법을 사랑하는 시편 기자가 처한 상황은 그리 녹록하지 않다.

교만한 자가 나를 심히 조롱하였어도. (51절)

악인의 줄이 내게 두루 얽혔을지라도. (61절)

고난당하기 전에는 내가 그릇 행하였더니. (67절)

교만한 자가 거짓을 지어 나를 치려하였사오나. (69절)

교만한 자가 무고히 나를 엎드러뜨렸으니. (78절)

내가 연기 중의 가죽병 같이 되었으나. (83절)

나를 핍박하는 자를 주께서 언제나 국문하시리이까? (84절)

주의 법을 좇지 아니하는 교만한 자가 나를 해하려고 웅덩이를 팠나이다. (85절)

저희가 무고히 나를 핍박하오니 나를 도우소서. (86절)

저희가 나를 세상에서 거의 멸하였으나. (87절)

주의 법이 나의 즐거움이 되지 아니하였더면 내가 내 고난 중에 멸망하였으리이다. (92절)

악인이 나를 멸하려고 엿보오나. (95절)

주의 계명이 항상 나와 함께하므로 그것이 나로 원수보다 지혜롭게 하나이다. (98절)

나의 고난이 막심하오니. (107절)

나의 생명이 항상 위경에 있사오나. (109절)

악인이 나를 해하려고 올무를 놓았사오나. (110절)

너희 행악자여 나를 떠날지어다. (115절)

주께서 세상의 모든 악인을 찌끼 같이 버리시니. (119절)

교만한 자가 나를 압박하지 못하게 하소서. (122절)

아무 죄악이 나를 주장하지 못하게 하소서. (133절)

사람의 압박에서 나를 구속하소서. (134절)

내 대적이 주의 말씀을 잊어버렸으므로. (139절)

악을 좇는 자가 가까이 왔사오니. (150절)

나를 핍박하는 자와 나의 대적이 많으나. (157절)

방백들이 무고히 나를 핍박하오나. (161절)

잃은 양같이 내가 유리하오니. (176절)

마지막 176절에서 시편 기자는 자신이 잃은 양과 같이 유리(遊離)하고 있다고 말한다. 여기서 "잃은 양"이란 표현은 전후 문맥을 볼 때 믿음이 희미해졌거나 믿음을 잃어버린 정황을 의미한다고 볼 수 없다. 여호와의 법에 대한 시편 기자의 사모함과 열정이 본문 176개절 전체에 걸쳐 강조되고 있기 때문이다. "잃은 양"은 주인 또는 집이 없는 양과 같이 유기된 상황의 메타포다. 아무도 나를 도와주지 않고 모두가 나의 대적이 된 상황, 세상 모든 것으로부터 버림받은 것 같은 절해고도(絶海孤島)의 처지를 묘사한 말이다. 불 가까이에 놓여 검게 그을리고 오그라들어 쓸모없게 된 가죽병 같은 신세(83절)가 지금 시편 기자가 처한 상황이다.

그런데 놀라운 사실이 한 가지 있다. 하나님의 말씀의 맛이 꿀보다 더 달다는 시편 기자의 고백(103절)은 이 절대고독의 현장에서 싹텄다는 점이다. 하나님의 계명을 정금보다 더 사랑한다는 고백(127절) 역시 절해고도의 상황에서 체득되었다는 점이 "잃은 양" 메타포가 전해주는 역설적 영성이다. 시편 119편에 기록된 장구한 절규들은 단순한 신세한탄이 아니다. 자신을 괴롭히고 헐뜯는 원수들을 향한 저주도, 그들을 속히 없애달라는 요청도 119편의 주제는 될 수 없다. 절대고독, 절해고도의 상황에서도 여호와의 법을 향한 변함없는 애정 고백, 이것이 시편 119편의 요체다. 다음의 구절들이 시편 기자의 고난과 신앙의 역전을 잘 보여준다.

> 교만한 자가 나를 심히 조롱하였어도 나는 주의 법을 떠나지 아니하였나이다. (51절)
>
> 악인의 줄이 내게 두루 얽혔을지라도 나는 주의 법을 잊지 아니하였나이다. (61절)
>
> 교만한 자가 거짓을 지어 나를 치려하였사오나 나는 전심으로 주의 법도를 지키리이다. (69절)
>
> 내가 연기 중의 가죽병 같이 되었으나 오히려 주의 율례를 잊지

아니하나이다. (83절)

저희가 나를 세상에서 거의 멸하였으나 나는 주의 법도를 버리지
아니하였사오니. (87절)

악인이 나를 멸하려고 엿보오나 나는 주의 증거를 생각하겠나이다.
(95절)

나의 생명이 항상 위경에 있사오나 주의 법은 잊지 아니하나이다.
(109절)

악인이 나를 해하려고 올무를 놓았사오나 나는 주의 법도에서 떠
나지 아니하였나이다. (110절)

나를 핍박하는 자와 나의 대적이 많으나 나는 주의 증거에서 떠나
지 아니하였나이다. (157절)

방백들이 무고히 나를 핍박하오나 나의 마음은 주의 말씀만 경외
하나이다. (161절)

'비록 내 상황은 A이지만 나는 B다(이하 'A but B')'라는 형식의
위 구절들에서 A는 시편 기자가 처한 고난과 핍박의 상황을, B는 여
호와의 법에 대한 시편 기자의 애정을 각각 묘사하고 있다. 억울한
모함을 받고 목숨까지 위협받는 위태로운 상황, 나를 둘러싼 모든 이
로부터 버림받아 마치 죽은 자와 다를 것이 없는 처지에 있음에도 시
편 기자는 신의 법도를 이탈하지 않겠다고 선언한다. 시편 119편을
관통하는 'A but B' 문형은 신의 법에서 이탈하지 않을 뿐 아니라 신
의 법을 더욱더 사랑하겠다는 결연한 의지를 천명한다. 도저히 감사
할 수 없는 처지, 자기 한 몸도 간수하기 어려운 절망적 상황에서도
여호와의 법을 향한 시편 기자의 경외와 순종은 더욱 확고해져 간다.
신의 법도와 율례를 향한 시편 기자의 거듭되는 애정 표현의 이면
에는 자신과의 치열한 싸움이 자리하고 있다. 신의 법도를 순종하며

살아가려 애쓰는 자신에게 계속 이어지는 고난과 핍박은 견디기 쉽지 않았을 것이다. 신의 말씀대로 살고자 하는데 왜 원수들의 횡포와 모함은 끊이지 않는가? 언제까지 악인들의 핍박을 견뎌내야 하는가? 죄 없는 자신을 무고하게 괴롭히는 원수들과 악인들을 향해 활화산처럼 끓어오르는 미움과 증오, 그리고 이러한 억울한 상황에 개입하지 않으시는 신을 향한 원망까지……, 지금 시편 기자의 내면은 부정적이고 악한 감정들이 얽히고설켜 있다. 다음의 구절들이 시편 기자의 내면적 갈등과 싸움의 양상이 어떠한가를 간접적으로 보여준다.

> 내가 주의 증거를 지켰사오니 훼방과 멸시를 내게서 떠나게 하소서. (22절)
>
> 나의 두려워하는 훼방을 내게서 떠나게 하소서. (39절)
>
> 나를 핍박하는 자를 주께서 언제나 국문하시리이까? (84절)

온갖 핍박과 모함에도 의연함을 잃지 않았던 그였지만 때론 너무도 견디기 힘들어 이 고통스러운 상황에서 해방되기를 간청했다. 저 불의한 원수들에 대한 신의 조속한 심판을 탄원하기도 했다. 그러나 거기까지였다. 자신을 무고히 힐난하고 매장시키려는 악랄한 원수들. 같은 하늘 아래에서 산다는 것 자체만으로도 숨 막히게 하는 자들이지만 그들을 향한 저주는 보이지 않는다. 시편 기자는 자기 안에서 이글거리는 증오와 원망의 감정들을 여호와의 법을 향한 순종과, 그리고 여호와의 공의로운 심판에 대한 믿음으로 제어하고 있다. 내 속에서 꿈틀거리는 부정적 감정, 악한 감정들을 믿음으로 정화시켜 가기까지의 내면적 번민과 자신과의 처절한 쟁투들이 본문 176개 절에 잘 드러나 있다. 원수에 대한 복수를 금하는 여호와의 법(레

19:18)을 순종하는 충성스러운 종으로서 시편 기자는 인간이기에 피해갈 수 없는 자기 내면의 죄성을 그렇게 극복하고 있었다.

외부적 악의 도전보다는 내면의 악과 투쟁하는 시편 기자의 파토스는 주기도문의 여섯 번째 기도와 맞닿아 있다. "우리를 악으로부터 구원해주소서"는 외부에 있는 악의 세력을 저주해달라거나 멸절시켜 달라는 요구일 수 없으며 자기 백성을 죄에서 구원할(마 1:21) 메시아가 자기 제자들에게 유언처럼[37] 전해준 기도일 수 없다. 또 여섯 번째 기도는 율법의 동해보복법(同害報復法, 출 21:24; 레 24:20; 신 19:21)[38]을 뛰어넘는 '더 나은 의', 곧 보복 금지라는 하늘나라의 새로운 법(마 6:39-48)을 선포한 메시아의 기도는 더더욱 될 수 없다. 원수를 미워하고 저주하려는 내 속의 악한 본성으로부터의 구원을 간청하는 여섯 번째 기도의 영성은 원수를 보복하지 않을 뿐 아니라 더 나아가 원수를 사랑하고 축복함으로써 비로소 악을 극복하는 하늘나라의 참된 승리를 믿음으로 바라보고 있다. 그리고 동시에 그 승리를 약속하고 있다.

천국비유의 포네로스

주기도문 여섯 번째 기도 후반부 '우리를 악으로부터 구하소서'를 외부 포네로스의 제거나 차단으로 해석하기 어려운 이유는 마태복음서의 다른 비유에서도 발견된다. 혼인 잔치 임금 비유(마 22:1-14)를 보면 악한 자는 선한 자와 함께 혼인 잔치에 초청받아 참석한다

---

37 마태복음서에서 주기도문은 예수께서 제자들에게 친히 가르쳐준 유일한 기도라는 측면에서 유언과도 같은 교훈이라고 할 수 있다.

38 동해보복법(同害報復法)은 피해자가 입은 피해와 같은 분량(또는 범위)의 손해 또는 처벌을 가해자에게 가한다는 고대 함무라비법전의 규칙으로서 가해와 복수의 균형을 취하여 무제한 보복의 악순환을 종결시키기 위한 사회 규범이다(본서 "제6장 세 번째 기도" 참조).

(10절). '선악의 공존'이 여기서도 연출되고 있다. 비유에서 선한 자와 악한 자는 구분되면서도 분리되지 않고 함께 혼인 잔치에 초청된다. 그런데 참석자 가운데 한 사람이 주인에 의해 혼인식장에서 쫓겨나는데 비유는 그를 악한 자가 아닌 '예복을 입지 않는 사람'이라고 말한다(11-13절). 쫓겨난 자가 악한 자인지 선한 자인지를 비유는 밝히지 않는다. 악한 자가 선한 자와 함께 혼인 잔치에 초청을 받아 참석했는데 택함을 받지 못한 사람은 예복 미착용자라는 것이 비유의 요점이다. 천국 잔치와 관련 있는 비유의 혼인 잔치에 선한 자와 악한 자가 같이 참여하고 있는 것이다.

또 소위 '이실지목'(以實知木, '열매로 나무를 안다') 단락인 마태복음 7장 16-20절은 악한(포네로스) 열매를 맺는 못된 나무는 잘려져 불에 던져질 것이라고 말한다. 즉, 악한 열매는 그 열매의 나무가 못된 나무임을 증명하는 척도로서 못된 나무에 대한 심판의 근거다. 여기서 악한 열매는 즉각적 제거나 원천적 차단의 대상이 아니다. 오히려 본문에서 악한 열매는 나무의 정체성을 보여주기 위해 심판 때까지 건재(?)해야 한다. 열매가 있어야 나무를 판단할 수 있기 때문이다.

한편 빚진 종 비유(마 18:23-35), 선한 포도원 주인 비유(마 20:1-16), 그리고 달란트 비유(마 25:14-30)에서는 공통적으로 악한 캐릭터(종 또는 노동자)가 등장한다. 빚 탕감 은혜를 받고도 남에게 은혜를 베풀지 않는 종은 악한 자로 판명되어 투옥과 고문을 당한다(18:32-34). 자신을 믿고 거액의 재산을 맡겨준 주인의 신뢰에 부응하지 않은 종역시 악한 종이란 책망과 함께 어둠의 처소로 추방당한다(25:26, 30). 자신을 고용해주고 약정한 일당을 지급한 포도원 주인의 선행을 힐난하는 노동자들은 주인으로부터 눈이 악하다는 질책을 듣는

다(20:15).[39] 눈은 몸의 등불이라고 했다(마 6:22). 눈이 악하다는 것은 '온몸'(ὅλον τὸ σῶμά)이 어둡다는 말이다(마 6:23). 자신들보다 열등한 동료 노동자에게 똑같은 일당이 지급된 사실에 대한 질시와 분노로 인해 그들 내면의 어둠이 표출된 것이다.

앞의 세 개 비유는 소위 '천국비유'로서 비유의 청중들에게 천국과 관련된 교훈을 전해준다. 비유에서 악하다는 평가를 받는 인물들은 천국과 합치될 수 없는 캐릭터로서 비유의 청중들이 경계해야 할 대상으로 묘사된다. 그런데 비유의 악한 캐릭터는 내 밖에 있는 원수 또는 나를 괴롭히는 타인이 아니다. 비유는 그 악한 캐릭터가 내가 될 수 있음을 상기시킨다. 상사로부터 은혜를 받았으면서도 남에게 은혜를 베풀지 않는 것은 악이며 그는 악한 자다. 자신에 대한 상사의 신뢰에 부응하지 않은 것은 악이며 그도 악한 자다. 경쟁에서 뒤처진 낙오자를 위한 상사의 호의를 힐난하고 낙오자에 대한 최소한의 배려조차 없는 것도 악이며 그 역시 악한 자다. 비유는 청중들에게 그러한 악을 범하지 말 것을, 그런 악한 자가 되지 말 것을 경고한다. 받은 은혜를 기억하여 은혜를 베푸는 자, 타인의 신뢰에 능동적으로 부응하는 자, 사회적 약자를 배려하는 자는 이 땅에서 하늘의 통치를 이루어가는 사람이며 그와 반대되는 삶을 사는 자는 악한 자다. "우리를 악으로부터 구하소서"는 위와 같은 악 또는 악한 삶을 버리고 하늘의 통치에 순종하는 삶을 살겠다는 신앙적 결단이다. 세 개의 천국비유에서 악은 인간 외부에 있는 제거 또는 차단의 대상이라기보다는 인간 내부에 있으며 그 악은 인간에 대한 심판의

---

39 마 20:15는 원래 "내가 선하기 때문에 너의 눈이 악한 것이냐"(ὁ ὀφθαλμός σου πονηρός ἐστιν ὅτι ἐγὼ ἀγαθός εἰμι)로 번역된다.

근거가 되고 있다.

지금까지 살펴본 천국비유를 비롯한 마태복음의 본문들은 주기도문 여섯 번째 기도의 후반부 "우리를 악에서 구하소서"가 외부의 원수를 제거 또는 차단해달라는 의미가 될 수 없음을 확인해준다. 이러한 견해는 여섯 번째 기도의 전반부 "우리를 시험에 들게 하지 마소서"가 개인에 대한 하나님의 시험과 마귀의 유혹을 필연적인 것으로 전제하고 있다는 결론과 맥을 같이한다.[40] 또 예수의 광야 시험에서 악의 수장인 마귀가 합법적 시험관으로서 성령과 협력 사역을 하고 있다는 사실도 이 견해를 뒷받침한다. 마태복음에서 악한 자는 대항해서 제거할 대상이 아니라 심판의 때까지 공존할 파트너다. 마태복음의 본문들은 악을 나를 괴롭히고 미혹하는 외부의 어떤 존재로 묘사하기보다는 나를 어둠 속에 빠뜨려 심판을 받게 하는 내면의 존재로 규정한다.[41] 마음속 미움과 음욕이 실제 살인, 실제 간음과 동일하다는 예수의 질타(마 5:21-30)는 인간 내면에 있는 악의 심각한 결말을 경고한다.[42] 살인, 간음, 음란, 도둑질, 거짓 증거, 신성모독(blasphemy), 그 외의 악한 생각들이 마음에서 나온다는 예수의 지적은 이런 것들이 사람을 더럽힌다는 통찰을 제시한다. 이처럼 마음의 악을 방치하면 온 존재가 어둠에 점령당하고 만다. 독버섯 같은 악의 싹들이 점점 자라 올라서 돌이킬 수 없는 상황에 이르고 말 것이다.

"우리를 악에서 구하소서"는 자기 내면의 미움과 원망과 음욕의 싹들을 잘라내어 어둠의 영역에 굴복하지 않겠다는 결단의 표현이

---

40 A. E. Milton, "Deliver us from the Evil Imagination: Matt. 6:13b in Light of the Jewish Doctrine of the YESER HARA", *Religious Studies and Theology* April 1 (1995), 62.

41 Milton, "Deliver us from the Evil Imagination", 62-63.

42 인간 내면의 악이 갖는 심대한 영향력과 그 결말에 관해서는 본서 "제6장 세 번째 기도"를 참조하라.

다. "우리를 악에서 구하소서"를 외부의 원수나 적, 그리고 그들의 도전과 위협을 원천 제거 또는 차단해달라는 수동적 탄원으로 이해하는 것은 마태복음의 신학적 사유에 부합하지 않는다. 주기도문 여섯 번째 기도는, 강풍과 눈보라가 차단되고 사시사철 일정한 기온과 수분이 제공되는 비닐하우스와 같은, 마귀 및 악의 위협과 도전이 없는 온실 속 환경을 갈구하는 나약한 자의 탄원일 수 없다. 오히려 마귀의 유혹과 악의 도전의 실재를 명확히 인지하여 그것을 피하거나 외면하지 않고 적극적으로 대처하겠음을 여섯 번째 기도는 언명한다. 마귀의 유혹과 악의 도전이 하나님의 주권적 섭리 아래 통제되고 있음을 알고 그에 대해 능동적으로 대비함으로써 마귀의 계략에 빠져 악을 행하지 않고 이를 극복하겠다는 결연한 의지의 천명, 바로 이것이 예수께서 가르쳐준 주기도문 여섯 번째 기도다. 예수에게 광야 시험과 마귀의 유혹은 메시아로서의 영광스러운 사역을 수행하기 위한 과정이었듯이, 그리스도의 제자로 그리고 하늘나라의 시민으로 살아가는 그리스도인에게 시험과 유혹은 반드시 거쳐야 할 과정이다. 마귀의 유혹과 악의 도전을 말씀으로 물리치고 시험을 통과한 그는 마침내 영광스러운 메시아의 사역에 동참하게 될 것이기 때문이다.

:: 에필로그

1

그리스어 '아포리아'(ἀπορία)는 '혼란, 염려, 의문, 불확실성'이 한데 뒤섞인 상태를 지칭하는 단어로서 2017년 대한민국의 상황을 가장 적절하게 표현한 말이 아닐까 싶다. 계속되는 질문을 통해 고대 아테네의 소피스트(sophist)들을 '아포리아'로 몰아가서 자신들의 무지함을 깨닫게 한 소크라테스의 산파술(産婆術)은 개인과 사회의 아포리아가 새로운 변화의 원점(原點)이 될 수 있다는 교훈을 준다. 지금 한국 사회의 '아포리아'는 새 역사의 생명체를 배태한 자궁과도 같다. 혼란과 불안을 딛고 안정과 통합의 새 시대를 출산할 것인지, 혼란과 불안을 극복하지 못하고 유산과 불임을 반복할 것인지는 고대 그리스 지혜교사들의 화려한 수사를 잠재운 이 한마디로 판가름 날지 모른다.

너 자신을 알라.

소크라테스는 인간의 외적 타자(他者)들(우주, 자연 만물)에 주목해온 고대 서양철학의 시선을 인간 자신으로 향하게 했다. 타자에 대한 분석과 비판보다 자기 성찰이 우선되어야 함을 갈파한 것이다.

당신은 상대방, 상대 당, 상대 진영을 향한 비판과 비난의 논리를 자신에게 먼저 적용시켜 보았는가? 당신 자신도 청산의 대상일 수 있다고 생각해본 적이 있는가? 내 진영, 내 지지 세력 안에도 적폐가 있을 수 있다는 진지한 고민을 그대는 해보았는가? 소크라테스는 지금 우리 사회의 소피스트들에게 이렇게 묻고 있다. 타자를 향해서는 예리한 분석과 날선 비판의 달인들이던 소피스트들은 '아테네의 등에'란 별명의 길거리 철학자 앞에서 왜 입을 열지 못했을까? 남을 보다가 자신을 못 본 무지가 들통났기 때문인가?

> 어찌하여 형제의 눈 속에 있는 티는 보고 네 눈 속에 있는 들보는
> 깨닫지 못하느냐. (마 7:3)

예수의 지적은 소크라테스와 정확히 맞닿아 있다. 남보다 자신을 먼저 살피라는 두 스승의 고언은 '나는 옳고 너는 틀렸다'는 흑백 논리에 묶여 있는 이 시대 소피스트들에게 진정한 화합과 통합의 솔루션을 제시한다. 해방과 6·25전쟁 이후 관 주도의 산업화와 고도성장은 한국 사회에 '페이크 데모크라시'(fake democracy)의 환영(幻影)을 깊게 드리워 놓았다. 소위 '최순실 국정 농단 사건'과 대통령 탄핵은 가짜 민주주의의 실체가 폭로되고 진짜 민주주의를 향한 국민적 여망이 결집되는 역사적 대전환점이 되었다. 국가 최고 통치권자가 국민의 이름으로 파면되는 미증유의 사태는 참된 민주주의에 대한 민초들의 뜨거운 갈망을 여실히 보여주었다. 이렇게 참 민주주의의 실현을 향한 국민적 열망을 안은 새 정부가 들어섰지만 이분법적 진영 논리에 갇힌 대한민국 사회에 '레알 데모크라시'(real democracy)의 어젠다를 제시할 수 있을까? 보수와 진보, 우파와 좌파의 오랜 갈등과 분열을 종식시키고 양자의 상생 관계 형성을 위한 대통합의 로드맵을 새 지도자에게 기대할 수 있을까? 지난 2016년 말부터 수개월에 걸친 '촛불 vs. 태극기' 대치 상황은 우리 사회의 뿌리 깊은 이데올로기 대결 현실을 확인시켜 주었다. 흑백 논리와 이분법적 패러다임 속에서는 대통합의 비전을 기대하기 어렵다. 나는 아무 잘못이 없고 상대편이 틀렸다는 주장은 레알 데모크라시의 가장 큰 스캔들, 즉 걸림돌이기 때문이다.

2

도그마의 얼음장들이 떨어져 나간 마태복음 본문에서 들려오는 메시지는 실로 놀라운 것이었다. 우리가 만난 마태복음 본문들은 평행선을 달리는, 그래서 결코 만나기 어려운 양측으로 하여금 스스로 평행선에서 내려와 서로를 마주하게 한다. 여기! 서로 너무도 다른 부부가 있다. 외모와 체질은 물론 성격도 다르고 취향도 다르고 식습관과 생활습관까지 다 다르다. 연애시절부터 30년 가까운 결혼 생활 내내 서로의 다름 때문에 참 많이도 부딪치고 싸웠지만 이상하게도 큰 문제 없이 잘 살고 있다. 잘 살 뿐 아니라 서로의 존재를 더욱 필요로 하고 있다. 현재로 봐서는 앞으로도 잘 살 것 같다. 이토록 서로 극명하게 다른 부부를 화합하게 하는 힘은 무엇일까?(*필자의 사례를 들게 되어 쑥스럽지만 사실이기에 털어놓는다.) 그것은 '자아 성찰'이다. 부부는 자신의 약점을 보면서 서로를 향해 마음을 연다. 부부가 각자 자기의 강점, 자기의 자랑거리만 주목하면 상대방과 충돌하기 십상이지만 자기의 부족한 점, 약한 점들을 인정하면 마음을 열고 상대를 받아들이게 된다. 이러한 부부 화합의 원리는 다른 인간관계와 사회에도 적용될 수 있을 것이다. 예수의 "회개하라"(마 4:17), 소크라테스의 "너 자신을 알라"는 타자를 향한 시선을 자신에게로 돌릴 것을 촉구한다.

천국비유를 통해 제시된 하늘나라는 참 민주주의의 모델이다. 하늘나라의 메신저 예수의 '회개하라'는 '남 탓'으로 일관하는 땅의 사람들에게 '내 탓'으로의 대전환을 요구한다. 하늘나라는 '회개', 곧 자아 성찰이라는 '대속 휴머니즘'을 통해 땅과 접속된다. 남의 눈 속 티끌 제거보다 내 눈 속 들보 제거가, 대접 요구보다 대접 제공이 우선이고 원수 저주보다 원수 사랑을, 악의 제거보다 악과의 동거를 택하라는 성서의 권면들은 하나같이 자아 성찰을 강조한다. 전자의 삶의 양식이 갈등과 분열과 분쟁으로 점철된 땅의 역사라면, 후자의 그것은 땅의 비극적 역사를 종식시키고 하늘나라를 이 땅에 건설하게 하는 하늘시민의 삶의 양식이다. 땅의 논리는 선과 악을 구분하고 선을 내 편, 악을 네 편으로 규정하여 네 편을 분리와 제거의 대상으로 간주하지만 비유에 나타난 하늘나라의 원리는 선과 악의 공존이다. 마태복음의 가라지 비유는 그러므로 다음의 이유에서 흑백논리에 함몰된 대한민국 사회의 통합을 위한 솔루션이다.

첫째, 인간은 각자의 기준으로 선과 악을 구분할 수는 있겠지만 악을 분리하는 것은 인간의 권한이 아니며 신의 뜻에 반한다. 구분(classification)은 공존의 개념에 포함되지만 분리(separation)는 공존의 거부다. 한국 사회에서 보수와 진보는 구분하되 공존할 대상이지 청산이나 제거의 대상이 아니다. 왜냐하면 소위 '적폐'는 보수 진보 할 것 없이 인간 사회 어디에나 존재하는 죄성(罪性)의 찌꺼기물이 지 특정인이나 특정 진영에만 해당되는 것일 수 없기 때문이다.

둘째, 악의 분리가 인간의 권한일 수 없는 이유는 인간의 미숙함 때문이다. 선과 악을 구분하는 기준이 사람마다 다르기에 선악 구분 은 주관적 또는 자의적일 수밖에 없고 그 결과 선을 악으로, 악을 선 으로 혼동할 위험이 있다. 보수든 진보든 자아 성찰이라는 인간 본 연의 자세, 곧 '인간다움'에 충실하다면 상대방을 함부로 판단하지 않게 된다. 자아 성찰에 충실한 사람들을 통해 겸손, 경외, 배려와 같은 삶의 소중한 가치들이 구현된다.

셋째, 선과 악의 분리는 신의 권한이다. 가라지 비유는 신의 권한 을 인간이 침범할 경우 발생하는 가공할 결말을 경고한다. 에덴동산 에서의 선악과 취식 사건 이후 인간의 죄성 한가운데 자리한 선악 구분의 욕망은 내 허물보다 남의 허물을 먼저 보게 하고 나와 다른 것을 악으로 간주하게 한다. 그 결과는 끝없는 분쟁과 다툼이다. 가 정마다 사회마다 극한 대결 양상으로 치닫는다. 그것은 땅에 드리운 사망의 음영(陰影)이며 선악과 취식의 결말을 '네가 죽으리라'고 표 현한 이유다(창 2:17).

가라지 비유는 이분법적 대결 프레임에 갇혀 있는 대한민국 사회 를 향해 선악 공존의 하늘나라 비전을 선포한다. 서로를 향한 비난 과 정죄의 화살을 거두고 자아 성찰의 휴머니즘을 회복하여 인간다 운 삶, 인간다운 세상을 만들어갈 수 있다고 비유는 약속한다.

3

절망은 정말 절망일까? 마태복음은 단언한다. 땅에서의 절망은 하늘 소망의 출발점이라고. 영생에 직행하는 선행을 묻는 사두개파 귀족 청년에게 주어진 영생 솔루션은 '절망'이다. 기원후 1세기 '엄친아' 청년의 단 한 가지 결핍은 '절망'이었다. 절망의 결핍이 영생의 걸림돌이었다. 해박한 지식과 치밀한 논리, 탁월한 언변으로 대중의 눈과 귀와 감성까지 장악한 아테네 소피스트를 향한 소크라테스의 일갈은 '자기반성' 없는 21세기 대한민국 지식 엘리트의 허상을 관통한다. 일본의 작가 이츠키 히로유키는 그의 책 『타력(他力)』에서 깊은 슬픔 속에 큰 기쁨이 있고 깊은 절망 속에 참 희망이 있으며 지독한 번민에서 진정한 확신이 움튼다고 갈파했다. 재물과 권력, 경건과 착함까지 이 모든 것을 갖춘 흠 없는 청년은 절망을 알기 어려웠을 것이다. 절망을 모르니 '절망 휴머니즘'의 파토스(pathos)를 경험할 수 있을까? 선의와 악의, 고통과 즐거움, 슬픔과 기쁨, 겸손과 거만, 감사와 불평의 대립된 감정과 감성들이 교차하고 충돌하는 내면의 카오스(chaos)를 거쳐 심저(心底)로부터 솟구쳐 오르는 절망 휴머니즘의 그 황홀한 아우라는 변함이 없는, 그리고 대체 불가한 인간의 가치와 존엄성을 떨친다.

시대와 세대, 인종과 언어, 종교와 사상의 차이를 넘어서는 '대속 휴머니즘'과 '빚진 자 휴머니즘'의 보편적 가치는, 그리고 재물과 권력의 유혹을 뛰어넘는 '은밀 휴머니즘'과 '은혜 휴머니즘'의 배타적 가치는 절망의 묘상(苗床)에서 발현된다. 자아 성찰이 깊어지면 남보다 내가 먼저 보이고 내 자랑보다 내 부끄러움이 더 드러나서 결국 자아 성찰의 가녀린 뿌리는 절망의 묘상에 안착한다. 바로 그때, 절망은 더 이상 절망이 아니라 휴머니즘의 튼튼한 줄기가 생장하는 모판이 된다. 자기반성은 무기력한 자책이 아니라 책임 감당, 곧 대속 휴머니즘이다. 권리 주장이 난무하는 한국 사회에는 대속 휴머니즘이 절실히 요청된다. 권리보다 책임을 우선하는 대속 휴머니즘은 책임지려 하지 않는 한국 사회의 엘리트 그룹이 회복해야 할 리더로서의 최우선 자질이다. 남을 탓하기 전에 먼저 나를 돌아보고 남의 허물과 잘못에 대한 책임을 나눠 가지는 대속 휴머니즘은 우리 사회의 고질적인 편 가르기 프레임을 허물고 보수와 진보, 우파와 좌파 구성원들로 하여금 인간으로서의 서로의 동질성을 확인하게 함으로써 사회대통합의 대열에 스스로 나설 수 있게 한다.

4

주기도문과 천국비유는 악의 존재를 '선 vs. 악'이라는 이분법의 프레임에서 꺼내어 입체적 관점으로 분석한다. 주기도문 여섯 번째 기도 "우리를 악으로부터 구하소서"는 악의 제거나 차단에 대한 청원이 아니다. 혼인 잔치 임금 비유에서 선인과 악인은 아무 구분 없이 혼인 잔치에 초대받는다. 그리고 잔치 입장 직전에 탈락된 자를 악인이 아닌 예복 미착용자라고 언급함으로써 비유는 선악의 구분이 종말적 구원에 영향을 미치지 못한다는 점을 분명히 하고 있다. 빚진 자 휴머니즘을 공포하는 빚진 종 비유, 달란트 비유, 선한 포도원 주인 비유에 공통으로 등장하는 악한 자 캐릭터는 인간 내면의 죄성을 암시하는 메타포로서 세 비유는 악을 제거 또는 차단 대상으로서의 타자(他者)로 묘사하지 않는다. 은혜를 받고도 은혜를 베풀지 않는 것, 나에 대한 신뢰에 부응하지 않는 것, 그리고 사회적 소외층에 대한 무관심을 비유는 '악'으로 규정하였고 주기도문 여섯 번째 기도는 바로 이 악으로부터 구별된 삶, 곧 빚진 자 휴머니즘을 촉구한다. 무고한 나를 괴롭히는 악한 자의 위협과 도전에 대한 '비항거적 저항'을 권면하는 산상수훈은 원수 제거 또는 원수 보복이 아닌 원수 사랑을 지향한다. 전통적으로 '악의 화신'으로 간주되던 마귀가 신으로부터 예수를 시험하는 공식 시험관으로 임명되어 신에게서 예수를 인계받아 유혹하는 광야 시험 기사는 선과 악의 대결이라는 이분법적 프레임 속에서 악의 존재를 이해한 기존의 평면적 인식의 한계를 갈파한다.

2017년 현재의 '보수 vs. 진보' 이데올로기 대치는 한국 사회만 아니라 한국 교회까지 삼켜버린 블랙홀과 같다. 출구가 보이지 않는다. 한국 개신교는 소위 근본주의와 자유주의라는 탈성서적 도그마에 의해 이분화된 채 광화문 광장의 촛불과 태극기 대결을 재현하고 있다. 같은 신, 같은 경전을 믿는지조차 믿기지 않을 만큼 서로의 거리가 너무 멀다. 평행선을 달리던 1세기 유대계와 이방계 신자 간 화합의 솔루션인 마태복음을, 그리고 절대불가였던 유대인과 이방인의 하나 됨과 구원의 로드맵인 바울의 편지들을 믿고 전하고 가르치는 신앙공동체라는 것이 의심스러울 만큼 양측은 서로를 배타한다. 필자는 제언한다. 이 책은, 정확히 말하면 이 책에 담긴 성서 본문의 원의는 근본주의 진영과 자유주의 진영의 화합의 솔루션이 될 것이다. 화합의 출발점은 '두려움'이다. 선악과 취식 후 아담 하와 부부에게 나타난 증상은 두려움이었다. 신은 두려움으로 숨어 있는 부부에게 찾아와서, 마치 거실 화분을 깨고 혼날 것이 두려워 방 안에 숨은 아이를 달래듯 말을 건넨다(창 3:8-10). 그리고는 손수 가죽옷을 만들어 입혀주고 범죄 상태로의 영속, 곧 영벌을 피하도록 조치한다(21-24절). 무고한 동생을 살해한 뒤 극도의 두려움 속에 구명을 호소하는 가인에게 살길을 열어주는 신의 반전(창 4:13-15)은 '코람 데오'의 두려움이 구원의 기점임을 암시한다.

이 책을 통해 성서 본문의 원의(原義)를 만난 양 진영은 바로 그 '코람 데오'를 경험하게 될 것이다. 도그마로 성서의 목소리를 왜곡하고 변개시킨 과오가 태산처럼 느껴질 것이다. 그러면 됐다. 그것이 구원과 화합의 출발점이기 때문이다. 갈릴리의 베테랑 어부 베드로는 자신의 한계를 깨닫게 한 '코람 데오'의 두려움을 고백하고("주여 나를 떠나소서 나는 죄인이로소이다") 무릎을 꿇었다(눅 5:5-8). 그때 음성이 들려온다. "무서워 말라"(10절). 1세기 어부 소피스트는 태산 같은 절망 속에서 그렇게 구원을 만났다. 이 책의 임무는 도그마에 갇혀 성서의 소리를 듣지 못하는 이들이 성서 본문의 소리에 귀 기울이게 하는 것이다. 성서학의 방법론을 통해 재생된 주기도문과 천국비유의 원의를 만난 '코람 데오'의 두려움 속에서 도그마를 떠나(히 6:1-2) 성서 본문으로 가게 하는 것이 이 책의 목적이다. 이제 당신이 이 책의 안내를 따라 성서 본문 앞에 왔다면, 그리고 다시는 성서 본문을 떠나지 않겠다는 결심이 확고히 섰다면 이 책을 아낌없이 버려라. 여기까지가 이 책의 역할이다. 모든 책들은 끝이 있다. 성서는 그 책들의 '다음 페이지'다.

5

　주기도문과 천국비유는 땅과 인간을 치유하고 회복하는 천상(天上)의 처방전이다. 교회는 땅을 정죄하면서도 땅의 것들을 숭배하는 자기모순에 빠져 있지만, 성서는 땅의 것들을 심판하고 땅과 인간을 회복하는 하늘나라의 도래를 선포한다. 도그마의 족쇄가 풀린 성서 본문은 재물이나 권력과 같은 세속적 가치에 의해 왜곡되고 손상된 '은밀 휴머니즘'과 '은혜 휴머니즘'을 회복하게 하는 하늘의 솔루션을 말하고 있다. 교회 안에서 종교적 주문처럼 취급되던 주기도문은 땅의 것에 얽매여 사는 인간의 약함과 한계를 극복하여 신적 휴머니즘의 진정한 가치를 구현하게 하는 하늘의 위로이며 약속이다. 기괴한 도그마의 얼음덩이들이 떨어져나가고 비로소 제 모습이 드러난 천국비유는 죄와 탐욕으로 얼룩진 이 땅의 흑역사(黑歷史)의 원인을 밝히고 그 해결 방안을 제시함으로써 죄와 탐욕의 노예로 전락한 인간의 진정한 가치를 선언하는 하늘의 포고문이다.

　신약성서는 예수를 '신자'(the son of God) 또는 '인자'(the son of man)로 표현한다. '신의 아들'과 '사람의 아들'이 예수 안에서 하나라는 뜻이다. 신성(divinity)과 인성(humanity)의 일치, 즉 신적인 것과 인간적인 것은 분리되지 않고 서로 연결된다는 근원적 이치가 예수에게서 성취됐다. 인간적인 것은 신적이며 신적인 것은 인간적이다. '엘리 엘리 라마 사박다니', 십자가상에서 토설한 예수의 너무도 인간적인 외마디 비명은 그래서 가장 신적이다. 이 책을 통해 성서의 휴머니즘에 눈뜬 독자 여러분은 신의 성품으로 땅의 도전들을 극복하는 '신의 휴머니스트'(divine humanist)이다.

:: 감사의 글

지난 30년 광야 여정을
인도하신 하나님께 모든 영광을 돌립니다.

1987년 2월 어느 날, 임하신 손길에 이끌려 여기까지 왔습니다.
지난 여정을 떠올릴 때마다 '나의 나 된 것은 하나님의 은혜로 된
것이다'는 바울의 고백(고전 15:10)은 저의 고백입니다.

지난 20년 광야 여정을 함께해준
사랑하는 아내 조명숙에게 이 책을 바칩니다.

1997년, 공무원의 아내에서 개척 목회자의 아내로 출발한 광야의
여정은 그녀에게 큰 모험이자 시험대였을 겁니다. 참 많이 힘들었을
텐데 잘 버텨주었습니다. 이 책이 세상에 나오기까지 큰 힘이 되어
주었습니다.

광야 여정에서의 풍성한 은총의 결실들을
나의 예영, 예인, 예권, 예본과 그리고
그들의 자녀들과 함께 나누고 싶습니다.

부모의 선택에 따라 어쩔 수 없이 나선 여정이 얼마나 힘들었을지, 알 것 같기도 모를 것 같기도 합니다. 타의에 의한 고생이었지만 가치를 매길 수 없는 삶의 소중한 자산이라는 것을 알고 있으리라 기대합니다.

고단한 광야 여정에 힘이 되어주신 분들이 계십니다. 최은기 목사님, 한영철 목사님, 김기범 목사님, 정광일 목사님, 조병우 조병구 장로님, 김신옥 권사님, 안태송 박동희 집사님 부부, 이웅상 교수님, 양용의 교수님, 신현우 교수님, 박찬호 교수님, 그리고 벗 김용진, 김형준. 광야의 길이 너무 힘들어 주저앉아 포기하고 싶을 때, 그 여정의 고비마다 이분들을 통해 경험한 만나와 반석의 생수에 힘입어 다시 일어설 수 있었습니다. 이 외에도 많은 분들에게 빚을 졌습니다. 성서의 보편적 인문학적 가치에 관심을 갖고 본서의 출간에 동의해 주신 "한국학술정보" 채종준 대표님, 그리고 편집과 디자인, 출판 과정에서 노고를 아끼지 않은 양동훈 님 외 출판사 직원 여러분께 진심으로 감사드립니다. 끝으로 해돋는어린이집 교직원 여러분에게도 감사의 마음을 전합니다.

:: 참고문헌

김남준, 『설교자는 불꽃처럼 타올라야 한다』, 서울: 도서출판 두란노, 1996.

김세윤, 『주기도문 강해』, 서울: 두란노아카데미, 2000.

김형근, 「마태복음 25:31-46에 나타난 심판의 기준: 의와 심판 기준의 연관성을 중심으로」, 신학박사학위논문, 웨스트민스터신학대학원대학교, 2012.

_____, 「마태복음 6:33의 τὴν δικαιοσύνην αὐτου 다시 보기: 동사 제테오와 에피제테오의 용례를 중심으로」, 『신약연구』 13/1, 2014.

_____, 「예수의 무정죄(non-condemnation) 선언: 용서인가?- '간음한 여인 이 야기'(요한복음 7:53-8:11), 그 장구한 표류의 역사」, 『신약연구』 12/3, 2013.

_____, 「감추인 보화 비유와 진주 상인 비유 연구: 믿음과 행위의 구원론적 관계성을 중심으로」, 신학석사학위논문, 한영신학대학교, 2004.

도널드 해그너, 『WBC 성경주석: 마태복음 1-13』, 서울: 도서출판 솔로몬, 1999.

_____, 『WBC 성경주석: 마태복음 14-28』, 서울: 도서출판 솔로몬, 2000.

라은성, 『이것이 복음이다』, 서울: PTL, 2014.

마이클 호튼, 『미국제 영성에 속지 말라』, 서울: 규장, 2005.

박봉랑, 『그리스도교의 비종교화』, 서울: 대한기독교서회, 1998.

박형대, 『헤렘을 찾아서?: 헤렘의 빛으로 본 누가행전 연구』, 서울: 도서출판 그리심, 2011.

배철현, 『인간의 위대한 질문』, 파주: 21세기북스, 2015.

송규범, 『존 로크의 정치사상』, 서울: 아카넷, 2015.

스티븐 배철러, 『선과 악의 얼굴』, 서울: 태일소담, 2012.

알프레드 아들러, 『인생에 지지 않을 용기』, 서울: 미래엔, 2015.

양용의, 『마태복음 어떻게 읽을 것인가』, 서울: 한국성서유니온선교회, 2008.

_____, 『예수와 안식일 그리고 주일』, 서울: 이레서원, 2000.

옥성호, 『아버지, 옥한흠』, 서울: 국제제자훈련원, 2011.

요아킴 예레미아스, 『예수시대의 예루살렘: 신약성서 시대의 사회경제사 연구』, 서울: 한국신학연구소, 2001.

이지선, 『지선아, 사랑해』, 서울: 문학동네, 2010.

장하성, 『왜 분노해야 하는가』, 성남: 헤이북스, 2016.

장하준, 『그들이 말하지 않는 23가지』, 서울: 출판사 부키, 2010.
제러미 리프킨, 『공감의 시대』, 서울: 민음사, 2010.
제임스 던, 『첫 그리스도인들은 예수를 예배했는가?』, 서울: 좋은씨앗, 2016.
채영삼, 『긍휼의 목자 예수』, 서울: 이레서원, 2011.
토머스 맬서스, 『인구론』, 서울: 동서문화사, 2011.
팀 켈러, 『정의란 무엇인가』, 서울: 두란노서원, 2012.
하아비 콕스, 『세속도시』, 서울: 대한기독교서회, 1992.
한국교육심리학회, 『교육심리학 용어사전』, 서울: 학지사, 2000.

Bailey, M. L., "Kingdom in the Parables of Matthew 13", Ph. D. diss., Dallas Theological Seminary, 1997.

Bainton, R. H., "The Parable of the Tares as the Proof Text for Religious Liberty to the End of the Sixteenth Century", *Church History* 1 (1932).

Bauer, W. A., *Greek-English Lexicon of the New Testament and Other Early Christian Literature,* translated and adapted by W. F. Arndt and F. W. Gingrich, 3rd ed., revised and augmented by F. W. Gingrich and F. W. Danker, Chicago: University of Chicago Press, 2000.

Bazzana, G. B., "Basileia and Debt Relief: The Forgiveness of Debts in the Lord's Prayer in the light of Documentary Papyri", *CBQ* 73 (2011).

Blass, F., Debrunner, A. and Funk, R. W., *A Greek Grammar of the New Testament and Other Early Christian Literature,* Chicago: University of Chicago Press, 1961.

Buttrick, D., *Speaking Parables,* Louisville: Westminster John Knox Press, 2000.

Byargeon, R. W., "Echoes of Wisdom in the Lord's Prayer (Matt 6:9-13)", *JETS* 41/3 (September 1998).

Carson, D. A., *Matthew Chapter 1 Through 12*, vol. 1, Grand Rapids: Zondervan, 1995.

_____, *Matthew Chapter 13 Through 28*, vol. 2, Grand Rapids: Zondervan, 1995.

_____, "The Όμοιος Word-Group as Introduction to Some Matthean Parables", *NTS* 31 (1985).

Cole, R. A., *Exodus: An Introduction and Commentary*, Downers Grove: IVP, 1973.

Danby, H. *The Mishnah*, Oxford: Oxford University Press, 1987.

Davies, W. D. and Allison, Jr. D. C., *A Critical and Exegetical Commentary on the Gospel according to Saint Matthew*, 3 vols., ICC; Edinburgh: Clark, 1988-97.

De Boer, M. C., "Ten Thousand Talents?: Matthew's Interpretation and Redaction of the Parable of the Unforgiving Servant (Matt 18:23-35)", *CBQ* 50 (1988).

Derrett, J. D. M., "Law in the New Testament: The Treasure in the Field (Mt 13:44)", *ZNW* 54 (1963).

France, R. T., *The Gospel of Matthew*, Grand Rapids: Eerdmans, 2007.

Garland, D. E., "The Lord's Prayer in the Gospel of Matthew", *Review and Expositor* 89 (1992).

Gibbs, J. A., *Matthew 1:1-11:1*, St. Louise: Concordia Pub. House, 2006.

Gundry, R. H., *Matthew: A Commentary on His Literary and Theological Art*, Grand Rapids: Eerdmans, 1982.

Hedrick, C. W., "The Treasure Parable in Matthew and Thomas", *FFF* 2/2 (1986).

Hendrickx, H., *The Parables of Jesus*, London: Geoffrey Chapman, 1986.

Hoffman, M. G. V., "Learning to 'Pray This Way': Teaching the Lord's Prayer", *Word & World* 22 (Winter 2002).

Hultgren, A. J., *The Parables of Jesus: A Commentary*, Grand Rapids, Eerdmans, 2000.

Josephus, F., *The Jewish War*, trans. G. A. Williamson, New York: Penguin, 1981.

Kaylor, D. R., *Jesus the Prophet: His Vision of the Kingdom on Earth*, Louisville: John Knox Press, 1994.

Keach, B., *Exposition of the Parables*, Grand Rapids: Kregel Pub., 1991.

Keener, C. S., *The Gospel of Matthew: a Socio-Rhetorical Commentary*, Grand Rapids: Eerdmans, 2009.

Lambrecht, J., *Out of the Treasure: The Parables in the Gospel of Matthew*, Louvain: Peeter's press, 1991.

Luomanen, P., *Entering the Kingdom of Heaven: a Study on the Structure* of *Matthew's View of Salvation,* Tübingen: Mohr Siebeck, 1998.

Luz, U., *Matthew 8-20: a commentary,* Minneapolis: Fortress Press, 2001.

___, *Matthew 21-28: a commentary,* Minneapolis: Fortress Press, 2005.

Manson, T. W., *The Sayings of Jesus,* Eerdmans: SCM Press, 1957.

McIver, R. K., "The Parable of the Weeds among the Wheat (Matt 13:24-30; 36-43) and the Relationship between the Kingdom and the Church as Portrayed in the Gospel of Matthew", *JBL* 114/4 (1995).

Meier, J. P., *Matthew: New Testament Message 3,* Wilmington: Michael Glazier, 1980.

Metzger, B. M., *A Textual Commentary on the Greek New Testament,* 2nd ed., Stuttgart: German Bible Society, 1994.

Milton, A. E., "Deliver us from the Evil Imagination: Matt. 6:13b in Light of the Jewish Doctrine of the YESER HARA", *Religious Studies and Theology* April 1 (1995).

Nolland, J., *The Gospel of Matthew: a Commentary on the Greek Text,* Grand Rapids: Eerdmans, 2005.

Osborne, G. R., *Matthew,* Grand Rapids: Zondervan, 2010.

Porter, S. E., *Idioms of the Greek New Testament,* 2nd ed., Sheffield: Sheffield Academic Press, 1994.

Rad, G., von "βασιλεύς, κτλ.", *TDNT* 1.

Rhea, H. G., *Introducing the Great Themes of Scripture,* Cleveland: Pathway Press, 2005.

Scott, B. B., *Hear then the Parable: A Commentary on the Parables of Jesus,* Minneapolis: Fortress Press, 1990.

Senior, D., *The Gospel of Matthew,* Tenn.: Abingdon Press, 1997.

Sproule, R. C., *One Holy Passion: The Consuming Thirst to Know God,* Nashville: Thomas Nelson, 1987.

Stein, R., *An Introduction to the parables of Jesus,* Philadelphia: Westminster Press, 1981.

Westhelle, V., "On Displacing Words: The Lord's Prayer and the New Definition of Justice", *Word and World* 22 (2002).

:: 색인

김형근 ─────────────

현재 명지대학교 방목기초교육대학 객원교수로 재직 중이다. 한국복음주의신약학회 정
회원으로 동 학회 학술지『신약연구』심사위원을 지냈다. 진영 논리에 갇혀 서로를 배
타하는 제도권 기독교의 모순된 현상이 성서를 인간의 기호에 맞춰 함부로 재단한 결과
임을 직시하고 성서 원의 재생을 통한 기독교 개혁 및 성서의 인문학적 해석과 적용을
지향한다.

초판인쇄 2017년 8월 25일
초판발행 2017년 8월 25일

지은이 김형근
펴낸이 채종준
펴낸곳 한국학술정보㈜
주소 경기도 파주시 회동길 230(문발동)
전화 031) 908-3181(대표)
팩스 031) 908-3189
홈페이지 http://ebook.kstudy.com
전자우편 출판사업부 publish@kstudy.com
등록 제일산-115호(2000. 6. 19)

ISBN 978-89-268-8107-1 93230